新訳　続・蜂の寓話
――私悪は公益なり

目次

凡例

凡　例

一　本書は、Bernard Mandeville, *The Fable of the Bees: or Private Vices, Publick Benefits*, Part II（1729）の翻訳である。底本として、F・B・ケイ教授が編集し、一九二四年にオックスフォード大学出版部から出版された二巻本を用いた。

二　原文のイタリック体は、不必要と思われるものを除いて傍点を付すか、「　」のなかにいれた。ただし、「序文」は全体がイタリック体で書かれているのでローマン体だけに傍点を付けた。ギリシア語、ラテン語などにはルビをふった箇所もある。

三　編集上の都合で、マンデヴィル自身作成の「索引」を割愛し、訳者による「索引」を本書末尾に付けた。

四　「訳注」は章別に通し番号で示し、巻末に一括した。なお、「訳注」作成にあたり、ケイ教授の脚注を大いに参考にさせていただいたが、訳注に関する責任は訳者にある。

五　翻訳に際して、泉谷治訳『続・蜂の寓話』（法政大学出版局）があり、参考にさせていただいたが、訳文に関する責任は訳者にある。記して感謝する。

一　緒言

私が『弁明』を公にした後でさえ、色々な人たちによって続けられている『蜂の寓話』に対するさまざまな非難を承知している多くの読者にしてみれば、そうした正編への糾弾をほとんど考慮することなく、私が『蜂の寓話』の続編を公刊するのを目の当たりにして、さぞかし驚かれることであろう。無論、公刊された書物というものはどのようなものであれ、それらを目にする世のすべての人たちの批判に晒されるべきである。とはいえ、著者がそうした批評家たちと同じ立場に立てないということも理屈に合わないことである。私が受け続けた処遇や、私に対する何人かの紳士たちの無礼な振る舞いなどは周知のことであるから、礼儀という点で、私には何の落ち度もないことを国民の皆さんは確信しておられることと思う。また、私を譴責し教え諭そうと買ってでた人たちに対して、私の許可を得ずに、好き勝手に私を批難し、言いたい放題のことを並べ立てる権利を無条件に与えるとするならば、今度は、彼らの批難を吟味し反論するに値するか否か、彼らと相談することなく判断する権利を同等に私に対して認めてしかるべきであろう。また、国民の皆さんは、我々に対する審判者であるべきだ。正編の三版[1]から添付した付記（『弁明』）からも分かっていただけるように、私に対してなされてきた論難の何《いず》れに対しても、私がそれらを抑え込もうなどとしなかったことは明白であると思う。それどころか、この種の論難がどのようなものであれ、読者の目に触れないでいるなどということがないよう、私を非難した人物のリストを印刷物で公表しようと考えたこともあった。しかしながら、こうした人物はかなりの数に上るので、何も論難に応えることなく（これからもそうする心算《つもり》は無論ないが）、リストを公表することは少し大げさになるのではと危惧した。また、頑なに見える私の沈黙の理由は、「弁明」もしくは正編のどこかの箇所に関して、それが犯罪的あるいは不道徳であるとして非難された事柄は、並の能力があれば誰でも容易に反論できるものであったことにある。

とはいえ、私は、『蜂の寓話』の弁護論を書き、二年近く自分の手元に置いておいた。(2) その弁護論のなかで、『蜂の寓話』に記載されている見解に関して、あるいはそうした見解が他人に及ぼすかもしれない不利益に関してなされて当然と思われるあらゆる批判を列挙し、それらに返答するよう努めた。というのは、このことこそがずっと気がかりであったことであるからだ。私は、邪《よこしま》な意図を持って『蜂の寓話』を書いた訳ではまったくないので、この本が誹《そし》りを受けていることを大変残念に思っている。だが、本の出来映えの良し悪しに関しては、別段頓着している訳ではない。それ故、私の杜撰な議論の誤りを指摘したり、『蜂の寓話』について書き方が下手であるとか、そこには何も新しいことが書かれていないとか、支離滅裂な内容であるとか、言葉が粗野であるとか、ユーモアが低級であるとか、文体が下品で卑しいとか批判したりする批評家たち、そうした批評家たちはご随意にどんなことを言っていただいても一向に構わない。概《おおむ》ね、そうした批判は正しいと私は思っている。よしんば、それらがたとえ正当な批判でないにしても、私は敢えて反論を加えようとは思わない。というのは、著者が己れの才能を自慢することほど愚かな振る舞いはないと考えるからである。私は、気晴らしのために『蜂の寓話』を書いたのであるから、その目的を達成した。もし、『蜂の寓話』を読んだ人たちが、自分たちの目的を叶えることができなかったとしても、気の毒には思うけれども、その失望の責任が私にあるとはまったく思わない。『蜂の寓話』は請われて書かれたものでも、それがある利益や喜ばしいことを齎《もたら》すなどということをどこかで保証したものでもない。否、それどころか、まさにその「緒言」において、私は、『蜂の寓話』を取るに足らないつまらない著作と呼び、(3) その後、狂詩曲であると公に認めた。(4) もし、人々が、どのような本であるかを調べもせずに、あるいは、それがどんな内容なのかを知りもせずに買ったとして、その本が期待はずれであった場合、己れ自身を責めずして誰を責めるべきか、私には分からない。しかも、人々にとって、購入後に本が気に入らなくなることなどは、別段、珍しいことではない。著名人が、前もって、きっと気に入るであろうと最大限のお墨付きを与えた場合でさえ、こうしたことは時々起こることである。

先に指摘した弁護論のかなりの部分を、ずっとその公刊を期待してくれていた何人かの友人に見ていただいた。だが、活字や用紙が揃うのを待っていた訳ではないが、いくつかの理由があって、未だそれを公刊しないでいる。誰か他人の金銭的利害に関わりがある訳でもなく、また刊行に関して契約が結ばれている訳でもないので、その理由は胸の内にしまっておくことにする。私に対する敵対者のほとんどは、弁護論が公刊されたときには必ず、こんなに拙速に刊行するのかと思うであろうし、刊行が遅れることによって害を被るのは私自身だけなのである。

最初に攻撃を受けて以来、長い間、国民を堕落させ、ありとあらゆる悪徳を推奨しようという意図を持って『蜂の寓話』を私が書いたのだと、人々が何故《なにゆえ》に思うのかということほど、私を訝らせ困惑させるものはなかった。また、故意の誤解や意図的な悪意によるもの以外の非難の原因を探り当てるまでに相当の時間を要した。だが、『ベガーズ・オペラ』(5) の度重なる上演によって、人々が悪党や強盗の増加を真剣に心配することもあるのだということが分かって以来、悪徳が曝《さら》け出されるのを見て悪徳が奨励されているように思うようなトンチンカンな人間が、この世には実際に存在しているのだということを確信するに到った。私に敵対するある人たちが、「これまで、私は思うようには自分の虚栄心を抑制することはできなかった」(6) ことを「弁明」の中で告白したことに対して、私に対してひどく立腹しているのも、同様な邪な判断癖によるものであるに違いない。精神的弱さについて泣き言を言うのは、それを自慢するのと同じであると彼らが考えたに違いないことは、彼らの非難の中身からして明白である。だが、もしこれらの怒れる紳士たちが情念で目が眩むことがなかったならば、あるいはしっかりとモノを見る目があったならば、あまりにも高いプライドで悦に入っていない限り、私と同じような告白を自らがするためには、自分に正直さが足りなかっただけだということを容易に理解することができたであろう。誰であれ、自らの虚栄心を鼓舞したり、傲慢さを見せつけたりするのは、許しがたいことである。だが、ある人間が、非難されても当然であるような弱さの兆候を決して表に出さないように努めながら、己れの弱さを嘆き、その弱さを完全に克服する力がないと訴えるのを聞けば、我々は感情を害するどころか、彼の賢さに満足し、彼の誠実さを称賛するものである。このような著者が、同じような種類の著作において通常見られる以上に読者に対して丁寧に、他の人間ならばさんざん嘘をついて誤魔化すところを、それを虚栄心のせいにするとき、その著者の告白は一種の社交上の儀礼的な挨拶であり、その率直さは公衆への礼節、持ち前の謙遜としてのみ看做《みな》されるべきである。悪徳は、人間が感情に囚われるとか、人間本性の弱さに影響を受けるとかにその本質があるのではなく、理性の命令に反して、感情の誘惑に溺れ、感情に支配される点にその本質がある。自らの読者に対して大いに敬意を表するとともに、彼らの判断に恭《うやうや》しく従いながら、他方で、自分はまったくプライドに関わりがないと読者に言う者、このように言う者は誰であれ、社交上の儀礼的な挨拶を謙虚に述べたとしても、それを台無しにしているのである。というのは、そのように言うことは、一銭もいらない一種の自慢話に過ぎないからである。鑑識眼と僅かばかりの繊細さを兼ね備えた人物であれば、心の内にまったくプライドを欠いているようにはっきりと看て取れる人間の謙虚さに対しては、ほとんど心を動かされることはない。つまり、プライドの欠如が謙虚さという美徳を台無しにするのである。少なくとも、謙虚さという美徳の価値は、宦官の貞節や乞食の卑下の価値よりも大きくはない。よしんばそのとき、カトー(7)がそれほどには喉が渇いていなかったと思われたとしても、運ばれてきた水に口をつけなかったのは、彼の名声をどれだけ輝かしいものにしたことか。[8]

この『蜂の寓話』の続編において、読者の皆さんは、正編においては曖昧で、ただ暗示が与えられているだけの事柄を説明し、明らかにしようと努めたことを分かってくれるであろう。

この構想を練りながら、一方で、私はこの構想を実行する上で最も簡便な方法は対話による方法であろうという結論に達した。しかし他方で対話という手法は、さまざまな意見を検討し、さまざまな議論を整理するのには、最も不適切な書き方であると看做されていることも承知していた。偏頗な人間たちが敵対者をやっつけ、安直に打ち負かそうと思うとき、対話によって相手を攻撃することが、長い間、頻繁に用いられた慣わしであったからだ。対話の中で、議論に負けることになっている論者が、生け贄に捧げられる人身御供然として論争の冒頭に登場するけれども、その姿は、打たれるが打ち返さない、明らかに打ち倒されるために立たされた「告解火曜日」の雄鶏[9]と、ほとんど変わるところはない。こうした指摘が対話という方法に対してなされているが、この指摘は慥かに正当なものである。だが、対話ほどに高い評価を得た書き方もほかに存在しないということも、またそれと同じく真実である。対話を書くことにおいて他の誰よりも抜きん出ていたのは、あらゆる古代の哲人の中で最も有名な二人の人物であるプラトンとキケロである。[10]前者はほとんどすべての哲学的著作を対話の形式で書いたし、後者は対話以外に何も残していない。対話という形式を上手に活用できなかった人たちの失敗は、対話という書き方そのものにその原因があるのではなく、対話という方法の用い方にその原因があったのであり、明らかにその用い方を誤ったが故に不評を買ったのである。プラトンが語るところによれば、他のどのような書き方よりも対話の形式を彼が重んじたのは、こうした形式を用いることによって、事柄が語られているというよりも演じられているように見えるからだというものであった。その後、キケロによって、同じ指摘が彼流の言い方に鋳直され、同趣旨の内容で語られている。[11]対話形式に対する最大の反対理由は、実際のところは、対話を上手に書くことが難しいということにあった。プラトンの主要な対話の相手は、常に大いなる威厳を持って名声を博していた彼の師であるあのソクラテスであった。もし、プラトンがソクラテスと同じくらい偉大な人物ではなかったならば、臨機応変に、この並外れた人物に、いかにも彼らしく語らせることなどできなかったことであろう。

文字通りプラトンを真似ようとしたキケロは、さまざまな思想の持ち主として知られていた同時代のローマの何人かの最も優れた偉人たちを対話に登場させ、彼らが実際に行ったのであろうくらい熱心かつ積極的に、各々の思いを主張させ、弁護させた。だから、キケロの対話を読んだ人は、自分がさまざまな審美眼や学識を持った何人かの教養のある人たちと一緒に同席しているかのように想うかもしれない。だが、こうした出来映えの対話を書くには、キケロくらいの能力が必要なのである。ルキアノス(12)や古代の哲人たちの何人かも、対話の話し手に有名な人物を選んだ。聞き慣れない名前よりもこの方が、読者の関心を惹くということは間違いないからである。だが、登場人物が有名人でなかった場合は、著者が無謀な試みに手を染めたということが直ちに明らかとなる。こうした不都合を避けるために、ほとんどの現代の対話作家たちは、彼ら自身が考え出すか他人から借用した架空の名前を使うようになってきている。これらの架空の名前は、一般的に言えば、ギリシア語から採られ考え抜かれた合成語であり、命名される想像上の人物の名声不足を補い、支持する党派であるとか、好きなものや嫌いなものを暗示させるものでもあった。だが、巧妙に考案されたこれらの合成語のなかで、フィラレシーズ(13)という名前ほど、さまざまな思想や才能を持った多くの著者たちにとって、等しく魅惑的であったものはなかった。そして、この名前ほど人類が真理に対して遍く抱いている大いなる畏敬の念をはっきりと証拠立てるものもなかった。ここ二百年の間、注目すべき紙上論争が起こる度《たび》に必ず、両派とも、再三再四、この勝利を齎す闘士を登場させた。この闘士は、どちらの派の立場で闘おうとも、ドライデンのアルマンザー(14)のように征服者であり、常に向かうところ敵なしであった。だが、そうであったが故に、闘士に名前が付けられるや否や、一撃が加えられる前に、勝負の結果は分かってしまうのである。そうなれば、あらゆる人間すべてが物わかりがよいとは限らないので、多くの読者は払ったお金に見合う楽しみを得られないし、事前に多くのことが分かってしまうから楽しみが台無しだ、と不平不満を募らすことにもなる。こうした状況が暫く続いたので、著者たちは、登場人物の名前についてほとんど頓着しなくなった。こうした無頓着なやり方は、私にしてみれば、少なくとも他の方法よりも道理に適っているように思えるので、私もそれに従うことにした。それ故、対話者たちに付けた名前には互いに区別する意味しかなく、語の由来であるとか、語源などについては一切考慮することはなかった。私が名前付けに関して心掛けたことは、その名前の発音が耳障りではなく、その響きも不快なものではないようにということだけである。

　私が選んだ名前は架空のものであり、登場人物たちの境遇は想像上のものに過ぎないが、彼らの持つ特徴そのものは、でき得る限り人間本性を忠実に模写したものである。劇の登場人物につけた名前にちょっとした特徴を書き加えたという廉で、批評家たちが劇作家たちを非難し、そうすることは自分たちの楽しみを奪うことだと批判していることも、また役者たちがどんな役回りを担わされていようとも、自分たちにはご意見番を必要としないのであり、役者としての役回りを見つけ出すに充分な知識を自分たちは持っていると主張していることも、私は承知している。だが、私は、こうした非難を絶対に是認する訳にはいかない。というのは、一緒にいる仲間たちのことを色々と知ることに喜びがあると思うし、また、かなりの時間に亘って、彼らと語り合おうとしているとき、私ならば彼らとよりよく知り合いになりたいと望むし、それは早ければ早いほど良いと思うからである。こうした理由から、これから読者の皆さんを楽しませることになる登場人物たちについて説明することが適当である、と私は判断した。登場人物は上流社会《ボー・モンド》の人々であることになっているので、本論に入る前に、前置きとして上流社会なるものについて少々述べることに御寛恕いただきたい。というのは、恐らく、ほとんどの人々はそれが何たるかを知っておられると思われるが、すべての人間が必ずしも上流社会に関心を持っているとは限らないからである。キリスト教国の上流社会の人々の間には、無神論や公然たる無信仰に対しては当然にも嫌悪感を抱きながらも、ほとんど宗教心もなく、しかも彼らの生活を覗き込み彼らの気持ちを推察してみれば、かろうじて中途半端な信者と分かるような人々が存在している。上流社会の高尚な教育の主たる目的は、そうした教育によって与えることができる限りの多くの俗世における安楽と快楽を、上流社会の人々に手に入れさせることにある。それ故、上流社会の人々は、第一に、でき得る限り心を煩わせることなく自らの行動を他人にとって好ましいものにするさまざまな術を学ぶ。そして第二に、彼らは、でき得る限り少ない抵抗でこの世の楽しみを可能な限り多く手に入れるために、苦痛や苦労を避けるための知恵に関する教訓だけではなく、あらゆる優雅な快適な生活のための知恵も叩き込まれる。上流社会の人々は、人生における快楽一般を増大させるために互いに助け合いながらも、己れの私的利益に心を配る一方で、そうした目的を達成するためには、他人を少しでも不快にさせる傾向を持つあらゆる事柄は会話から除かれるべきであるということを経験から学ぶ。そして欠点とか欠陥、怠慢とか手抜かりのために人々を非難したり、彼らの本分が何たるかを自覚させたりすることは、親または本職の教師や家庭教師以外の誰もが引き受けることが許されない役目であり、公衆の面前ではこうした人たちさえ許されることではないのである。また、権限が及ばない他人を叱責し、教え諭そうとすることは、牧師であってさえ説教壇から離れれば作法を欠くことであり、もし彼が上品な説教者として看做されたいならば、説教壇においてさえ高圧的な話し方をしたり、憂鬱で陰鬱な事柄を話したりすべきではないのである。教会においてたとえどのような説教を拝聴しようとも、教会から一旦外に出たならば、来世への確信、悔い改めることの必要性や、キリスト教の本質に関わるその他如何なる事柄も、上流社会では決して口にすべきではない。上流社会ではこうした話題は感興をそそられるものではないのである。また、誰もがそうした話題について熟知しており、それ故に、そうした話題に用心深くなっていると思われる。いや、そのように考えないと礼を欠くことになる。流行《はや》っている礼儀作法というものが、あらゆる上流社会の今風の人々が則っている唯一ではないにしても主要な準則であり、彼らの少なからずの者が、互いに訪問し合って時々歓待し合わなければならないのと同じ理屈で、教会に通い聖餐を受けているのである。とはいえ、上流社会の最大の関心事は愛想がよく、育ちが良いと見られることにあるので、彼らのほとんどは、偽善者か偏屈者に思われることを恐れて、自らの良心に抗って、社会通念以上の篤い宗教心に囚われていると思われないように特に注意を払っているのだ。

　しかしながら、美徳という言葉は大変に流行っており、この上なく贅沢な生活をしている人たちのある部分は、この言葉の感じの良い響きをとても好んでいる。もっとも、彼らが、美徳という言葉によって意味させているものは、優雅なもの、もしくは崇高なものすべてに対する大いなる畏敬の念と、同様に、卑俗なもの、もしくは見苦しいものすべてに対する嫌悪の念に過ぎない。美徳というものは、自らに払われてしかるべき敬意と何らかの関係を持つ、礼節を厳に弁えあらゆる名誉の準則を厳密に遵守することに主として存している、と彼らは看做している。そして、しばしば飾り立てられた言葉でもって語られ、その価値の永遠性の擁護のために数限りない闘士たちが喜び勇んで武器を取るのは、この美徳という存在なのである。だが、こうした美徳の信者たちは快楽を自制することもないし、陰に陽に快楽を追求することもできる。そして、育ちの良いように見えることから齎される喜びのために、真の美徳への愛を装って本心を犠牲にするのであるが、そのことによってできることは、ただ悪徳の帯びている外面的な醜さを何とか糊塗することだけなのである。また、人々に自戒自重を強いるとか、美徳は自己抑制を必要とするなどと主張することは、馬鹿げたことだとされている。あらゆる宮廷学者は、禁欲的であるとか不快であるものは魅力的でも望ましいものでもあり得ないということに関して、皆同意しているのである。上流の階級というものが男たちに求める節操とは、人前での美しい女性に対する礼儀に適った作法とか、言葉と行動の両面において不快感を与えない振る舞い方だけなのである。ある人間がたとえ私生活においてどんな勝手な振る舞いをしようとも、不躾なほどには詮索好きな人は別として、その他のあらゆる人々の目から情事を隠し、不道徳なことが何も立証されることがないように注意を払いさえすれば、彼の評判は決して悪くなることはないであろう。「潔白でなければ、よくよく用心せよ」というのが、誰もが心に思うことを的確に示した教訓である。情欲を抑えられないのは罪であるとされてはいるが、一度も身に覚えがなかったなどと言うのは、三十歳以下の独身男性にとって、また慎ましいご婦人にとってさえ、好ましい徳性ではないのである。

世の中の人々は、褒められたいが故に、常に真の有徳の徒であると看做されることを願う。またそうであるが故に、彼らにとって、眼前でなされている公然たる悪徳やあらゆる侵害は、憎むべきものであり許しがたいものとなるのである。ある男が真っ昼間の公道や大切な集まりで酔っ払っているのを見ることが耐えがたいことになるのは、そうした振る舞いが明らかに国民大衆にとって誰もが持たねばならぬとされている規範の逸脱であり、配慮の欠如であり、義務の怠りであるからだ。また、卑しい境遇の人たちが、そうした余裕がないにも拘わらず飲酒に時間とお金を費やせば、同様に非難されることであろう。だが、暴飲それ自体は、以上のことやあらゆる世間の配慮すべき事柄に抵触しない限り、たとえそれが罪であり神に背く行為であったとしても、非難されることは滅多にないであろう。財産のある人たちは、さまざまな時間と場所で、いろいろな仲間たちと痛飲をしたということを躊躇《ためら》わずに認める。淫らな場合や、過度に贅沢な場合でなければ、酒を飲み談笑をする目的で集まる社交界の人々は、ほとんど一年中、二十四時間のうち五、六時間をその気晴らしに費やしていたとしても、自分たちの時間の過ごし方は他のどのような過ごし方よりも罪にならないものであると看做すのである。また、大酒を飲まないということで良き友であると評判を得るような者は誰もいない。もしある男の身体が強健で、飲み過ぎに気をつけているために、夜通し酒を飲んだとしても翌日二日酔いで体調を崩すようなことがない限り、たとえその男が毎晩のように酒を飲むことを楽しみにし、毎日酔っ払ってベッドに入ったとしても、最悪でもほどほどの酒好きであるという程度のことを言われるだけである。

強欲は一般に嫌われるというのは真実であるが、人間はお金を掻き集めることによってと同様に、それを貯め込むことによっても、おそらく強欲の罪を犯しているのであろうから、富を手に入れるための浅ましく理屈に合わない手段は、それを蓄えるための卑劣で、吝嗇《けち》で、軽蔑に値する方法とともに等しく非難され、人の逆鱗に触れてしかるべきである。だが、世間というものはもっと寛大である。たとえ所有地の地代を常に引き上げ続け、小作人たちが彼の下ではほとんど暮らせないようにする者であっても、また、たとえ高利の貸し付けや、他人を窮乏化させることになる強奪によって得られる残忍な利益によって金持ちになった者であっても、さらにはたとえ悪辣な金貸しであり不幸な人々への無慈悲な貸し手のような者であっても、上流社会に準拠しようと何事も豪華絢爛に暮らそうとする人は誰もが、強欲であると非難されることはないのである。皆、同じことなのである。

他人を大いにもてなし、自らのような境遇にいる人間にとって相応《ふさわ》しいと想う当世風のものを家族に与えようとする者は誰もが、強欲であると思われることはないのである。如何にしばしば、我々は大変な資産家がより巨万の富を途方もなく渇望し追い求めているのを目の当たりにすることか！　人々は自らの役得を殖やそうとするときに、なんという貪欲さを見せることか！　如何に見苦しい謙《へりくだ》りが金銭的利益に関わる地位を手に入れるためになされることか！　年金がなくとも生活できる人々が、年金ほしさになんと浅ましい陪従《ばいじゅう》をし、なんと低劣な服従や卑しい追従をすることか！　だが、こうしたことは人間にとって不面目なことではなく、彼らの敵であるか、あるいは彼らを妬む者とか、恐らく彼らに不満を持っている者や貧乏人である以外の誰からも非難されることはない。それどころか、裕福な生活をしている育ちの良い人々のほとんどは、彼らの勤勉と活躍を褒め称え、絶好の機会をものにし、家族のために精を出し、世の中で生きる術をよく弁《わきま》え、世の中によく適応して生きている人間である、と彼らのことを言うであろう。

こうした思いやりのある解釈はキリスト教の実践にと

って有害ではある。だが、そのことは、巧みな教育によって人間は自らの種を高く評価すべきであると教えられ、そうした教えが誤解され、キリスト教の教義の信仰に与える影響ほどには有害ではない。我々人間が動物一般に対して保っている顕著な卓越性が、我々の論理的思考力にあることは慥かに真実である。だが、我々が己れを称賛するように教われば教わるほど、我々のプライドはますます増長し、論理的思考力を一層誇示するようになるということもまた同様に真実なのである。というのは、経験が教えるところによれば、自分自身の価値に対して人間が抱く称賛の念が並外れたものになればなるほど、腹を立てずに侮辱に耐えることは一般にますます困難になるからである。それと同様に、自らの優れた資質つまり論理的思考力に関して人間が抱く思いが堅固なものになればなるほど、その能力を侮蔑、もしくは否定するように見える如何なる事柄に対しても一層同意しなくなり、嫌悪するようになるのである。ある人間に、彼が理解できない事柄を認めるように頼むと、プライド高き思弁家は人間の理解力に対する侮辱であると言うのである。安楽と快楽が上流社会の人々の大きな目的であり、また礼儀正しさというものが彼らの振る舞いと密接不可分なものであるので、彼らが信仰の徒であろうとなかろうと、良い生まれの人たちであれば、自分たちを育ててくれた宗教に対して決して異議を挟むことはない。彼らは、自らが慣れ親しんできた宗教的礼拝におけるあらゆる儀式に喜んで参加し、『旧約聖書』に関しても、『新約聖書』に関しても、他人と一切議論をしないであろう。しかも、たとえキリスト教の教義や奥義について大いに力説するのを慎み、天地創造の物語や、生来の知恵によっては理解も説明もできないすべてのものに関しては寓話的もしくは比喩的な意味を付すことを認めてやってさえ、一切議論をしないのである。

あらゆるキリスト教国における上流社会の者たちのなかには、私がこれまで述べてきた者たちよりも厳格な有徳の徒や宗教上の廉直の徒が多く存在していることを私は確信しているが、人類のかなりの部分がこれまで私が描いてきた姿と大いに類似していることも、賢明で偏見のない読者の皆さんに訴えたい。ホレイショ、クレオメネス、フルヴィアは、私が対話者に名付けた名前である。最初のホレイショは私がこれまで述べてきた上流社会の人物の一人であるが、どちらかと言えば道徳という点で良い部類を代表している。とはいえ、彼は、他の如何なる職業の人々の誠実さよりも牧師の誠実さをまったく信じていないように見えるし、また、「どんな宗派の聖職者も皆同じである」という、インチキで有害であるだけではなく、陳腐であるがもっともらしくもある警句で表現される見解の持ち主のようにも見える。彼の学識について言えば、古典にはかなり精通しており、大資産家の家に生まれついた優秀な部類の人々が通常読んでいるよりも多くの本を読んでいると、想像される。彼は慈悲深い人間であるだけではなく、きっちりと名誉を重んじる人間であるとともに正義の人でもあり、また強慾であるというよりもむしろ無欲恬淡の人であり、その考えにはまったく私心がない。彼は外国に出かけ、世界を見聞するとともに、まさにこれこそ紳士の典型であるという評判を人々に通例もたらすことになるような嗜《たしな》みを備えている、と考えられる。

クレオメネスもホレイショのような人間であったが、その後大いに悔い改めた。海外旅行以前には、彼は、ただ自分自身の愉しみだけのために、解剖学や自然哲学のいくつかの部門をちょっとかじったのであるが、旅行から帰国してからは、人間本性について探求するとともに己れ自身についてもあれこれと色々と思索を巡らすようになった。彼は、暇な時間を大方このように使ったが、そうこうしている内に『蜂の寓話』に出くわし、読んだ内容を正確に咀嚼し、世の中において見聞したことや彼自身が心の中で感じたことと、この本の中で開陳されている意見とを比較し、人間の持っている偽善性というものはこの本で述べられているが如く、まったく普遍的なものであることを理解した、と想像される。また、彼は心の内の真の欲望を一般に覆い隠すために用いられる弁解や言い訳を好ましいものとは思っていなかった。自分たちの努力の最大の目的は、この世においては他人に善行を施し、神に対してはもっと感謝する機会を持つことだと主張しながら、俗事を好み富と権力を摑もうとしている人々の誠実さを、彼は常に疑った。彼らが、上流社会に追従し、当世風の生活様式を楽しんでいるように見える場合には、とくにそうであった。福音書を読み、かつ、それについて熟考していながらも、思いっきり世俗的な栄光を追い求めたとしても、人々は敬虔なキリスト教徒にもなり得るなどと訳知り顔で主張する人たちも、彼は同様に疑った。クレオメネス自身は、聖書を神の言葉として無条件で信じ、聖書に含まれている歴史的な真実だけではなく、神秘的な真実も同様に完璧に信じた。だが、彼は、キリスト教の真実性もこの宗教の戒律の厳しさもよく承知していたので、己れの情欲を強く抑え込もうとする一方で、生身の人間であるが故に覚えざるを得ない煩悩は防ぎようがないとぼやきながら、そうした情欲や心の内部から湧き上がってくる激しい抵抗を抑え込む力が自らに不足していることを些かも躊躇うことなく認めた。また、彼は福音書が課している務めが困難なものであることを充分理解していたので、己れの目的のためにそれを過小評価しようとするあの能天気な決疑論者たち[15]に対しても常に反対した。そして、人間が安楽に暮らし続け、この世の栄華の分け前を貪り求めている限り、神に対する人間の感謝の念は受容され難い捧げ物であると声高に主張した。上流社会の人たちが互いの関係の危うさを常に糊塗するために用いる大変丁寧な物言いや慇懃《いんぎん》さの内に、そしてまた紳士たちの立ち居振る舞いのほとんどすべての内に、外見と心の中で感じているものとの間の不一致が存在しており、そのことが彼らを高潔さや誠実さと無縁なものにしているのだ、と彼は考えた。また、あらゆる宗教的な美徳の中で、キリスト教徒の謙譲の美徳ほどに滅多に存在せず手に入れるのに困難なものはないし、またそこに至る可能性を打ち砕くのに、所謂《いわゆる》、紳士の教育ほど効果的なものは存在しない、と彼は考えた。さらにこうした紳士の教育という手段によって、人間がプライドのあらゆる表徴をより巧妙に隠すようになればなるほど、人間はそれだけ心の中では完璧にプライドの虜になるのだということが、クレオメネスの意見であった。他人からの称賛によって生じる無上の喜びについて、また、良識や思慮分別のある人間がその行いによって手に入れる目に見えない報酬について、さらにそうした実体のない褒賞を人間にとって斯くも魅惑的なものに仕向ける根本は何かということについて、彼は注意深く考察した。たとえば、家具の好み、もてなしの洗練さ、馬車や衣服娯楽の優雅さ、家づくりに示された趣味の良さといったような、何であれ人々に関連があるものが称賛され、推奨されるとき、彼は当該人物の顔つきや動作をよく観察し、念入りに調べた。

クレオメネスは慈悲深く、また厳格な倫理観の持ち主であったが、自分はキリスト教徒としての美徳を何一つも身につけていないとしばしば自責の念に駆られていた。また彼は、善良そのものに見える自らの行為を、その行為が悪しき動機によって促されているのを自覚しているからという理由で、自ら咎め立てた。教育の影響と自らの不名誉への嫌悪が強いお陰で、彼は堕落から身を守ることができたのであるが、彼はこのことを虚栄心の所為《せい》にした。彼の不満は、虚栄心が彼の心を完全に支配しているため、虚栄心を排除できたうえでの欲望の満足を知らないということにあった。立ち居振る舞いがどんなときでも非難されるような人間ではなかったことと彼の信条の誠実さのために、外見上の行為に心の兆候が現れることはなかったが、心の内で密やかに自己反省をすることを止《や》めることはなかった。彼は狂信からほど遠い人間であり、生活も静穏そのものであった。彼は敬虔な信仰心を振り回すこともなく、途轍もない罪を犯したこともない。彼はあらゆる種類の厳粛主義者《リゴリスト》[16]を徹底的に嫌った。教義の表現や曖昧な箇所の解釈を巡って人々が論争し、議論の余地がある事柄に関して彼ら自身の意見に厳格に従うように他人を強いるのを見るようなとき、また彼らの大部分が慈善心を欠き、彼らの多くが最も平明で最も必要な義務に呆れ果てるほど怠慢であるのを目にするとき、彼は激怒した。彼は人間本性の探求に心血を注ぎ、人間本性の中にプライドと偽善心を見つけ出し、彼の親しい友人たちの心の内にある偽善心の奸計《かんけい》とプライドの途方もない力を暴くためにあらゆる手段を講じた。世俗的な楽しみによって齎される満足というものは、感謝とは違った、また宗教心とも異なったものであることを、彼は確信していた。満足は心の内に生じるものであるからそこに満足の核心があることを、彼ははっきりと見抜いていた。生きることの妙味は、生存そのものと不可分に思われる精神の高揚にあるのだと、彼は言った。如何なる原動力が精神の高揚の原因であろうとも、福音書が要求する心を捧げよとは、こうした原動力を完全に根絶させることにあることを、彼は心の中で確信していた。そして同時に、自らの心の内に見出されるこうした満足、あるいはこうした精神の高揚こそが、彼の主要な喜びの源泉であり、生きる上でのあらゆる慰安の内で喜びの最大の部分を構成しているという事実を告白していた。

クレオメネスは、この世に対する執着は生きている間は失うことはないであろうという恐れを、常々嘆きながらも認めていた。その理由として、世俗的人間たちの生き方に対して大いなる尊敬の念を持ち続けていること、また御しがたい心の頑迷さがプライドを感じる対象を変えさせることはできず、幼少の頃から誇るべきものとして教えられてきたものを恥じるのを拒んでいること、そして最後に、侮辱にじっと耐え、それが如何なる理由であれ、如何なる思惑であれ、冷笑され見くびられるのにじっと耐えることが自分にはできないのを自覚していることを、彼は挙げた。こうしたことが、上流社会とのあらゆる交際を断ち、自らの生活様式を完全に変えることを妨げている障害であると、彼は述べた。こうしたことをしないで、世を捨て、この世のすべての虚飾と虚栄に別れを告げると述べたところでお笑い草であると、彼は考えていた。

三番目の登場人物であるフルヴィアの役割は、取るに足らないものであり、ただ「第一の対話」に登場するだけである。だから、彼女の役割を述べたりして、読者を煩わすのは礼を欠くように思う。とはいえ、私は、絵画とオペラについて述べようと思っているので、その際、彼女を登場させた方が、彼女なしの場合よりも自然で、スムーズに話が進むと考えた。ご婦人方には、彼女があまり発言しないからといって、彼女が美徳とか理解力に欠けているなどとは疑わないように願いたい。

『寓話』、あるいはホレイショとクレオメネスとの間の「第一の対話」の誘因となったと思われるものは、以下のようなことである。ホレイショは、我がシャフツベリー卿(17)の文体の優雅さ、気の利いた揶揄、美徳と礼儀が調和した態度に大変ご満悦であり、また社会制度の在り方に関しても一家言ある男であった。また彼は、多方面から大変恥ずべき評判を聞いている『蜂の寓話』のような本を、どうしてクレオメネスが擁護することができるのか訝しく思っていた。他方、ホレイショが大好きで、彼と大変懇意にしていたクレオメネスは、彼に真実を悟らせたいと願っていた。しかし、諷刺を毛嫌いするホレイショは、先入観に囚われていたために、『蜂の寓話』では武勇や名誉まで冷笑されていると聞かされ、この本の著者と彼の構想全体に対して大変憤慨していた。また、ホレイショは、この問題に関してクレオメネスが他人と論じ合っているのを二、三回聞いたことがあったが、彼自身は決して議論に加わろうとはしなかった。だが、友人であるクレオメネスがしばしば議論に加わるようにと言い張るので、彼に対してよそよそしい態度を採るようになり、仕舞いには二人だけで居るのを避けるようになった。とうとう、ある日のことホレイショが挨拶回りにクレオメネスを訪れ彼に別れを告げたとき、クレオメネスは、読者にもそれと分かる策略を弄して、ホレイショを議論に誘い込んだのだ。

公正で良識のある人間が、世の中に自分の考えを公表する手段として私が用いた対話という方法に文句をつけるのを見ても、驚くに値しない。というのは、自分自身で満足できる弁明をするのには、どのような方法を採るべきか私自身判然としないでいることを認めざるを得ないからである。クレオメネスのような人間が、自分自身の意見と合致した本に出会って、その著者に会いたいと思うことは、充分あり得ることであり、見苦しいことでもない。とはいえ、対話者たちが誰であれ、対話を書いたのは私自身であり、しかも、私が自分自身の著作について、恐らく私の友人であったならば言っても許されるようなことを公にするのは、どう考えても作法に反すると異議を申し立てられることであろう。まったくその通りであり、恐らく、それに対してでき得る最良の回答は、ここで描かれているクレオメネスのような公平で真理を愛する人間であれば、自分自身の功績を述べる場合と同様に友人の功績を述べる場合においても慎重であるだろう、ということである。また、ある男が著者の友人であると自称し、互いにまさしく同じ考えを共有していると公言するならば、当然、どんな読者も用心深くなり、著者に対してと同様にそのような人間に対しても疑わしく思い信じなくなるであろうという厳しい指摘もあるであろう。ともあれ、こうした対話という書き方に対してたとえどんなに素晴らしい弁明がなし得たとしても、有名なガッサンディ[18]の素晴らしい先例がなかったならば、私は敢えてこうした書き方を採用することはなかったであろう。ガッサンディは、いくつかの対話とその中の主要人物である友人の助けを借りて、彼の学問体系を証明しただけではなく、彼の敵対者をも論駁した。ガッサンディに私は従っただけなのである。また、こうした方法によって、私自身を褒めあげる機会を事実上手に入れることができたとしても、そのようなことをしたり、その機会を悪用しようと思ったりしたことはなかったと、読者の皆さんが了解されることを望みたいのである。

　クレオメネスは私の友人であり、また、私の考えを代弁してくれるという想定になっているのであるから、彼が開陳しているすべての事柄は、私自身の主張であると看做されたとしても何の問題もない。しかしながら、クレオメネスの論争相手であるホレイショが述べているすべての事柄に対しても、同じように責任が私にあるなどと真面《まとも》な人物であれば誰も思わないであろう[19]。たとえホレイショが、自由思想を感じさせるような事柄とか、あるいは異議を挟める余地がある事柄を何か主張し、それに対してクレオメネスがもっと効果的な方法で叱責しなかったり、あるいは可能な限り説得力がある仕方で反論をしなかったりしたとしても、それは私の手落ちなのであり、それ以上の意味はない。とはいえ、『蜂の寓話』の被った不運からも分かるように、『蜂の寓話』の場合と同じやり方で、いくつかの事柄が実際になされている応答を無視して、そこだけを転写し引用され、恰も私の言葉として、あるいは私の意見として、すぐに世の中にまかり通るのを目の当たりにすることになるであろうと思う。また、こうしたことをされる機会は『蜂の寓話』の場合よりも、本書『続・蜂の寓話』の場合の方が多いであろう。だが、万が一、私が常に公正な扱いを受け、何の策略もなく私の文章を引用し、公正な態度で私と対峙しようとする敵対者だけから攻撃されるのであれば、私はかなり厳しく論駁されることになるかもしれない。そうであれば、これまで私が主張し、一貫して信じるほか術がなかったいくつかの事柄に関する考えを、自ら悔い改めることになるかもしれない。

「緒言」に続く「対話」の中に、読者が時々見出すであろう「――」という具合に描かれた一本線は、話し手が何か言おうとして続けられないときの中断の印か、さもなければ、対話と無関係なことが何か語られたか、あるいはなされたかを暗示する休止の印である。

本書においても、『蜂の寓話』という名称で知られている前著において扱われた主題を変更することはなかったし、また真実を求めて人間と社会の本質を考察しようと前著において用いたのと同じく公平な方法を、本書においても採用している。だから、本書に別のタイトルを付ける必要はないと考えた。また私自身は簡素を旨としており、しかも私の創案がこの上なく実り多いものとはとても言えないので、読者の皆さんが、本書のタイトル・ページが、あまりにも素っ気なく、垢抜けしない点や、際立って味気ないことを許してくれればと願う。

この辺で、私は、すでに長すぎると充分に自覚している「緒言」を終わらせたかったのであるが、数ヶ月前に、誤った噂が大変勿体ぶって捏造され、かなりの間、多くの新聞によって精力的に拡散されたために、世の人々に大きな誤解を与えてきた。このことに関して、世の人々に話しかけているこの機会に、しかも彼らの誤解を解くことができる唯一の人間である私が、彼らを誤りに導かれたままでみすみす放置しておくことは、彼らに対する許しがたい怠慢であると考えた。一七二七－八年[20]三月九日土曜日の『ロンドン・イヴニング・ポスト』紙上の国内ニュースの最後の欄に、次のような記事が小さなイタリックで印刷されていた。

今月一日金曜日の夕方に、身なりの良い一人の紳士が、セント・ジェームズ宮殿の門前の大篝火《かがりび》[21]のところに現れ、私は『蜂の寓話』と題された本の著者であると名乗り、このような本を書いて申し訳なく思ったと告白した。さらに、彼は以前の約束[22]を持ち出し、「私の本を焼き捨てよう」とはっきりと述べ、その通り本を火の中に放り込んだ。

翌週の月曜日、同じニュースが『デーリー・ニュース』で繰り返され、その後かなりの間、すでに指摘した如く大変多くの新聞紙上で再録された。(23) だが、先に指摘した土曜日(このニュースが引用した通りに印刷されたのはこのときだけであった)以降は、常にその記事に少々の追記が付け加えられ、次のような広告に(その前に「注意せよ」と記され)添付されていた。

『アレテ・ロギア(美徳論集)――もしくは美徳の起源についての一考察』

本書では、『蜂の寓話』の著者によって拾い集められ、要約されているようなマキャヴェリ、ホッブズ、スピノザ、ベール氏などの誤った考え方が検討され、論駁されている。さらに、永遠で不変な自然法と美徳の義務について言及され、立証されている。本書には、『蜂の寓話』の著者宛の書簡という形式で、冒頭に「序文」が付けられている。ウエストミンスター区セント・マーガレット教会の副説教師アレクサンダー・イネス(24) 神学博士著。

件《くだん》のニュースがこの広告に添付されるようになった後、このニュースに付け加えられたと先に指摘した少々の追記は、「上記の本を読んだところ、」という僅かばかりの言葉から成っており、「このような本を書いて申し訳なく思った」という一文の前に挿入してあった。この話は新聞紙上で度々繰り返され、一度も公に否定されることがなかったので、あり得ない話であるにも拘わらず、多くの人々は真に受けて信じたと思われる。だが、そのニュースが二度目に公表されたときに追記がなされていることを知ればすぐに、かなり注意力に欠けた人間であっても記事全体に疑いを抱いてしかるべきであろう。というのは、この追記が広告の後に来るので意味は了解できるにしても、後悔している紳士がこの言葉を発したなどと主張することはできないからである。というのは、彼がその本の名を間違いなく言ったとしても、また仮に彼が『美徳論集』すなわち牧師イネス博士の新著を読んだ結果申し訳ないという思いが生じたと言ったとしても、彼の告白の最も重要な部分が、身なりの良い紳士の言動が実に慎重かつ正確に書き留められているように見えるニュースの最初の公表時に割愛されていたのは、如何にも奇妙なことであるからだ。しかも、我が新聞記者たちが大いなる勤勉さと全般的な知性の持ち主であることは周知のことである。もしも上記のような茶番劇が実際に演じられたのであり、指摘したような言葉を発し、本を火の中に投げ込むために男が雇われたとしても（そうしたことは充分あり得ることだと思うが）、三月一日に、斯くも公然と斯くも多くの目撃者の前でなされた、斯くも注目すべき事柄が、九日以前の如何なる新聞にも一切取り上げられることなく、その後も、イネス博士の本を推奨するための広告の追記としてしか再録されることも言及されることもなかったことは、如何にも奇妙なことと思わないか？

　しかしながら、この話は大いに世評に上るとともに、私の知人の間でも笑いの種になり、何人かの知人にそれは出鱈目の話であると告発すべきであると、一再ならず熱心に勧められたのであるが、数年前に気の毒にもパートリッジ博士[25]が自分は死んでいないと切々と訴えたために笑いものにされたことがあったので、私もそうしたことを危惧して知人たちの勧めに応じなかった。この間ずっと真相は藪の中であり、この報道が如何にして世に出たのか、あるいは、それに信憑性を与えたのは何なのか、誰もが分からなかった。ところが、ある夕方に、私の友人が、私がそれまで一度も目を通したことがなかったイネス博士の本を借りてきて、その本のなかにある次のような一節を私に見せた。

> だが、それはそうとして、私の記憶が正しければ、あの独創的なロー氏[26]は、貴方の『蜂の寓話』についての論評において貴方が行った約束を想起させている。その約束によれば、もし、その本の中に不道徳の傾向や退廃的風潮が見出されるならば、貴方の敵対者が指定するご随意の場所と時間に、貴方は自らの手でその本を焼き捨てなければならないことになっている。私はその紳士を個人的には存じ上げてい

ないけれども、彼に対しては大変敬意を払っている。だが、貴方のような主義の持ち主が約束にとらわれるなどと信じる、この紳士の極端な軽信とお人好し振りに対しては非難せざるを得ない。私であれば、貴方のことをよく存じ上げているので、簡単に騙されることはない。そこでもし、貴方が固い決意を押し通し、その本を焼き捨てると言うのであれば、私は、三月一日、セント・ジェームズ宮殿の門前をその場所として指定したい。というのは、その日はこの世で最善かつ最も栄光ある王妃の誕生日(27)であるとともに、貴方の本を焼却することは、国王の臣下たちを主義・信条という点で腐敗させ堕落させるよう努めたことへの貴方ができる最小限の償いであるからだ。さてそこで、このことに同意するのであれば、貴方が友人に事欠くことなく、貴方の手助けをするとともに著者である貴方をも同時に火の中に投げ込んでくれるような、慈善心のある友人たちを見つけられないようなことがないよう望んでいる。私の考えでは、そうすることが、その日の儀式を完全なものにすることになるからである。(28) 貴方の患者ではなく、(29)
貴方の忠実な下僕

イネス博士が、『美徳論集』において、『蜂の寓話』の著者宛の手紙という形での「序文」であると得意げに称しているものは、こうした形で終わっている。またこの「序文」は、「A・I」と署名され、「ウエストミンスター区トット・ヒル・フィールズ、一七二七−八年一月二十日」という日付が付いている。

これですべての謎が解けた。賢明な読者は、ここまで読めば、これ以上の説明を必要としないことをきっと認めてくれることと思う。だから、これ以上この本については何も言及する心算はない。私の主義・信条をよくご存じのようであるこの本の著者である牧師については、ここで私が引用した事柄から察する以外に、その人物について、また彼の品性について知るという栄誉に浴してはいない。だが、「足からヘラクレスを知る」(30)ことはできる。

二　ホレイショとクレオメネスとフルヴィアとの間の第一の対話

クレオメネス　いつも忙しそうだね、ホレイショ？

ホレイショ　申し訳ないが、出かけなくちゃならないのだけれども。

クレオメネス　私とした約束よりも大切な約束がほかにあるのかな。君の気持ちが変わったかどうか分からないけれども、私には推し量れない何か心境の変化が君にあったように思えるよ。私は、世の中で君との友情を一番大切にしているし、君と一緒にいたいと思うのに、どうしてなのかな。正直に言えば、君は何か魂胆があって私を避けているなと、時々、思うことがあるね。

ホレイショ　クレオメネス、君に無礼を働いていたとすれば申し訳ない、謝るよ。けれども、私は、毎週欠かさずに表敬のために君の家に寄っているし、寄れない場合は、いつも君の安否を尋ねるよう使いを出しているだろう。

クレオメネス　無論、礼儀正しさという点でホレイショに勝る人間は誰もいないさ。けれども、我々のように気持ちが通じた長い付き合いには、儀礼的な挨拶以上の格別な何かがあってしかるべきだと思うがね。最近、訪《おとな》いをいれると、決まって君は留守か多忙かのどちらかだね。しかも、ここでお目にかかれるという光栄に浴したときでさえ、君はすぐに出かけてしまう。偶《たま》には、ご無礼を許してくれれば有り難いね。今、たかだか一、二時間の間、私と付き合うのを君が避ける理由は何なのかね。従姉妹は出かけると言っているし、私は一人ぼっちになってしまうのだよ。

ホレイショ　それは、君の思索の邪魔をしないほうが良いと思うからさ。

クレオメネス　思索だって！　何のことだよ？

ホレイショ　最近の、君がお気に入りの高尚な見方からの、人間という種の下劣さについての思索さ。私は、そうした見方は邪悪なものだと思っているが、こうした見方の熱心な支持者たちは、もっぱら人間本性のすべてをでき得る限り醜悪で卑劣なものとして見せようと努め、人間は悪魔であるということを納得させるために尋常ではない努力をしているね。

クレオメネス　何だ、そんなことか、そんなことなら、訳なく君を説得することができるよ。

ホレイショ　お願いだから、説得なんてしないでくれ。この世には悪もあれば善もある、また正直、博愛、慈悲という言葉どころか、慈善心という言葉でさえ空虚なものではなく、『蜂の寓話』の言い分にも拘わらず、私はそうした美徳は実際に存在していると確信しているよ。人類の堕落や邪悪な時代状況に抗して、このような美徳を現に備えた人間たちが存在していることを、私は信じようとしているのだよ。

クレオメネス　分かった、けれども、君は私がこれから何を話そうとしているか分かっていないよね。私は

――

ホレイショ　そうかもしれない。だが、私は君の言うことを一言も聞く気がないのだよ。君が何を言ったって無駄だし、私に言いたいことを言わせてくれないなら、今すぐ、出かけるよ。あの実に忌々しい本が君を魅了し、君が友人たちからの称賛を手に入れる所以《ゆえん》となった、まさにあの美徳の存在を君に否定させたのだ。君も知っての通り、こうした物言いは普段の私の言い方ではない。こんな辛辣な言い方は嫌いだけれど、あらゆる人間を上から見下し、美徳や名誉を笑い飛ばし、アレクサンダー大王を狂人と呼び[1]、国王や君主に対してさえ、人々の中で最も卑しい者に対してと同じくらい容赦しないような著者に対して、どんな敬意を払う

ことができるというのかね、あるいはどんな敬意を払うべきなのかね？　この著者の哲学の本分はまさに紋章院(2)の本分と真逆だね。というのは、紋章院では、卑しく無名な人々のために、絶えず工夫をして高貴で輝かしい家系を見つけようとしているのに対して、君の敬愛する著者は、価値があり褒《ほ》むべき行いに対して卑劣で軽蔑すべき原因を常に探し求め、捏造しようとしているからだよ。それでは失敬するよ。

クレオメネス　ちょっと待ってくれ。私も君と同意見だよ。私が君を説得しようと言ったのは、君が実に正確に白日の下に晒してくれた愚かな考えから、どのようにして私が完全に立ち直ったかということについてだよ。私はそんな誤った考えはとうに捨ててしまったのさ。

ホレイショ　本気かね？

クレオメネス　誰よりも本気だよ。社会的美徳に関して、私ほどうるさい人間はいないし、私ほどのシャフツベリー卿(3)の賛美者がほかにいるかどうか、大変疑わしいことだと思うよ。

ホレイショ　まず私くらいのシャフツベリー卿の賛美者になり、その後お好みのままに熱心な賛美者になってくれればうれしいよ。あのような過激な議論をすることによって、君がどんなに多くの敵を自らつくったかを知ったときに、私がどんなに悲しんだか、クレオメネス、君には分からないだろうね。本気であるならば、どうして考えが変わったのか教えてくれるかね？

クレオメネス　それは第一に、皆を敵に回すことに疲れてきたのだよ。そして第二に、別の説の方が議論の展開の余地をより多く持っているからだ。また、そうした説に則った詩人や雄弁家たちは、自らの力量を発揮する良い機会に恵まれてもいるからね。

ホレイショ　君は目が覚めたと強調しているが、それは大変疑わしいものだと思うよ。そもそも君が信奉していた元の説が誤りであったと、君は確信しているのかね？　もっとも、皆が君に反対しているのを見れば容易に分かるだろうけれどもね。

クレオメネス　間違いなく誤りであったと思うよ。だが、君が誤りだと申し立てるだけでは、それが誤りであるという証拠にはならない。というのは、君が正当にも不埒な体系と呼んだ説に人類の大部分が反対しなかったとしても、その体系自身が想定している程には、偽善が一般的である訳ではないからだ。だが、私は、この説の誤りに目覚めてからこのかた、真実とか蓋然性なんていうものは、この世において最も馬鹿げたものであるということが分かってきたよ。そんなものは、とりわけ炯眼な人たちにとってみれば、無用の長物だね。

ホレイショ　私は君のことを、どんな改宗者であるか考えたことがあったが、今度は、どんな新しい狂気が君に取り憑いたのかね？

クレオメネス　狂気などではぜんぜんないよ。崇高なるものに関して言えば、それは真実などというものとまったく関係ないものであり、また探究心旺盛な学識豊かな人たちに相応《ふさわ》しい学問や芸術分野において、真実が快いものに抵触するような場合は、その道の大家にとって、真実に固執したり、それによって判断が左右されたりするくらいに許しがたい誤りを犯すことはないのだと私は主張するし、これからも世の人に対してそのように主張し続けようと思っているよ。

ホレイショ　認めたくない真実か、そうかな——

クレオメネス　あのオランダのキリスト降誕の図を考えてみたまえ。その絵にはなんと素敵な彩色が施されていることか！　なんと素晴らしい絵柄であり、大層入念に仕上げられた絵画として輪郭がなんと適切であることか！　とはいえ、秣《まぐさ》や藁や家畜や、さらには秣桶や秣棚まで描くなんて、画家は何て愚か者だったであろうか！　彼が秣桶に赤ん坊を入れて描かなかったのは不思議だな。

フルヴィア　赤ん坊ですって？　あぁ、例の子供のことですね。でも、赤ん坊は秣桶の中にいるべきなのに、なぜ、そうでないのですか？　だって、その子供は秣桶の中に置かれていたと、史実が我々に教えていませんか。私には絵心はありませんが、事物が実物とそっくりに描かれているかどうかは判断できます。間違いなく、その絵に描かれている牛の頭は実物にそっくりですよ。絵というものが私を最も愉《たの》しませてくれるのは、画家が描こうと努めた事物を、何の斟酌を加えることもなく、実際に見ていると私が思えるほどに、絵画の技巧が私の目を騙すときなのです。私はこのキリスト降誕の図は素晴らしい絵であると思ってきましたし、実際、この絵ほどに自然のままのものはこの世には存在しませんよ。

クレオメネス　自然のままだって！　だから却ってまずいのだよ。従姉妹よ、なるほど、君に画才がないことはよく分かった。いいかね、表現されるべきは、自然ではなくて、快い自然、美しい自然なのだ。惨めで、粗野で、浅ましく、下品であるような事物はすべて注意深く除かれて、視野から外されねばならないのだ。というのは、炯眼な人物にとってみれば、そうした事物は不埒で不快な事物と同様に、蔑《さげす》むべきものだからだ。

フルヴィア　だとすれば、処女マリアの懐胎とか、我が救世主の誕生などは、決して描かれることがありませんね。

クレオメネス　君は何も分かってないな。そうした題材は、題材そのものが高貴なものなのだ。ちょっと、隣の部屋に行って、その違いを教えてあげよう。――同じ史実を扱ったあの絵を見たまえ。この絵には素晴らしい建物や柱廊が描かれている。これほどまでに荘厳なものを思い浮かべることができるかね？　なんと巧みにあの驢馬《ろば》が配置され、牛などはほんのちょっとしか描かれていないだろう。また、驢馬も牛も薄暗いところに配置されていることに留意したまえ。そして、この絵はとても明るいところに掛けられているね。というのは、そうでなければ人が十回もその絵を見たとしても、それらに気づかないでいることになるからだ。コリント様式の柱を見てごらん。なんと高く聳え立ち、それがなんと素晴らしい効果を上げていることか！　また、そこはなんと気高い場所であることか！　如何に気高きものが一体となって、題材の堂々とした荘厳さを表現していることか！　そして、畏敬の念と同時に感嘆の念で人の心を打つことか！

フルヴィア　ねー、あなた。あなたの言う炯眼な人物が絵に関して持っている鑑定眼に、良識というものが多少なりとも関わっていますか？

ホレイショ　お嬢さん！

フルヴィア　お気に障ったとしたら、御免なさい。でも、田舎の宿屋の家畜小屋を途轍もなく荘厳な宮殿に変えたことで、この画家がこれほどまでに称賛されることを聞くと奇妙に思えるのです。これは、スウィフトによるバウキスとピレモンの神話(4)の改竄《かいざん》よりもとても酷いものです。というのは、スウィフトの場合は、変更の中に多少の類似性が担保されていますから。

ホレイショ　お嬢さん、田舎の家畜小屋は、ただ不潔で汚らしく、そこには見るに堪えないものか、少なくとも上等な人間たちを愉しませることができない汚く卑しいものしかありませんよ。

フルヴィア　隣の部屋のオランダの絵には不快なものは何もないけれども、アウゲイアスの家畜小屋(5)がヘラクレスによって掃除される前でさえ、あの絵の竪溝《たてみぞ》彫り(6)の柱ほどには私をギョッとさせることはないでしょう。というのは、私の理解力を侮る人によっては、誰もこの目を楽しませることはできないからです。誰もが田舎の宿屋で演じられたと知っている有名な史実を描いて欲しいと私がある人間にお願いしたとき、その人間が、建築についてよく知っているからといって、如何なるローマの皇帝にとっても大広間とか宴会場として役だったような部屋を描いて見せるのは、私のことを欺いていることになりませんか？　その上、我が救世主がこの世に到来するときに、貧しく汚らしい様子で現れるようにしたのは、史実における最も大切な要件です。それは、空しい虚飾を諌める素晴らしい教訓を示すものであり、イタリアの絵画ではとうに失われてしまった謙虚さへの強い衝動を示すものです。

ホレイショ　お嬢さん、でも実は、経験が示すところは貴女がおっしゃることとは正反対ですね。つまり、大衆の間でさえ、見窄《みすぼ》らしく卑しむべきものや、彼らが見慣れているようなものの描写は、貴女の指摘するような効果を持つことはできず、軽蔑の原因となるか、注目に値しないかのどちらかです。ところが、広大な大建築物、堂々とした建物、並外れて高い屋根、吃驚《びっくり》するような装飾品、さらにはとても風格のある建物などは、信仰心を高める上で最適であり、誇るべきこれらの卓越性を備えた場所への崇敬の念と宗教的畏怖の念を人々に吹き込む上でも最適なものなのです。こうした意図の下で、集会所とか納屋が素晴らしい大聖堂に擬《なぞら》えられたことなど、これまであったでしょうか？

フルヴィア　慥かに、愚かで迷信深い人間たちの信仰心を掻きたてるための条件反射的な方法は存在すると思いますが、神の御業《みわざ》への丁重な熟視は、きっと——

クレオメネス　ちょっと、従姉妹よ、君の生半可な知識をひけらかすのは、もう止《や》めにしなさい。画家というものは史実に則って絵を描く訳ではない。画家の仕事は画題の気品さを表現することであり、鑑定家に敬意を表して、人間という種の卓越性を決して忘れないことだよ。出来映えを最高度に高めるために、あらゆる彼の技量と美的センスが動員されねばならない。偉大な巨匠というものは、庶民のためなどではなく、洗練された判断力を持つ人々のために絵を描くものですよ。だから、君は画家の慎慮と忖度の結果に対して文句を言っているに過ぎない。幼児と聖母マリアを描いたとき、牛と驢馬を垣間見せるだけで史実を伝えるのに充分であるとこの画家は考えたのだよ。もっと多くの教示やもっと広範な説明を望む者たち、そうした人たちには彼は自分の絵を見せたくはないのさ。さらに言えば、高貴なるもの、注目に値するものだけを描いて彼は人を愉しませているのだ。彼は建築家であり、彼が完璧に遠近法を会得していることは、君も分かるだろう。さらに、彼はとても素晴らしく柱を円形に描くこともできるし、また三次元の空間の深さや高さを平面上にとても巧みに描いて見せているばかりか、光と影の見せる思いもよらない神秘に関しても、自らの絵画技法によって驚くべき貢献をなしたのだよ。

フルヴィア　では、絵画は自然の模写であると言われるのはなぜですか？

クレオメネス　絵を習い始めたとき、初学者は自分の見た通りに、正確に事物を描き写さなければいけない。しかし、自ら作画上の創意工夫が自由にできるようになった偉大な巨匠は、究極の自然を描くべきであると期待されており、自然をそのまま描くのではなく望ましいものとして描かなければいけないのさ。ゼウクシス[7]は、女神を描くために、五人の美しい女性を選び、それぞれの身体の最も優美なところを寄せ集めて女神を描いたのだ。

フルヴィア　でも、彼が描いた優美さは自然から手に入れたものですよ。

クレオメネス　慥かに、その通りだ。だが、彼は自然にあるゴミ屑やガラクタの類いをほっておいて、ただ卓越しているものだけを模倣したので、作品の全体は自然におけるものよりも素晴らしいものになったのだ。デメトリオス[8]は余りにも自然のままであるという廉で非難され、ディオニュシオス[9]も、同じように、人間を我々のように描いたという廉で咎められた。我々の時代にもっと近いミケランジェロは、自然のままに過ぎると看做《みな》され、昔の人であるリュシッポス[10]は、自然のなかに見出すままの人間を彫っているという理由で、凡庸な彫刻家たちを叱ったのだ。

フルヴィア　それは本当なのですか？

クレオメネス　グラハムが『絵画論[11]』に付した「緒言」を自分で読めば分かるだろう。その本は二階の書斎にあるよ。

ホレイショ　あなたには奇妙に思えるでしょうが、お嬢さん、こうしたことは公共にとって大変有益なことなのですよ。我々が人間という種の卓越性を高らかに報じることができればできるほど、ますますそうした美しいイメージが、気高い人々の心を自分自身の尊厳についての適切で価値ある観念で満たすことになるでしょうし、またそうなれば彼らを有徳で英雄的な行動に駆り立てないでおかないでしょう。ですから、自然そのものの美しさを遙かに凌ぐ事柄には、荘厳さが表現されねばならないのです。お嬢さん、あなたはオペラがお好きでしょう。オペラという場では、自然を超越した気高く堂々とした態度ですべてが演じられていることを、きっとあなたならば気づいているに違いないと思います。オペラでは、荒れ狂う情念を表現するために、なんと上品な演出が、またなんと繊細で威厳のある演技が採用されていることでしょうか！　主題は常に高尚なものであるので、眉目麗しくて感じが良いだけではなく、重々しくて意味深い態度も必要なのです。もしそこでの演技が日常生活のように演じられたならば、そうした演技は、崇高なるものを台無しにし、あなたから直ちに楽しみのすべてを奪うことになるでしょう。

フルヴィア　私はオペラに自然的な何ものも期待したことはありません。著名人が頻繁に出かけてくるし、しかも誰もが着飾って現れるのですから、オペラを見ることは人々にとって一種の仕事のようなものなのです。そこを訪れることが流行《はや》りですので、一晩もほとんど欠かすことなく私も出かけています。その上、王室の皆様や王様ご自身も大抵はご臨席くださるので、宮廷に伺候するのと同じくオペラを見に行くことが義務になってきました。(12)そこで私を愉しませてくれるものは、一座の人たち、スポットライト、音楽、舞台面、その他の装飾です。でも、私はイタリア語をほんの僅かしか解しませんので、レチタティーヴォ(13)で最も感嘆すべきところが私には理解できず、演技が私にはどちらかと言えば滑稽に思えてなり——

ホレイショ　滑稽ですって、お嬢さん！　なんということを——

フルヴィア　こんな言い方をしてしまい、すいません。許してください。私はこれまでオペラを冷笑したことは決してございませんが、はっきり言って、気晴らしという点では、よいお芝居の方が遙かに私を満足させてくれます。私の目や耳を大いに愉しませてくれることができるどんな気晴らしよりも、私の知性を刺激してくれるものの方が私は好きです。(14)

ホレイショ　あなたのような良識を弁えたご婦人がそのようなお考えでいらっしゃると伺うのは、大変に残念なことです。お嬢さんは、音楽を嗜まないのですか？

フルヴィア　音楽は気晴らしのひとつです、と私は申し上げましたけれど。

クレオメネス　私の従姉妹はハープシコードをとても上手に弾きますよ。

フルヴィア　私は素晴らしい音楽を聴くのは好きですが、他の人たちが言っているように恍惚として聞き惚れるというほどではありません。

ホレイショ　慥かに、素晴らしい管弦楽ほどに精神を高揚させるものはありませんね。それは肉体から精神を解放し、天にまで昇らせるように思えます。我々が並外れた感銘を受けるのはこうした場面においてです。演奏が止み気持ちは和らぐと、歌劇という言葉が示しているように、今度は煌《きら》びやかなスポットライトを浴びて巧みな演技と秀でた歌唱力とが結びつき、我々を恍惚とさせる雄大な作品が面前で繰り広げられることになります。魅惑的な音響と表情豊かな演技との間の迫力ある調和が心を激しく揺さぶり、否応なく高貴な感情を喚起するのですが、そうした楽しみを手に入れられるのは、とても表現力豊かな言葉が我々をうっとりさせるときだけなのですよ。喜劇にはまあまあのレベルのものさえほとんどありませんが、その最高のレベルで、かつ軽薄なセリフが不道徳でないものであっても、主題の下劣さが観客の行儀作法に悪い影響を与えてしまうのです。少なくとも身分のある人たちにとってはそうです。悲劇の場合は、その表現法がもっと洗練されており、主題も一般的には崇高なものなのですが、激しい情念が、その演目の説明だけでさえ、心を掻き乱し動揺させます。その上、役者たちが事柄を鮮明に表現しようと生き生きと演じれば演じるほど、表現が感動的になりすぎるために悪しき表現効果を与えたり、演技が真に迫りすぎて下手《へた》を打つ事態に陥ったりすることもしばしばです。無防備な心であれば、こうした愁嘆場によって美徳を害するような激情がしばしば心の内に燃え上がるのは、経験が示すところです。劇場それ自体は凡そ魅惑的なところではありませんし、ましてや観客たち、少なくとも頻繁に劇場に出かける観客の大半の人たちは酷いものです。観客たちのある部分はほぼ最下層の人種であると言ってよいくらいです。お金を払っているのだから、劇場にいる誰とも自分たちは同等だと言い放つ粗雑な輩や、厚かましい放蕩女たちから漂う悪臭や彼女たちの見苦しい身なり、さらには否応なく耳に入ってくる腹立たしいほどの罵りや悪態や悪ふざけや、服装とか品性など関係なく雑多な階級の者たち皆が同じ娯楽に興じる不愉快さなど、ほんの僅かでも品性を持ち合わせている人たちならばこうした人たちから感じるだろう不快感は、並大抵なものではないのです。また、互いに敬意を払わないような並以下の者が混ざっている人たちと群れているなどということは、上流階級の人々にとって不愉快極まりないことなのです。でもオペラでは、すべてが魅惑的で、一体となって作品を完璧なものにしていますね。第一に、甘美な歌声と厳粛で落ち着いた演技があらゆる情念を和らげ鎮めるのに役立ちます。我々を愛想よくさせ、完全無欠な天使のような存在に最も近づけてくれるものこそ、こうした情念の穏やかさと心の平静さや沈着さなのです。それに対して、心の荒廃の主たる要因である激しい情念は、理性を無効にし、我々を未開人に限りなく近い存在にしてしまいます。我々が如何に模倣する傾向性を持っているか、そしてまた、無自覚のまま面前に置かれている手本や実例に倣って、なんと奇妙なものに鋳直されていくのかは信じられないほどです。オペラでは、顔を顰《しか》めさせる怒りも嫉妬も、有害な激情も目にすることはありませんし、清純でもなく天使のような神々《こうごう》しさにも欠ける愛が演じられることもありません。ですから、汚らわしいことを想像させ得るようなものを何かオペラの中に見出すことなどほとんど不可能なのです。そして第二に、そこでは客層がまったく違います。オペラの劇場は観客の体面が保たれているとともに静穏も保たれており、若々しくて美しい無垢な人たちや愛らしい美人たちが、保護者を必要としないでこのように居られる場所をほかに挙げることは不可能です。またここでは、横柄な態度とか無作法な態度には決して出くわすことはないと保証できるし、慎みのない下品な言葉や放埒な才知、さらには嫌悪すべき諷刺とは無縁な場所であると確信することもできます。一方で、観劇に出かけてくる人物の高貴さや服装の贅沢さや華麗さ、上手に照明や装飾が施された広大な劇場における色彩の多様さやその素晴らしい輝きなどに注目し、他方で、集まった人々の厳粛な態度や、互いに敬意を表さなければならないというその人たちの表情に表れた自覚のほどに留意してみてください。そうすれば、これ以上好ましい娯楽はこの世にはあり得ないであろうことを認めざるを得ないでしょう。お嬢さん、本当に、オペラという場ほどに男性と女性がともに高貴で洗練された情操を身につけ、大衆よりも高みに立つ機会が得られる場所はほかにはないのです。そして、しばしば訪れることによって、上流社会《ボー・モンド》の若者たちが礼儀作法を身につけ、また厳格で持続的な美徳の気質を身につける可能性を等しく手に入れるようになる娯楽とか集まりといったものは、オペラ以外にはないのですよ。

フルヴィア　ホレイショ、貴方は、以前に伺ったときよりも、あるいは私が想っていた以上にオペラを褒め称えましたね。これでは、さぞかしオペラという娯楽をお好きな皆さんは貴方に感謝することでしょう。また、考えてみてみれば、高尚な趣味という言い方ほどに賛辞を送る場合に都合の良い言葉はありませんよね、とりわけ、事柄を厳密に詮索したり、しつこく細々と調べたりすることが失礼な場合はそうですね。

クレオメネス　フルヴィア、では、自然とか良識といったものについて君はどう思うかね？　それではまったく無視されているのではないのかね？

フルヴィア　私はまだ、良識に甘んずるべきでないと思わせるようなことを、まだ何も聞いておりませんけれども、恰《あたか》も自然はそのまま絵画において模倣されるべきではないかのように、貴方がそれとなく仄めかしたことは、同意できるというよりも呆れ果てる意見ではないかと、正直のところ思うのですが。

ホレイショ　お嬢さん、私は良識に反するようなことは決して勧めませんよ。クレオメネスが自ら選んだと称する役を誇張して演じているのには何か魂胆があるに違いありませんが、彼が絵画について述べたことは、ふざけて言っているのか、本気で言っているのかは分かりませんが、実に正しいことです。それはともかく、近頃いたるところで自らが擁護していると思われている意見とまったく正反対のことをクレオメネスが述べているのを、どう判断してよいか分かりません。

フルヴィア　私自身の理解力が乏しいことを自覚しましたので、自分の理解力と同じくらいの人たちをこれから訪ねようと思います。

ホレイショ　お嬢さん、馬車のところまで送らせてください。――クレオメネス、どうか、君が何を考えているのか教えてくれ。

クレオメネス　別に何もないさ。前に言ったように、私は誰にもまして完全に愚かさから目覚めたよ。君が何を警戒しているのか知らないけれど、私は社会の在り方についてより精通してきたと自負している。以前は、主要閣僚や公務を司っている人たちは皆、強慾と野心の原理で行動しており、彼らが公共の利益のために辛苦に耐え、大変な苦労も厭わないのは彼らの私的な目的のためであり、またそうした労苦に耐えている彼らは、自らは認めたがらない秘密の愉しみによって支えられているのだと思っていたよ。一ヶ月ほど前までは、あらゆる立派な人物が心に抱く気掛かりや真の心配事はすべて自分自身に関わることであり、一方で、自らを富ませ名誉の称号を手にいれ家名を上げることと、他方で、生活上の優雅な慰安のためには大いに機知を働かせ、賢明で人情があり気前が良いという評判をまったく自己抑制の苦労なく確立する機会を手に入れるということは、あらゆる高位の官職や重要な地位を望む者たちが、優越することに存する満足や支配に伴う喜びのほかに、彼らが目指している地位によって手に入れようとしているものだ、と私は考えていた。私はあまりにも偏狭であった。そのため、人間というものが自分のためになることなく、自ら進んで奴隷のようにあくせく働かざるを得ない状態に甘んじているなどということを理解することはできなかった。だが、もうそうした意地悪な評価は止めにしたのだ。政治屋たちのあらゆる意図の中にも公共の利益への配慮がはっきりと感じ取れるし、彼らのどのような行為の中にも社会的な美徳が輝いており、国益こそがすべての政治家たちを導く羅針盤であることも分かったのだ。

ホレイショ　君の言っていることの真偽のほどは私にはよく分からないけれども、慥かに、そのような人間が存在したし、利己的な考えを捨て、自国の繁栄のために信じられないほど尽力をした愛国者たちもいたね。いやそれどころか、今でも、登用されれば、同様なことをする人たちもいるよ。繁栄を促進し、王国の富と栄光を増大させるために、自らの安逸と快楽を度外視し、また自らの平穏を犠牲にして、臣民の幸福を最も心掛けていた君主たちもいた。

クレオメネス　私としては、私の言っていることを分かって欲しいのだ。過去と現在の時代的違いや活躍場所を見つけた人とそうでない人との違いなどについては、私よりも君の方が遙かに充全に理解していると思う。しかし、数年前から、我々の間では、党派的な論争に関しては決して深入りをしないということに関して合意ができているよね。だから、私が君に注目して貰いたいのは、君が疑っているらしい私の改心についてであり、心の中で起こった大きな変化についてだ。大部分の国王やその他の有力者たちの信仰心について、私は以前ほとんど問題にしなかったが、現在は彼ら自身が臣民に語る内容によって、彼らの信心を推し量っているよ。

ホレイショ　それは大変ご親切なことだ。

クレオメネス　物事を浅薄に考えていたために、私は嘗て外国との戦争について未熟にも理解し損なってしまった。たとえば、戦争の多くは取るに足らない原因で勃発し、政治屋たちの己れ自身の私的目的のために拡大するのだと考えていた。また、政府と王国との間の最も破滅的な不和は、一人の人間の隠された悪意や愚かさ、あるいは気まぐれから生じるのかもしれないと考えていた。またそうした戦争の多くは、戦争の受難者でもあるそれぞれの国家の主要閣僚たちの間の私的な喧嘩、憤慨、鬱憤、傲慢さに起因しているとも考えていたし、また、所謂《いわゆる》、君主同士の個人的な怨恨が、それぞれの宮廷における腹心の部下二人が互いに抱いている公然の、もしくは非公然の敵意よりも強いことは滅多にないと最初は考えていた。ところが今は、こうした事柄をもっと高度の原因から導き出すことを学んだのだ。また私は、享楽的な人たちの奢侈に対しては常々苦々しく思っていたが、それも致し方ないことだと思うようになったよ。というのは、大部分の金持ちのお金は学問・芸術を奨励するという社会的な意図を持って使われているし、最も多額な出費を要する事業の主たる目的が貧民の雇用にあることも、今は納得しているからね。

ホレイショ　本当に、大変な変わり様だ。

クレオメネス　私は諷刺に対してとても嫌悪感を抱いていて、それは君が諷刺を忌み嫌っているのと同じくらいだよ。世の中を理解し、人の心を洞察するために最も有効な文書は、演説、碑文、献呈の辞、とりわけ特許状の前書きであると思い、それらを大量に蒐集しているのだよ。

ホレイショ　それは大変有益なやり方だね。

クレオメネス　私の転向に関して君が抱いている疑念を払拭するために、若き初学者のために私が定めたいくつかの簡単な推論の準則を君に紹介しよう。

ホレイショ　どうするのだね？

クレオメネス　『蜂の寓話』の説とは対極をなすシャフツベリー卿の素晴らしい説に則って、人間の行動というものを判断しようというものさ。

ホレイショ　どういうことなのか、分かんないな。

クレオメネス　そのうち分かるさ。私はそれらを推論の準則と呼んだが、むしろそれらは推論の準則がそこから導き出されることになる実例だね。たとえば、腹を減らしボロを纏いながらかなりの時間をかけて、四十シリング蓄えた勤勉で貧しい女性が、六歳の息子を煙突掃除夫のところに奉公に出すために、そのお金を使うのを我々が目の当たりにするとしよう。そこで、社会的美徳の説にしたがって、彼女を慈悲深い存在だと判断するためには、次のように想定せざるを得ないだろう。すなわち、彼女はこれまでの人生において煙突の掃除のためにお金を支払ったためしはなかったが、必要な掃除を手抜きしたためにスープがしばしば台無しになったり、多くの煙突から火が噴き出してしまったりしたことを経験的に知っている。だから、可能の限り彼女の代で善行を行わんと、溜まりに溜まった大量の煤によってしばしば引き起こされるいくつかの被害を防ぐために、利己主義と無縁な彼女は、彼女のすべてである子供も財産も擲《なげう》って、公共の福祉のためにたった一人の息子を最も惨めな仕事に捧げるのだと。このように想わなくてはならないだろう。

ホレイショ　君はどうもシャフツベリー卿とテーマの崇高さを競ってはいないね。

クレオメネス　星明かりの夜、驚きをもって壮観な天空を眺めるとき、総体は、美しい森羅万象は、途轍もない力と知恵を兼ね備えた偉大な創造者の作品であるに違いないということほど明らかなことはないし、また、宇宙の万物は一つの全体的な構造の構成要素であるということも同じくらい明白だ。[15]

ホレイショ　ここでまた君はシャフツベリー卿を茶化そうというのかね。

クレオメネス　とんでもない。こうしたことは厳粛な事実であり、このことは自分の存在と同じくらい確信しているよ。しかし、私は転向者でシャフツベリー卿の教えの厳格な信奉者であり、貧しい女性の行動に関する私の判断には、『特徴論』において説明され、推奨されているシャフツベリー卿の寛大な考え方に完全に合致していないものなど存在しないことを君に証明するために、私はこうした厳粛な事実から卿が導き出す結論を述べようとしたのだ。

ホレイショ　ある人間が『特徴論』のような本を読んで、この程度のことしか言えないなんてことがあり得るのだろうか？　君が言うところの結論を述べて欲しいね。

クレオメネス　あの無限の輝く天体は、大きさや速さや運行などによって描く形状がどんなに異なっていようとも、それらすべてが一緒になって宇宙全体を形成している。同様に、我々が住んでいるこの小さな場所も、大気、水、火、鉱物、植物、動物の複合体であり、それらは互いにその性質を異にしているが、一体となってこの水陸からなる地球をつくり上げているのだ。

ホレイショ　まったくその通りで、我々全人類が、お互いに地球を分割し共有し合う、さまざまな宗教や統治形態や利害や風俗をもった多くの国民から構成されているように、それぞれの国家における市民社会も、年齢や体質や体力や気質や知力や財産という点で互いに千差万別ありながら、皆が協力して一つの政治体をつくりあげている多くの男女からなっているよね。

クレオメネス　まさにそのことこそ、私が言いたかったことだよ。ところで、君、人間がそうした社会をつくり上げようとする最大の目的は、互いの幸福にあるのではないのかね？　つまり、あらゆる個々人は、このように互いに結びつくことによって、仮に人類が繋がりも相互依存もなく、他の野生動物のように生き、自由に野生の状態を愉しむことができるよりも、ずっと快適な生活状態を自らのために確保しようとしているのではないのかね？

ホレイショ　慥かに、そのことは、単に目的であるどころのものではなく、どこにおいてもある程度までは、政府や社会によって達成されているものでもあるよね。

クレオメネス　だから、市民社会にとって明らかに有害であるような手段によって、人間が利得や快楽を求めようとするのは常に悪であり、また、こうしたことができる人間は、偏狭で短慮で利己的であるに違いないということになるね。それに対して、賢い人間は、自らが取るに足らない一部を占めている全体を考慮せずに自らをバラバラな個人であると決して看做すこともなく、また、公共の福祉に抵触することからは決して満足を得ることもない人間であるということになるね。こうしたことは否定し得ない事実であるから、公共的利益はあらゆる私的利益に優先されるべきではなかろうか？　そして、このように公共の幸福の蓄えを増大させ、またそのために、自らが所属している全体にとって有用で有益な構成員になるべくできる限りのことをするのが、あらゆる人間の務めとなるのではなかろうか？

ホレイショ　それで？

クレオメネス　私が述べた話の中の、例の貧しい女性は、こうした社会制度に則って行動したと言えないかね？

ホレイショ　分別も教育もない貧しくて無思慮な哀れな人間が、そのような高潔な原理に基づいて行動したなんてことを、正気な人間が想像することができるだろうか？

クレオメネス　私は君に、その女性は貧しいと言ったし、彼女の教育についてもとやかく言う心算《つもり》はない。だが、彼女が無思慮で分別がないということについては、何の根拠もない中傷であると遺憾ながら言わせていただく。私が彼女について述べた説明からは、彼女は、貧しいけれども、思いやりがあり、徳が高く、賢明な女性であるとしか、推測できないだろう。

ホレイショ　君は、本気で私を説得する心算のようだね。

クレオメネス　私は君が想っているよりずっと本気だよ。だから、もう一度言うよ、先に私が出した例で、私は我がシャフツベリー卿の足跡《そくせき》を正確に踏み、彼の社会の仕組みに関する議論をきちんと辿った。何か誤りを犯していたら、指摘してくれ。

ホレイショ　あの著者が、そんなにも低次元で詰まらない問題に関わったことがあったかな？

クレオメネス　気高い行為を行う人間が誰であろうとも、その行為には卑しさなど微塵も存在し得ない。だが、大衆というものが皆、社会的な美徳と無縁な存在であるというならば、『特徴論』が、あらゆる啓示宗教[16]、とりわけキリスト教を笑いものにしたとき、国民の大部分を占めている労働貧民には、生きる指針として如何なる準拠なり教えなりが残されているのかね？　もし君が貧乏人や無学者を嫌うのであれば、私はもっと身分の高い人たちについて同じ方法で論じることもできるよ。今や富のお陰で著名になった高貴な法廷弁護士の姿を、例の社会の仕組みに関する考え方に敵対している者たちに見せてみたまえ。彼は、高齢であるにも拘わらず、不確かな主張を申し立てるために法廷でいつも大汗をかき、食事も顧みずに他人の財産を守ろうとして自分の命を縮めているのだ。また、医者の同胞に対する仁愛ほど際立って慥かなものもない！　彼らは、朝から晩まで病人を訪ね、多くの人にもっと役立つためにと数組の馬を飼い、しかも自分自身には必要な日々の営みのための時間を惜しむのだ。同じように、すでに大変広範囲の教区において聖職者としての任務を全うしている精力的な牧師は、まだ聖職には就いていない多くの人たちが同じ目的で尽力を申し出ているのに拘わらず、別の教区においても役に立ち慈善を施したいと、熱心に懇願しているのだ。

ホレイショ　君が言っている趣旨は理解できる。苦心して取って付けたような賛辞を送ることによって、君は背理法[17]で論を立てようとしているのだね。冗談は、充分に気の利いたもので、時宜を得たものであれば、笑いを誘うこともあるかもしれないが、そうしたわざとらしい賛辞が真面目な検討に耐えないということも、同様に君は認めなければならないね。考えてみれば、貧乏人にとっての人生の関心事や大仕事は、当面の入り用なものを補充し飢えから身を守ることであり、彼らにとって子供たちは重荷であり、子供たちの重みに押しつぶされそうになっているのであり、彼らはあらゆる可能な手段によって子供たちから解放されたいと願っているのである――無論、このことは彼らが生まれながらにして子供たちに抱いている粗野で無意識的な愛情と矛盾するものではないが――。つまり、こうしたことを考慮に入れれば、君が指摘する勤勉な女性の美徳は別段異彩を放っている訳ではないのだ。人々は暮らしを立てる目的のために先の三つの職業になるよう育て上げられるのだが、鋭敏な君がそうした職業のなかに見出した公共精神や高潔な原理は、そうした職業には不釣り合いのように思う。周知のように、名声や富や卓越さは、少なくとも著名な弁護士や医者の皆が目指すものだ。だから、彼らの多くは、あらゆる時代においても見られるが如く信じられないほど忍耐強く勤勉に、自らの業務に全身全霊を賭けて専念するのだ。だが、彼らがどのような労苦を甘受しようとも、彼らの行為の動機は、彼らの職業そのものと同じくはっきりしているよね。

クレオメネス　彼らは人類にとって有益であり、公共に役立っているのではないか？

ホレイショ　私もそのことを否定しないよ。我々は彼らから計り知れない恩恵を受けているし、その何《いず》れの職業においても、良質な部類の人たちは、社会にとって必要であるだけではなく有益でもある。だが、仕事のために自らの生活や慰安のすべてを犠牲にしている者が多少いるにしても、仮に何も苦労することなく、ずっと面倒を見てきた人たちの尊敬や感謝から生じるのと同等のお金や名声やその他の利益を得ることができるとすれば、現在の四分の一の苦労であっても誰一人としてする者はいないであろう。そしてもしこのことを彼らが問われたとしても、それを認めない人物が彼らの内の見識がある者の中にいるとは私は思わない。だから、野心や金銭愛が公然たる人間の行動原理であるのに、人間自身がもともと備わっているなどと少しも主張していない美徳を、人間に帰するのは実に愚かなことなのだ。だが、教区牧師に対する君の賛辞は、最高に愉しい冗談だ。これまで私は、牧師の貪慾さについてなされた多くの弁明を聞いてきたし、それらのいくつかはまったく取るに足らないつまらないものであった。けれども、君の彼らに対する称賛のなかで指摘した事柄は、私が今までに出くわしたことのないくらいとても風変わりのものだね。牧師たちに対する熱狂的な擁護者や賛美者であってさえ、牧師たちは何不自由なく暮らしていて、しかも職に溢れた多くの者が飢え死にしそうであるというのに、彼らが兼職を狙っているということに大きな美徳を見出すなどということは、いまだ嘗てなかったね。

クレオメネス　だが、シャフツベリー卿の社会把握に何らかのリアリティがあるならば、あらゆる職業に就いている者がその高潔な原理に則って行動するとした方が、公共のためにずっと良いであろう。例の三つの職業の人たちの大部分が、今よりももっと他人のことを気にかけ、自分のことをもっと顧みないようになれば、社会はもっと得ることが多いだろうことを、君も認めるだろう。

ホレイショ　それはどうかよく分からないよ。医者たちだけではなく弁護士たちもどんな苦役に耐えるのかを考えるとき、多額の報酬という不断の誘惑と清涼剤が、この貪慾さというお気に入りの情念を絶えず刺激して、人間の本性を支える助けにならなければ、彼らにその気があっても同じように努力することができるかどうか、私には甚だ疑問だね。

クレオメネス　慥かにそうだね、ホレイショ。君の指摘したことは、大層厳しく君が非を鳴らしてきた著者によって述べられたどんなことよりも、例の社会制度に関する学説に対する強力な反論であって、それにとっては有害な議論でもあるな。

ホレイショ　そんなことはない。私は、ある人間が利己主義であるからといって、他の人間に美徳が存在しないなんていう結論を下さないよ。

クレオメネス　例の著者もそんな結論をくださないよ。もし、君が彼はそうしたのだと主張するのであれば、彼を中傷することになるね。

ホレイショ　私は称賛に値しないものを推奨するのは断る。けれども、人類がどれほど悪辣な存在であっても、またどんなに美徳が乏しいものであっても、それは悪徳と同じように存在しているのだよ。

クレオメネス　君が最後に指摘したことは誰もがこれまで異論を挟んだことがなかったけれど、君が何を言おうとしているのか、私には分からない。シャフツベリー卿は善をなそうと努力し、社会的美徳を増進しようと努めたが、私も同じことをしていると言えないかね？　私が物事に下した好意的な解釈が誤っているにしても、人間の大部分が現在よりも公共的福祉を大いに重んじ私的利益に執着することなく、隣人に対して慈善心を抱くということは、少なくとも望まれていると思うが、どうかね。

ホレイショ　恐らく望まれているであろうが、このことが実現する蓋然性はどれだけあるだろうか？

クレオメネス　もし、それが実現しないのであれば、美徳の卓越性について言及したり、論証したりすることは、まったく無益なことになるよ。また、人間が美徳というものをこよなく愛する者になれないのであれば、その美点を説いたところでどんな意味があるだろうか？

ホレイショ　美徳が推奨されることがなかったならば、人間は現在よりも悪くなっていたかもしれない。

クレオメネス　ということは、同じ流儀で、美徳がもっと推奨されていたならば、人間は現在よりももっと良くなっていたということになるね。だが、君が自分の見解に逆らって、こうした誤魔化しや言い訳を弄している理由が、私には完璧に分かっているよ。つまり、君は、君の言うところの私の賛辞なるものを正しいと認めるか、それとも我がシャフツベリー卿の主張のほとんどについてあら探しをするか、その必要に迫られていることに気づき、できることならばそのどちらもしたくないのさ。人間というものは孤独よりも交際を望むということを根拠にして、シャフツベリー閣下は、我々が人類に抱いている愛と生得的な愛着の存在を立証したと主張する。例の三つの職業のために私が弁じたことすべてに対して君がしたように、このことについても厳密な吟味がなされるならば、その結果の信頼性は両方ともほぼ同じようなものになると思うよ。だが、私は飽くまでも自らの主張に拘って、社会的美徳を擁護しようと思う。この体系のやんごとなき著者は、人間という種に対してとても慈悲深い見解を抱いており、人間という種の尊厳を異常なまでに褒め称えている。だから、私が彼を真似ようとすることが、どうして冷やかしだと言われなければならないのか、私には分からない。彼は、慥かに、立派な意図を持って書き、洗練された考え方と宗教的要素を取り去った公共精神を読者たちに吹き込もうとした。世の人々は彼の苦労の成果を享受しているけれども、彼によって推奨されている公共的精神が最も卑しい小売商まで届かないうちは、彼の著作から期待されて当然の利益が遍く感じられることは決してないだろう。もっとも、君は、そうした小売商が、すでに大勢の人間にはっきりと看て取れる思いやりの感情や気高い考えを持つ可能性を考慮したくない訳だな。私は今、互いに大いに必要としていながらも、ほとんど出会うことがない二種類の人間について考えている。この不幸が社会の紐帯に非常に大きな裂け目を齎《もたら》すに違いないのであるが、実に情け深い国民への配慮と気高い慈悲心が、こうした二種類の人々とはまったく無縁の、普通は教育の乏しいほかの者たちの心を動かし、こうした二種類の人々を助けるために尽力しその間隙を埋めるようにさせることがなかったならば、如何なる深謀遠慮を働かせたり巧妙な手立てを工夫したりしたとしても、両者の間隙を埋めることはできなかったであろうと思う。人目につかない住居で暮らす多くの腕の良い職人たちは、自らの労働の成果を売り捌いてくれる人間がほかにいなければ、それを売り捌く場所が分からないという理由だけで、たとえどんなに勤労に励んだとしても飢え死にすることになるであろう。また他方で、金持ちや贅沢な人たちには、数限りない種類のつまらない玩具や入念に作られているが不要な小物が日々届けられている。それらの何れも、無用な好奇心か、あるいは気まぐれか、愚かさを満足させるために考え出されたものであるが、それらをどこで買えるのか見聞《けんぶん》したことがなければ、買おうと思いついたり、欲しがったりすることもなかったことだろう。これらの異なる二つの階級の人々の願いを満たすために、かなりの数の場を設定してくれる思いやりのある小間物屋は、公衆にとってなんという天恵であろうか？　彼は、援助すべき貧しい人たちのために食料や衣服を調達し、また誰にも負けない良い製品を生産することができるようにするために、一所懸命に腕の良い職人を捜し求める。また彼は鍛え抜かれた丁重さと落ち着き払った物腰で、まったく見知らぬ人であっても歓待し、先《ま》ずは、親しげに話しかけ、彼らが何を欲しているのかを推し量ろうとする。彼は、ほんの数時間の間だけお客さんに対しておざなりの接待をするだけではなく、店が開いている間、夏の暑さにも冬の寒さにも機嫌良く耐えながら、日がな一日相手の都合を待つのである。そこには、我々人類に対する生まれながらの愛着の持つ、なんと素晴らしい可能性が満ちていることか！　というのも、たとえ彼が人類に対する愛着という生まれながらの原理で行動し、ただ我々に生活必需品を供給しているに過ぎないとしても、そのことは人類への比類のない愛と恩恵を示していることは慥かであり、しかも彼は、最も風変わりな者に対してさえ、その人間が気に入っているものであれば、まったく無用なものでも寸暇を惜しんで捜しだそうと努めているからだ。

ホレイショ　君は、精一杯、人間の持つ美徳を褒め称えた訳だが、こんな愚かのことを言い放って、君自身ほとほと嫌気が差さないかね？

クレオメネス　こうした親切な解釈のどこが悪いというのだね？　こうした解釈では、人間という種の尊厳を損なうことになると言うのかね？

ホレイショ　君の構想力の才にはまったく感嘆するよ。ともあれ、君が、突飛な方法で大げさに論じたために、私が以前に思っていたよりも、シャフツベリー卿の社会の捉え方を不利な立場に追いやったということだけは、少なくとも認めるよ。だが、君もご存じのように、どんなに素晴らしいことであっても冷やかされるものなのさ。

クレオメネス　私の判断はともかくとして、シャフツベリー卿はきっぱりとそのことを否定し、冗談にされたり、冷やかされたりすることは、物事の価値を証明するための最も有効で確実な試金石であると考えている。(18)つまり、真に偉大で素晴らしいものは嘲笑され得ないというのが彼の意見なのだ。シャフツベリー閣下は、聖書とキリスト教を精査するのにそうした試金石を用い、それらが嘲笑に耐えられなかったと思えたので、その正体を暴露したのさ。

ホレイショ　彼は、迷信と、大衆が神に関して持つべきだと教えられたお粗末で馬鹿げた考えを暴いたのだよ。けれども、至高者や宇宙については、彼よりも卓越した考えを持った者は嘗ていなかったね。

クレオメネス　私がシャフツベリー卿に対して非難している事柄は正しいと、君は納得しているのだね。

ホレイショ　あの気高いシャフツベリー卿が書いた一語一語を弁護しようなどという心算は私にはないよ。彼の文体は魅力的であり、言葉は洗練されており、推論はしっかりしたものだ。彼の思想は美しく表現されており、比喩的表現は他の追随を許さないほど見事だ。けれども、たとえ私がある著者を気に入っていたとしても、その著者に対してなされたすべての難癖に答える義務は私にはないと思うよ。君の所謂《いわゆる》彼の模倣について言えば、私には茶化すという趣味はないが、君が誘おうとしているような笑いは、君が手こずって誘おうとするよりも容易に、君自身に向けられることになるかもしれないよ。下層民がガブ飲みする大量の強いビールを供給するために行われる、苛酷で不潔な労働を考えるとき、荷馬車屋に社会的な美徳を見出さないか？

クレオメネス　その通りだよ、荷馬車の馬の場合もそうだ。このことは少なくともある偉い人たちに見られるのと同じだ。もっとも、こうした人たちは、彼らの最も利己的な行為が、たとえ社会がそこからほんの僅かばかりの利益しか得られなくても、それが主として美徳の原理に基づくものであり、公衆に対する寛大な配慮によるものだと信じることを我々が拒めば、大いに怒るであろうがね。教皇を選ぶとき(19)、枢機卿たちの頼みの綱とし、最も拠り所としているものが、聖霊の導きだということを、君は信じるかね?

ホレイショ　化体説[20]と同様に信じないね。

クレオメネス　けれども、もし君がローマ・カトリック教徒として育てられていたら、きっと両方とも信じていたと思うよ。

ホレイショ　それは分からないな。

クレオメネス　君とか私と同じく思慮分別がある多くの人間のように、君が自らの宗教に誠実であるならば、きっと信じると思うよ。

ホレイショ　そのことについては何とも言えないな。物事には理解できないけれども、間違いなく真実なものもたくさんあって、そうしたものがまさしく信仰の対象なのだよ。だから、事柄が私の能力を超え、私の理解力を遙かに上回っているときは、私は沈黙し、まったく謙虚になって屈服するのさ。けれども、明らかに理性に反しており、しかも良識に抵触するようなものは、鵜呑みにはしないよ。

クレオメネス　君が摂理[21]を信じるのであれば、名を挙げることができる如何なるものよりもキリスト教徒にとって重要な事柄において、神が人々を導いてくれないというどのような証拠を挙げることができるのだ?

ホレイショ　それは人を陥れるための、非常に陰険な質問だね。摂理というものは、例外なくあらゆるものを主宰し、支配しているのだ。私の拒絶を正当化し、信じない理由を述べるには、教皇の選出において枢機卿たちが用いる手段や方法はすべて、明らかに人間的で世俗的なものであり、それらの多くは不当で邪悪なものであるということを証明さえすれば事足りるのだ。

クレオメネス　すべての手段という訳ではないさ。というのは、彼らは日々祈っているし、神の助けを切実に願っているからさ。

ホレイショ　だが、キリスト教徒たちが摂理にどの程度の重きを置いているかは、その他の彼らの立ち居振る舞いから容易に推測できるだろうね。ローマの宮廷は、議論の余地なく、洗練された政治的駆け引きのための偉大な学園であり、権謀術数を学ぶための最良の学校だった。そこでは、ありふれた悪知恵や誰もが知っている策略は粗野であると看做され、陰謀はすべて人間の狡猾さという迷宮を介して遂行されていた。また、そこでは、レスリングにおいて体力が技巧に負けるように、天分は策略に道を譲らねばならない。ある人々が自らの能力を他人から隠すときのある種の手腕は、真の知識や確固たる理解力よりも遙かに彼らにとって役に立つ。すべてが金銭尽くである枢機卿会では、真理や正義は最低な価値しか持っていない。教皇の権威の忠実な擁護者であったパラヴィチーニ枢機卿とその他のイエズス会修道士たちは、教会の宗教上の政略をこれ見よがしに支持し、枢機卿たちの間でのみ価値のある美徳や素養を、我々から隠そうとはしなかった。枢機卿たちの判断においては、何よりも他人を出し抜くことが最高の名誉であり、最も下劣な策略によってであったとしても出し抜かれることは最大の恥辱であった。教皇選挙会議においては、とりわけ、何事も策略や陰謀なしには行われることはなく、彼らの心というものはあまりにも深くて暗い深淵を抱えているので、とても素晴らしい偽装であっても、時には偽りの態度であることが知られてしまい、しばしば、偽善を弄して互いに騙し合う。神聖とか宗教とかあるいは僅かでも精神的なものへの関心といったようなものが、このような教会という社会における陰謀や策動や内紛や計略に、何らかの関与をしているなんていうことは信じられるかね？　良いか悪いかはさておき、この社会の各々の構成員は、自分自身の感情を満足させる以外に、自らが所属する派閥の利益と敵対するあらゆる派閥を苦しめることを除けば、心の中に何もないよ。

クレオメネス　こうした意見は、背信者は最も無慈悲な敵だという、しばしば私が耳にしてきたことを裏付けているね。

ホレイショ　私が嘗てローマ・カトリック教徒であったというのかね？

クレオメネス　君が熱心に主張してきた社会の仕組みに関する説からの背信者という意味さ。そして今や、人間の行為に関しては、君よりも厳しくまったく無慈悲に判断できる人物は誰もいないよ。とりわけ哀れにも枢機卿たちについてはね。一度《ひとたび》醜悪な学説から離脱したならば、君を敵に回すなどと夢にも思わなかったよ。とはいえ、我々は二人とも立場を変えたようだね。

ホレイショ　非常に似ているように思うよ。

クレオメネス　いや、私が考え難いほどの思いやりのある解釈をさまざまな物事に関してしているのを聞き、君がその正反対のことをしているのを聞けば、誰しもそのようには思わないだろうね。

ホレイショ　我々のどちらも知らない無知な人々がどう思うだろうかということとは、私の知ったことではないね。とはいえ、我々の議論から非常にはっきりとしたことは、君は反対派の不条理を一所懸命に暴くことによって自らの主張を守り、私は君が指摘するほど我々は愚かではなかったということを、君に理解させることによって自分の主張を守った、ということさ。私は、こうした問題で君とやり合うまいと決めていたのに、ご覧の通りその禁を破ってしまった。それは、無作法な奴だと思われたくなかったからであって、議論に引き込まれたのは単に私がお人好しだからに過ぎないよ。けれども、君の意見が思っていたほど危険なものでないことが分かったので、二人でこのように議論したことを私は後悔してはいないよ。君は美徳の存在を認め、しかもそれを原理として行動している人間たちがいることも認めたが、私は君がその両方とも否定しているものと思っていた。けれども、まことしやかな言葉を弄して私を欺いてやったなどと、君をいい気にさせる心算はないよ。

クレオメネス　私は君が見破ることができないほど酷い誤魔化しをしなかったし、また容易《たやす》く騙されるような者とは誰であれ、こうした問題について議論したいとは思わなかったよ。君が大変良識を弁えた人物であり、明晰な判断力を持つ人物であることも知っている。まさにそれ故に、私は心から君に望むのだが、私に弁明する機会を与えてくれて、君が大いにあると想っている我々の間の違いはどんなに僅かなものであるかを証明させてくれないか。私は、世の中の誰よりも君には悪人とは思われたくはないのだ。けれども、君の感情を害するのではとても恐れているので、君の許しを得るまで、いくつかの論点に関して敢えて触れることをしなかったのだ。少しは我々の友情に免じて、一度、私のために、『蜂の寓話』を読んでみてくれないか。『蜂の寓話』は立派な本であるし、君は本が好きだし、私は格別に装幀が素晴らしい一冊を持っている。読んでみてくれ。だからそれを送るのを許してくれ。

ホレイショ　私は偏屈者ではないよ、クレオメネス。だが知っての通り、私は名誉を厳格に重んじる人間だ。冷笑されるのを黙って聞いておられないし、少しでもそんな素振りでもあろうものなら冷静でいられなくなるね。名誉というものは、最も強靭で、最も高貴な社会の紐帯だよ。だから、それを徒《いたずら》に弄《もてあそ》んでは駄目だ。名誉の問題は大真面目な問題であるだけではなく、重要で厳粛な問題でもあるから、決して笑いや気晴らしの対象にしてはならないのだ。冗談が大層巧みであるとか、洒落が機知に富んでいるという理由で、私は名誉に関する冗談や洒落を我慢することはできないね。恐らく、この点に関しては私が変わり者であって、間違っているかもしれないな。それはともかくとして、私が言えることは、「それについて茶化すのは聞きたくない」[22]ということだよ。だから、友達でいたいのであれば、『蜂の寓話』について何も言わないでくれ。それについては、もう充分に聞いたから。

クレオメネス　だけどね、ホレイショ、公正さを欠いた名誉なんて存在し得るだろうか？

ホレイショ　存在しないね。誰が存在し得るなんて言っているのかね？

クレオメネス　君は私のことを、今、評価しているよりも悪く考えていたと、認めたではないか？　どんな人間も、彼らのどんな作品も、それらを吟味することなく、風聞や根拠のない推測によって非難されるべきではないし、ましてや、彼らの敵対者の告発に基づいて非難されるべきではないな。

ホレイショ　それはその通りだ。許してくれ、心より謝るよ。君に悪いことをした罪滅ぼしに、言いたいことがあれば言ってくれ。どんなに仰天するような話であっても辛抱して聞くよ。けれども、真面目に話して欲しいな。

クレオメネス　不愉快なことや、ましてや吃驚するようなことを君に話そうというのではない。ただ私がしたいことは、人類に関する認識に関して、私は君が思っているほど意地悪でも無慈悲でもなく、また物事の価値に関して私が抱いている考えも、互いに較べてみれば、君の考えとほとんど変わらないということを君に納得して貰うことだよ。ともあれ、我々が議論してきたことを振り返ってみよう。私は、考えられる限り好意的な見方で、すべての事柄を判断するように努めてきた。私が例の社会の仕組みに関する説を冷笑しようとしたと君は言うが、それは認めよう。今度は、君自身の振る舞いがどうであったか振り返ってみよう。君は、私のわざとらしい称賛の愚を明らかにし、聡明な人たち皆が立脚する立場である自然な見方に話題を戻そうということだったね。これは見事に果たされた。だが、そのことは、君が擁護しようとする社会の仕組みに関する説に反しているのであって、もし君があらゆる行為を同じ仕方で判断したならば、この説は破産してしまうであろうし、少なくとも、それは決して役に立たない理論であることが、明らかになると思うね。君は、美徳が備わった人間一般について論じているが、いざ個々の人間について論ずる段になると、そうした事例を見出すことはできないでいる。私は至る所で君を試してきたのだよ。君は、最下層の階級の人々と同様に、最上層の階級の人々にもほとんど満足していないし、しかも、中層階級の人々をよりましな存在であると考えるのも愚かなことであると看做している。このことは、ある構想の素晴らしさを受け容れながら、同時に、その構想は決して実行されることはなかったとか、絶対に実行できないと自認することと違いがあるのだろうか？　君があの美徳の原理に基づいて行動していると認めようとする人々は、どのような種類の人間であり、また、どこで捜せばよいのかね？

ホレイショ　家柄も良く財産も充分ある人々で、たとえ地位を提供されたとしても、それを受諾しようとはせず、寛大で慈悲深く、偉大で高貴なこと以外には無頓着であるような人々が、まったくどんな国にもいないのだろうか？

クレオメネス　慥かにいるよね。しかし、枢機卿たちや、弁護士たちや、医者たちについてしたときのように君が大目に見ることなく、そうした人々の振る舞いを見極め、彼らの生活を調べ、彼らの行動を精査してごらん。そしてまた、そうした人々の美徳があの貧しく勤勉な女性の美徳を凌ぐ、どのような様相を呈しているか見てみたまえ。一般的に言えば、諷刺におけるよりも、賛辞における方が真実味というものは欠けるものさ。我々のあらゆる感覚が鎮まり、我々を不安にする心身の病もなく、不愉快なことにも遭遇しないようなとき、我々は生きているということに満足するのさ。我々が外見と事実を取り違え、物事を実際の価値よりも好ましいものとして判断しがちなのは、まさにこのような状態のときなのさ。君が、半時間ほど前に、如何に感情を込めてオペラを称賛していたか、ホレイショ、思い出してごらん。オペラに見出される多くの魅力について考えているとき、君の魂は高揚しているようであった。そうした気晴らしの持つ優雅さや、オペラを見にしばしば出かける人たちの洗練さについては、私は何も異論を挟む心算はない。だが、君がしっかりとした持続する美徳の気質を涵養するのにオペラは最良な手段であると主張したとき、(23)我を忘れて君が美しい観念を夢想しているのではないか、と私は心配しているのだ。同じ数の人々を較べた場合、熊闘技場(24)よりもオペラ劇場の方が、真の美徳を備えている人たちが多いと、君は思うのかね。

ホレイショ　何という比較だ！

クレオメネス　私は大真面目さ。

ホレイショ　犬や雄牛や熊の雄叫びも、見事なハーモニーを奏でるからね。

クレオメネス　わざとらしく何を言うのかね。私が比較しようとしているのは、これら二つの場所におけるそれぞれの楽しさについてではないことを、君が一番分かっているはずだ。君の指摘についてはほとんど文句ないさ。罵りや呪いの絶えざる騒々しさ、嘘やもっと下品な表現の繰り返し、不自然で調子はずれの大声の不協和音は繊細な耳にとってまったく厄介なものだ。熊闘技場のようなところの薄汚さやさまざまな種類の悪臭などは不愉快極まりないものであるが、どのような下層民の集まりであっても――

ホレイショ　嗅覚はとてもではないが耐えられない。

クレオメネス　一般的に言って、庶民の娯楽というものは実に忌まわしいものであり、五感に不愉快なものなのさ。だから、私は次のことすべてを認めよう。そうした常に不穏な集まりでは、誰でも、油じみ、時には血にまみれ、目障りで、強面《こわもて》で、凶暴で、いけ好かない風貌の輩に出くわすが、そうした輩はおぞましい存在として視界に映るに違いないし、また、粗野で見窄らしい大衆の間によく見られるその他すべての事柄もまったく同様なものとして視界に映るに違いない。彼らときたら全身垢まみれで、彼らの娯楽には不快でない振る舞いなど何一つない。だが結局、礼儀正しさや知恵に長けた行為が美徳とか宗教心と違うように、悪徳や犯罪的であるようなことが粗暴さや無作法と混同されるべきではないと思う。害を与えようとして嘘をつくことは、虚偽を述べる人間を嘘つき呼ばわりするよりも罪が重い。そして人間というものは、隠れた敵対者から小声で中傷される方が、このうえなく騒々しい敵対者によって浴びせられるどんなに凄まじい罵りや悪態以上に、壊滅的な被害や毀損を受けることがあるのだ。あらゆるキリスト教国において、身分のある人間の方が、身分の卑しい人々よりも、放埒さや不貞から自由であるなどということは決してない。仮に、大衆という者が身分の高い者よりも多くの罪を犯すという悪徳に陥っているとしても、逆に身分の高い者は他の悪徳を犯している。羨望や、誹謗や、報復への思いは、庶民の住む小家屋におけるよりも大邸宅において猛威を振るい、人を傷付けているのだ。過度の虚栄や有害な野心は貧乏人の間では知られていない。彼らは、強慾には滅多に染まることなく、無宗教に染まることは決してなく、身分の高い人たちよりも、一般大衆から強奪する機会は遙かに少ないのさ。高貴な御方で君が知り合いでないような人はほとんどいないのであるから、考えられる限り多くのそうした人たちの生活について真剣に熟考するとともに、次回のオペラの夕べに集まった人々の美徳についても熟考して貰いたいと願うね。

ホレイショ　君には苦笑させられるね。君の言ったことの中には傾聴に値することもあって、光るものが必ずしも金でないということは、納得したよ。ほかに付け加えたいことがあるかね？

クレオメネス　君は私が説得しようとするのを容認してくれて、しかもこのように辛抱強くそれを聞いてくれた訳であるから、大いに関心があるいくつかの事柄について、君と話す機会を逃したくないと思う。恐らく、私のような見地に立って考えたことは君にはなかったと思うが、きっと君自身もそうした見地に立つべきであると認めることになると思うよ。

ホレイショ　悪いけど、もうお暇《いとま》をしなければならない。今晩の内に片づけなければならない仕事があってね。仕事というのは私の訴訟に関するものだ。お暇しなければならない時刻をもうすでに過ぎてしまったけれども、もし君が、一緒に羊肉を食べに、明日私の家に来てくれるのであれば、君以外の誰とも会わないことにするから、我々は好きなだけ話せるのだがね。

クレオメネス　喜んで、必ず伺うよ。

三　ホレイシヨとクレオメネスとの間の第二の対話

ホレイショ　昨日の議論は大変印象深いものであったよ。君が指摘したいくつかの事柄は、大変愉快な話であったし、またその内のいくつかは決して忘れることはないと思う。昨夜、君と別れてからずっと己れ自身について反省してみたけれども、嘗てこれほどまでに己れを省みたことはなかったね。

クレオメネス　そうした内省を誠実に行うことは、普通に思われているよりも、ずっとしんどく骨の折れる作業だね。昨日、私が、美徳の原理に則って行動していると君が認めるような人たちを、どこに、またどのような人たちの内に捜せばよいのかと尋ねたとき、君はある階級の名前を挙げた。私はそうした階級のなかに大変感じの良い性格の人々を見出したが、彼らにしても皆それぞれ欠点を持っている。無論、仮にそうした欠点を取り除くことができ、それぞれの人々に見られるさまざまな良い資質から、最良なものを選び集め得るならば、その合成物はきっと大変素晴らしい人物になるだろうね。

ホレイショ　あらゆる方法でその人物に磨きをかければ、きっと大変な傑物になることだろうね。

クレオメネス　私はそのようなことをしようとは思わないが、そうした人物の輪郭を描くことはそんなに難しいとは思わないね。そうした人物は人間の本性を超越したものであるけれども、如何なる生身の人間よりも、模倣のためのお手本になるであろう。やってみようかな、考えるだけでワクワクするよ。完璧な紳士の肖像、なんと魅惑的なことか！　大層家柄が良く財産もあり、自然も彼に対しては物惜しみしなかった人物が、世の中に精通し、とても上品である場合、彼が醸しだす雰囲気はなんと魅惑的であろうか！

ホレイショ　君が冗談なのか本気なのか知らないが、請け合うが、私もその通りだと思う。

クレオメネス　とはいえ、その場合、こうした人物の最大の欠点も完璧に覆い隠されるのだ！　お金こそが彼の崇拝物であり、内心は強欲であるにも拘わらず、内面の貪慾さは外面の鷹揚さに道を譲らざるを得ず、人前では、気前の良さが彼のあらゆる行為を通じて際立つのさ。

ホレイショ　そう考えるところに君の誤りがあるのであって、私が君に我慢ならないところは、まさにそういう点だね。

クレオメネス　どうしたのだ、急に？

ホレイショ　君が何を企んでいるか、私には分かるよ。君は紳士の肖像画を描くように見せかけて、実は彼の諷刺画を描こうとしているのだ。

クレオメネス　君は私を誤解しているよ、私にはそんな心算《つもり》はないよ。

ホレイショ　それでは、なぜ善であることが人間の本性にとって不可能なのだ？　君は、根拠もしくは説明なしに、欠点を取り除くどころかそれを付け加えている。物事があらゆる点で立派な外観を呈しているとき、どのような理由でそれを依然として悪だと疑うのだ。完璧に秘匿された欠点を、どのようにして君は知ることができ、どのような方法で発見したのか？　また、人間というものは、本心では強慾で、お金こそが彼の崇拝物であるなどとどうして君は考えるのだ。君自身、人間はそうした素振りをすることなく、公然としては、気前の良さが彼のあらゆる行為を通じて際立っていると認めているのではないか。これは奇怪なことだ(1)。

クレオメネス　私は如何なる人間についてもそのような推測をしたことはないし、人々がどのような欠点や生来の弱点を内心自覚していようが、良識とか礼儀によって他の何の助けもなく、充分にそれらを隠し通すことができるであろうということをただ指摘したに過ぎない。だが、君の疑問は大変に時宜を得たものだし、こうした議論も君が始めたのであるから、君の意見に大いに耳を傾け、これからしようと思っている説明の意図と、そうすることの効用について、前もって君に話しておこうと思う。それは要するに、最高に美しい建物というものは、腐った不潔な土台の上に建てられているのだということを君に明らかにすることだ。すぐに君は私が言っていることをもっと良く理解することになると思うよ。

ホレイショ　けれども、まったく見ることができない建物を支えている土台が腐っているなどと、君にどうして分かるのだ？

クレオメネス　もう少し私の言うことを聞いてくれ、だが君が認めないようなことを正しいと決めてかからないようにすると約束しよう。

ホレイショ　そのことを厳守してくれるのであれば、ほかに望むことはないよ。さあ、言いたいことを言ってくれ。

クレオメネス　プライドや虚栄心の真の対象は、他人の評価なのさ。他人の評価に拘り、よい評価を得ることで満足する人間にとっての最高の望みは、現在だけではなく将来のあらゆる時代に亘って、この世のあらゆる人たちからよい評判をとり、喝采され、称賛されることなのだ。こうした激しい情念は一般には非難されているけれども、人々の境遇や気質が異なっていたとしても、如何に多くの驚くべきさまざまな偉業がこうした激しい情念の力によって成し遂げられているか、あるいは成し遂げられ得るのかということは信じられないほどだ。第一に、プライドの助けがあれば人間というものは、どのような由々しい事態であっても、怯むことなく敢然と立ち向かうであろうし、また同様にプライドの助けがあれば、死に様がどんなに恐ろしいものであっても死を求め、強靭な気質の持ち主ならば蹶然と死を受け容れるであろう。第二に、キケロが語っているように、我々に対するものであれ、他人に対するものであれ、立派な役割とか義務とかが存在するならば、またシャフツベリー卿が示唆しているように、仁愛とか慈悲とか、あるいは何かその他の社会的な美徳のようなものが存在するならば必ず、良識と知性を兼ね備えた人間ならほかならぬ虚栄心という原理に基づいて、しかも虚栄心が彼の思いを挫き邪魔するかもしれないその他のすべての情念を抑え込み制御し得るほどに強ければ、それを遂行することになるであろう。

ホレイショ　今言ったことをすべて認めて欲しいというのかね？

クレオメネス　そうだ。

ホレイショ　いつまでに？

クレオメネス　分かれる前までに。

ホレイショ　了解した。

クレオメネス　豊かな境遇でかなり才能もあり、しかも上手に教育を施され、気質においても変人でない人間にとって、上品な振る舞いができないなどということはあり得ない。彼らが持つプライドが強いものであればあるほど、また彼らが他人から受ける称賛に大きな価値を置けば置くほど、彼らと交わるすべての人間に受け容れられるようにするために、より一層の努力をするであろう。また、見られるべきものでもなく、察知されるべきものでもないと自らの良識が彼らに告げるすべてを、一所懸命に自らの胸の内に押し隠しておくように努めるであろう。

ホレイショ　ちょっと待ってくれ、こんな具合に君に話をさせておく訳にはいかないよ。今、君が話したことのすべては、何の証拠も論拠もなく、すべてがプライドであり、我々が見るものすべては偽善であるという、以前に君が話したことの蒸し返しに過ぎないではないか。この世には、今君が述べたこと以上に誤った考えは存在しないよ。というのは、君の言《げん》によれば、最も高潔で、最も勇敢で、最も育ちの良い人間が、最もプライドの高い人間になることになるからだ。だが、それは日々の経験にまったく反しているよ。その真逆こそが真実なのであり、プライドや傲慢といったものは、成り上がり者にこそ相応《ふさわ》しいものなのだ。無から財産を築く家柄がない人間たち、また教育もなく、並みより昇進し、卑しい身分から名誉ある地位に出世すると必ず出世のために思い上がってしまうごく凡庸な人間たちの間でこそ、プライドや傲慢といったものは普通に見られるものなのだ。それに反して、先祖の莫大な財産と名だたる邸宅という恩恵に浴している高貴な生まれの人間くらい、礼儀正しく、人道的で、上品な人間はこの世に存在しない。つまり、幼少の頃から威厳と名誉ある肩書きが生活に溶け込んでおり、また身分に相応しい教育を享受してきている華々しい家系を持つ人間たちこそ、そうした人たちなのだ。未開人でもないのに、男女の若者が高慢にも尊大にも決してなってはならぬと、公に教えられてこなかったような国民が嘗ていたなどとは、私は信じないね。自分が面倒を見ている者たちに、礼儀正しくあれ親切であれと常に教え諭さない学校とか、家庭教師とか、親のことを聞いた験《ため》しがあるかい？　いやそれどころか、礼儀正しいという言葉そのものが、そうした意味を含意しているのではないかね？

クレオメネス　お願いだから少し落ち着いてくれ、正確に話そう。礼儀作法という教えは、プライドのさまざまな顕れ方や表徴に対しては多くの教訓を我々に与えてくれるが、情念そのものに対する戒めには何一つなっていないのさ[2]。

ホレイショ　それはどういうことだ？

クレオメネス　だから、礼儀作法という教えは、情念そのものに対する戒めには何一つなっていないということさ。紳士の教育においては、名誉の感覚と、あらゆる非常時において担保しなければならない内面的価値については意識するよう絶えず叩き込まれ、それを持ち続けるよう要求されるのであるが、情念を統御することに関しては、一度たりとも教えられたことも、諭《さと》されたこともないのだよ。

ホレイショ　そのことは一考の価値があるけれど、検討するには時間がかかるだろうね。ところで、その輪郭を描くと君が約束した例の紳士はどこへ行ったのだね？

クレオメネス　話す準備はできているよ。彼の住んでいる住居あたりから話を始めようか。彼は異なる州にいくつかの壮大な屋敷を構えているが、一族の名声を支え、また誉れともなっている最も重要な邸宅だけに注目をしよう。邸宅は広大で豪華であり、しかも驚嘆してしまうほどの広さだ。庭園も驚くほどの広さで、無数の素晴らしい景観で溢れている。また、庭園には、目的に応じてさまざまな場所が数多く配置されており、どこもかしこも人の手が完璧に加えられているが、庭園全体としては美しい秩序と巧みな工夫がはっきりと看て取れる。そして、そこを荘厳で感動的なものにするための手抜かりはまったくないし、邸宅全体は最高に引き立つように設計されている。邸宅の屋内は、すべてのものが主人の威光と見識を示している。また、美しさと利便さを手に入れるために、どの場所であれ費用を惜しんではいないが、それが成金趣味の下卑たもののようには決して見えない。主人の金銀製の食器や家具調度品はすべてまったく素晴らしいものであり、どれ一つとっても瀟洒でないものはない。また、絵画はすべて高名な画家の手によるものであり、陳列されている珍品はまさに珍品中の珍品である。彼はつまらぬガラクタの類いを蒐集しないし、お話にならないようなガラクタを人目に晒すこともない。彼が所持しているこの手のいくつかの珍品のコレクションは、大層珍しいものであるだけではなく充分鑑賞に堪え得るものであり、これ見よがしの品というよりも貴重な品である。骨董品や財宝は陳列室だけに置かれている訳ではない。そこかしこに陳列されている大理石や彫像などはそれ自体で財宝であり、至る所に見事な鍍金や素晴らしい彫刻が施されている。大広間や回廊に並べられてあるものだけでもかなりの財産であろうし、応接室や階段に並べられているものもその何れのものにも劣らない。応接室や階段は何《いず》れも広々としており、天井も高く、その建築様式はこの上もなく趣味のよいものであり、装飾の美しさといったら吃驚《びっくり》するほどだ。邸宅の全体を通じて、鮮やかな装飾品が優雅に一体化し、吃驚するほどの万華鏡のような世界を醸し出している。その華麗さは、隅々までの完璧な清潔さと相俟って、まったく興味がなく観察眼がない人間でさえ楽しませてくれる。他方、職人の完璧な技量が取るに足らない家事の道具のあらゆる部分にも発揮されており、それが物見高い人たちにより一層の満足感を与え、彼らを恍惚とさせる。だが、こうした邸宅の完璧さの典型例として最も優れていることは次の点にある。すなわち、最もありふれた部屋でも、その部屋の目的に照らして欠けたものはまったくなく、また最も取るに足らない廊下でさえ立派に仕上げられているが、それらはこの上もなく華やかなものであっても度を超すことがなく、またそのどのような部分も装飾によって鬱陶しいということがないという点だね。

ホレイショ　この例は充分考え抜かれているね。だからといって、気に入らないということではないよ。続けてくれたまえ。

クレオメネス　以前からこの例を考えていたことを認めるよ。彼の馬車は豪華でよく選び抜かれたものであり、彼の身の周りには、合理性が許す範囲内でこれ以上の技巧とかお金をかけても、もっと素晴らしくなるようなものは何一つ見当たらない。食卓に座っているときは、彼の容貌は常に陽気であり、彼の心根《こころね》は顔つきと同様に大らかのように思われる。そこでの彼の主要な仕事は、それとなく他人の面倒を見ることであり、彼の喜びは偏《ひとえ》に友人諸氏を喜ばせ得るか否かにある。どんなに浮かれているときでさえ、誰に対しても尊敬の念を欠くことなく、最も身分の卑しい客に対しても、略称で名前を呼ぶこともなく、無作法に馴れ馴れしくすることもない。話しかけてくるすべての人に対して彼は愛想よく気を配り、食事に対する褒め言葉以外には如何なることも邪険に扱うことはないであろう。また、彼は己れが称賛されている場合を除いて如何なる会話も遮ることはなく、彼の所有物に対してなされる如何なる褒め言葉に対しても、それが如何に正当なものであったとしても滅多に同意しない。外出した折には、彼は決して他人のあら捜しはせず、たとえ他人にどのような瑕疵《かし》があったとしても何も言わないか、あるいは、他人の苦情や不安に答えて、でき得る限りあらゆることに好意的な判断をしてやる。だが、己れの判断力を毀損することなく褒め言葉を見出すまでは、滅多に他人の家を辞することはない。彼の話し振りは常に陽気で戯《おど》けたものであるが、愉《たの》しいのと同時に信頼できる。彼はほんの僅かでも猥褻に感じることとか、冒涜気味のある言葉は一言も発していないし、感情を害するような冗談をこれまで言ったことがない。

ホレイショ　素晴らしい！

クレオメネス　彼は偏見や迷信とまったく無縁のように思われるし、宗教に関する議論はすべて避けて通る。とはいえ、教会に絶えず出かけ、家族との礼拝に欠席することは滅多にない。

ホレイショ　実に信仰心の篤い紳士だ！

クレオメネス　このあたりから意見が分かれると思ったけどな。

ホレイショ　文句をつける心算はないよ。続けて話してくれたまえ。

クレオメネス　彼は学問や芸術に造詣が深く、そのためそれらの奨励者であり、また美点を称賛し、勤勉を褒賞し、文字通りの不道徳と抑圧には公然と敵対する。彼の食卓ほど食べ物がたくさん供せられるところはなく、彼のセラーほどワインがたくさん蓄えられているところはないけれども、彼は決して暴飲暴食をすることはない。彼は鋭敏な味覚を備えているけれども、美味しいだけの食事よりも健康的な食事をいつも好み、健康に害がありそうなもので食欲を満足させることは決してない。

ホレイショ　実に申し分がないね！

クレオメネス　彼は万事において同様で、着ている服も優雅なものであり、しばしば新調している。自分の服装は派手なものよりも清楚なものを好むが、従者たちには華美なものを着用させる。彼は、他人に敬意を表する必要がある非常に厳粛な行事を除けば、自分自身では滅多に金モールと銀モール(3)を身につけることはない。こうした勿体ぶった衣服はほかならぬそうした目的のためだけに誂《あつら》えられたものであることを示すために、彼は同じ衣服を二度着る姿を見せることは決してなかったし、ある日にそういった出で立《いた》ちで現れると、翌日にはその服を他人にあげてしまう。彼はあらゆる衣服に関してその種の最高のものを選ぶので、服装に関してかなりの拘りを持っていると言われるかもしれないが、服装の手配は他人に任せている。だから服装に関してあまり拘りを持たないように見える人間が最高の服装をしている訳だよ。

ホレイショ　まったくその通りだね。立派に装うということは絶対に必要な事ではあるけれど、それについて拘るということは上流社会《ボー・モンド》の人物にとって相応しいことではないね。

クレオメネス　だから、彼はセンスの良い召使いや面倒事を手際よくこなしてくれる怜悧な執事を抱えているし、またレースやリンネルの製品の管理は熟練のメードの手に委ねられている。彼が使う言葉は上品であるが気取らず明瞭であり、それは下品でも仰々しくもなく、衒学的で野卑な表現とは無縁なものである。またどのような動作も衒《てら》いがなく上品であり、顔の表情は陽気というよりも沈着であり、態度は気高い。つまり、彼は常に礼儀正しく謙虚であり、これほど尊大ぶらない人間はいないのであるけれども、その身のこなしには全体として優雅で威厳がある。また、彼の謙虚さには下卑たところがないとともに、その気高さには冷淡さが微塵もない。

ホレイショ　申し分なく素晴らしいね！

クレオメネス　彼は貧しい人間に対して慈悲深く、隣人たち皆を友人と看做し、邸宅は見知らぬ人間に対しても門が閉ざされることがない。彼は小作人にとって父親であり、彼らの生活状況が自らの利益と不可分のものであると看做《みな》している。彼ほどに、取るに足らない罪に対して寛大で、故意ではない罪過であれば何であれ進んで許す人間はいないよ。彼は他の領主から被った損害を利益に変え、己れの気晴らしとかその他のもので、自らの所為《せい》で生じた大小の損害は何であれ二倍にも償う。そのような損失についての報告を速やかに手に入れるよう留意し、それに対する訴えが出る前に通常は埋め合わせをする。

ホレイショ　おお、稀に見る慈愛心だね！　狐狩り人たちは、傾聴しなさい！

クレオメネス　彼は使用人の誰にも決して小言をいわないが、彼ほど使用人によく尽くされている人間はいない。家政万端に遺漏がなく、大家族であるけれど、暮らしの豊かさよりも家族に統率が取れていることに驚かされる。命令には厳格に従わせるが、彼の命令は常に合理的で、取るに足らぬ従僕にも必ず慈悲の心をもって話しかけている。使用人たちの尋常ではない勤勉さや称揚すべき振る舞いには自ら注意を払い、しばしば、面と向かって褒めるが、好ましくない者たちを叱責したり解雇したりするのは執事に任せている。

ホレイショ　良い判断だね。

クレオメネス　彼と一緒に住んでいる者は誰でも、健康のときはもちろん病気のときでも面倒を見て貰える。彼が支払う賃銀は他の領主たちの二倍を超え、彼を満足させるために気が利く勤勉な者にはしばしば贈り物を与える。しかし、彼らが何のためであれ邸宅にやって来る彼の友人などから一ペニーたりとも貰うことを許さない。失敗などした場合はそれが初めてなら黙認されたり許されたりするけれども、そうした命令に違反すれば、そのことが見つかり次第に解雇される。おまけに、そうした使用人を見つけるのに賞金をつけているのだ。

ホレイショ　私が思うに、今まで聞いたうちで唯一異論の余地があるのはこの点だけだね。

クレオメネス　えー、驚きだな。どうしてそうなのだ？

ホレイショ　第一に、そのような命令を強要するのは非常に困難であるだろう。そして第二に、よしんばそのことが可能であったとしても、ほとんど役に立たないだろう。無論、その命令が広く行き渡ることができれば話は別だが、そんなことは不可能なことだ。だから、こうした原則を導入しようとする試みは突飛で空想的だと思う。それは、来客として守るべき配慮に決して従う気がない守銭奴などを喜ばすであろうが、気前が良く慈悲深い気質を見せつける絶好の機会を情の厚い来客たちから奪うことになるであろう。さらに言えば、こうした原則は、明らかに、自らの邸宅をあらゆる種類の人々に開放しすぎることになると思うな。

クレオメネス　君が指摘しているようなことを防ぐ方法が色々と見つかるかもしれないさ。とはいえ、他方で、お金に余裕がないが才能や教育がある人間たちにとって、それは天恵であり大変有り難い命令になるだろうな。というのは、そうした人間たちの多くにとって、このようなお金を使用人にあげるということは耐えがたい負担になっているからね。

ホレイショ　君が今指摘したことがこの命令の唯一の利点だね、またそれが大変重要なことであることも認めるよ。いや、話の腰を折って申し訳ない。

クレオメネス　あらゆる取引において、彼は几帳面で公正である。彼は莫大な財産を所有しているので、それらを管理する有能な管財人を抱えている。けれども、管財人の手によって会計簿はすべて大変きちんと整えられているにも拘わらず、自らそれらにざっと目を通すことが彼の日課の一部となっている。商人たちの請求書を確認しないで放置しておくようなことはしないし、自分では現金を扱うことはしないが、彼は正確で迅速かつ快活な会計係だ。彼に帰せられる唯一の奇妙な点は、元日には決して借金をしないということだ。

ホレイショ　それは実に好ましい事だね。

クレオメネス　思慮深いながらも、彼には思いやりと親しみやすさがあり、付き合いやすく、感情的になって心を掻き乱すこともない。要するに、彼ほどに自らの境遇の故に驕り高ぶることがない人間はいないように思われる。しかも数多くの個人的な素養にも、それ以外の持ち物にもまったく事欠くことがない身でありながら、その他の幸福な境遇に関してと同様に彼は謙虚である。華やかで抜きん出た生活の直中《ただなか》におりながら、その素晴らしさにまったく喜びを感じていないように見える。否、それどころか、自らが秀でた存在であることをまるでご存じないようだ。

ホレイショ　見事な人物描写だね、私はとても気に入ったよ。けれども、遠慮なく言わせて貰えば、もし、私がこうした話をする君の意図とそうすることによる効果に気づかなかったならば、君の人物描写をもっと大いに愉しんだことだろうね。君の意図は残忍だと思う。打ち壊すという目的のために、斯くも見事な、斯くも優雅な、斯くも完璧な建物を建てるなどということは、それを打ち壊すための能力を示すために奸計を巡らしているようなものだよ。言い抜けのための余地を残しながら建物の土台を切り崩しているいくつかの箇所に私はすでに気づいているよ。「彼の心根は顔つきと同様に大らかのように思われる」とか、「その素晴らしさにまったく喜びを感じていないように見える」(4)が、それだ。君が「思われる」とか「見える」という言葉を差し挟む箇所では必ず、故意に、まるでこっそり這い出すための裏口としてそれらを利用する意図をもって、そのようにしたのだと私は確信している。もし君が前もって意図を知らせてくれなかったなら、私はこうした事に気づくことはなかっただろうね。

クレオメネス　君が言うように、私は用心深く話したさ。だが、それはただ誤解を避けるために、しかも君に間違いを責められるとか、早飲み込みで判断されることを防ぐためだけの目的でそうしたのだ。後で、万一この紳士が邪悪な原理によって行動したことが明らかになった場合に備えてね。白状すれば、それが君に納得して貰おうとしたことなのさ。けれども、そのことが君を不愉快にしたようであるから、これまでの人物描写で多少君を楽しませたことだけで満足しよう。その他のことは、私が間違っていると考えて戴いても結構だよ。

ホレイショ　なぜそんなことを言うのだね。君の人物描写は、私を教育するために考え出され、話されたものではないのかね。

クレオメネス　私は君を教育しようなんて思っていないさ。私はある考えを君に示し、君の判断を仰ごうとしただけなのだが、上手《うま》くできなかったために、私の誤りが明白になっただけなのだ。昨夜も今も、議論を始めてみて、君は私が看て取っているのとは違った考え方の持ち主であると気づいた。君は、自分が抱いた印象について、また己れについて内省したことについて話し、その他いくつかの有益な助言をしてくれたが、私はそれらを都合よくあまりにも性急に曲解してしまった。だがその後、私が主張している考えには君が相変わらず強く反対しているということが分かった。だから、もう紳士の話は止めよう。勝利の喜びを何も期待しないし、君の意に背くという思いほどに私を当惑させるものはないからね。願わくは、このことについては、重要なその他の事柄の場合と同様に、絶対に触れないでおこうよ。思慮深い友人同士の間では、本質的に意見を異にしていると分かっているどのような問題も避けるべきなのだ。ホレイショ、本当に、君を喜ばせたり、楽しませたりする力が私にあるのであれば、私はその目的を遂げるために全力を尽くすさ。しかし、君が嫌がることをわざとしでかす気なんてまったくないのであって、昨日も今日も、色々言ったけれども切にご容赦。ジブラルタルから何か便りがあったかね？[5]

ホレイショ　私は己れの軽率さと君の礼儀正しさに対して恥ずかしく思うよ。君が言うところの私の助言に関しても君は誤解などしていなかった。また君が話したことは慥かに私に強い印象を与えたし、私も己れについて内省しようと努めた。しかし、君が言う通り、それを誠実に行うことはなかなかしんどいことだったよ。こういったことを話すために一緒に食事でもしようよ。過ちを犯したのは私であり、また、これまで働いてきた無礼に対して許しを請わなければならないのも私の方だ。でも、私がずっと固執してきた考え方について君はご存じのことと思うが、それらをすぐに引っ込めることはできないのだよ。こうした考え方に大きな困惑を感じることもあれば、時々、ハッとさせられる真実を感じさせられることもある。また、時折大変なもどかしさを感じるときもある。だが、真に立派な行為というものはすべて称賛に値する動機から派生するものとばかり考えていたので、こうした慣れ親しんだ考え方に戻ると、立ち所にそうした考えがそれ以外のあらゆる考えを打ち負かしてしまうのさ。どうか、私の精神的弱さに耐えてくれ。私は君が言うところの立派な紳士に好意を持ったね。ところで、すべてにおいて立派で、利己主義とは最もほど遠い人物が、美徳の原理とか宗教に基づくことなく、まったく以て斯くも並外れた行動をとることができるのか、正直、私には分からないよ。一体、この世界のどこにそのような領主がいるのだろうか？　もし、私が誤っているのなら、正してくれれば有り難い。どうか教えてくれ、腹を立てないと約束するから、思いのままに話してくれ。どうかお願いだから、君の意見を率直に聞かせてくれ。

クレオメネス　以前、君は私に思っていることを話すように促しておきながら、私がそのようにしたら不愉快のようだったね。けれども、君のご指示であるから、もう一度思うところを述べてみよう。――私が説明したような人間がこの世界に存在するかどうか、また嘗て存在したかどうかということは大した問題ではない。多くの人々が、斯くも清らかで美しい流れが、称賛への飽くなき渇望や、最も聡明なすべての審判者からの喝采への尋常ではない執着といったような、卑劣で汚れきった水源から流れ出てくると想像するよりも、こうした紳士のような人物を心に抱く方が難しくないと思うだろうことを、私はもちろん認めるよ。慥かに、人格が真っ当で、洗練された教育を受けた人間は、卓越した才能と並外れた富がある場合には、こうしたすべてをやってのけるであろう。また、今指摘したことなどの助けによって、あのような素晴らしい特性や素養を手に入れるかもしれない、生まれがその他大勢の者たちと大差ない人々も沢山いることも慥かなことである。但し、あらゆる欲求や身体的・精神的機能を、彼《か》の支配的な情念に従属させるだけの決断力や忍耐力を、彼らが持ち合わせていればの話ではあるけれども。この支配的な情念は、絶えず満足させてやれば、あらゆる欲求や身体的・精神的機能を常に支配することができ、また、求められれば、例えどんなに困難な場合であっても、例外なくそれらを抑え込むことができるであろう。

ホレイショ　君が言っていることの可能性について議論を始めると、長々と議論をしなければならなくなるが、議論に勝つ公算は君にとって明らかにとても小さいと思う。仮にそのような人間がいたとしても、彼の立派な特性が邪《よこしま》な動機から生じたとするよりも、多くの美徳や希有の天賦の才によって構成されている人間本性の卓越性に拠って行動したとする方がより信憑性が高いであろう。もし、プライドというものがこれらすべての原因であり得るならば、その影響は他の場合にも時折現れるはずだ。また、君の説によれば、プライドに事欠くことはなく、しかも豊かな才能と莫大な財産のある人たちがヨーロッパの至る所にいるよね。だったらどうして、君が描写したような人物の典型例が、ヨーロッパのあちこちに見られないのだ？　また、どうして一人の個人の中に多くの美徳と立派な性質が交わり合っている人物が滅多に見られないのだ？

クレオメネス　莫大な財産を所有している人たちが数多くいるにも拘わらず、こうした高度な素養に類するものを身につけている者たちが斯くも少ないのは、いくつかの非常にはっきりとした理由がある。第一に、人間は気質という点でさまざまであるからだ。ある者は生まれつき積極的で活発な気質であり、またある者は消極的で内気な気質である。ある者は図太い精神の持ち主であり、またある者は繊細な精神の持ち主である。第二に、成人に達した人間のこうした気質というものは、教育によって抑制されるか鼓舞されるかにしたがって、顕著になったりならなかったりするということも考慮に入れるべきである。第三に、人間が幸福に関して抱くさまざまな認識は以上の二つの立場次第によって決まるのであり、それぞれの立場にしたがって、栄誉への愛はさまざまな手立てを採るのだよ。ある者は他人を支配し、統治することに最大の幸福を覚え、またある者は危険に際して勇敢であり豪胆であると称賛されることに最大の価値を見出し、さらにある者は学識があることや有名な著者であるということが最も価値あることと看做している。だから、すべて皆が栄誉を好むけれども、それを手に入れる際にはさまざまな手立てを採るのさ。喧騒を嫌い、生まれつき物静かで、温和な気質であり、しかも、そのことが教育によって助長されているような人間であるならば、立派な紳士であるという評判ほど望ましいものはないと考えることも充分あり得ることだ。もし、彼がそのように考えたとすれば、恐らく彼は私が君に示した典型例にかなり近い振る舞い方をしようと努めるであろうね。私がかなり近いと言ったのは、いくつかの事柄で私が勘違いしていたかもしれないし、またすべての事柄に言及した訳でもないからいくつか必要な事柄を見落としてしまっていると言われかねないからさ。しかし、大概は、我々の生きている国や時代においては、私が指摘した資質こそがどんな人間にも彼が望んでいる――と私が推量した――名声を手に入れさせることになると思うな。

ホレイショ　その通りだね。君が最後に言ったことに関して私は何の疑念も持たないし、また君の指摘は見事な人物描写でとても気に入ったと、前にも言ったよね。君が斯くも神々しく紳士の人物描写を描き出したことに私が注目したのは、それが格別なものであったからであって、非難しようなんて意図などまったくなかったよ。慥かに、私と君と意見を異にすることが一点あったけれども、それは単に推測の域を出ないものであり、君が答えてくれたことをよくよく考えてみたところ、多分私が間違っているかもしれないね。というのも、もし、実際にそのような人間がいたとして、私と反対の意見を持っているのであれば、慥かに私が間違っていると思うべきだからだ。そのような立派な才能の持ち主には最大の敬意を払い、快く進んでその並外れた能力に私の判断を委ねたい。だが、君が指摘したように、プライドを原因とするのが一般的であるとするならば、なぜその影響が普通に見られないのかについて、君が挙げる理由は充分ではないと思うよ。性向がさまざまであるから人々は異なった目的を求めるようになるというのは、慥かに認め得ることだ。だが、内気で消極的な気質でありながら、立派な紳士だと思われることを切望している金持ちたちも沢山いるのはどうしてなのだ？　また、キリスト教国におけるように、勉学に励み見聞を広めるために旅行をし、事柄が上手《うま》く成就するために大変な努力をしている、家柄も良くたっぷりと財産があり洗練された教育を受けた多くの人々のなかに、君が指摘したあらゆる優れた性質やその他の事柄すべてに、お世辞にも当て嵌まるような者が一人もいないのは、どうしてなのだ？

クレオメネス　何千もの人々がそのようになることを目指し、誰一人その水準にまで達し得なかったということは、充分にあり得ることだよ。ある者の場合は、恐らく彼の支配的な情念がその他の情念を完全に抑え込むほどには強くないのかもしれない。また別の者の場合は、愛とか貪欲がほかのものに気持ちを向かわせているのかもしれない。さらに飲酒や賭博が多くの者を堕落させ、彼らの決心を鈍らせるかもしれない。彼らは、自らの意図を持ち続け、着実に同じ目的を追求するといった力を持ち合わせていないかもしれない。あるいは、彼らには見識のある人々によって尊重されている事柄に関する真の洞察力と知識がないのかもしれない。あるいは最後に、まさかのときには常に己れを隠すことが必要であると感じるほどには、彼らは完璧に育ちが良いのではないかもしれない。というのは、偽装というものは理屈で言うよりも実際に行う方が遥かに難しいものなのであり、これらの障害のどのひとつを取ってみても、すべてを台無しにし、手に入れようとした性質や事柄を仕上げるのを妨げるのに充分であるからだ。

ホレイショ　そのことについて君と議論する心算はないね。けれども、この間《かん》ずっと君は何も立証してこなかったし、見たところ実に輝かしく麗しい性格である人間が、邪な動機に基づいて行動すると君が推測する理由も、一向に説明してこなかった。まさか君はその人間を疑う理由を明らかにすることさえしないで、彼を責める心算はないだろうね。

クレオメネス　そんなことはしないよ。また、これまでも意地悪なこととか無慈悲なことをまったく述べた心算はないよ。というのは、私が指摘したあらゆる事柄をすべて備えた紳士を見出したとき、その類《たぐ》い稀《まれ》な才能に穿《うが》った表現を与え、彼の美点はまさしく並外れた名誉欲という源から発しているに過ぎないなどと、私は言わなかったからさ。私が主張し強調したことは、これらすべての事柄が、まさに私が指摘した味方や助けを借りて、ある人間によって成し遂げられるかもしれない可能性なのだ。否、それどころか、上流社会の嗜みを充分身につけた紳士が、どんなに知識に長け才能に溢れているとしても、彼は自らの行動の動機について何も知らないかもしれないし、少なくともよく理解してはいないかもしれない、と私は思うよ。

ホレイショ　今言ったことは、これまで君が言ったどんなことよりも理解し難いな。どうして君は何も解決しないまま、次から次へと難問を積み重ねるのかね？　何か他のことを問題にする前に、この今の逆説を解いて貰いたいものだ。

クレオメネス　君の言い分に従うために、幼児教育において何が行われているのかを思い起こして貰わねばならないな。幼児教育の初期段階においては、幼児たちは、行動の選択に当たって、自らがしたいことよりも他人の教訓に従うように教えられる。要するに、これは命じられるままに行動することにほかならない。こうした目的を達成するために、賞罰が重んじられると共に、その他多様な方法が採られる。だが、羞恥心を活用することほど、こうした目的のために大いに効果的であることもないし、子供たちに大きな影響を与えることもないことは慥かなことである。羞恥心は生まれながらの情念であるけれども、子供たちが話し始める前に、もし我々が上手に彼らの中にそれを目覚めさせてやらなければ、彼らはそんなに早くそれに気づくことはなかったであろう。幼児期の子供たちの判断力は未熟なものであるから、彼らの中に羞恥心を目覚めさせることによって、彼らが羞恥心という情念の影響を何かしら受けていると感じられるようになればすぐに、自分たちが好むことを恥ずかしく思うよう彼らを教え諭すこともできるかもしれない。とはいえ、プライドがほんの少ししか認められないような場合は、羞恥への恐れはほとんど問題にならないから、同じ割合で前者のプライドを増やさないと後者の羞恥心を増大させることはできないのだよ。

ホレイショ　プライドを増長させると、子供たちはもっときかん坊になり、もっと聞き分けのない子になるだろう、と私ならきっと考えただろうな。

クレオメネス　そうだよね。その通りだと思う。プライドは力ずくで消滅させられることはないが、計略によって抑制されるかもしれないこと、またプライドを制御する最善の方法は、プライドという情念をプライドそれ自体と争わせることだということを人々が経験から学ぶまでは、プライドは善行にとって大変な障害になったに違いない。それ故、巧みな幼児教育においては、プライドを押し隠す巧妙さにどんなにプライドを感じても差し支えないということになる(6)。だが、このように己れ自身を押し隠すことが、そこにプライドを覚えるとはいえ、苦もなくなし得るとは私には思われない。こうした苦悶ははっきりと自覚され、恐らく、最初は、非常に不快であろうが、成長するにつれて次第に消え去っていく。人間が、指摘してきたような思慮分別をもって振る舞い、長年に亘って良き礼儀作法の厳格な準則に則って行動した結果、彼を知っているすべての人間の称賛を手に入れたとき、そしてまた、彼の高貴で洗練された振る舞いが習慣化されたとき、徐々に、最初の行動原理は忘れ去られ、あらゆる行動に活力と動力を与えている隠された源を気にしなくなるか、少なくともそれに鈍感になるということはあり得ることだ。

ホレイショ　君がプライドと呼ぼうとしているものが齎《もたら》す大変な効能については納得したよ。だが、そのように思慮分別があり、学識と洞察力がある人間が、また斯くも完璧に己れのことを理解している者が、どうして己れの心や行為の動機について無知であるのか、まだ納得できないね。人間が忘れっぽいという可能性以外に、君をこのように信じ込ませている理由は何だね。

クレオメネス　理由は二つあるが、その理由を真剣に考えてくれればと願うよ。第一の理由は、我々自身に関わる事柄、とりわけ我々自身の価値や優秀さに関わる事柄に関して、プライドは、思慮分別や優れた資質を持った人間の場合であっても、その他の人間の場合と同じように判断力を失わせ、当然のこととして自分自身に大きな価値を認めれば認めるほど、他の事柄においては大いに見識と判断力を示すのにも拘わらず、いとも簡単に最も下卑た追従も鵜呑みにしがちだということだ。アレクサンダー大王を見たまえ。彼は、自らの希有な天分を持ってしても、自分が神であるかどうか真剣に悩まざるを得なかったのだ(7)。そして私の言う第二の理由は、そのような人物が自分自身を吟味することができるとしても、彼が自己吟味に着手することはおよそあり得ない、ということを立証してくれるであろう。というのは、自分自身をよく調べるためには、そうできるということだけではなく、喜んでそうすることも必要とされるのであり、またそうした素晴らしい資質に恵まれていたとしても、プライドが高い人間にとっては、そのような詮索こそ先《ま》ず以て慎重に避けられるものだと考える理由が充分にあるからだ。なぜならば、そのほかのあらゆる自己抑制的行為は、彼のお気に入りの情念で報いられるのであるが、この行為だけはまったく以て屈辱的であり、心の平穏を犠牲にするものであって、この行為に匹敵するものはほかにないからさ。もし善良でこの上なく誠実な人々の心が堕落し不実なものになっていたとしたならば、自らの全生涯が一つの途切れることがない偽善の舞台と化す彼らの心中は、一体どんな状態なのだろうか！　だから、心の内を尋ねてみたり、己れ自身の胸中を大胆に調べたりすることは、最大の喜びが密やかな自己称賛にある人間にとって、心を傾けることができるもののなかで最も不都合な作業であるに違いないのだ。こうしたことを話した後で君に懇願するのは無作法であるに違いないが、この作業の辛さは――

ホレイショ　それ以上何も言うな、この点に関しては譲歩するよ。けれども、白状すれば、君がその作業の辛さを説くことで、どのような利益を期待できるのか私にはよく分からないがね。というのは、君が説明したこの完璧な人間が邪な動機によって行動しているということを立証するという大きな難題を、その作業の辛さを説くことで解決できるどころか、むしろ逆に混迷を深めることになるだろうからだ。それが君の意図でないとしたら、何をしようとしているのか分からないね。

クレオメネス　それが私の意図だと、君に言ったよね。

ホレイショ　君は他の人間たちよりも難解な事柄を見つけ出す並外れた洞察力の持ち主に違いない。

クレオメネス　狡猾で老獪な人間のことをその本人以上に知り得るような最強の洞察力が、どのようにして私に備わっているなどと称することができるのか、また世のすべての人々から完全に上手く隠されていると私が認めた心の中に入り込んで、それを調べるなどとどうしてわざわざ言うのか、と君が疑問に思うのは分かるよ。厳密に言えば、それは不可能なことだ。だから、夜郎自大でもなければ誰も自慢することではないね。

ホレイショ　君が自分についてどのように思おうが勝手だが、私はそんなことを言った訳ではない。とはいえ、正直なところ、君にこうした能力が具わっていることが証明されるのを是非見てみたいものだね。私は例の紳士の人物描写をよく覚えている。その際、君の講じた予防策は完全なものであったけれども、前に君に言ったように、物事があらゆる点で立派な様相を帯びている場合は、それらを疑う正当な理由はあり得ないのだ。私は飽くまでもそのことに拘るよ。君が描いた例の紳士には整合性がある。彼に与えた申し分のない性質を撤回するとか、あるいは、すでに認めている性質と釣り合わないものとか、適合しないようなものを何か付け加えるなどして、人物描写を決して変えるべきではないよ。

クレオメネス　無論、私はどちらもする心算はないよ。そのようなことをしなくとも、決め手となるような審判ができるし、そうした審判によっても、ある人物の行動が内面的な徳性や宗教的な原理に基づくのか、それとも単なる虚栄心に基づくのかが、はっきりするであろう。後者の場合であるならば、潜んでいる悪魔を心の奥まった暗闇から、世のすべての人がその姿を見て取れる白日の下に引きずり出すための絶対確実な方法があるのだ。

ホレイショ　議論で君に太刀打ちできるとは思わないが、間違いなくそうだと君が言うことすべてに関して、私は例の紳士の擁護者に是非なりたいと思っている。これまでの人生においてこれほどまでに自分の言い分を通そうと思ったことはないな。よーし、どのような道理に適《かな》い以前に君が言ったことと矛盾しない仮説を君が立てようとも、私は彼の弁護を引き受けよう。

クレオメネス　結構だね。そこで、極めて穏健で、すこぶる賢明で、この上もなく育ちの良い人間に起こりそうなことを想い描き、我が素晴らしい紳士が、生まれや家柄や社会的地位は同等であるが、彼ほどには形振《なりふ》りを構うことも、また、立ち居振る舞いに配慮することもできない別の紳士と人前で言い争いをしたと仮定しよう。この相手が、場所柄《マラ・プロポ》も弁えず興奮し、相手に対して払うべき敬意を欠いてしまい、意味不明の言い方で相手の名誉を貶したとしよう。君の弁護依頼人はどうすべきであろうか？

ホレイショ　直ちに釈明を求めるべきだね。

クレオメネス　その興奮した男が相手を蔑《さげす》んでそれを無視したり、鰾膠《にべ》もなく拒否をしたりすれば、決闘が申し込まれるに違いないし、彼らは戦わなければならないな。

ホレイショ　早合点も甚だしいな。言い争いは人前で起こっているのだよ。そんな場合には、居合わせた友人なり紳士たちが仲裁に入り、脅し文句が発せられるようであれば、行政当局によって彼ら二人とも拘束されるように取り仕切るべきであり、不穏当な言葉を彼らが発する前に、もし可能であれば、彼らを無理矢理に引き離すべきだね。そうすれば、名誉の問題に適切に配慮しつつ、和解についての交渉が恐らく始まることになるであろう。

クレオメネス　私は争いを防ぐための方法を尋ねているのではない。君が指摘したことはなされるかもしれないし、なされないかもしれない。友人たちの仲介が上手くいくかもしれないし、上手くいかないかもしれない。私は、道理に適い、しかも私が説明した人物描写にも合致していると考えられ得る限りの仮説を立ててみようと思う。これら二人の人物は、君ならば、敵対者へ挑戦状を送るよう友人に忠告するであろうような状況に置かれていると、思わないかね？

ホレイショ　間違いなく、そうした事態になるだろうね。

クレオメネス　そうだろう。そうだとすればその後で、決闘が間違いなく起こる。というのは、そうした状況のなかで事態が何も解決を見ないならば、その立派な紳士は最も勇敢に振る舞うだろうからだ。

ホレイショ　そうではないことを期待したり想像したりすることは、道理に合わないことになるだろうね。

クレオメネス　それならば、私がどんなに公正であるか、君にも分かるだろう。とはいえ、どうだろう、そのような些末な不正のために、突如、礼儀正しく心優しい人間を極端に暴力的手段に訴えるよう駆り立てるものは一体何だろうね？　何よりもまして、死への恐れに対して彼を励まし支えているものは一体何だろうね？その点にこそ最大の難題が潜んでいるのだよ。

ホレイショ　それは、彼の汚れのない生き方と清廉実直な生活態度によって培われた、生まれながらの勇気と豪胆さだね。

クレオメネス　だがねえ、社会の利益を最も心がけているこのように公正で思慮深い人間を、そうと知りながら国の法に反した行動に駆り立てるのは一体何であろうか？

ホレイショ　それは、あらゆるものに勝る名誉の準則に、彼が忠実に従うからだよ。

クレオメネス　名誉を重んじる人々が首尾一貫して行動しようとするならば、彼ら皆がローマ・カトリック教徒になるべきだね。

ホレイショ　えー、どうしてだ？

クレオメネス　彼らはあらゆる成文法よりも伝承を好むからさ。というのは、いつ、どのような国王あるいは皇帝の治世に、如何なる国、あるいは如何なる政府によって、名誉の法が最初に制定されたのか、誰も指摘することができないからだ。名誉の法がこんなにも力を持っているなんて実に奇妙なことだね。

ホレイショ　それらの法は、名誉を重んじる人々すべての胸の裡に刻まれてきたのだよ。誰もがそのことを否定することはできず、君自身もそれに気づいているし、誰もが心の中にそれを感じているのだよ。

クレオメネス　それらの法がどこでもお好きなところに刻まれたとしても、神の法と正反対でそれと対立するものだよ。私が描いた紳士の宗教心が外見通り嘘偽りのないものとすれば、君とは相容れない見解の持ち主に違いないな。というのは、どのような宗派のキリスト教徒であろうとも、神の法はその他のすべてのものよりも遥かに優《まさ》ったものであり、その他のあらゆる課題もその法に委ねられるべきであるということを認めるという点では合意しているからだ。どのような口実の下で、道理を弁えた存在であるキリスト教徒が、報復を定め殺人を容認するような法を受け容れ承認することができるのか？　報復と殺人はキリスト教という宗教の戒律によって固く禁じられているのではないか？

ホレイショ　私は決疑論者ではないよ。だが、君も知っての通り、私が言っていることは正しいのであって、名誉を重んじる人々の間ではそのような疑念を抱くような人間は嘲弄されるだけだよ。避けることができる人殺しを大きな罪であると考えないとか、思慮深い人々も皆でき得る限りそうした行為を避けるべきでないなどと言いたい訳ではない。最初に攻撃を仕掛け、無礼な言動を弄するような人間は大いに非難するに値するし、ちょっとした軽はずみから、そうした振る舞いに及んだり、単なる気まぐれから喧嘩に及んだりするような者は縛り首にすべきだ。愚か者でない限り誰もそんなことをしないであろう。だが、否応なくそうせざるを得なくなった場合にはどのようにして避けるべきか、この世に存在するあらゆる知恵といえども何も教えてくれないのだ。君も知っての通り、それが私の場合だった。不本意ながらのことであったことは忘れてはいないが、必要の前に法なしさ。

クレオメネス　私は丁度その朝に君に会ったが、君は平静のように見えたし、まったく感情的になっているようには見えなかったよ。何の懸念もなかったのだろうな。

ホレイショ　あのようなときに、そのような様子を見せるのは愚かなことだ。だが、自分がどのように感じていたかはよく覚えているよ。心中の苦悶は言葉で表現できるようなものではなく、酷いものだったよ。そのとき、直面している事態がそれの起こる前に戻せるものであるならば、私の財産のかなりの部分をあげてもよいと思った。とはいえ、怒りがもっと小さなものであったにしても、明日、また同じように振る舞うだろうがね。

クレオメネス　君の懸念が主にどんなものであったか、覚えているかね？

ホレイショ　どうしてそんなことを聞くのかね？　それは人生において起こり得る最も重要な出来事だったよ。私は子供ではなかった。その出来事はイタリアから帰国した後のことで、私は二十九歳になっており、大変素晴らしい友人に恵まれ、評判は悪くなかった。また、健康で元気で一年に七千ポンドの収入があり、イングランドの貴族になる見込みがあるその年頃の人間には、世の中と仲違いしたり世捨て人になったりする理由など存在しない。人間が決闘に走るということは大変な危険を伴う。それは不幸にして決闘で相手を殺してしまった場合に、生きている限り感じなければならない悔恨と不安だけではない。これらすべてを考慮しつつ同時にそうした危険を冒そうとすることは（もっと重大な考慮すべき問題もあるが）、大いに危惧を抱くことなくして不可能だよ。

クレオメネス　決闘することの罪について何も言っていないね。

ホレイショ　慥かに、決闘に伴う罪は考えなければならない残された重大な課題であるが、その他の事柄だけでも由々しき事態なので、そのような場合の人間の心理状態は、それ以上何も考えられないほど混乱しているものだよ。

クレオメネス　ホレイショ、今こそ、自分の心を覗き込み、私の助けを少し借りながら、自分自身を吟味する絶好の機会だよ。もし君がそのようにすることができれば、君は大きな発見をし、今は信じたくない真実を確信することになるだろうことを請け合うよ。君のように正義と廉潔を旨とする者は、絶えず責任回避に誘い、知性や理性に敢えて訴えようとしない思考法など愛好すべきではないね。どうか私にいくつかの質問をさせてくれて、それに機嫌良く答えてくれないかな？

ホレイショ　無条件でそうしよう。

クレオメネス　ジェノバ沿岸での大時化《しけ》のことを覚えているかい？

ホレイショ　ナポリに行くときのことかな？　よく覚えているよ。そのときのことを考えると今でも背筋が寒くなる。

クレオメネス　恐ろしかったかね？

ホレイショ　それはもう、これまでの人生であれほど恐ろしかったことはないね。私はあのような予期せぬ暴風雨には参ってしまうし、海にも堪えられないね。

クレオメネス　何が恐ろしかったのかな？

ホレイショ　それはなかなかの質問だね。当時の私のように二十六歳で、私と同様な境遇の若者が、溺れ死にたいなどと思うかね？　船長自身が危険な状態だと言っていたのだ。

クレオメネス　しかし、船長も、その他の誰一人も、君の半分も恐れや不安を露わにしてはいなかったよ。

ホレイショ　君を除けば、私の八分の一も損害を被る者は船には誰もいなかった。その上、彼らは海に慣れていたし、大時化は彼らにはお馴染《なじ》みのものさ[8]。例の晴れた午後、ドーバーからカレーに渡った[9]のを別にすれば、私はそれまで一度も航海をしたことがなかったのだ。

クレオメネス　知識や経験の不足は、危険のまったく存在しないところでも、人間を恐れさせるのかもしれないね。だがね、真の危険は、そうだと分かっているときには、生まれながらの勇気というものを試すのだ。危険に慣れているかどうかなど問題ではない。船乗りたちにしても他の人々と同様に命は失いたくないさ。

ホレイショ　海の上で私が臆病者であることを恥じないね。安全な大地《テルラ・フィールマ》を与えてくれれば、そのときは――

クレオメネス　あの決闘をしてから、六、七ヶ月経ってから、君が天然痘に罹ったのを覚えている。そのとき、君は死ぬのを非常に恐れていたな。

ホレイショ　それには理由があったのだ。

クレオメネス　君が襲われていた激しい不安が、睡眠を妨げ、高熱を続かせ、病気そのものと同じくらい君に有害だったと、君の係医たちが言うのを聞いたよ。

ホレイショ　あれは恐ろしい時代だったのだ。そのような時代が終わってほっとしているよ。姉が天然痘で亡くなっているからね。天然痘に罹る前に、私はずっとそれを恐れていて、天然痘という名前を聞く度に不安になっていたよ。

クレオメネス　生まれながらの勇気というものは、「もし天が壊されて落ちてきた場合[10]」の、死への恐れ――それがどのような形で現れようとも――に対する全般的な甲冑なのさ。そうした勇気というものは、市街戦や介添人付きの決闘におけるのと同様に、正気である限り暴風雨の海や非常な高熱においても、人間を支えてくれるものなのだ。

ホレイショ　なんだって！　君は私に勇気がないことを証明しようというのかね。

クレオメネス　とんでもない。君が一再ならず見せたような、並外れた仕方で見せつけられる人間の勇気というものを疑うなんて馬鹿げたことだ。私が問題としたいことは、君が最初に勇気に付けた形容辞である生まれながらという言葉[11]なのだ。というのは、生まれながらの勇気と人為的な勇気とは大違いであるからね。

ホレイショ　それは詭弁であり、議論に応じかねるな。だが、以前に君が言ったことに関しては、私は君の意見と違うね。例の紳士が自らの勇気を示すことを求められたのは、それが名誉に関わっている場合だけだ。もし、彼が、国王や、友達や、愛する人や、彼の名声が関わるすべての事柄のために敢えて戦おうというのであれば、あとは彼についてお好きなように考えていただいても結構だ。神の手が明瞭に看て取れる苦悩の場合だけではなく、病気やその他の危険の場合を除けば、勇気や豪胆さは無作法であるだけではなく不信心なことでもある。懲罰を受けているときの不屈さは一種の反抗でもある。それは神との戦いを遂行することであり、それは無神論者や自由思想家のほかには犯すことのないことだ。悔い改めないことを誇りにし、頑強な抵抗を口にできるのは、彼らだけなのだ。何程かの宗教心を持つその他すべての者は、この世を去る前に懺悔をしようと思う。我々の中の最良の人たちでさえ、心残りなく死ねるような生き方を常にしている訳ではない。

クレオメネス　君がこんなにも信心深いのを聞いて、大変嬉しいよ。だが、君がどんなに自己矛盾しているのか、まだ気づいていないのかね？　大罪で、しかも強制も必要性もないのに他の如何なる場合よりも甚大で直接的な危険に生命《いのち》を晒したりする行為に敢えて身を投じるような人間に、どうして心から懺悔することを望み得るだろうか？

ホレイショ　決闘は罪であり、やむを得ずそうせざるを得ない場合を除けば、大罪であると思うということを、私は何度も何度も君に認めたね。けれども、私の場合はこれに当たらないので、神が許してくれればと願う。決闘を弄《もてあそ》んでいる者たちはこの点を肝に銘じて貫いたい。とはいえ、ある人間が極めて不本意ながら行動に訴え、そうした行動が避けられないであろうときは、やむを得ずそうせざるを得なかったと言ってよいと思う。君は厳格な名誉の法と習慣の非道を非難するかもしれないが、この世に生きようとしている人間は、それらに従わなければならないし、従わざるを得ないのだ。君自身はそうする気はないのかね？

クレオメネス　私がどうするかなんてことを聞くなよ。問題は皆がどうすべきだということだ。人間は、聖書を信じているならば、悪魔よりも悪賢く悪意があり容赦がなく冷酷な暴君とか、地獄より酷い修羅場とか、言語に絶する果てしない責め苦よりも強烈で永続する苦痛などを、懼れることができるはずはないではないか？　君は答えていないな。万一、君がそうした法を無視し、その暴君を軽蔑したとすれば、それがどれほど悪いことなのであろうか？　そのことを考え、君が懼れるのはどのような陰惨なことなのか教えてくれ。どんな災難が君に降りかかるというのだ？　心配され得る最悪なことを教えてくれ。

ホレイショ　君は臆病者であると公表されたいのか？

クレオメネス　何に対して臆病だというのか？　あらゆる人間の法と神の法を敢えて破ろうとしないことに対してか？

ホレイショ　厳密に言えば、君は正しい。君の言うことに反論はできない。だが、誰がそうした視点から物事を考えるのだろうか？

クレオメネス　すべての善良なキリスト教徒さ。

ホレイショ　それならそのような善良なキリスト教徒たちはどこにいるのだ。というのは一般にあらゆる人間という存在は、そうした躊躇《ためら》いを洩らす人間を軽蔑し嘲笑うものであるからだ。牧師たちでさえ、説教壇において何を話し、勧めたとしても、人前では臆病者への軽蔑の念を洩らしているのを、私は聞いたことも見たこともある。完全に世間から隔絶し、大切な存在であるすべての人々との会話を放棄することは、なかなか決断し難いことである。君は町の噂話や食卓での雑談の種《たね》になる気がありますか？　酒場や、駅馬車や、市場でのお笑い種《ぐさ》や軽蔑の対象に甘んじることができますか？　これこそが、戦うことを拒み、怒ることなく侮辱に耐えようとする人間が必ず辿る運命ではないのか？　クレオメネス、公正に考えてくれ。こうした運命は避けられるだろうか？　そうした人間が、公衆のお笑い種にされ、通りで後ろ指を指されたり、子供たちやリンクボーイ(12)や貸し馬車の御者たちの気晴らしにされたりしては、具合が悪いのではないか？　このような思いは我慢せざるを得ないものだろうか？

クレオメネス　普段は、大衆など心底から軽蔑しているのに、なぜ、君は今、彼らの意見とおぼしきものに斯くも執拗に拘るのだ？

ホレイショ　これらすべては推論にすぎず、君だってこんなことは堪えられる訳はないだろう。どうして君はこんなに殺生なことを言うのかね？

クレオメネス　一体どうして君は、その情念を見つけ出し、それが自分のものであることを認めることをこんなに躊躇するのかね？　この情念こそがこれらすべての明白な誘因であり、軽蔑されているという思いによって生じる不快感のはっきりとした原因ではないのか？

ホレイショ　私は何も感じていないよ。断言するが、私をこのように言わせるようにしているものは、私の内部に宿る名誉の意識と原理以外の何ものでもないよ。

クレオメネス　最下層の人間や人間の屑のような者にも、名誉の原理が多少なりとも宿っていると君は思うかね？

ホレイショ　そんなもの、まったくないね。

クレオメネス　あるいは、最も高い身分の人たちの子供たちが、二歳になる前に、名誉の原理の影響を受けることができると思うかね？

ホレイショ　とんでもない。

クレオメネス　どちらの場合も名誉の原理に影響を受けていないならば、名誉とは教導によって偶々《たまたま》身につくものであるか、あるいは、高貴な生まれの者たちの血統の中に含まれているものであることになり、それは思慮分別が身につく年齢になるまで感じられないものであろう。だが、例の原理、すなわち私が指摘した明白な原因というものは、このどちらにも当て嵌まらない。というのは、一方で、軽蔑や嘲笑は、最も貧しい哀れな人たちにとっても耐えがたいものであり、どんなに卑しく哀れな乞食でも侮辱に対して腹を立てるであろうし、他方で、人類という存在は、大変早い時期から羞恥心の影響を受けているので、子供たちは嘲笑われたり物笑いの種にされると、上手に話したり振舞ったりすることができないうちは、泣き叫ぶかもしれないからだ。だから、この強力な原理が何であろうとも、我々と共に生まれたものであり、人間本性に備わっているものなのだ。君はその原理の正しい、真の、ありふれた名称を知らないか？

ホレイショ　君がそれをプライドと呼んでいることは知っているよ。私は、物事の原理や起源について君と議論をしようとは思わないが、名誉ある人間たちが確たるものとして自らに課し、充分に洗練されれば人間本性の尊厳に帰すべきものにほかならない名誉という価値基準は、彼らの人格の基礎であり、あらゆる困難の支えであり、社会にとっても大変有益なものである。同様に、良く思われたいことへの欲求や称賛されることへの愛や名誉欲でさえ、公共にとって有益である立派な性質なのだ。このことが真理であることは逆の場合を考えれば明らかになる。破廉恥極まりなく、自分がどう言われたり、どう思われたりしても一向に気にしない恥知らずの人々、こうした人たちは、周知のように、誰にも信頼されない。彼らはどんなに悪いことでも平気でやりかねず、死とか苦痛とか刑罰を避けることができさえすれば、他人の意見を無視して、利己心もしくは粗野な欲望に促されて、あらゆる種類の悪事をいつでも喜んでする。このような人たちこそが、まさに原理を持たない人間だと呼ばれるのだ。なぜならば、彼らを勇敢で有徳な行動に駆り立て、あるいは彼らに悪行や卑劣な行為を控えるように促すことができる如何なる内面的力も彼らは持っていないからだ。

クレオメネス　例の名誉の持つ高い価値基準、良く思われたいことへの欲求、称賛されることへの愛などは道理に適っているという、君の主張の前半部分は慥かに正しいものであるが、後半部分には誤りがあるね。というのは、恥知らずと呼ばれている人々が、彼らよりましな人々ほどのプライドを持っていない訳ではない。私が教育とその効果について述べたことを思い出してくれ。ついでに人間の性向や知識や境遇について述べたことも思い出してくれてもよい。というのは、人間というものは、これらすべてにおいて千差万別であるように、どのような情念であれ、違った仕方で影響を受けたり、働きかけられたりするのさ。どのような人間であれ恥を知るべきだと教えられているのだ。育ちの良い人間や良識がある役人に、彼らが体現している名誉とか忠誠を尊ばせ密かに自己称賛させるまさに同じ情念が、放蕩者やならず者に自らの悪徳を自慢させ、自らの厚かましさを誇らせるかもしれないのだ。

ホレイショ　名誉を重んじる人間とそうでない人間が、両者とも同じ原理に基づいて行動するなんてことは、私には理解し兼ねるね。

クレオメネス　このことは、自愛心が人間を破滅させるということほどには奇妙なことではなく、これ以上の真実はない。また、ある人たちは恥知らずであるということでプライドを満足させているということも、それと同じくらい慥かなことである。人間本性を理解するためには、洞察力や賢明さと共に観察力や応用力も必要だ。あらゆる情念や本能というものは、一般的に言って、自ら自身または自らの種の保存と幸福に役立つという賢明な目的のためにあらゆる動物に与えられたものだ。それらの情念や本能が、社会の如何なる部分にとっても有害であったり不快であったりさせないようにすることが、我々の義務なのである。だが、なぜ、我々はそれら情念や本能があるのを恥じるのだろうか？　自分自身を高く評価するというどのような人間にもある本能は、非常に有益な情念だ。とはいえ、情念というものは、我々はそれがなければ惨めな生き物であることを実証できるが、それが過剰過ぎると、しばしば、際限のない災いの原因になるのさ。

ホレイショ　けれども、育ちの良い人間の場合は決して過剰になることはないね。

クレオメネス　君が言うのは、彼らの場合、外面的には情念が過剰であるように見えないという意味だね。だが、その激しさや強さの程度を、情念そのものに見出すことができるものによって判断すべきではなく、情念が生みだす効果に基づいて判断されるべきだよ。情念が隠されている場合に、しばしば、それは最も過剰であり、そして、所謂、洗練された教育や上流社会の人たちとの絶えざる交際ほど、情念に影響を与えてそれを増大させるものはない。情念を制御できる、あるいはとにかく抑え込むことができる唯一のものは、キリスト教を厳格に信奉することなのさ。

ホレイショ　なぜ、君は、この原理が、つまり、人間たちが自らに課したこの価値の基準が情念であることを、これほどまでに強調するのだ？　そして、なぜ、君は、それを名誉と呼ばないでプライドと呼ぼうとするのか？

クレオメネス　それは、それなりの理由があるからさ。第一に、このプライドという原理を人間本性の中に設定してみると、あらゆる曖昧さが取り除かれるからだ。誰が名誉ある人間で、誰がそうではないかということはしばしば議論の分かれるところだ。名誉ある人間だと言われている人たちが、それぞれ名誉の準則にしたがって行動した場合にも、その基準の厳密さにかなりの程度の差があり、それがそれぞれの名誉という原理そのものに大きな違いを生み出している。だが、生まれつきのものである情念は不変であり、それは作用しようとしまいと関係なく我々の身体の一部なのである。それがどちらの方向に仕向けられていようが本質は同じだ。名誉は間違いなくプライドの申し子だが、同じ原因が必ずしも同じ結果を齎す訳ではない。すべての大衆や、子供たちや、未開人たちや、名誉心にまったく影響を受けていないその他の多くの人たちも、諸々の表徴から明らかなように、彼らすべてがプライドを持っている。そして第二に、そのことは、喧嘩や侮辱によって引き起こされる現象や、こうした場合における名誉ある人たちの行動など、何かその他の方法では説明できないことを明らかにするための助けとなる。だが、とりわけ私がプライドに興味をそそられるのは、長い間、この自己称賛という原理が満足させられ鼓舞されてきている場合に、この原理のもつ驚異的な強さと途轍もない影響力だね。君は、あの決闘をせざるを得なくなってきたときに覚えた懸念や、決闘を決行しようとしたときに感じた沈鬱な気持ちを、記憶しているであろう。君は決闘を犯罪であると知っていたし、また同時に、それを凄く嫌悪していた。君のそうした意志を抑え込み、決闘というものに君が感じていた沈鬱な気持ちを克服させたのは、どのような隠れたる力であったのだろうか？　君はそれを名誉心だと呼び、また、それは名誉の準則への避け難いけれども余りにも過剰な執着のせいだと言った。だが、人間は、生まれながらの生得的な情念と葛藤する場合を除けば、決して己れの気持ちを無理強いするものではない。名誉心は後天的に獲得されたものであり、その原則は教えられたものである。後天的なもので、ある者たちには存在し他の者たちには存在しないようなものはいずれも、心の中にそのような内的な葛藤や大きな動揺を引き起こすことはできないであろう。だから、我々を自己分裂させ、謂わば、人間本性を二つに引き裂くことのできる原因が何であれ、それは我々の一部であるに違いない。包み隠さず言えば、君の胸中における葛藤は、恥辱への恐れと死への恐れとの間の葛藤なのだ。もし、死への恐れがあまりなければ、君の胸中での葛藤は大したものではなかったであろう。でも、恥辱への恐れがとても強かったので、死への恐れに勝《まさ》ったのだ。だが、もし、恥辱への恐れの方が死への恐れよりも劣っていたならば、君は別様に推論し、決闘を避けるための何らかの方法を探し出したことであろうよ。

ホレイショ　君の話は人間本性に関する奇妙な分析だね。

クレオメネス　だが、こうした分析がなければ、我々が今議論している問題は多くの人たちに正確に理解されることはないよ。また、人々は決闘について非常に矛盾した議論をしてきた。決闘という慣行を打破するために対話を書いたある聖職者(13)は、決闘に身に覚えがある者たちは名誉の原則を誤解し、誤ってその原則にしたがっていると言ったが、それに対して、私の友人は、当然にも、彼を嘲笑い、「決闘を要求したり、それに応じたりすることが、真の名誉の原則に反すると言うのであれば、見慣れた誰もが身につけているものが流行であることを否定すべきであろう(14)」と述べた。もしもその聖職者が人間の本性を理解していたならば、このような馬鹿げた発言をすることはなかったであろうな。だが、彼が、決闘の原因を情念の中に探ることなく、名誉が正当で適切な決闘の原理であることを認めてしまったので、あるキリスト教徒が名誉の原理に基づいて実行したと称したことに対して、彼は決闘の真の理由を説明することができなかったのだ。だから、彼は、別の箇所では同じ理屈から、挑戦に応じた人間は正気《コムポス・メンティス》ではないのだから遺言を書く資格がないと述べたのだ(15)。そんな人間は魔法にかかっていたのだと言った方が、道理に適っているように見えたかもしれないな。

ホレイショ　なぜ、そうなのだ?

クレオメネス　なぜならば、正気を失った人々は出鱈目に考えたり、脈略のない行動や話し方をしたりするものであるけれども、いつも冷静で動揺した様子を見せない人物が、何事につけてもいつも行儀よく振る舞ったり話したりし、その上、非常に微妙な問題については目を見張るほど的確に論ずるとき、その人間を我々は愚か者とか狂人として扱うことはできないからである。そしてまた、このような人物が、最も重要な案件で、子供でも分かるほど自己利益にまったく反する行動をし、わざわざ自らの破滅を追い求めているとき、彼にそうさせている力に悪霊が取り憑いていると信じる人たちは、まったく馬鹿げたことだと想うよりも、むしろ、その人物は何か魔法のようなものに惑わされ、人類の敵に操られていたのだと考えるだろうからだ。だが、このように想定したとしても、君が奇妙だと言う分析なくして、この難問を解くのには充分ではない。というのは、判断力のある人間を幻惑させ、正気でありながら、真の義務を想像上の義務であるとしてすべて無視する必要があると思い違いさせる魔法とか魔力とかはどのようなものか分からないからだ。ここでは、人間の法のみならずあらゆる宗教的拘束をも無視しよう、またこの人物を将来のことをまったく考慮しない公然たるエピクロス主義者(16)であるとしよう。その場合、一体どのような強烈な闇の力が、苦難にも慣れておらず生まれながら勇敢でもなく穏やかで物静かな人間に、大切な安楽と安全を無理やり放棄させることができ、しかも、敵を完全に打ち負かせば確実に身の破滅だなと気楽に考えながら、見たところ自ら好んで命がけの冷酷な決闘に赴かせることができるのだろうか？

ホレイショ　法や処罰に関しては、身分のある人たちならばほとんど心配することはないね。

クレオメネス　フランスではそうとは言えないし、オランダの七州でもそうとは言えないな。また、最も身分の高い人たちと同様に、ずっと身分の低い名誉ある人間も、決闘を断らないものだ。ここイギリスにおいても、決闘したことの罰として、追放されるか絞首刑に処せられた勇敢な人たちの事例が、なんと多くあることか！　名誉ある人間は何ものをも恐れてはならない。こうした自己称賛の原理が嘗て克服した障害をことごとく調べ、しかる後にこうした原理が魔力を凌ぐものではないかどうか、教えてくれ。また、自己称賛することの魅力に取り憑かれ、魔が差して、人生の最盛期にあるだけではなく、健康で活力に溢れた審美眼と判断力がある人間が、愛する妻の抱擁や有望な子供たちの情愛から、上品な会話や友情の持つ魅力から、公正な所有物やあらゆる世俗的な快楽が齎す幸福な楽しみから実際に引き裂かれ、勝者になったとしても不面目な死か、あるいは永久追放かの憂き目に遭わざるを得ない不当な決闘になぜ赴くものなのか、教えてくれ。

ホレイショ　こうした観点から物事を見てみると、正直、説明不能であると思うよ。だが、君の説でこのことを説明できるのかね？　また、君は自分でそのことを明らかにすることができるのかね？

クレオメネス　直ちに、白日の下にさ。但し、私がすでに証明しておいたことから明らかであり、また、その必然的帰結でもある次の二つの事柄についてちょっとでも注目してくれればの話ではあるけれどもね。第一に、一般に、恥辱への恐れというものは状況に左右されるものであって、流行や習慣によって変わるとともに、我々が受けたさまざまな教育や我々が吹き込まれた道徳的教えにしたがって、さまざまに異なる対象によって生じることになるということ、またこの事実が、なぜ、恥辱への恐れが、時宜をえるか否かによって、あるときには非常に良い結果を生み、別のときにはとんでもない犯罪の原因になったりするのかということについての理由であること。そして第二に、羞恥心は実際の情念であるが、そこから気づかされる不吉な思いはまったく想像上のものであり、他人の評価に関する我々自身の想像の中にしか存在しない、ということだ。

ホレイショ　だが、名誉という点からすれば、それから逸脱するように見える振る舞いをすることによって、人間が自らの身に被る想像上ではなく実際上の毀損《きそん》も存在するよ。そのために彼は運が尽きるかもしれないし、出世の望みが絶たれるかもしれない。将校は侮辱に甘んじたために解任されるかもしれない。誰も臆病者には仕《つか》えないだろうし、また誰がそんな男を雇うであろうか？

クレオメネス　君が力説したことはまったく問題にならないね。少なくとも、君自身の場合にはそうだった。辛辣な人たちの評価を除けば、君は何も恐れるとか懸念する必要はなかった。その上、恥辱への恐れが死への恐れに勝るとき、それはまた、充分立証しておいたように、その他のあらゆる憂慮に勝り、最も決定的なものとなるものだ。だが、恥辱への恐れが死への恐れを抑え込むほどには激しくないときには、死への恐れを抑え込むものはほかに何もない。また、死への恐れが恥辱への恐れよりも強いと常に、人の命が懸かっている場合には、人間を平然と戦わせるとか、名誉の法に従わせるとかという懸念は存在しない。だから、恥辱への恐れを動機として果たし状を出したり受け取ったりする者は誰でも、一方で、恥辱への恐れのような、謂わば、圧制者に従わない場合に懸念される災いというものは、自分自身の思案から生じたものでしかあり得ないことに、また他方で、彼が自らに与えている高い評価や大きな価値を何とかして減ずるように自分を説得することができれば、恥辱への恐れもまた同様にはっきりと和らぐということに、気づくに違いないのだ。以上すべてのことから極めて明らかなことは、この決闘へと誘《いざな》う狂気の大きな原因、すなわち我々が探し求めている強力な魔法使いこそ、プライド、過剰なプライド、あの最高度の自己称賛だということであり、ある人たちは、巧妙な教育によって、また人間という種や人間本性の卓越性に向けられた過度の称賛によって、そのような情念を抱くようにさせられるのであろう。これは魔術師であって、その他のあらゆる情念を本来の対象から逸《そ》らすことができるとともに、義務という点でも性向という点でも人間に好ましいものを、理性的な動物には恥ずかしいものだと思わせることができるのである。決闘者は、承知の上で、義務と性向に反して決闘を実行したことを認めるのさ。

ホレイショ　人間とは、なんて素晴らしい機械であり、なんと複雑な合成物なのだろうか！　君はもう私を打ち負かしているよ。

クレオメネス　私は君に勝とうしている訳ではない。願わくは、真実を悟らせて君の役に立ちたいだけだ。

ホレイショ　同じ人物でありながら、死への恐れが、病気のときや嵐のときには実にはっきりと人目につくのに、決闘のときや軍事衝突のときにはまったく完璧に隠蔽されることには、一体どのような理由があるのだろうか？　どうかそのこともついでに解明してくれればと思う。

クレオメネス　できる限りやってみよう。名声というものが関わっていると思われるどのような緊急事態の際も、恥辱への恐れが名誉ある人間の心を掻き乱し、忽ちプライドが手助けに馳せ参じ、死への恐れを払拭するために彼らの心を励まし支えようと全力を尽くす。こうした尋常ではない努力によって、後者すなわち死への恐怖は完全に抑え込まれるか、少なくとも姿を消され見つからないままでいることになる。だが、名誉が関わっているとは思われないその他のあらゆる危難の際は、彼らのプライドは眠ったままでいる。そして、このように死への恐怖が何ものによっても抑制されないでいると、それはあからさまに姿を現す。以上のことが君の尋ねた理由であることは、キリスト教徒を自称するか無宗教に染まっているかに応じて、名誉ある人間に見出される異なった行動から明らかである。というのは、二種類の行動があるからだ。少なくとも通常は、同じ危難に際して、名誉ある人間のなかの信者を自称する者たちは、最も心を掻き乱され小心翼々としているように見えるのに対して、所謂、自由思想家《エスプリ・フォール》たち、つまり来世を信じていないと思われたい人たちは（名誉ある人たちのことを言っているのだが）、いたって平静であり、恐れを感じていないように見える、ということは分かるだろう。

ホレイショ　でも、なぜ、自称信者たちなのだ？　もしそうなら、名誉ある人間のなかにキリスト教徒はいなくなってしまうよ。

クレオメネス　一体どうして彼らが真の信者なのか、私には分からないよ。

ホレイショ　どうしてだ？

クレオメネス　プロテスタントの国、あるいはローマ教皇の領土以外の他の如何なる国においても、ローマ・カトリック教徒が必ずしも信頼できる忠臣であると限らないのと、同じ理由さ。如何なる君主であれ、この世の別の超越した権力に敬意を表し忠誠を誓っているような人間の忠誠を信用して、身の安全を確保することはできない。このことは君も分かっていると思うよ。

ホレイショ　充分すぎるほど分かるよ。

クレオメネス　君は、騎士と聖職者を一緒くたにして、同じ聖職者席に座らせようとしているようだが、威厳と恋と同様に、名誉とキリスト教とは釣り合うことなく、「また同じ住居に住まうこと能わず」[17]なのだ。君自身の行いを振り返ってみれば、君が神の手について語ったことは[18]、その場凌ぎだけのために採られた単なる方便、もしくは逃げ口上に過ぎなかったと分かるであろう。別な機会に[19]、昨日のことだが、神の摂理は例外なくあらゆるものを管理し支配している、と君は自分で言っていたな。だから、人生における取るに足らない出来事や不幸にも、またそれと大差ないその他の出来事や不幸にも、神の手は同様に見出されるということを、君は知っていたに違いない。病気の激しい発作は、二つの対立する集団間の小競り合いよりも致命的ではないかもしれない。また、名誉ある人間の間の、取るに足らない事柄を巡って起こる喧嘩にも、しばしば、猛烈な暴風雨におけるのと同じような危険が伴う。それ故、遵守すべき確固たる原理を弁えている分別のある人間が、ある種の危険に際して恐れを示さないのは信心に欠けると考え、別の危険に際しては何らかの恐れを抱いていると想われることを恥じるということはあり得ないことだ。君は自分自身の矛盾を少し考えてみたまえ。ある折には、プライドを喪失し死への恐れを正当化するために君は俄《にわか》に信心深くなり、その結果、君の良心はとても優しく誠実なものになるので、全能の神から懲罰を受けても怯まないでいることは、天帝とともに戦うのとほとんど変わらない、と君には思えるのだ。また別の折には名誉に目覚め、承知の上で、君は神の至上命令に敢えて背くだけではなく、その上、我が身が被る最大の不幸は、そういう行為をすることに何か良心の呵責を感じているのではなかろうかと、世の人に信じられたり、あるいは疑われたりすることなどと、嘯《うそぶ》いているのだ。神の尊厳に対することれ以上の侮辱を人間の知力にできるのであれば、やってみなさいと言いたい。明確に神の存在を否定することとは、神の存在を認めた後でそれを否定することほどには、少しも大胆不敵なことではないのだ。如何なる無神論者——

ホレイショ　待ってくれ、クレオメネス。私は、最早、真実の力に抗うことはできないよ。これからは、もっと自分自身をよく知ろうと決心したよ。私を君の弟子にしてくれ。

クレオメネス　私をからかってはいけないよ、ホレイショ。君のような知識を備えた人間に教えようなどと思っていない。けれども、私の忠告に耳を傾ける気があるならば、暇の折には、注意深くかつ大胆に己れ自身のことを調べ、暇の折には、私が勧めた本を精読してくれたまえ。

ホレイショ　約束するよ。そして以前お断りした立派な贈り物を、喜んで頂戴するよ。明日の朝、使用人に持たせて寄こしてくれないか。

クレオメネス　お安いご用だ。君の使用人の一人を連れて行った方がいいな。私は馬車で真っ直ぐ家に帰るから。

ホレイショ　君の懸念は理解できるよ。君のお望み通りにしよう。

四　ホレイショとクレオメネスとの間の第三の対話

ホレイショ　本をどうも有り難う。

クレオメネス　本を受け取ってくれて、とても有り難く思っているよ。

ホレイショ　白状するが、誰であってもこの本を読むように私を説得できないな、と嘗ては思っていたよ。だが、君は非常に巧みに私を誘導したね。また、私にとって、決闘の例ほど説得力があるものはなかったけれどもね。「より大なるものからより小なるものへ《アー・マーヨーリー・アド・ミヌス》」という論法が、君に指摘されなくとも私の心に浮かんだよ。死への恐れを抑え込むことができる情念は人間の理解力を惑わせるだけではなく、ほとんどあらゆる事柄について人間を惑わすかもしれないな。

クレオメネス　情念によって、我々がどんなに奇妙で猥雑で訳の分からなく矛盾した存在に鋳直されるか、信じられないほどだ。また情念は、隠されていないと満喫することができず、それが上手《うま》く隠されていると完璧に確信できるときこそ、恍惚として味わえるものなのさ。だから、情念によって紛い物にされていないような、仁愛も温厚さも、さらに気立ての良さも社会的な美徳も存在しないのさ。要するに、良し悪しは別として、人間の身体や精神において達成可能なもので、情念がそれに関わっていると思われないものは存在しないのだ。情念がそれに取り憑かれた人間を高い確率で盲目にし、不合理な振る舞いに誘うことについては、疑問の余地はない。それというのも、たとえ大変な天性の持ち主が、何らかの宗教を信じていると自称していながら、全知全能の神をひどく怒らせたために受ける本当の罰に対する当然の恐れにおののくよりも、謂われのない思い過ごしや、彼が決して危害を与えたことがない虚栄心の強い無気力な人たちから被ると想像される悪口の方にずっと肝を冷やしたと白状したのであれば、一体如何なる理性の力を、如何なる判断力や洞察力を持っていると、彼は自慢できるというのかね？

ホレイショ　だが、君の友人はそのような宗教的な意見を述べていないね。実際、彼は決闘支持を表明しているよ。

クレオメネス　なんだって、彼は決闘禁止法をできる限り厳しいものにし、それを犯す者は例外なく容赦してはならないとしているのだよ？

ホレイショ　それは決闘を止《や》めさせようとしているように見えるが、実際には、彼は社会全般を洗練させ輝かしいものにするために、その習慣を維持することの必要性を明らかにしているね。

クレオメネス　君はそこに皮肉を読み取れないかね？

ホレイショ　読み取れないね。彼ははっきりと決闘の有用性を立証し、それ以上考えられないほどの適切な理由を与え、決闘という慣行が廃止されればどんなに会話がままならなくなるかを説明している。

クレオメネス　ある人間が、そのような仕方で課題を残すかたちで問題を論じているとき、彼はそれについて真面目に論じていると君には考えられるのか？

ホレイショ　そのことについては覚えていないな。

クレオメネス　ここに例の本がある。問題の一節を探してみよう。――どうか、ここを読んでくれ。

ホレイショ　「そのことが何らかの善をなしているかどうかも分からずに、六千人にも及ぶ人間をしばしば危険に晒し、時には数時間で殺してしまう国家が、礼儀正しい作法や、会話の喜びや、交際一般に伴う幸福などといった価値ある幸運を人々に手に入れさせるために、十二ヶ月で恐らく六人ほどの人間の犠牲がでるのを惜しむのは、奇妙なことである」[1]。慥かに、ここの箇所は冷笑気味に書かれているけれど、その前のところは非常に真剣に書かれているね。

クレオメネス　慥かに、決闘という習慣、すなわちその流行の維持が、礼儀正しい作法や会話の喜びに貢献すると彼が主張しているところは、そうだね。そして、このことはまったく正しいことだ。だが、その礼儀正しさそのもの、その喜びそのものが、この本のなかで、彼が一貫して笑いものにし、晒《さら》しものにしているものさ。

ホレイショ　だが、ある頁であることを非常に本気で勧め、次の頁でそれを冷笑するような人間をどう理解すべきか、誰にも分からないよ。

クレオメネス　キリスト教を除けば、則るべきしっかりとした原理は存在しないのであり、しかも誠実にそれに奉じている者もほとんどいない、というのが彼の意見なのだ。こうした視点から常に彼を見ていれば、彼が無定見であるという風に君が看做すことは決してないであろう。一読してそう思えるのであれば、再読したまえ。もっと彼の意図に即して理解しようとすれば、彼は、原理に則っていると称している他人の無定見を看破《かんぱ》しようとしているか、あるいはそうしようと努めているだけだ、ということが君にも分かるであろう。

ホレイショ　彼は宗教以外に関心がないようだね。

クレオメネス　その通りだ。もしそうでなかったならば、彼が読者として意図した人々、すなわち現代の理神論者や上流社会《ボー・モンド》の人々に、彼の本は決して読まれることはなかったであろうな。彼が攻撃したかったのはこういう人たちなのだ。前者の理神論者に対しては、美徳の起源およびそれの帯びている問題点と、美徳の実践における彼ら自身の不誠実さを明らかにしている。後者の上流社会の人々に対しては、悪徳や快楽に耽ることの愚かさ、世俗的な偉大さの持つ虚しさを指摘し、さらには福音を伝道すると称しながら、福音の教えと矛盾しそれにまったく反する手当を授受しているすべての聖職者に対しては、彼らの偽善を暴いているのだ。

ホレイショ　けれども、君が指摘していることは世の人々がこの本について抱いている意見ではないね。普通は、この本は悪徳を奨励し、国民を堕落させるために書かれたものだ、と思われているよね。

クレオメネス　君はこの本のなかに何かそういった内容を見つけたのかね？

ホレイショ　正直に言えば、見つけていないと白状せざるを得ないね。この本のなかでは悪徳が曝《さら》け出され、嘲弄されているよ。とはいえ、名誉やその他の諸々のことと同様に、戦争や軍人の勇気も笑いものにされているのではないか。

クレオメネス　でもね、宗教はこの本のどこにおいても笑いものにされていませんよね。

ホレイショ　そうは言っても、これがよい本であるとすれば、なぜ牧師のあれだけ多くの人たちが、あのように激しくこの本に異を唱えたのだろうか？

クレオメネス　私が君に述べた理由によってだよ。私の友人は牧師たちの生活を曝け出した。だが、彼は、それを、彼らを中傷したとか、容赦なく扱ったなどと誰もが言うことができないような仕方でやってのけた。人間という者は、自らを不快にさせているものが、不満を言えないものであるときほど、苛立つのさ。牧師たちがこの本に難癖をつけるのは腹を立てているからなのだが、なぜ、彼らは腹を立てているのかという本当の理由を君に言うのは憚《はばか》られるな。君が辛抱して私の言うことを聞く気があるならば、この事柄を明らかにするような類例を引き合いに出すこともできるが、君はオペラの賛美者だから、とても無理だろうな。

ホレイショ　教えてくれるなら何でも聞くよ。

クレオメネス　どんなに歌唱力や演技力に優れていても拭い去ることができない嫌悪感を、私はカストラート(3)に対して常に抱いていた。女性の声を聞くと、私はスカートを穿いているかどうか確認するよ。まったく、あの中性動物たちの姿にはうんざりする。私と同じようにカストラートを嫌悪しているある人物が自由自在に機知を働かせ、そうした実に不快な享楽を激しく非難したいと思っているとしよう。しかも、この人間が、そうした実に不快な享楽のお陰で、人々は気晴らしのために冷酷にも男性性を去勢し、気まぐれから同じ種族を廃物にすることを学んだのだと批判すべく、批判の手がかりを手術そのものから得ようとしたとしよう。

彼は最も穏当な仕方でそれを記述して論じ、人間の持つ知識の狭隘さや、なぜ、声に対してこの男性性の破壊があのような驚くべき影響を与えるのか、その原因を経験とは無関係に《ア・プリオリ》追跡し理解するためには、解剖学や哲学や数学の如何なる部門もほとんど助けにならないことを明らかにし、しかる後に、男性性の破壊が、咽頭つまり喉の分泌腺や咽頭筋に対してだけではなく、気管や肺そのものにも、そして要するに血液全体にも、それ故、体液全体や体内の線維筋全体にもかなりの影響を与えていることを、経験に即して《ア・ポステリオリ》、如何に慥かなことであるか証明するとしよう。彼は、また同様に、蜂蜜も、砂糖や干し葡萄や鯨の脳油などによる調剤も、乳剤とか糖錠剤とか、鎮静用または鎮痛用のその他の薬剤も、瀉血《しゃけつ》(4)や食事を節制し食べ物を精選しても、性的禁欲や葡萄酒を慎んでも、熱いものとか刺激の強いものとかアルコール分の強いあらゆるものを節制しても、声を保護したり甘美にしたり丈夫にしたりするのに効力はないと、言い換えれば、カストラートくらい効果的にこうしたことができるものはない、と主張するかもしれない。彼は、本来の目的を隠すために、また読者を楽しませるために、この悪習が別の目的のために用いられた例を述べるかもしれない。つまり、カストラートがそれに類似した犯罪への厳粛な処罰として科せられてきたこと、また、ある者は、健康の維持と延命のためにカストラートを自発的に受け容れたこと、また、カエサルの証言によれば、(5)ローマ人はカストラートを死よりも残酷な、甚だ酷な死《モルテ・グラウイウス》であると考えたこと、などといった例だ。時折、それが報復の手段として用いられてきたことを述べてから、哀れに思って気の毒なアベラール(6)について何か述べるかもしれないし、また別なときには、用心のために、コンババスとストラトナイシの話(7)をするかもしれない。マルティアーリスやユウェナーリス(8)やその他の詩人たちの詩の断片とそれらを綯い交ぜにし、またその問題について語られてきた多くの愉快な事柄のなかから最も面白いものを選び、全体を潤色するかもしれない。彼の意図するところは諷刺なのであり、カストラートに対する我々の愛好を非難し、勇敢なイギリス貴族の将官が、丸一年、生命の危険を冒して国のために尽くして手にする給料が、いかがわしい素性の去勢された男であるイタリア人が、冬の間だけ時々まったく安全に歌って得るものよりも少ない、こういう時代を嘲笑うであろう[9]。また、彼は、上流階級の人々によって彼らになされた親切ごかしやご機嫌取りも嘲笑うであろう。そういう人々は、最も卑しむべき恥知らず者たちと卑劣な目的のために馴れ馴れしくし、自らと対等な者のみに示されるべき敬意や丁重な言葉を、自らの存在を外科医に負っている神の被造物ではない者どもに、つまり造物主を罵っても恩知らずにならないほどに見下げ果てた動物に対して、誤って示すからだ。仮に彼がその本を『カストラートは男である』と名付けたとすれば、私はその題名を聞くや否や、その本を見る前に、その題名から、カストラートは今重用され、もてはやされ、公衆の人気者であることを察するだろう。また、カストラートは本当のところは男ではないことを考慮すれば、この本はカストラートに対する冷やかし、あるいは、実際に値する以上の価値を彼らに認めた人々への諷刺であると、思うだろうな。だが、仮に、音楽院[10]のお歴々が、無遠慮に扱われていることに対して不愉快に感じ、当然のこととして自分たちが楽しんでいる娯楽に口喧しい乱筆家がしゃしゃり出て非難しようとするのを、苦々しく思ったとしよう。また、彼らが激怒し、彼を懲らしめてやろうと、カストラートの代弁などすることなく、それ故、著者が彼らの娯楽に反対して述べた事柄についてはまったく触れずに、彼をカストラートの擁護者として世の中に喧伝し、都合のよいところを彼の本から引用して彼に公の汚名を着せようとしているとしよう。そうすれば、著者に対して騒ぎ立てるとか、その本を告発するための大陪審を探し出すのはそんなに困難なことではないだろう。

ホレイショ　その告発の不当性と告訴の不誠実さに関して、その喩えは非常に的確だよ。だが、奢侈は国家を繁栄させ、私悪は公益であるというのも、カストラートが声を保護し丈夫にするというのも、同じように事実かね?

クレオメネス　私の友人が求める限定付きで、私はそうだと思うし、実情はまったく似ているね。若いときの素晴らしい声を維持し改善し丈夫にするのに、カストラートほど効果的なものはない。問題は、それが正しいかどうかではなく、望ましいかどうか、美しい声が自らの被る損害に見合うかどうか、その男が歌うことから得られる満足と歌うことから生じる利益の方を選び、結婚の安楽と子孫を持つことの喜びを味わう可能性を歌によって断たれてよいのかどうかなのだ。同じように言えば、私の友人は、まず、第一に、大部分の人々が望み、願っている国民の幸福とは、国富と国力、栄誉と世俗的な偉大さであり、国内では安楽に裕福に豪奢に暮らすこと、国外では恐れられ諂《へつら》われ称賛されることであることを立証し、そして第二に、このような至福は、強慾や濫費やプライドや羨望や野心やその他の悪徳なしには、手にいれることはできないことを立証してみせた。後者の点に関しては、矛盾なく明確にされたので、問題は、それが事実であるかどうかではなく、こうした幸福というものがそのような唯一の方法で手に入れるに値するか、国民の大多数が邪悪でなければ享受できないものを求めるべきかどうかということだ。キリスト教徒たちや、あらゆる虚飾や虚栄とともにこの世を捨てたと称している人たちに、よく考えて貰うために、こうした問題を彼は提起しているのさ。

ホレイショ　著者がそのようなことを問いかけていると、どうして分かるのだ？

クレオメネス　彼の本が英語で書かれ、ロンドンで出版されているからさ。ところで、君はもう読み終えたかな？

ホレイショ　二度読んだよ。大変、感銘を受けたところもたくさんあったが、全体としては気に入らないね。

クレオメネス　この本にどんな異論があるのだ？

ホレイショ　この本は、もっと素晴らしい本を読んでいたときに感じた喜びを減じてしまうからだ。シャフツベリー卿は私が最も敬愛する著者だ。私は、熱狂[11]を楽しむことができるが、私が楽しんでいる熱狂とはこういうことだと言われた瞬間、その魅力は失せてしまう。我々はそのように奇妙な被造物であるから、なぜ熱狂を最大限に良く見せてはいけないのか？

クレオメネス　君は自分自身のことをもっとよく知ろうと、また注意深く、かつ大胆に己れの心の中を精査しようと決心したはずだと、私は思ったよ。

ホレイショ　それはなかなか難しいことだよ。最後に君と会ったときから三回試みたが、結局は苛立ってしまい、止めざるをえなかったよ。[12]

クレオメネス　再度、挑戦して、徐々に抽象的にモノを考えることができるように慣れるべきだな。そうすれば、この本はとても君の助けになると思うよ。

ホレイショ　慥かに、この本は私を困惑させる手助けになるね。なにせ、この本は礼儀作法や行儀作法を嘲笑っているからね。

クレオメネス　ちょっとまってくれ、君、それはそういったことがどんなものであるか述べているに過ぎないのだよ。

ホレイショ　あらゆる行儀作法というものは、他人のプライドを満足させ、己れのプライドを覆い隠すことにあると、その本は述べているね。[13] それは実に忌まわしいことではないかね？

クレオメネス　しかし、それは事実ではないかな？

ホレイショ　その一節を読んだ瞬間、私はなるほどと思ったよ。本を閉じ、ときには礼儀正しさの、またときには無作法の、五十以上の事例について、それに符合しているかどうか検討してみたところ、その何《いず》れの場合も符合していたと言わざるを得なかったね。

クレオメネス　この世の終わりまでやってみても同じだろうね。

ホレイショ　とはいえ、なんと腹立たしいことか。そうしたことを知らないようにするためならば、喜んで百ギニー[14]差し上げますよ。自分のあからさまな姿をそこまでも徹して見透かされるのは、耐えられないな。

クレオメネス　名誉ある人間がこれほどまでも真実に対して公然と敵意を示すのに、私はこれまで出会ったことはないよ。

ホレイショ　君が私にいくら容赦なくとも構わないが、私の言っていることは事実なのだ。とはいえ、乗りかかった船だから、今度は、最後まで付き合わねばならないね。教えて欲しいことがたくさんあるよ。

クレオメネス　どうぞ、言ってくれたまえ。何か君の役に立てれば、それは大変名誉なことだ。私は著者の気持ちについては完璧に理解しているよ。

ホレイショ　プライドについてたくさん質問したいが、どこから手を着けてよいか分からないのだよ。ところで、理解できないことがもう一つあるのだが、それは自己抑制が伴わない美徳は存在し得ないという点だ。

クレオメネス　その点はあらゆる古代ローマ・ギリシア人たちの見解であり、シャフツベリー卿はそれに正反対の主張をした最初の人物だ(15)。

ホレイショ　この世には、自分の意志で善をなす人物は誰もいないのか？

クレオメネス　いるけれども、彼らは、人間本性、つまり、生まれつきの人間の本性によってではなく、理性や経験に促されてそうした選択をするのさ。だが、「善良な」という言葉には曖昧さが伴うので、使用するのは避けたいね。「有徳の」という言葉だけに拘ろうよ。そうすれば、生来の人間本性に対する何らかの克服と、それに対する大なり小なりの勝利を考え、それを目指さないような行為は有徳の行為ではないと断言できる。そうでなければ、「有徳の」という形容詞は不適切であることになる。

ホレイショ　けれども、若いときに、注意深い教育によってこうした勝利が得られれば、その後は自発的かつ喜んで、我々は有徳になろうとするのではなかろうか？

クレオメネス　それが本当に得られたならば、そうだね。だが、どのようにして我々はそれが得られたと確信することができ、また得られたと信じるに足るどのような根拠を持っているのだろうか？　幼少の頃から、我々は欲望を克服しようと努力する代わりに、それを隠すように教えられ、自らもそうしようと苦労してきたこと、また、行儀作法や境遇がどのように変化しようとも、情念そのものは絶えず生き残っていると自覚していること、これらのことは明らかではなかろうか？　美徳は自己抑制を要求しないとする学説は、私の友人が的確に述べているように、偽善への大きな入り口である。(16) そうした学説は、情念を克服することにしか価値は存在しないし、また明白な自己抑制を伴わない美徳も存在しないというそれと正反対の学説に較べ、社会への愛や公共への配慮を装うためのはっきりとした手がかりやずっと大きな機会を、どう考えても人々に与えるであろう。経験豊富で世事に通じた人たちに、次のように尋ねてみようではないか。自己評価に関して自らに相応《ふさわ》しい以上に決して買いかぶらないほど、自分自身に対して公平な審判者であるような大勢の人間たちとか、あるいは、自ら確認できないほどのごく僅かな誤りや間違いまでもとても率直に認めるために、それを握りつぶしたり否定したりする恐れを感じない大勢の人間たちに出会ったことがあるかどうか、と。己れを喜ばせることが最大の関心事だと心の中では自覚しているにも拘わらず、己れの弱点を決して隠さず、偽りの外見で自らを装ったことが一度もない人間とか、社会的な美徳の原理や他者への配慮に基づいて行動したような振りを一度もしたことがないような人間が、どこにいるであろうか？　我々のなかの最良の部分であっても、時折、相手に真実を悟らせることなく称賛されることもある。とはいえ、我々は、同時に、そのお陰で良く思われることになった行為が、我々の本性のなかにある大きな弱点の結果であり、その弱点が我々にとって有害であり、それを克服できたらと何度も空しく願ってきたものであることも、知っているのだ。人々は気質や境遇が異なるので、同じ思いが非常に異なった行動を引き起こすかもしれない。貧しい人の場合には、人間本性における弱点を顕わにする同じ気質が、裕福な人たちの場合には、有徳のように見えるようにさせるかもしれないのだ。世間を知ろうとするならば、世間を調べなければならない。君は下層社会の出来事には興味がないであろう。だが、もし我々が上流社会の人々の間に常に留まり考察をそれ以上に拡げないでいれば、そこだけでの問題の処理では、人間の本性に属するあらゆる事柄に関する知識を十全に与えられることはないであろう。中層階級の人々の間には、まずまずの教育を受け、美徳と悪徳を同じように兼ね備え、同じ資質を持ちながらも、気質において明らかに異なっていたために非常に異なった結果を招いた、暮らし向きがよくない人たちもいる。同じ仕事を仕込まれ、自らの才覚と洋々とした前途だけを糧として、同じような後ろ盾と不利な条件を抱えて飛び立とうとしている二人の人物を観察してみよう。一方は意欲的で、他方は無気力であるという気質を除けば、二人の間には何も違いがないとしよう。後者は、たとえ彼の職業の実入りがよく、しかもその職業に熟達していても、自らの稼ぎによって財産を築くことは決してできないであろう。幸運とか並外れた出来事が彼の大躍進の原因になるかもしれないが、そうでなければ、彼は並みの生活水準にさえ到達できないであろう。また、プライドがとんでもなく彼に大きな影響を与えることがなければ、彼は常に貧乏であるしかなく、虚栄心の分け前に与《あずか》ること以外に、彼がそのような見下げ果てた状態に陥ることを防ぐ手立てはない。また、もしも彼が分別のある人間であるならば根っからの正直者であろうから、並みの貪慾さの持ち主になったとしても、正直さはなくなることは決してないであろう。

だが、世の中の喧騒に容易に馴染むことができる意欲的で活動的な人間の場合は、同じ置かれた環境のなかでまったく異なった様相を呈するだろう。そして、彼の持つほんの僅かの貪慾さが彼をして熱心、かつ勤勉に目的を追求するよう唆《そそのか》すことであろう。多少の良心の呵責なんて彼にとって何の障害にもならない。誠実さが通用しないところでは策略を用いる。また、目的を達成するに当たって、彼が最も才覚を発揮するのは、でき得る限り正直者を装い続けながら、利益如何《いかん》ではあっさりと正直者の仮面を脱ぎ捨てるといった場合だろうな。学問や芸術によって富を手に入れ生計を立てるためには、こうしたことを理解するだけでは充分ではない。自分の自慢をするとか他人に損害を与えることなく、体面が許す限り、この世に自らを知らしめ売り込むことは、生活の糧を求めているあらゆる人間に科せられた義務である。この点において、無気力な人間は大変欠けるところがあり損をしているが、滅多に自分の欠点を認めることをしないであろう。彼は自分を登用してくれないとか、恐らく自ら好んで押し隠し相手には知る由もない長所を褒めそやしてくれないなどと、しばしば大衆を非難する。さらに、たとえ彼に自分の誤りを悟らせ、雇用を懇願するための最も正当な方法さえも自ら無視したのだと悟らせても、彼はその弱点を美徳の装いのもとに取り繕うと努めるであろう。彼の能天気な気質に因るものや心の平穏に対する並外れた愛好を、彼の慎み深さや、厚かましさや自慢への彼の激しい嫌悪のせいにするだろう。正反対の気質の人間は、自らの長所であるとか、その長所をもっと伸ばすことなど、当てにしていない。彼は自分の長所に対する他人の評価を高め、自分の能力を自分で自覚しているよりも大きく見せるために骨を折るのだ。誰であれ自分自身の卓越性を称えたり、自分を素晴らしい存在であるように語ったりするのは愚かなことだと看做《みな》されているので、彼の主な仕事は、彼に代わってそうしてくれる知り合いを探し、そうしてくれる友人を作ることなのだ。その他の情念を自らの野心のために犠牲にし、落胆を物ともせず、断られることには慣れっこになり、如何なる肘鉄砲にも狼狽《うろた》えることはない。このようにして、彼は心身ともに常に自らの利益に柔軟に対応できるようになる。彼は自らの身体から必要なものを奪い取り、精神の平安を認めず、自分の目的に適うのであれば、少しも美徳や宗教心がないにも拘わらず、節制や貞節や同情や信心そのものを装うこともできる。何《ベル・ファース・エト・ネファース》としてでも資産を殖やそうという彼の努力は常に止むことはなく、彼が人前で行動せざるを得なくて世間の非難を恐れる理由がある場合を除き、それには際限がない。今、私が問題にしているそれぞれの人物において、如何に生まれつきの気質が、その性癖に応じて、情念そのものを歪め形づくるかを知ることは、とても面白い。たとえば、プライドは、一方に対して及ぼしたものと同じではない、ほとんど正反対の影響を他方に対して及ぼす。意欲的で活動的な人間は、華美な装飾品や、衣服や、家具調度品や、馬車や、家屋や、彼より目上の人が持っているすべてのものを好むようになり、他方の無気力な気質の人間は、不機嫌で、恐らく気難しく、その他の点においては善良な人間であったとして、機知に富んでいれば諷刺に傾きがちである。それぞれの個人の自愛心というものは、お気に入りの性向を喜ばせることにこれ努め、見通しの暗い側面からいつも我々の目をそらすものだ。そしてこのような状況における無気力な人間は、外部に好ましいものを何も見出せないので、自分自身の内部に目を転じ、気儘にそこにあるすべてを眺めながら、生まれつきのものであれ、習得したものであれ、自らの才能を喜び、称賛する。だから、同じ優れた資質を持ち合わせていない他のすべての人々を、とりわけ有力者や金持ちを、容易に軽蔑しがちではあるが、そういう人たちを激しく憎むとか妬むとかする訳ではない。というのは、そうすれば彼の気持ちが苛立つからである。彼は困難なことはすべて不可能であると看做すことによって、自らの境遇を改善する希望を失うのである。また、彼には財産はなく、収入は低い身分の生活を維持させる程度のものであろうから、もし彼が幸せに見える程度の生活をしたいのであれば、常識的に言って、倹約をし、豊かさに価値を見出さない振りをする、という二つのことをしなければならない。というのは、その何れかを怠ることによって、化けの皮が剥がれ、どうしてもその弱点が暴露されざるを得ないからだ。

ホレイショ　君の観察に基づく所見と、人類に関して披瀝してくれた学識は、大いに気に入った。だけどねえ、君が今言った倹約は美徳ではないのかね？

クレオメネス　そうは思わないな。

ホレイショ　所得が僅かしかない場合には、倹約が道理に適っているよ。この場合には、明らかに自己抑制が必要であって、それをしなければ、お金に価値を見出さない無気力な人間が倹約できるはずがない。財産を重んじない無気力な人間が乞食になり果てているのを我々が目にするとき、それは最も普通には倹約という美徳が欠如している結果なのである。

クレオメネス　無気力な人間は、そもそもの初めから貧しいのであって、いくらかの虚栄心に与ること以外に、赤貧に陥るのを防ぐ手立てはないであろう、と私は先ほど言ったよね。恥辱への強い恐れが、その人間が分別ある場合には、彼の怠惰心より大いに勝るかもしれないので、彼は軽蔑されるのを逃れ得るほどには奮起するかもしれないが、それ以上のことは何もしないだろう。だから、お気に入りの気楽な心の平穏という彼の最高善《スムム・ボヌム》を手に入れるのに役立ち、手助けしてくれるものとして、彼は倹約を受け容れるのさ。それに対して、意欲的人間が同じように虚栄心に与れば、強欲さによって倹約を強いられることがなければ、倹約に甘んじるくらいならばむしろ何でもするであろう。何らかの情念によって倹約が我々に強いられるときには倹約は美徳ではないし、また富への軽蔑が嘘偽りのないことは滅多にない。子孫のためとか、あるいはお金を運用するという正当な目的のために節約をしたり、彼らの財産がもっと多かったならばさぞかしと思われる以上に吝嗇《けち》であったりする、たっぷり財産がある人たちを、私は知っている。だが、強欲でもなく窮乏に陥ってもいないのに倹約をしている人間には、これまで会ったことはない。また一方で、気前が良く途轍もない散財家で、濫費のためのお金がある限り、お金のことにはまったく無頓着のように見える無数の浪費家がいる。こうした哀れな連中は、誰よりも貧乏に耐えることはできず、一度《ひとたび》お金が無くなってしまうと、どんなに不安で、耐え難く、惨めであるかを絶えず顕わにする。だが、いつの時代においても幾人かの人たちが自負してきたこと、つまり富に対する軽蔑は、普通に思われているよりもありふれたことではない。大いなる資産家で、心身とも壮健な人間、すなわち世の中や身代について不平を言う理由がない人間が、実際にその両方を蔑み、称賛に値する目的のために、自発的に貧困を受け容れるのを目にすることは、極めて稀なことなのである。厳密な意味で、以上のことがすべて当て嵌まる人物を、ギリシア・ローマの古代社会において、たった一人しか私は知らないな。

ホレイショ　それは一体誰だ？

クレオメネス　イオニアのクラゾメナイのアナクサゴラス[17]だ。彼は大金持ちで、貴族の家系に生まれ、偉大な才能の故に称賛された。彼は、親戚縁者たちに財産を分け与えてしまうとともに、自然の作用についての観察と哲学の研究のためにもっと時間が欲しいという理由で、就任を要請された公務にも携わることを断った。

ホレイショ　お金があるよりもない方が有徳であることが困難であるように、私には思えるのだが。ある人間が貧乏を避けることができるのに貧乏でいるのは愚かなことであるし、また誰かが正当に金持ちになれるであろうときに貧乏を選ぶのを見れば、私ならば常軌を逸していると思うよ。

クレオメネス　だが、もしその人間が財産を処分してそのお金を貧乏人に与えるのを見たとすれば、君はそのようには考えないだろう。どうしてそのことが必要であったのか、君には分かるからね。

ホレイショ　我々には必要ではないな。

クレオメネス　恐らく、そうだろう。ところで、世を捨てるということや、我々がそれについて交わした神聖な約束については、君はどう考えているのかな？

ホレイショ　文字通りの意味では、私がこの世を去らなければそれは不可能だよ。だから、世を捨てるということは、世の中の堕落した邪悪な部分には対応しないということ以上の意味を持つとは、私は考えないよ。

クレオメネス　富と権力は大きな誘惑であり、すべてのキリスト教徒の美徳に甚だしく障害になっていることは慥かなことだけれども、私は君からこのように厳密な解釈を得ることを期待していなかった。だが、失うべきものを持っている人類の大半は、君と同じ考えさ。聖者と狂人を除外すれば、富を過小評価する振りをし、絶えずそれを貶す大演説をしている人は、一般に、実は貧しく無気力であることを、さまざまな所で我々は見出すだろう。だが、誰が彼らを非難できるだろうか？　彼らは自己を弁護しているのだ。誰だってでき得るならば嘲笑われたくはない。というのは、あらゆる貧乏という苦難のなかで、他人に嘲笑われることほど耐え難いものはないことを、認めなければならないからだ。

> 貧乏人の不幸にとって、己れのなかに
> 人に笑いものにされるものを持っているほど情け
> ないことはない[18]

他より秀でている人たち、あるいは貴重な物を所持している人たちによって享受されている真の満足には、そういう物を欠いている者たちへの少しばかりの軽蔑の念が織り交ぜられていて、それを公衆の目から隠してくれるものは、憐憫の情が綯い交ぜになった礼儀作法を守る以外にないのだ。このことを否定する者すべての心の中を調べ上げ、それはセネカが逆説的に「比較されなければ、誰も惨めではない」[19]と述べた幸せと同じものでないかどうかを確認させてみろ。私が言う軽蔑とか嘲笑というものは、間違いなく、分別があり教育を受けたあらゆる人間たちが避けようと、あるいはそうさせまいと努めているものさ。さて、眼前にいる二人の対極的な気質による行動を観察してみて、二人それぞれが適宜自らの性向に則ってどんなに異なったやり方で仕事に取り掛かるか、気をつけて見たまえ。知っての通り、意欲的な人間は、持つべきものを手に入れるためにあらゆる手段を講ずる。だが、無気力な人間にはこれは不可能で、仕事に取り掛かることができず、彼の心得違いが自らの手足を拘束してしまう。だから、残されている容易で、まったく唯一の事柄と言えば、世の中と仲違いし、他人が自慢しているものを貶《おとし》めるための口実を見つけ出すことだけなのさ。

ホレイショ　私は今、どうしてプライドや良識が貧しく無気力な人間に倹約をするように仕向けざるを得ないのか、また、それらが彼に満足した振りをさせ、下賤な境遇に満足しているようにさせるのか、はっきりと理解した。というのは、彼が倹約をしようとしなければ、困窮と悲惨がすぐ迫ってくるからだ。そして、もしも彼が富とかもっと豊かな暮らし方へ執着を少しでも見せれば、彼がお気に入りの弱点に対して持っている唯一の言い訳を失い、即座に、なぜ、もっとましなやり方で努力しないのかと問われ、彼がことごとく潰してきた好機に関して絶えず小言を言われる羽目になるだろう。

クレオメネス　だから、人々が物事に反対して語る真の理由は、必ずしも額面通りのものではないということも明らかなのさ。

ホレイショ　だが、結局のところ、この温和で気楽な気質、君が言うところの無気力であるということは、平易な英語で、怠惰と言われているものではないのかね？

クレオメネス　まったく違うな。無気力というのは怠けるとか、働くことを嫌うといったことを意味してはいない。無気力な人間は勤勉ではあり得ないが、非常に熱心であるかもしれない。彼は、巡ってきた仕事が自分に相応しくないものであっても、その仕事に取り組むであろう。公衆の目が届かない屋根裏部屋、あるいはその他どのような場所であっても、彼は根気よく熱心に働くであろう。だが、他人に自分を雇うように懇願したり催促したりする術とか、近寄りがたく金払いが悪く腹黒くて狡猾な雇い主に自分の報酬を要求する術を、彼はよく心得ていない。彼が文筆家ならば、暮らしのために一所懸命に勉学に励むだろうが、普通は、彼の労働の成果を益することなく手放し、また横柄な本屋の無礼の態度を我慢し、さもしい業界用語に悩まされるぐらいなら、その成果を買おうという名も無い人物に承知の上で安い値段で売るであろう。無気力な人間であっても、偶々《たまたま》、彼を気に入ってくれる上流階級の人たちに出会うかもしれない。だが、彼自身の手練手管で、パトロンを手に入れることは決してできないであろうし、パトロンを手に入れたとしても、せいぜいお情けで恵んで貰ったり、正真正銘の気前の良さ程度しか恩恵を受けたりすることはないであろう。彼は自分のために弁ずるのを潔しとせず、自分を引き立てて貰うことを常に臆しているので、援助を受けても自然に湧き上がる感情によって促される程度しか感謝の気持ちを表さない。意欲的で努力をする人間は、気に入られるためにあらゆる人を惹きつける術を研究し、下心と明晰な頭脳でもってパトロンを捜し求める。パトロンたちが自分にとって有益である限り、いつまでも感謝の気持ちがある振りをするが、過去の恩義に対する感謝の気持ちを悉《ことごと》く新たなご贔屓《ひいき》をお願いするための手立てへと変化させる。彼の愛想の良さは人を惹きつけ、彼の追従は巧妙であるが、心を動かすことはない。彼は後援者を愛する暇もそうする思いもないのだ。彼の後援者の一番の年長者を新しい後援者のために犠牲にするだろうし、パトロンの持つ財産や偉大さや信用に対しては、自分のそれらを高めるか保つのに役立てることができるときにのみ、敬意を払う。以上のすべてのことから、そして、世事について少し注意してみれば、容易に次のことが分かるであろう。第一に、進取の気質に富む意欲的な人間は、自らの本性の命じるところの結果として、無気力な人間よりも多くの困難や障害に絶えず出会《でくわ》すに違いないし、後者の人間においてはほとんど遭遇することがない、厳密な美徳の基準から彼を逸脱させようとする多くの強い誘惑を経験するに違いない。多くの状況において、彼は、優れた多くの手腕や慎慮にも拘わらず、誰かしらによって悪人であると思われても致し方ないような行為をせざるを得ないであろう。だから、長い人生行路をまずまずの評判でもって終えることができれば、彼は悪知恵だけではなく幸運にも大いに恵まれたと言ってよいのだ。第二に、無気力な人間は、自分の気持ちを満足させ、事情が許す限り官能に浸ることがあっても、隣人に対しては攻撃をしたり、邪魔をしたりすることはほとんどないであろう。彼が心の平穏に認めている並外れた価値と、それを手放さざるを得ないことに対する桁外れの嫌悪は、最も根本的なあらゆる情念を強く抑制するものになるに違いないので、情念は何れもそれほど彼に影響を与えることができなくなるであろう。その結果、彼の心が依然として退廃していたとしても、尋常でないことが起こらない限り、彼は社会的な美徳の外見をすべて備えているように見える多くの魅力的な資質を、ほとんど手練《しゅれん》を使わずに大して苦労することもなく手に入れることになるであろう、ということだ。無気力な人間の世間に対する蔑《さげす》みについて言えば、彼は、初めのうちは、自らを威圧するような傲慢な保護者のご機嫌を取ったり諂ったりすることを、恐らく、潔しとはしないであろう。だが、親切と慈愛をもって遇してくれると確信できる裕福な貴族のもとには、喜んで馳せ参じるであろう。そういう人とならば、彼は、最も贅沢なものをも含めて、提供される優雅で快適な生活を進んで共にすることであろう。もっと彼を試してみたいならば、名誉と財産をたっぷり彼に与えてみたまえ。彼を強慾か贅沢にすればそうなるであろうように、こうした運命の変化によって以前から心に潜んでいた悪徳を覚醒させることはなくとも、彼は上流社会にすぐに順応することであろう。また彼は、恐らく、親切な雇い主に、優しい父親に、彼を満足させる勲功に対して気前が良い慈悲深い隣人に、美徳の擁護者に、自国の幸いを祈る人物になるであろう。だが他方、享受し得るだけの快楽を貪り、平然と満足させることができる情念を解き放ち、豪勢な贅沢の直《ただ》中《なか》で、貧乏時代に公言していた倹約や、財産や偉大さに対する嫌悪を心底から嘲笑い、そうした見せかけの無益さを上機嫌で認めることであろう。

ホレイショ　美徳は自己抑制を必要としているという見解の方が、その反対の見解よりも、断然、慥かなものであり、偽善者の活躍する場が少ない、ということを納得したよ。

クレオメネス　自分自身の性向に従う者は誰であっても、仮にその性向が実に親切心に溢れ、慈悲深く、人情に厚いものであれば、自分の気質や本性に抵触するものを除けば、如何なる悪徳であれそれと共存できる。それに反して、美徳の原理で行動する者は、常に理性を導きの糸とし、義務の遂行を妨げるすべての情念を例外なく排除しようとするのだ！　無気力な人間はちょっとした借金ならば認めないなんてことを絶対にしないが、それが多額の場合は、貧しくあっても少なくとも貸し手を納得させるほどの弁済をしてもよさそうなものであり、またそうすべきであるのに、度々、執拗に催促されたり訴えると脅されたりしない限り、弁済しようと努めることはないであろう。彼は訴訟好きの人間でもなければ、仲間内で不和を引き起こすような人間でもないが、自らの平穏無事を犠牲にしてまで、友人とかお国のために尽力するなどということは決してないであろう。彼は貪慾であるとか、貧乏人を虐《しいた》げるとか、金儲けのために阿漕《あこぎ》な振る舞いをするということはないであろうが、他方で、大家族を養ったり、子供たちの将来のために備えたり、親類や縁者を繁栄させるための、他の人間ならば事あるごとにするであろう尽力や、骨折りを決してしないだろう。そしてそうしたお気に入りの弱点のために、彼は社会の利益のために非常に多くの事をできなくなるであろうが、もし、彼が別な気質であったならば、同じ能力と同じ条件があればそれらをしたかもしれないし、またきっとしたであろう。

ホレイショ　君の観察所見は、大変興味深いものであり、自分自身に照らして判断できる限りでは、非常に正しくもっともなことだと思うよ。

クレオメネス　慈善心ほどに偽りの装いをする美徳が存在しないことは、誰しも知っていることだが、大部分の人々はこうした真実にほとんど注意を払わない。またこの種の見せかけの欺瞞がどんなに酷く厚かましいものであっても、世の中の人間というものは、そのことを見破ったり、そのことに気づいたりする人たちに必ず腹を立て、彼らを嫌悪するものさ。まったくの幸運に恵まれて吝嗇な小売商が、一方で、自国に不利益を与える取引を行うことによって、他方で、いつも貧乏人から搾り取ることによって、大変な財を蓄え、コツコツと貯め込むとともにさもしい節約を通じて、そのうちに小売り商人としては破格で前代未聞の額まで資産を殖やすこともあるかもしれない。そのような人物が、年を取り老いぼれたとき、慈善施設の建設のためとか、それへの多額の寄付のために莫大な財産の大部分を使ったとしても、私がその人物の気質とか挙動を熟知しているとすれば、たとえ彼が存命中にその財産を手放したとしても、私には美徳を備えた人物として彼を評価できそうにない。とりわけ、遺言において、大変不公平な扱いをし、彼が大変にお世話になった何人かの人物に報いることなく逝っただけではなく、その上、他の者から騙し取るまでし、しかもその負債を負ったまま死ぬ、あるいは死ぬであろうということを認識していたという事実を私が確信しているとすれば、なおさらだ。以上私が述べたことがすべて真実であると分かったとき、この途轍もない贈り物を、こうした並外れた寄付を、君ならどう呼ぶのか、教えて貰いたいものだ[20]。

ホレイショ　隣人の行いについて異なった解釈の余地があるのであれば、最も好意的な解釈に即して、それを受け容れることが我々の義務であるというのが、私の見解だ。

クレオメネス　最も好意的に解釈すべきだということについては、大賛成だよ。だが、どんなに頭を捻《ひね》くり回してもその行いが有徳なものとは思えないとき、それは目的にとってどんな関係があるのだろうか？　私は事柄そのものについて言っているのではなく、それの原因となった原理、つまり、そのような行動を引き起こした心の内の動機のことを言っているのだ。というのは、それこそが私が自由意志で行動する人間(21)における行為と呼ぶものであるからだ。だから、君がその動機を好きなように考え、でき得る限り情け深く判断する場合、君はその動機についてどう思うかね？

ホレイショ　君が例示した人物にはいくつかの動機があったであろうが、私は敢えてそれを詮索しようとは思わない。だが、彼の行為は、この国における後の世の人々すべてに計り知れない恩恵となる称賛すべきものであり、多くの惨めな人々を絶えず救済し続け、言葉では言い表せないほどの慰めとなる尊い備えとも言えるだろう。また、それは桁外れの恵みであるだけではなく、これまで存在しなかった非常に配慮が行き届いた恵みでもあって、後世においても非常に多くの哀れな貧しい人々が、他の皆から無視されているようなときに、彼の遺徳に感謝する拠り所とするものであろう。

クレオメネス　君の言い分すべてにまったく異存はない。また、仮に君がさらに付け加えて何か言おうとしても、寄付そのものや、それから得られそうな公共の便益だけに称賛の対象を限定している限り、私はそのことについて異論を挟む心算《つもり》はない。だが、その人物の公共的精神、同胞に対する高潔な慈愛心とか博愛心とか、思いやりのある意識とか、度量の大きさとか、あるいは明らかに当の寄付者がまったく関知していないその他の美徳とか美質なりに彼の行為の原因を帰したり、あるいはそれに由来していると示唆したりするならば、聡明な被造物としては頗《すこぶ》る馬鹿げたことであり、己れの知性を故意に不正に操っているか、それとも無知で愚劣であるか、そのどちらかに原因があるに違いないのさ。

ホレイショ　実際はそうではないのにも拘わらず、多くの行為が有徳であるとされていること、また人々は生まれつきの気質と性向という点でさまざまであるように、彼らは同じ情念によってもさまざまな影響を受けるということについては納得した。また同様に、これらの情念は我々と一緒に生まれ、人間の本性に属していること、また、それら情念のあるものは、あるいは少なくともそれらの種子は、我々が気づく前に我々の内部に存在しているということも確信した。だが、そうした情念はあらゆる個人に内在しているのにも拘わらず、プライドという情念がある人の場合の方が他の人の場合よりも際立っているのはどうしてなのだろうか？　というのは、君がすでに論証したことからすれば、ある人間は他の人間よりも心中においてプライドという情念の影響をより強く受けている、つまり、プライドという情念を隠すのに長けている人たちであっても、それを公然と見せる育ちの悪い人たちであっても、ある人間の方が他の人間よりも実際にプライドという情念をより多く割り当てられているということにならざるを得ないからだ。

クレオメネス　我々の本性に帰属しているものは、出生のときに、実際上もしくは事実上、すべての人間が自分の中に持っていると恐らく言えるであろう。また、我々の生誕とともに我々の本性に存在しないものは、事柄そのものも、もしくはそうした事柄を後で引き起こすようなものも、我々の本性に帰属していると言うことはできない。だが、我々は顔付きや身長が異なるように、もっと眼に見えない事柄についても同じように異なっている。これらすべての違いは固体や液体の異なる構成や内的組成に拠っているに過ぎない。だから、ある場合は青白く粘液質の者に特有な、また他の場合は多血質で胆汁質の者に特有な、組み合わせによる欠陥が存在することになる[22]。一般の人々に較べて、多血質で胆汁質の者は好色であり、また青白く粘液質の者は臆病である。だが、人間に関しても、一般的に言って、同種の最良な者が、つまり、最も優れた生まれつきの資質を持つとともに内的組成も最良な者が、プライドを誇る最も強い欲求を持って生まれついていると、私の友人が他の動物について述べたことを信じるよ。とはいえ、プライドの程度に関して人々との間に存在する違いは、内的組成よりも環境や教育に影響を受けている、と私は確信している。情念が大いに満たされている場合は、ほとんど制御されることがないので、放縦によって情念の炎をより激しく燃やす。それに反して、これまで抑圧されてきて、基本的な生活必需品を超えたものに思いを巡らす自由が持てなかったような人々、あるいはこうした情念を満たすことが認められてこなかったとか、あるいはその機会を与えられてこなかった人々は、普通、プライドという情念を満足させる機会が最も少ない。ある人間が心の中でどんなにプライドの存在を感じていようとも、資質に長けていればいるほど、彼の知性が一層優れたものとなり、経験が豊かになればなるほど、プライドを顕《あら》わにする人間に対して誰もが抱く嫌悪を、彼はより敏感に感知するようになるだろう。また、人々は、礼儀作法を身につけていればそれだけ早く、プライドを隠すことに長じるであろう。卑しい生まれで教育も見劣りがし、ずっと厳しい服従下にあり続けたために、自らのプライドという情念を満足させる機会があまりなかった人たちは、他人に命令を下すようになったとき、一種の復讐心とプライドという情念とが綯《な》い交《ま》ぜになり、それがプライドを、しばしば、大変有害なものにしてしまう。とりわけ、そうした醜悪な情念を隠さざるを得ない目上の人とか同等の人のいない所では、そうである。

ホレイショ　女性という者は、生まれつき、男性よりもプライドが高いと思いますか？

クレオメネス　そうは思わないが、彼女たちは教育によってプライドが非常に高くなるのさ。

ホレイショ　その理由が分からないね。というのも、上流階級の人々の間では、息子たち、とくに長男たちも、彼らのプライドを掻きたてるために、多くの装飾品とか見事な品々を、娘たちと同様に幼少の頃から与えられているからだよ。

クレオメネス　とはいえ、男女とも同じように教育が行き届いた人々の間では、ご婦人たちの方が紳士たちよりもお世辞を多く言われ、しかもそう言われ始めるのもずっと早いよ。

ホレイショ　でも、なぜ、女性の方が男性よりもプライドが高くなるのだろうか？

クレオメネス　それは、普通の人々よりも兵士の場合の方が、プライドが高くなるのと同じ理由さ。つまり、恥辱への恐れを高め、絶えず名誉への思いを忘れないようにさせるためさ。

ホレイショ　だが、婦人と紳士の双方にそれぞれの本分を全うさせるために、なぜ、ご婦人たちの方が紳士たちよりもプライドが高くせねばならないのだ？

クレオメネス　ご婦人には自らの本分に悖《もと》ることをする大いなる危険があるからさ。彼女は、十二、十三歳頃、いや恐らくもっと早くから、その影響を受け始めるだろうある情念を心中に抱えた上で、男性からのあらゆる誘惑に耐えねばならず、また男性からのあらゆる攻撃を恐れねばならないのだ。並外れて巧みな求愛行為と抗しがたい魅力を兼ね備えた女たらしは、人間の本性が促し誘《いざな》うようなことをするよう彼女を口説くかもしれないし、事実上の賄賂である重要な約束をそれに付け加えるかもしれないし、またこうしたことが内密に、彼女に思い止まらせる者が誰も近くにいないときに、行われるかもしれないのだ。紳士たちは、自らの勇気を見せる機会を得るのは、十六、十七歳以前には滅多になく、その年頃でも稀だ。名誉ある人間と頻繁に交わることによって、プライドが堅固のものになるまで、彼らは試練を受けることはない。争い事に関して相談するための友人たちがいて、この友人たちがそのまま自らの行動の証人になるので、彼らは友人たちへの畏怖の念の故に本分を全うせざるを得ず、その結果、ある意味で名誉の準則に従わざるを得なくなる。また、これらすべてが相俟って彼らの恥辱への恐れを高めるのである。この恥辱への恐れが死への恐れを凌《しの》ぐようにすることができさえすれば、彼らの本分は全うされるのである。彼らは、名誉の準則を破ることからも、また臆病者になるように誘惑するずる賢い気質からも無縁な存在だ。男性における名誉の因《もと》となるプライドは、彼らの勇気のみを注視する。彼らは勇敢であると見えさえすれば、また上流社会の男らしい名誉の準則に従いさえすれば、その他の欲望に耽ってもよく、非難されることなく、不摂生さえ自慢できるのだ。同様に、女性の名誉心を生みだすプライドが対象としているのは、ただ貞節だけである。宝石を無傷に保っている限り、彼女たちは恥辱を心配しないでいられる。優しさと優雅さは彼女たちの誉れである。貞節を守ることにとんでもない危険の恐れはないにも拘わらず、彼女たちは、これ見よがしに、貞節を守っていると言うであろう。だが、偶々誘惑に抗しきれずに、彼女たちがこっそり罪を犯してしまったとすれば、最も恥ずべきものであると教えられてきた過ちを世間から隠すために、体格も弱々しく、一般にお淑《しと》やかな教育を受けてきたにも拘わらず、彼女たちは如何なる真の危険からも逃げることなく、どんな苦痛にも耐え、どんな罪でも犯すさ！

ホレイショ　他の点では、途轍もなくあばずれで恥知らずである公娼や羞恥心を喪失した女たちが、自分の子供を殺すという話は滅多に聞かないことは、慥かだね。私はこのことを『蜂の寓話』で気づいたのだが[23]、これは注目すべき事柄だよ。

クレオメネス　自愛心や置かれている境遇による方向づけ次第で、同じ情念が同じ人物のなかに、明らかな善か明らかな悪のどちらかを生みだすだろうこと、そして、時には人間を際立った美徳の持ち主にするまさにその恥辱への恐れが、ある時には、最も凶悪な犯罪を行うように方向づけるということも、はっきりと証明されていることだ。だから、名誉が本物の美徳とか真の宗教心とかの何れの原理にもその基礎を置いていないことは、名誉の信奉者たちが如何なる種類の人々であるかを、そしてまた、名誉が男女それぞれに異なった義務を求めているということを少しでも考えれば、誰にでも了解できることではないか。第一に、名誉の崇拝者たちは、虚栄心が強く酒色に溺れがちであり、モードやファッションの厳しい観察者であり、また華美や奢侈に喜びを感じ、でき得る限りこの世を楽しもうとする。第二に、名誉という語そのもの、つまりその語義が実に不確かなものであり、しかも、名誉という特質が男性を形容する場合と女性を形容する場合にしたがって、その意味に甚だしい違いが生じるので、両者がともに名誉を失うことはないだろう。もっとも、各々の罪に関して、相手にとって見れば最大の恥辱となるようなことを、公然と誇るだろうがね。

ホレイショ　間違っていると君を非難できないのが残念だよ。とはいえ、洗練された教育によってプライドを増長させ高めることが、それを外部にださないで隠しておくよう男性に努めさせる最も有効な方法であるというのは、非常に奇妙な話だね。

クレオメネス　だが、これほどの真実はないね。しかし、男女の名誉ある人間において見られるように、このようにプライドを大いに満足させながら、このように注意深くそれを人目につかないようにしている場合、プライドという情念をそれ自身と争わせるように教わることができないならば、また、プライドの自然で普段の顕れ方を人為的でよそ行きの顕れ方に変えることが許されないならば、人間の力ではそうした自制に耐えるのは不可能だ。

ホレイショ　プライドという情念をそれ自身と争わせるということが、プライドのあからさまな顕れを隠すことに密やかなプライドを感じるという意味であることを、私も理解しているよ。だが、プライドの顕れ方を変えるというのがどういうことなのか、正確には分からないな。

クレオメネス　ある人間がプライドを満喫しその情念に耽るとき、プライドの表徴は、後ろ足で跳ねる馬とか、勿体ぶって歩く七面鳥の雄の場合と同じように、彼の表情や物腰や歩き方や挙動に看て取れる。それらは皆とてもいやらしく感じるものさ。それは、誰しもがそうした表徴の原因をなすものと同じ素因を心中に感じているからだ。言葉を授けられた存在である人間が、プライドという情念に促されるままに、すべてをあからさまにぶちまけたとしたら、同じ理由で不快であるに違いない。それ故、このようなことは、どのような社会においても、礼儀正しさを躾ける最も初期の頃から、共通了解事項として厳しく禁じられてきた。そして、人々は、その代わりに、同じように顕示性があるが、それほど不快ではなく、しかも他人に有益であるような、他の表徴に代替するよう教えられてきたのだ。

ホレイショ　それはどんなものだ。

クレオメネス　綺麗な衣服、その他の装飾品、身なりの清潔さ、召使いたちに要求される従順さ、高価な馬車、家具、家屋、名誉の称号、さらには禁じられている表徴を気取られることなく他人から尊敬されるようになるために、人々が手に入れることができるすべてのものさ。これらを愉しむのに飽きたならば、他の点では健康で良識がある人間だと看做されているにも拘わらず、彼は塞ぎ込んだり酔狂になったりしても許される。

ホレイショ　だが、他人のプライドは、どのようなものであれ、我々にとって不快であり、また君が言うように、これら後の表徴は前の表徴と同じように顕示性があるのだから、変えることによって何が得られるのだ？

クレオメネス　いっぱい得られるさ。粗野な人間であれ、従順な人間であれ、プライドがこれ見よがしに表情や身振りに現れるときは、そのことを目にするすべての人間にそれと分かる。プライドが言葉で発せられたときも、発せられた言語を解するすべての人間に、やはりそれと分かる。これらは世界中どこでも同じプライドの表れであり、証拠なのである。誰であれそうした徴《しるし》を表に出すのは、見て分かって貰いたいからであり、また、そうすることが必ずや他人を不快にするということを考慮に入れることなく、それらを見せびらかす人間もほとんどいない。それに反して、もう一つの表徴は、恐らくその本来の性格が否定されるだろう。そしてそれらは別の動機に由来するものであるという多くの口実が、恐らくそれらのために弁じられるかもしれないが、同じく礼儀作法として我々は、それに反駁したり、軽々に不信の念を抱いたりしてはならない、と教えられている。しかも、それらのために弁じられるまさにそうした言い訳には、我々を満足させ喜ばせる謙虚さが滲み出ている。だが、許されているプライドの表徴を表に出す機会をまったく欠いている人々の場合は、プライドという情念は、しばしば、招かれざる客だといったところだが、ごく僅かであっても厄介な相手だ。というのは、そうした人たちの場合、こうした情念は容易に羨望や悪意に変質し、ほんの僅かの刺激であのような偽装された姿となって迸《ほとばし》り、しばしば、残酷な行為の原因となり、この情念が関与することなく下層民や群衆によって引き起こされた災いはただの一度もなかったからだ。それに反して、人々がその情念を正当な仕方で発散させ満足させる余地があればあるほど、彼らがプライドの不愉快な部分を押さえつけ、それからまったく自由であると思えることが、一層容易になるのさ。

ホレイショ　真の美徳は自然のままの本性を陶冶《とうや》するよう求めることと、キリスト教はより厳格な自己抑制を求めることが、非常によく分かった。同様に、全知の神に我々自身を受け容れて貰うようにするためには、誠実さほど重要なものはないこと、また心は純粋であるべきことも明らかになった。さらに、宗教的な事柄と来世のことを別にすれば、こうした親切や互いの行いについての寛大な解釈というものが、この世では大いなる善をなすと、君は考えないか？　また、礼儀正しさというものが、そのような礼儀を弁《わきま》えない如何なる者にもできないほど人々を幸せにし、この世での生活を安楽なものにしてくれると、君は思わないか？

クレオメネス　我々の注意が最初に払われるべきこと、我々の関心が最も向けられるべきことをまず脇に置き、良きことをしているという意識からのみ生じ得る、あの心の至福と平静に何の価値も見出さないならば、次のことは慥かなことだ。すなわち、最大の願望が安楽と奢侈であると思われる偉大な国民や繁栄している人々の間では、上流階級の人々であっても、以上述べたような技巧がなければ、金銭的な余裕があるほどには、この世を謳歌することはできないということである。また、世俗的な処世の才を官能的な生活に生かし、快楽を極めることに腐心しようとする有能な享楽的な人間ほど、そうした技巧を必要としている者はいないということである。

ホレイショ　君がわざわざ我が家を訪ねてくれた折に、いつ、どこで、また如何なる国王あるいは皇帝の御代に、名誉の法が制定されたか誰も知らないと君は言ったね。そこで、今度は、いつ、どのようにして、礼儀正しさといったものが、この世に登場したのか、教えてくれないかね？　プライドを隠すことは誇らしいことだと人々に教えることができたのは、いかなる道徳家あるいは政治家だったのかも、教えてくれるかね？

クレオメネス　自らの欲求を満たそうとする人間の不断の取り組みや、この世の境遇を改善しようとする絶え間ない努力が、多くの有益な学問や芸術を生み出し発展させた。学問や芸術の起源がいつの時代なのかは慥かなことではなく、ただその原因として、一般に、人間の賢明さと、幾世代に亘って営々としてなされてきた労苦を挙げることができるだけだ。この間《かん》、人間は、自らの多様な欲望を鎮め、自らの弱点を大いに利用する方法や手段を研究し考案することに、絶えず専念してきた。建築の最初の基礎はどこに由来するのであろうか？　どのようにして彫刻と絵画は、ここ何百年の間に見られたようなものになったのだろうか？　誰があらゆる国民に、今彼らが話しているような、それぞれの言語を教えたのであろうか？　社会全体のために、何らかの格言とか政治的方策などの起源を調べてみようと思い立ったとき、私は、それが最初に認識された時代とか国とかを調べたり、他の人たちがそのことについて書いたり語ったりしたことを調べるなどして、頭を悩ますことなどはしない。ただ直接、その根源である人間本性そのものに赴き、そのような政治的方策によって鋳直されたり補強されたりする人間の弱点あるいは欠点を探す。事柄が錯綜しているときには、私は、時々、解決の糸口を見つけるために、推測を用いる場合もあるな。

ホレイショ　君は、そうした推測に基づいて何らかの事柄を論じたり、何かを証明したと称したりするのか？

クレオメネス　いや、そんなことはない。私は、誰もが人間に関して行っているごく普通の観察、つまり世俗の世界における現象に基づく推論しか決してしないよ。

ホレイショ　君は、間違いなく、これまでこの問題についてずっと考えてきたのだね。君の推測のいくつかを私に教えてくれないか。

クレオメネス　もちろん、喜んで。

ホレイショ　事柄が私には不明瞭な場合、ときどき、確認のために口を挟ませて貰いたいね。

クレオメネス　そうして欲しい。そうしてくれると有り難いな。あらゆる動物に、少なくとも最も完成された動物には、自愛心が自己保存のために与えられたことは、議論の余地はない。だが、如何なる動物といえども自分が嫌いなものを愛することはできないし、また誰もが他の如何なるものにもまして、自分自身を心から愛好する必要がある。新奇な言い方で申し訳ないが、こうした愛好が必ずしも恒久的なものでないとすれば、あらゆる動物が自分自身に抱いている愛は、我々が理解しているほど不変なものではあり得ないというのが、私の意見だ。

ホレイショ　動物が自ら自身に抱くこの愛好は、自愛心とは別ものであると考える、どのような理由があるのだね？[24]　一方は明らかに他方を含意しているからね。

クレオメネス　私の真意をもっとはっきりさせよう。動物たちに、自分たち自身を守ろうという思いをより強固なものにさせるために、自然は彼らにある本能を与えたが、その本能のお陰で、動物のそれぞれは己れの真の価値以上に自らを高く評価するようになったと、私は思うな。我々、つまり、人間の場合、これには、自らを過大評価しているのではという意識、あるいは少なくともそういう懸念から生じる、ある種の不安が付き纏っているように思われる。我々人間が、他人の承認、好意、同意をとても好むのは、まさにそのためである。というのは、それらは、我々が自分自身に関して抱いている高い評価を強固なものにし、確認してくれるからだ。このような自己愛が――そう呼ばせて頂きたいが――、同程度に完成されたすべての動物に必ずしもはっきりと見うけられない理由は、色々とある。あるものは装飾を、すなわち自己愛を表現する手段を欠き、またあるものは余りにも愚かで無気力すぎる。同様に、常に同じような環境にいてほとんど生活様式の違いを経験したことのない動物は、自己愛を見せる機会も誘惑もないこと、動物に勇気と活気があればあるほど、それだけ愛好が可視化すること、さらに同じ種類の動物においては、生気に溢れていればいるほど、また種としての完成度が勝っていればいるほど、ますます自己愛を見せることを好むようになるということも、考慮されなければならないね。ほとんどの鳥たち、とりわけ誇示すべき並外れて華美な装飾を纏っている鳥の場合は、自己愛がはっきりと看て取れる。馬の場合は、それ以外の理性を持たない動物におけるよりも自己愛は顕著である。馬の自己愛は、最も速く、最も強く、最も健康で精力的な馬にいちばんよく見られるが、それは、その馬がさらに美しく装飾を施され、その馬を磨き上げ、世話をし、その馬に喜びを見出している人間ような顔なじみの人間の面前で、恐らく最高潮に達するであろう。また、動物たちがそれぞれの個体に抱いている強い愛好が、同じ種族に対する愛が形成されるときの原理になるということもあり得ないことではないだろう。牛や羊はこうした愛好を誇示するには余りにも愚かで無気力であるが、自分たちとこんなにも似たものがほかにいないという理由で、それぞれ自分と同じ種と一緒に群れて草を食《は》む。こうしたことから、彼らは、同じ利害と同じ敵を持っているということもまた、知っているようにも思える。牛たちが、しばしば、狼に対する共同防衛に加わっていることも目撃されている。同類の鳥は一緒に集まるのであり、恐らく、メンフクロウはナイチンゲールの泣き声よりも自分自身の泣き声の方が好きだと、私は思うよ。

ホレイショ　もし獣たちが神の姿を描こうとしたならば、彼らは皆自分たち自身の種に似せて描くだろうな、とモンテーニュ(25)が想像したとき、彼は君の見解と多少似ているように思える。だが、君が自己愛と呼んでいるものは明らかにプライドだ。

クレオメネス　その通りか、少なくとも、その原因であると思うよ。その上、多くの動物たちがこの愛好を見せつけているのに、彼らに対する理解が欠如しているので、我々はそれを察することができないのだと思う。猫が顔を洗い、犬が身体を舐めているとき、彼らは精一杯身なりを飾り装っているのだ。人間自身も、未開状態にあり、ナッツやドングリを食べ、あらゆる外見を飾る装飾品を欠いているときは、文明化された状態にいるときよりも、自分自身への愛好を見せる機会もそうすることへの誘惑も非常に少なかったであろう。だが、すべて等しく自由な未開状態の男性たち百人が一緒になったとすれば、三十分もしないうちに、問題としているこの愛好が、彼らの胃袋が満たされていたとしても、優越への欲求として首を擡《もた》げ、彼らの間にきっと立ち現れたであろう。体力か知力において、あるいはその双方において最も勝《まさ》った者が、最初に、それを誇示したであろう。もし、想定したように、彼らすべてが教化されていないとすれば、このことによって口論が生まれ、彼らのうちの一人が、残りの者よりも、一つもしくはそれ以上に眼に見えて秀でた点を持っていなければ、彼らの間で何らかの合意ができるまで、争いが続いたであろう。私が、男性たち、胃袋が満たされていると言ったのは、もし彼らの中に女性が含まれていたり、食べ物が不足していたりしたら、彼らの喧嘩は別の理由から生じるかもしれないからさ。

ホレイショ　これはまったく抽象的な考えだね。ところで、二十歳以上の、如何なる支配も被ったことのない、男女二、三百人の独身の未開人が、お互い同士を知らずに偶々会ったとして、彼らは社会を築き一つの組織体に纏めることができると、君は思うかね？

クレオメネス　大量の馬の場合と同じで無理だと思うな。だが、社会というものはそのような仕方でできあがったものではないよ。未開人の数家族が一緒になり、家族の長が、彼らの共通の利益のために、ある種の統治のようなものを取り決めた、ということはあり得ることだ。だが、誰が優位に立つかという問題はどうにか波風立たずに定まり、すべての男が充分に女を手に入れたとしても、このような文明化されていない状態では、体力と勇気が知力よりも限りなく重んじられるということも、彼らの間では同様に慥かなことだ。私は男たちのことを言っているのだ。というのは、女たちは絶えず、男たちが自分たちを称賛するのを見て、自惚れているからだ。だから、女たちは、魅力的であるということで得意がったり、互いに嫉妬しあったりし、また醜く不格好な者や自然の恵みをほとんど受けていない女たちは、真っ先に、化粧や装飾品に飛びつくということになるであろう。そうすることによって彼女たちが男たちにとってかなり魅力的な存在になったことを知って、その他の女たちも忽《たちま》ち彼女たちに追随し、あっという間に、事情が許す限り、互いに鎬《しのぎ》を削って争うことになるだろう。また、大変魅力的な鼻をした女性が、遙かに醜い鼻の隣人が鼻輪を付けているという理由で、その隣人の女性を妬むということもあり得るということだ。

ホレイショ　君はとても喜んで未開人の行動についてくどくど話すね。それが礼儀正しさとどんな関係があるのだね。

クレオメネス　未開人の行動の種子は、私がこれまで話してきた自愛心と自己愛のなかに宿している。自己保存の問題に関してそれらがどのような結果を来《きた》すのか、知性と言葉と笑いの感覚を与えられた動物の場合はどうなのか、ということを考察してみれば、このことはすぐに明らかになるだろう。自愛心はまずその動物に、生存に必要なあらゆるものを掻き集めさせ、大気による被害に対して備えさせ、自分自身と子供たちの安全のためにあらゆることをさせるであろう。自己愛はその動物に、身振りや顔付きや声の調子によって、他人よりも自分の方が高い価値を持っているのだと誇示する機会を窺わせるであろう。教化されていない人間は、自分が優越した価値を持っているという見解に同意するよう、彼の近くに来たあらゆる者たちに要求し、それを拒む者に対して恐れを感じないのであれば、彼らの誰に対しても怒りをぶちまけるであろう。また、彼は、自分を高く評価していると思われる者たち、とりわけ、言葉とか身振りによって、面と向かってそれを認める者たちに対して大喜びし、彼らに対して好感を持つようになるであろう。他人のなかに自分よりも劣っているという目に見える徴《しるし》を見出すとき彼はいつも嘲笑い、また自分の哀れみの気持ちが許容する範囲内で、彼らの不幸に対しても同じように嘲笑い、彼にそうさせるすべての者を小馬鹿にするであろう(26)。

ホレイショ　この自己愛というものは、自己保存のために動物たちに与えられていると、君は言うのだな。だが、自己愛は、人間を互いに憎しみ合わせるに違いないから、人間にとっては有害だとむしろ考えるべきだ、と私は思うよ。未開の状態であれ、文明化された状態であれ、人間が自己愛からどんな便益を享受できるのか私には分からないよ。それが何か有益なことをしたという実例でもあるのか？

クレオメネス　君からそんな質問をされるとは思っていなかったよ。私がすでに実証しておいた、称賛を得るための紛《まが》い物の多くの美徳や、莫大な資産がある分別ある人間が、ただプライドに促され唆されて身につけたであろう善良な性質のことを、忘れてしまったのかね？

ホレイショ　申し訳ない。けれども、君の言っていることとは、社会に生きる人間、しかも、完璧によい教育を受けている人間についてだけだね、単独の存在としての人間にとって、自己愛はどんな利益があるのだ？自愛心が、人間に自己保存と身の安全のために頑張らせ、自分を保護してくれそうなものすべてを好きにさせる、ということは私にもよく分かる。けれども、自己愛は彼にどんな利益を与えるのだ？

クレオメネス　ある人間が自己愛という情念を満たすことから得られる心の喜びや満足感は、その人間の健康に寄与する強壮剤であると君に言ったとしたら、君は私を嘲笑い、それはこじつけだと考えるだろうね。

ホレイショ　多分、そんなことはないね。だが、私は、人々がこの情念のおかげで不名誉や失望やその他の不幸から被る、多くの激しい苦痛や胸が張り裂けそうな悲しみを、この情念と対比させたいのだ。それらは、プライドの影響がもっと少なかった場合に比べて、遙かに瞬時に、巨万の人々を墓場に送ったことだろうな、と思うよ。

クレオメネス　君の言っていることに異論はない。だが、そのことは、この自己愛という情念そのものが自己保存のために人間に与えられたものではなかったということの証拠にはならないね。また君の言い分は、ただこの世の幸福の不確かさと死ぬべき運命にある人間の悲惨さを、我々に暴いているだけなのさ。創造されたもので常に天恵であるようなものなどは存在しない。この世のあらゆる安楽が依拠している雨や日光は、無数の災難の原因でもあった。あらゆる猛獣や多くの動物たちは生命の危険を冒して食べ物を捜すが、その大部分は食べ物を追い求めながら死んでいく。潤沢そのものがある者に与える影響が、欠乏が他の者に与える影響より致命的でない、などということはない。人類に関して言えば、あらゆる豊かな国では、その他のすべての危険から身を守られていながら、暴飲・暴食によって身を滅ぼした実に多くの人間が存在した。とはいえ、飢えと渇きが、生存するために不可欠であるような必需品を切望させ、熱望させるために動物に与えられたものである、ということほど慥かなことはない。

ホレイショ　それでもなお私は、この自己愛によって生じる個々の存在としての人間への利益というものを見出すことはできないし、自然が自己保存のために我々に自己愛を与えたと信じることもできない。君が主張してきたことは曖昧だ。明白でありはっきりと理解できるとされるその心中の原理から、あらゆる個々人が受け取る恩恵の名を挙げることができるかね？

クレオメネス　その原理はずっと毛嫌いされてきており、誰もがその情念との関わりを認めたがらないので、本来の姿では滅多に見られず、無数の異なった姿で自らを偽装しているのだ。我々は、そのことにまったく気づいていないときは、しばしば、この情念の影響を被るが、それは、我々が人生に対して抱いている意欲を、抱くに値しないときにさえ、絶えず提供してくれるものであるように思われる。人々が喜びを感じている間、自己愛は、それとは知られることなく、絶えず、人々が味わう満足をせっせと彼らに手に入れさせるために、かなりの役割を果たしているのだ。それを満たすことに慣れている人々の幸福にとってそれは不可欠なものであり、それなしでは喜びを味わうことはできない。また、彼らが自己愛に払う敬意や尊敬の念は計り知れないものがあるので、彼らは人間本性の執拗な呼び声にも耳を貸さず、その情念を犠牲にして満たすことを要求するどんなに強い欲求さえも撥ね付けるであろう。自己愛は繁栄しているときには幸福感を倍増してくれるし、逆境の折の渋面《じゅうめん》にはそれを和らげてくれる。それは希望の母であり、最高の願望の基礎であるとともに目標でもある。それは絶望に対する最強の防具であり、現状であれこれからの見込みであれ、ともかく自らが置かれている境遇を好ましく思うことができる限り、我々は自らのことは自分で面倒をみるのだ。自己愛が続く限り、誰も自殺を決意することはできない。それが途絶えた瞬間、希望はすべて消え失せ、身体の死滅しか望めなくなる。そして終《つい》には、存在すること自体が我々にとって堪えがたいものになるので、こんどは、自愛心が我々をそのことから目覚めさせ、死から逃れさせるのだ。

ホレイシヨ　それは自己嫌悪のことだね。動物は自分が嫌いなものを愛することはできないと、君は自分で言っていたから。

クレオメネス　見方を変えれば、君の言う通りだよ。だが、これはただ私が、しばしば、示唆したこと、つまり、人間は矛盾によって構成されていることを、我々に立証してくれるに過ぎないのだ。さもなければ、自ら望んで自殺するものは誰でも、自らが選んだ死よりも恐れる何かを忌避するためにそうするのに違いない、ということほどに慥かだと思えるものはなくなるからだ。それ故、たとえ人間としてその言い分が如何に馬鹿げて見えようとも、すべての自殺行為には、自分自身への明白ないたわりの気持ちが存在しているのだ。

ホレイシヨ　君の所見が面白いことは、認めなければならないね。私は君の話が大いに気に入ったし、君の話には一貫して同意できる蓋然性のようなものが存在していることも分かる。だが、よくよく考えてみると、君の推測を裏付ける証拠の半分すら、何も君は提示していないよ。

クレオメネス　先ほど、私は推測を重視しないし、推測によって如何なる結論も導き出さない、と君に言ったよね。だが、この自己愛を人間に授けた自然の意図がどのようなものであれ、またそれが我々以外の他の動物に与えられているかどうかは別として、人間という種においては、すべての個々人は他の誰よりも自分を愛好するということは慥かなことだ。

ホレイシヨ　一般的に言えば、そうだろうが、はっきり言って、私の経験に照らして言えば、それは普遍的には正しくはないね。というのは、君がローマで知り合ったテオダティ爵のようになりたいと、私はしばしば願ったからさ。

クレオメネス　実に、彼はとても素晴らしい人物であったし、非常に練達した人物であったので、君はそのような人間になりたかったと、君が言わんとしていることはこういうことだね。セリアは非常に整った顔と美しい目と美しい歯をしているが、赤毛で不格好なので、クローエのような髪とベリンダのような姿を望むけれども、彼女はセリアのままであろうな。

ホレイシォ　だが、私はあの人物、まさしくテオダティのようになりたいと望んだのださ。

クレオメネス　それは不可能だ㉗。

ホレイシォ　えー、そう望むことが不可能なのか！

クレオメネス　そう望むことは可能さ。同時に無我であることを望まなければね。我々が良かれと願うのはあの自我だよ。だから、例の《トー》自我が、すなわち願望する部分が常に残り続けるという条件がなければ、我々は自分自身の如何なる変化も望むことはできないのだ。君が望んでいる間、自分自身について持っていたその意識を除いて、君が望んだ変化のお陰を被ることができたのは、君のどの部分なのか、どうか言ってみてくれ。

ホレイシォ　君が正しいと思うよ。もし、ある人間がまったくの別人になったならば、何かを楽しみたいと望むことはできても、その同じ人間のどの部分もそれを楽しむことはできないからね。

クレオメネス　変化がなし遂げられる前に、変化を欲している当の人物である彼自身が、消え失せてしまうに違いない。

ホレイシォ　ところで、礼儀正しさの起源についてはいつ話してくれるのかな？

クレオメネス　今、話しているよ。しかもその起源は、すでにあらゆる個人が持っていると私が論証しておいた、例の自己愛のなかに探せば済むことだ。ともあれ、次の二つの点について考えてみてくれ。まず第一点は、情念というものの本質からして、利害も序列も考慮されていない付き合いにおいては、あらゆる教化されていない人々は互いにとって忌々《いまいま》しい存在だ、ということにならざるを得ないということだ。というのは、二人の同等者の一方が他方よりも相手に不快感を与えるくらい自分自身を高く評価すれば、たとえその他方が相手を自分自身と同等に評価しているとしても、彼らの抱いている思いが互いに知られることになれば、二人とも面白くないだろうからだ。だがもし、二人が、互いに相手を評価したよりも、相手に不快感を与えるくらい高く自ら自身を評価したのであれば、彼らの評価の相違はもっと大きくなり、彼らの感情が吐露されることがあれば、互いに相手が我慢ならない存在になるであろう。そして文明化されていない人々の間では、こうしたことが頻繁に起こるであろう。というのは、技量と努力がともになければ、こうした情念の外的兆候を抑え込むことはできないからだ。さらに、君に考えて欲しい第二の点は、知性という大きな分け前を与えられ、極度に安楽を好み、しかもそれを手に入れることにも熱心な被造物たちに対して、自己愛から生じるこの不都合が、恐らく与えるだろう影響についてだ。これら二つの点をきちんと考察すれば、必ず自己愛によって引き起こされる動揺や不安は、それらを解消するために、どんなにもがき、無駄な企てをしたところで、結局は、我々が礼儀作法とか礼儀正しさと呼んでいるものを生み出さざるを得ないことが分かるだろう。

ホレイショ　君の言っていることが理解できたと思う。このような準則が存在しない状態では、誰もが、自分自身に抱いている高い評価に影響され、君が説明してくれた典型的な自然的兆候を顕わにしながら、隣人たちのあからさまなプライドの表出に腹を立てることになるであろう。また、理性的な動物である人間の間ではこうしたことが長く続くことは決してなく、そうした行為から受けた不安の度重《たびかさ》なる経験が、彼らのなかのある者たちにその原因を考えるようにさせ、時間の経過とともに、他人のあからさまのプライドの表出は自分自身にとって不快であるように、自分のそうした行為も他人にとって不快であるに違いないと、きっと気づくことになるだろうね。

クレオメネス　君の言ったことは、間違いなく、文明化されることによって人間の行動に生じた変化の哲学的な根拠だね。だがこれらすべては何の考えもなく行われたのであり、人々は、徐々に、長い時間をかけて、謂わば、自然にこうした事態に陥るのさ。

ホレイショ　でもそうしたことは彼らに苦悩を強いたに違いないし、また彼らが自らに課した拘束には明白な自己否定が見受けられるのに、どうしてそんなことが可能なのだろうか？

クレオメネス　自己保存を追求する中で、人々は自らを安楽にするための絶え間ない努力の必要性を悟り、そのことが気づかないうちに彼らに如何なる非常事態にも災いを避けるように教えたのさ。そして、人間という被造物が、一度統治に服し、法の束縛の下で暮らすことに慣れてきたならば、一緒に交わることによる経験や模倣のお陰で彼らが手に入れた有益な訓戒や方便や策略がどれほど多いかは、信じられないくらいだ。しかも、彼らにそうした行動をとるように仕向けている生得の原因に、すなわち、彼ら自身には知られることなく、彼らの意志と行動を支配している心中の情念に気づかないでね。

ホレイショ　デカルトが獣に関してしているように、君は人間を単なる機械として描くのだろうね。

クレオメネス　そんな意図はないけれども、[28] 私は、人間も獣がしているのと同じように本能によって手足の使い方を知り、また、幾何学や算術を知ることなく、力学への大変な造詣とそのうえ発明への深い思索と才能を示すと思われるような行為を、子供たちでさえすることを覚えるだろう、という見解に立っている。

ホレイショ　君は人間のどのような行為からそのように判断するのか？

クレオメネス　力に耐えながら重いものを引いたり押したり、あるいは動かしたりするときに採る的確な姿勢とか、さらには石やその他の投射物を投げるときの軽妙さと器用さや、跳躍のときに駆使する驚異的な巧妙さなどから分かるのさ。

ホレイショ　どのような驚異的な巧妙さなのか、教えてくれ。

クレオメネス　知っての通り、人間が大きく跳躍しようとするときは地面から飛び上がる前に走るよね。そうすることによって、間違いなく、人間は他の方法で跳躍するよりも強い勢いで遠くに跳ぶことができる。その理由も簡単である。身体には二つの運動が加わっており、それらによって身体は動かされるのであるが、走ることによって身体に加えられ保たれている速度の多くが、跳躍によって身体に与えられる速度に加えられるからである。それに対して、立ったまま跳躍する人の身体には、跳躍という行為によって筋力から生じる運動以外に何も加わらない。大人の男たちだけではなく多くの子供たちが跳躍するのを見てごらん、彼らすべてが前者と同じ作戦を採るであろうが、その理由を知りつつその作戦を採る人物は誰一人いないであろう。跳躍の際に用いられるこの作戦について私が言ってきたことを、礼儀作法の戒律に当て嵌めてごらん。この戒律は何百万という多くの人たちによって教えられ実践されているが、彼らの誰一人も、礼儀正しさの起源について考えたこともなければ、それが社会に対して持っている真の便益を知りもしなかったであろう。最も狡猾で腹黒い人間が、何処においても、真っ先に自己利益のためにこのプライドという情念を隠すことを習得するであろうし、そうすれば瞬《また》く間《た》に誰もが、好意を手に入れたいと望んでいるとか援助を必要としている間は、プライドという情念の兆候を見せなくなるであろう。

ホレイショ　理性的な被造物である人間が、何も考えることも知ることもなく、それらのことすべてを行うなんてことは信じられないね。身体的な動きと知的な実践とは別物だよ。だから、心地よい姿勢や優雅な物腰やゆったりとした身のこなしや上品な外面的な立ち居振る舞いなどは、恐らく大して考えることなく教わって身につけることができるであろうが、礼儀作法は、話すときとか、書くときとか、他人に何かして貰うように指示するときとか、あらゆる場合に遵守されなければならないのだよ。

クレオメネス　そのようには考えた経験がまったくなかった人間にとって、ある技術が人間の勤勉や精励によって、また幾時代にも亘る絶えまない労働や共有された経験によって、しかも平凡な才能しか持ち合わせていない人間だけで、ほとんど無の状態から驚異的な高みまで押し上げられ得るか、また押し上げられ得たかということは、慥かに想像し難いことであろう。帆を上げ、装備が整い、船員も配備された一等艦は、なんと美しくも気高くもあり、またなんと燦然《さんぜん》たる輝きを放っていることか！　容積と重量という点で、人間が考案したその他のどのような可動体よりも遙かに勝っているとともに、これほどに誇れることができ、しかもさまざまな驚くべき装置を備えている可動体はほかには存在しない。国内に多くの職人たちが存在し、目的に適った材料を欠いていなければ、半年もかからずに一等艦を製造することができるだろうし、艤装し、操舵することもできるであろう。だが、この仕事が非常に多くのさまざまな労働に分割されたり、再分割されたりしていなければ、実行不可能であることも慥かなことだ(29)。さらにまた、これらの労働の何れにおいても、平凡な才能を持つ労働者しか必要とされていないことも、慥かなことだ。

ホレイショ　以上のことから君はどんなことを導き出そうとするのか？

クレオメネス　実際には、長い時間と、生まれつきの資質や賢明さという点でお互いほとんど違いがない多くの世代の経験とに負っていることを、しばしば、我々は人間の持つ才能の卓越性や人間の持つ洞察力の深さに帰してきたという点だな。さまざまな目的のための船舶を作る技術が現在のように完成されたものになるまでに、どれほどの時間と労力が費やされたかを知るためには、ただ次のことを考えさえすればよい。第一に、ここ五十年程度の間に、技術における多くの目覚ましい改善がなされたことと、第二に、この島国の住人は、すでに千八百年以上前に船舶を造り、それを利用していたのであるが、そのとき以来、これまで船舶との縁が切れたことがなかったということさ。

ホレイショ　それらふたつの事実は、技術が現在のようになるまでにゆっくりと進歩してきたことを、慥かに証拠立てているね。

クレオメネス　勲爵士ルノーは一冊の本を書き、その本の中で、帆走の仕組みを明らかにし、船舶の動きや操舵に関するあらゆる事柄を数学的に説明している。(30) 船や帆走の最初の考案者も、その後のそれらのさまざまな部分の改良を加えた人々も、そのような理屈を夢にも考えもしなかったであろうと私は確信している。それは、現在の大衆のなかで最も無教養で無学な者が水兵にされたときに、何も分からないのと同じことであるが、彼らがどんな人物であれ、時間と訓練がそのようなことは解決してくれるだろう。そのような者たちは無数に存在するが、彼らははじめ無理やり甲板に引きずり上げられ、彼らの意志に反して船内に留め置かれたが、三年もしないうちに、船中のあらゆる綱や滑車を熟知し、数学をまったく理解することなく、最も偉大な数学者でさえ、まったく航海をしたことがなければ、一生かかってもできなかったくらいまで、そうしたものの利用法のみならず取り扱い方も身につけてしまうのである。私が指摘した本は、ほかにも色々な興味深い事柄が書かれているなかで、舵の役割を最も効果的に船舶に伝えるためには、舵が竜骨《りゅうこつ》と何度でなければならないかということを明らかにしている。この指摘は役に立つものであるには違いないが、十五歳の少年が、艀《はしけ》の甲板作業を一年も勤め上げれば、この指摘を実証するうえで役に立つことのすべてを覚えることができるのだ。船尾は常に舵柄《かじづか》の動きに反応することが分かれば、彼は舵のことを何も考えることもなく舵柄だけに気を配り、一〜二年以上経てば、帆走に関する知識や船を操舵する能力は充分に身についてくるので、半ば眠っていたり、まったく別のことを考えていたりしても、彼は船を自分の身体の一部のように本能的に操るようになるのさ。

ホレイショ　君が言ったように、また私もその通りだと信じているのであるが、船舶と帆走を最初に考え出した人々や、その後それらに改良を加えた人々が、ルノー氏のそうした理屈を夢にも考えたりしていなかったとすれば、彼らが、知識と計画によって彼らの発明と改良を先験的に実行するよう促す動機として、そういう理屈によって行動したのだということはあり得ないというのが、君が明らかにしようとしたことだと私は思う。

クレオメネス　その通りだ。帆走においても、行儀作法においても、各々の分野の技を最初に試みた未熟な開祖は、そのような技が本質的に成りたつ真の理由や実際の根拠を知らなかっただけではなく、同様に、両者の技術が大きく完成された現在においてさえ、最も熟練し、日々それらに改善を加えている者たちの大多数は、彼らの先達者たちが最初はそうであったように、それらの理論的根拠をほとんど知らない、と私は確信している。けれどもそれと同時に、ルノー氏の理屈は極めて正しい、つまり君の考えと同様に彼の考えも正しいと思うよ。言い換えれば、礼儀作法の起源についての君の説明には、船舶の取り扱いについてのルノー氏の説明と同じくらいの信憑性と妥当性があると思うのさ。技術を開発しそれを改良していく者と、物事の理屈を探究する者とが、同じタイプの人間であることは滅多にあることではない。後者のような探究は、隠遁を好み、実業を嫌い、思索に喜びを見出す怠惰で懶惰であるような者たちによって普通は担われる。それに対して、前者の場合には、困難な仕事に挑戦し、色々な実験を試み、自ら成そうとしていることに全身全霊を打ち込むような、意欲的で前向きで勤勉な者たちが最もしばしば成功するものだ。

ホレイショ　思索的な人たちがあらゆるものの発明に最も向いていると、普通は考えられているね。

クレオメネス　だが、それは誤りだね。石鹸製造も繊維染めやその他の商売や諸々の秘訣も、取るに足らない発端から偉大なる完成へと到るのさ。だが、そうしたもののなかで達成されたと記憶され得る多くの改善は、一般的に言って、それらの商売のために育成された者であるとか、長い間そうした商売に従事した経験がある人々に負っているのであり、そういう事柄について期待されてしかるべきである化学とかその他の自然哲学の分野の大家に負っているのではない。これらの技術のあるもの、とりわけ繊維染めや緋染めには、実に驚くべき工程があり、さまざまな材料を混ぜ合わせたり、あるいは火を使ったり、発酵を利用したりして、いろいろな作業が進行するのであるが、そのことは、最も賢明な自然哲学者でさえ、既知の如何なる学説によっても説明できない。こうした事実は、これらの作業は、経験に基づかない《アプリオリ》推論によって発明されたものでないことの何よりの証拠なのだ。一度、大多数の者が自分自身を高く評価することを隠すようになれば、人間というものは互いにもっと容認できる間柄になるであろう。そうなれば、彼らのうちのある者が、自らに対する高い評価を否定するだけではなく、自分よりも他人に対して高い評価を与える振りをするほど厚かましくなるまで、日々、新しい改善がなされるに違いない。これが愛想のよさを生みだすのであり、そうなれば、お世辞が、土砂降りの如く、彼らに浴びせられることになる。彼らの偽善もここまでくれば、すぐにそのことの持つ便益も理解されるようになり、お世辞を使うことを子供たちに教えるであろう。羞恥心は非常に一般的なものであり、すべての人間に非常に早くから見出されるものなので、どのような国民も、長い間、そうした情念に気づくことなく、またそれを活用することなく過ごすほど、愚かではあり得ない。多くの立派な目標に向かうように促す、子供たちの軽信についても同じことが言えるであろう。親の知識は子供たちに受け継がれ、あらゆる人たちの人生経験が、青春時代に学ぶ内容に付け加えられ、この後の世代はそれ以前の世代よりもよりよい教育を受けることになるに違いない。このようにして、二～三世紀たてば、礼儀作法は完璧なものになるに違いないね。

ホレイショ　礼儀作法がここまで洗練されてくれば、その続きを考えるのは容易《たやす》いね。というのは、あらゆるその他の学問・芸術におけるのと同様に、礼儀作法においても改良がなされると思うからだ。だが、それが未開人から始まるとすれば、人々は、最初の三百年の間は、礼儀作法をほんの僅かしか改良することはできなかったと思うな。その始まりがかなり恵まれていたローマ人でさえ、六世紀以上も国家として存続し、ほぼ世界の支配者となってから初めて、礼儀正しい国民と言われるようになったのだからね。私が最も驚かされ、今や確信していることは、以上すべてのからくりの原理がプライドだということだ。私が訝しく思っているもう一点は、美徳とか宗教について何の観念も持たない前から、礼儀作法を身に付け始めたというある国民について君が述べようとしたことだが、私は、この世には、そんな国民は存在しないと思うよ。

クレオメネス　失礼だが、ホレイショ、そういう観念を持っていなかったなどと私は何処でも仄めかしたことはなかったし、そんなことに言及する理由もなかったよ。第一に、君は、来世への考慮は別として、この世における礼儀正しさの効用について私の見解を質《ただ》した。しかも第二に、礼儀作法の術《すべ》は、美徳や宗教と互いに対立することは滅多にないとはいえ、それらとは無関係であるからさ。それは、実践されている時代や風土がどのようなものであれ、人間本性における同じ不変の原理に基づいて成り立っている術なのさ。

ホレイショ　何であれ美徳や宗教と関係がなく、それ故、その両者を否認するようなものが、どうしてそれらと対立しないなどと言えるのか？

クレオメネス　このことが矛盾しているように見えることは認めるよ。だが、それが真実なのだ。礼儀作法の準則は、すべての美徳を崇めるように人間たちに教えるが、如何なる時代や国においても、その場合、上流社会の人たちの見かけ上の美徳以上のものが求められている訳ではない。宗教との関わりについて言えば、礼儀作法は外面的な礼拝などで信奉しているように見えれば、どこにおいてもそれで充分に折り合いがつく。というのは、世界のあらゆる宗教は、それが国民的なものであるならば、等しく礼儀作法に適《かな》うからである。あらゆる意見が似たり寄ったりの尊師に対して、どんな見解を持つべきだと言わねばならないのか？　世界のあらゆる所で、礼儀作法の教えは同じ傾向を帯びていて、それらは、我々自身を他人に受け容れて貰うための、そして我々自身に対する偏見をでき得る限り少なくするための、さまざまな方策であるに過ぎない。そのような策略を用いて、我々は、互いに助け合って、人生を楽しみ、快楽に磨きをかける。そして、すべての個々人は、そうした策略を採らないときよりも、採ることによってずっと幸福になるとともに、その結果、望ましいものを手に入れることができるようになる。私は、世俗的快楽という意味で幸福になると言っているのさ。古代ギリシア、ローマ帝国、あるいはそれ以前に栄えた東洋の大国に思いを巡らしてみれば、奢侈と礼儀正しさは一対のようなものであり、決して別々に存在するものではないということ、また、この世の安楽と歓喜という言葉は常に上流社会の願望を体現していたこと、さらにまた、上流社会の人々の主たる頑張りや心配の種は見たところ、この世における幸福に向けられてきたので、あの世において彼らがどうなるのかなどは、いつも彼らの関心外であったように色眼鏡を外してみれば見えるということが分かるであろう。

ホレイショ　講義をどうも有り難う。尋ねたいと思っていたいくつかの点についてては納得したよ。だが、君が言ったその他のいくつかの点については、もう少し時間をかけて考えたいと思う。それが解決した後で、再び君を訪ねるよ。というのは、我々自身に関する知識について、ほとんどの書物は非常に不完全であるか非常に誤っている、と考えざるを得なくなったからだ。

クレオメネス　一所懸命に熟読しようと思っている者にとって、人間本性ほどに内容豊かで信頼がおける書物は存在しないのさ。君がもし注意深く人間本性について考えていたならば、君自身で見出すことがなかったようなことを、私は君に対して何も明らかにしていないと思う。ともあれ、君が愉しいと思うような余興に貢献できるときほど、私は自分自身に満足することはないよ。

五　ホレイショとクレオメネスとの間の第四の対話

クレオメネス　会えてうれしいよ。
ホレイショ　本当かな、クレオメネス、こんなことをして失礼ではなかったかな？
クレオメネス　いや、とても嬉しいよ。
ホレイショ　君が何処にいるか知らされたとき、誰が会いに来たのか君に伝えるように頼むことも、そうすることを思いつくこともなかった。
クレオメネス　それこそ友達というものだよ。
ホレイショ　私がどんなに熟達したか、分かるだろう。少ししたら、君はあらゆる礼儀作法を私に棄てるように教え込むだろう。
クレオメネス　君は私を素晴らしい家庭教師に仕立て上げる気だな。
ホレイショ　許してくれるよな。君のこの書斎はとても素敵なところだね。
クレオメネス　私もとても気に入っているよ、太陽がまったく入らないからね。
ホレイショ　とても素敵な部屋だね！
クレオメネス　この部屋の椅子に掛けるかね？　この家の中で最も涼しい部屋なのだ。
ホレイショ　喜んで掛けさせて貰うよ。
クレオメネス　私はもっと早く君に会いたかったが、君は随分時間をかけて考えていたのだね。
ホレイショ　ちょうど八日間だよ。

クレオメネス　私が切り出した目新しい議論について考えてみたかい？

ホレイショ　考えてみたが、君の議論は蓋然性を欠いていないように思うよ。生得観念[1]のようなものは存在せず、人間は何の知識も持たずにこの世に生まれ落ちると私は確信しているし、今となっては忘却の彼方に埋没していようとも、あらゆる学問や芸術は誰かの頭脳の中に起源を持っているということは、私には自明のことだからだ。私は君と別れてから何回も繰り返し考えたことは、礼儀作法の起源についてであり、そしてかなり世の中に通じている人間にとって、未開の国民の間に互いに相手から己れのプライドを隠そうとする最初の試みを見出すことは、どんなに愉快な情景だろうかということについてであった。

クレオメネス　承認を得る場合においても、嫌悪を招く場合においても、人の心に影響を与えるのは事柄の新奇さにあること、また、多くのものはそれが新鮮なときは衝撃的であっても、それが我々にとって馴染み深いものになれば冷静に眺めていられるということを、このことから君も分かったであろう。八日前には、それを知らないで済まされるのであれば百ギニー出そうとした真実を、君は今楽しんでいるね。

ホレイショ　どんなに馬鹿げたことでも、我々がとても幼い頃からそれに馴れ親しんでいたならば、それが馬鹿げたこととして我々には映らないだろうな、と思うようになってきた。

クレオメネス　かなりよい教育のために、我々はとても幼少の頃から、お辞儀や帽子の脱ぎ方などの礼儀とか、その他の立ち居振る舞いなどの約束事に関して、とても甲斐甲斐しく、とても熱心に教え込まれているので、我々が一廉《ひとかど》の大人になる前にさえ、礼儀正しい態度を習得したものとして看做《みな》すとか、会話を術として考えるなどということは、ほとんどない。我々自身だけではなく他人にとっても大変な苦痛の原因であり、技巧の産物であると我々には分かっている多くの事柄が、話したり書いたりする場合だけではなく、態度や動作の場合においても、容易《たやす》く生得のものであると言われている。踊りの師匠が振りを付けた、なんとぎこちない木偶《でく》の坊を、私は知っていることか！

ホレイショ　昨日の朝、ひとりで物思いに耽っていると、最初に聞いたときは聞き流していた君の言った台詞が頭に浮かんできて、思わず微笑んでしまった。未開状態の国民の礼儀作法の始まりに触れて、君は、一度《ひとたび》、彼らがプライドを隠し始めたならば、日々、それについて新しい改善がなされるに違いない、「そうなれば、彼らのうちのある者が、自らに対する高い評価を否定するだけではなく、自分よりも他人に対して高い評価を与える振りをするほど厚かましくなる(2)」と言ったね。

クレオメネス　何処においても、これが追従の前触れだったに違いないことは、慥かなことだ。

ホレイショ　君が追従や厚かましさについて語るとき、対等な人物に向かって、私はあなたの卑しい僕《しもべ》です、と厚かましくも言った最初の人物について、君はどのように考えているのかな？

クレオメネス　それが新しいお世辞であったならば、私は、それを言い放った悪党の厚顔さより、むしろそれを鵜呑みにした高慢な人間の単純さの方に、訝りを覚えただろうな。

ホレイショ　それは嘗て間違いなく新しかったのだよ。帽子を脱ぐのと、あなたの卑しい僕ですというのとでは、君はどちらが古いと思うかね？

クレオメネス　それらは両方とも中世風でもあり現代風でもあるな。

ホレイショ　帽子を脱ぐ方が先だと思うな、それは自由の象徴であるから。

クレオメネス　私はそうとは思わない。というのは、最初に帽子を脱いだ男は、もし、「あなたの僕です」という習慣がなかったならば、他人にその意味が理解されなかっただろうからだ。また、あなたの僕ですという言い方が確立し、よく知られたお世辞になっていなかったならば、敬意を表するために、帽子を脱ぐと同様に片方の靴を脱いでもよかっただろうからさ。

ホレイショ　そうかもしれないね。また君が言う通り、帽子よりも靴の片方を脱ぐ方がより徴憑《ちょうひょう》があっただろうね。

クレオメネス　今日まで、帽子を脱ぐということは、言葉でのよく知られた礼儀を表す無言の仕種なのである。ともあれ、習慣の持つ力と我々に吹き込まれた観念に注目してごらん。我々二人はこの中世風の馬鹿らしさを嘲笑い、それは最も卑しい行為である追従にその起源を持っていると確信しているが、我々はどちらも、帽子を被って歩いていた折、あまり親しくない知り合いに会ったときにも、こうした礼儀の一端を必ず行う、否、それどころか、そのようにしないことは我々にとって落ち着かない感じさえするのだ。だが、「あなたの僕である」と述べるお世辞が、対等者の間で始まったと考える理由が別段ある訳ではなく、むしろ、追随者たちが君主にそのようなお世辞を言い、それが後になって一般的になったと考えるべきかもしれない。というのも、そうした態度や、身体や四肢を折り曲げる動作などはすべて、恐らく、征服者や暴君に対してなされた追従から生まれたものであろうし、征服者や暴君は、あらゆる者を恐れざるを得ず、またごく僅かの反抗に対する気配にさえ絶えず怯えて、服従的で無防備な態度を何よりも喜んだからさ。征服者や暴君には、皆そのような傾向があることを、君も分かっているよね。そのような態度は自らの安全を約束し、恐れだけではなく、自らに迫り来る危険の疑いすべてを和らげ取り除くための暗黙の努力であり、たとえば、顔を下にしてひれ伏すとか、頭を地面につけるとか、跪《ひざまず》くとか、低頭するとか、胸に手を当てるとか、背中で手を組むとか、腕を組むとか、これらの行為すべては、慣れ慣れしくもないが、警戒もしていないことを証明させ得る卑屈な態度なのだ。これらは、目上の人に対して、我々が彼らに敬意を表して自分自身を謙《へりくだ》っていること、また我々は彼の意のままの存在であり、彼に抵抗したり、攻撃したりする気はさらさらないことを示す明白な兆候であり、説得力のある証拠だからだ。それ故、あなたの僕ですと述べることと、帽子を脱ぐことが、最初は、それを求める人たちに対する忠順の証明であった、ということは大いにあり得ることなのだ。

ホレイショ　それが時の経過とともにとてもありふれたものになり、礼儀として相互に用いられるようになってきたということだね。

クレオメネス　そうだと思うな。というのは、礼儀作法が増えるにしたがって、最高のお世辞も平凡なものとなり、それらに変わって目上の者に対する新しいお世辞が考案されてきたことを、我々は知っているからさ。

ホレイショ　だから、グレイスという言葉は、つい先頃までは国王と女王だけに与えられていた尊称であったが、大主教や公爵まで拡げられて用いられているのだね。

クレオメネス　ハイネスという言葉も同様であって、今では国王の子供たちや孫たちにさえつけられているのさ。

ホレイショ　ロードという言葉の意味に付加されている尊厳は、他のほとんどの国々よりも我々の場合にずっとよく保たれてきているね。スペイン語、イタリア語、高地ドイツ語[3]、低地ドイツ語においては、その尊厳はあらゆる人々に売り渡されている始末だ。

クレオメネス　その点はフランスにおいては多少幸運だったね。そこでは、サイアという言葉がその威厳を失うことなく、君主だけに対して用いられているのに対して、我々の場合には敬意を表す呼称であり、国王だけではなく靴の修繕屋にさえも用いられるのさ。

ホレイショ　時とともに、言葉の意味にどのような変化がもたらされようとも、世の中というものが洗練されてくるにしたがって、追従もだんだん露骨なものになってくるとともに、人間のプライドに向けられた追従の仕方も以前よりも巧妙になってくるね。面と向かって人間を褒めることは、古代人の間ではごく普通のことであったが、謙遜がとりわけキリスト教に求められる美徳であることを考えれば、私は、しばしば、如何にして教父たちが、説教している間、彼らに対してなされる拍手喝采や称賛に耐え得るのかと、訝しく思ったものだ。教父のうちの多少の者たちはそれに異を唱えたけれども、彼らの大部分はそのことを大いに喜んでいたように見えたのでね。

クレオメネス　人間の本性というものは常に同じなのさ。人間が力の及ぶ限り努力し、精も根も尽きるほどの尋常でない苦労をしている場合、そうした称賛は英気を養ってくれるものなのだ。そうした称賛に異を唱えた教父たちは、主にそうした悪弊に対して異を唱えたのだろうな。

ホレイショ　しばしば、会衆の大部分がしたように、人々が、「賢者も神も《ソフォス・デーウィニトス》、これほど上手く《ノーン・ポテストポテスト・》、驚くほどに、鋭く、巧みにできないぞ《メリウス・ミーラビリテル・アークリテル・インゲニオーセー》」と喚き立てるのを聞くのは、非常に奇妙に感じたに違いないね。彼らは宣教師たちのことを正統派とも呼んだし、時には、「十三番目の使徒《アポストロス・デシムス・テルティウス》(4)」とも呼んだね。

クレオメネス　掉尾文《ちょうびぶん》(5)の区切りでこのような言葉で喚き立てるのは恐らく許容されたのであろうが、それが繰り返されるのは、しばしば、非常に喧《やかま》しく、大変荒っぽく、また彼らが手足で叩き出す喧騒がいつも妨害して、説教の四分の一も聞くことができなかっただろう。とはいえ、何人かの教父たちは、それが大変に心地よく、人間の弱点を労《いたわ》ってくれることを認めたのだ。

ホレイショ　教会での信者たちの態度は現在の方が礼儀正しいね。

クレオメネス　異教信仰が古代の西洋世界において根絶されてから、キリスト教徒の情熱は大勢の敵対者がいた頃に比べてまったく薄れている(6)。情熱の不足がそうした流行をなくすのに大いに役だったのだよ。

ホレイショ　それが流行であったかどうかは別として、それはいつもけしからぬ行為であったに違いないね。

クレオメネス　現在、我が国のいくつかの劇場で恒例になっているような、繰り返される歓呼や、手拍子や、足の踏みならしや、さらには甚だしい拍手喝采が、お気に入りの役者をあきれさせたかどうか、あるいは、下層民たちの歓声や兵士たちの忌まわしい叫び声が、名誉を称えられたこの上もなく高貴な人々をぞっとさせたかどうか、考えてみたまえ。

ホレイショ　そういうものにウンザリしていた君主たちを、私は知っているよ。

クレオメネス　それは、彼らがそうしたことに慣れっこになったからであり、決して最初からそうだった訳ではない。機械の働きにおいて、我々が留意すべきはその機構の耐久性だ。有限の人間には無限の楽しみを受け容れることはできない。それ故、相応の限度を超えて長引いた快楽は苦痛になる。だが、その国の習慣に支障を来たさない場合には、明らかに我々への称賛のために生みだされ、そしてまた、世間体を憚ることなく聞けるような喧騒は、妥当な時間を超えない限り、不快であるはずがない。とはいえ、大変よく効くけれども飲み過ぎても不快にならない、などという強壮剤など存在しない。

ホレイショ　アルコール飲料は甘くて口当たりがよければよいほど、早めに気分が悪くなり、じっくり腰を据えて飲むのに適さなくなるね。

クレオメネス　君の比喩は不適切ではないね。ある人間にとって最初はとても魅惑的であり、恐らく、八〜九分位の間は甚だしい恍惚感を与え続けるあの大喝采が、中断なく続くとすれば、三時間も経たないうちに、適度に心地よくなり、どうでもよくなり、飽き飽きしてきて、煩わしくなり、ついには苦痛を齎《もたら》すほど不快に多分なるだろうね。

ホレイショ　我々が、しばしば、目にするように、喧騒がそれほどまでにさまざまな影響を我々に与えるのだから、それには大きな魔力が潜んでいるに違いないね。

クレオメネス　大喝采から我々が受け取る快楽は、それを聞くことにその根源があるのではなく、そうした喧騒を生みだす原因、つまり他者の称賛から我々が抱く心持ちに起因しているのだ。イタリア全土の劇場において、仁愛と称揚の認知された表現である沈黙と傾聴を観客全体が要求するとき、観客が引き起こす騒音は、我々にとっては明白な嫌悪と軽蔑の表現である「しーっ」という声にとても近く、ほとんど区別することができないという話を、君は聞いたことがあるだろう。そして、憐かに、ファスティナを侮蔑する猫の鳴き声を真似た野次は、勝ち誇る競争相手からの聞こえたこの上もなくわざとらしい声の響きよりも、コッツオーニにとって遙かに心地よいものであったのさ(7)。

ホレイショ　それは実に不快なことだったのだね！

クレオメネス　トルコ民族は深い沈黙によって自らの君主に対する尊敬の念を表し、そのことは後宮《セラーリョ》全体において厳格に守られており、しかも、皇帝《スルタン》の居所に近づくほど厳守されているのだ。

ホレイショ　後者の例の方が憐かに相手のプライドを満

足させるより礼儀正しい方法だね。

クレオメネス　これらのことはすべて生活様式と慣習に依拠しているね。

ホレイショ　だが、沈黙によってある人間のプライドに供せられる供え物は、聞くという無駄なくして享受されるであろうが、喧騒の場合はそれができないね。

クレオメネス　プライドという情念を満足させるのに、そんなことは些細なことさ。我々は、その他の如何なる欲望からも何も喜びを感じないときこそ、満足させたいと思う欲望から一番の喜びを感じることができるのさ。

ホレイショ　だが、沈黙は喧騒よりも大きな忠誠と深い尊敬の念を表すよね。

クレオメネス　のらくら者のプライドを慰めるにはそれで充分さ。しかし、意欲的な人間は、その情念が満たされている間、それに刺激され、謂わば、覚醒され続けることを好むので、彼らにとって喧騒による承認は沈黙による承認よりも快適なのさ。だが、私は両者の間の優劣は決めないでおこうと思う。というのは、それぞれについてもっと多くのことが論じられるかもしれないからだ。ギリシア人やローマ人は、人々を高貴な行動に駆り立てるために喧騒を使って大いなる成果を手にしたが、オスマン・トルコ人たちの間で守られた沈黙は、都合よく、彼らの状態を君主が彼らに求める隷属的なものとしてきた。恐らく、後者は、絶対的な権力が一人の人物に委ねられるような所では都合がよいのであろうし、また前者は、自由の何らかの兆候が存在するような所では都合がよいのであろう。両者とも、そのようなものとして理解され、そのようなものとして用いられるのであれば、人間のプライドを満足させるのに相応《ふさわ》しい道具でもある。戦場での怒鳴り声になれているとともに、大声での喝采を大いに喜ぶ大変勇敢な人間が、食器類を少々ガタガタ鳴らしたという理由で、彼の執事に大変に腹を立てていたのを、私は知っている。

ホレイショ　私の年を取った叔母が、この間、忍び足で歩かないという理由で、非常に気の利く男を追っ払ったよ。私自身も従僕たちが床を踏みならしながら歩いたり、使用人たちが無作法に大声を出したりするのは実に不愉快だと認めざるを得ないな。もっとも、これまでその理由を考えてみたことは一度もないけれどもね。この前の会話で、君が自己愛の兆候について述べ、未開人の行動とはどんなものかについて述べたとき、君は笑いを挙げたね。笑いが人間という種の特徴のひとつであることは、私も知っているよ。それもまたプライドの結果だと君は看做すのかな？

クレオメネス　ホッブズはそうした見解に立っているし、[8]大方の場合に、笑いはプライドから派生しているのかもしれないが、その仮説によっては説明できない現象《ファイノメナ》も存在するよ。だから、笑いとは、我々がなんとなく喜んだときに自然にやってしまう自動的な反応である、と私は言いたいな。我々のプライドが大いに満足させられているときとか、我々が感嘆したり、称賛したりするものを何か見たり、聞いたりしているときとか、あるいは、我々がその他の情念とか欲求を満たしていて、それに満足する理由が正《まさ》しく相応しいものであるように思われるときは、我々は決して笑わない。だが、事柄とか行為が奇妙なものであったり常軌を逸していたりして、偶々《たまたま》我々を喜ばすとき、どうしてそうなのかその正当な理由が我々には分からないとき、まさにそうしたとき、我々は笑わせられるのさ。

ホレイショ　私は、むしろ、君が言うところのホッブズの見解を支持したいな。というのは、通常、我々が笑いの対象とする事柄は、何らかの意味で、他人にとって屈辱を感じさせるものであったり、見苦しいものであったり、有害であったりするものだからだ。

クレオメネス　とはいえ、耳と目が不自由な子供たちを笑わせるくすぐりのような行為を、君はどう説明するのかね？

ホレイショ　そのことを、君の論理によって説明することができるかね？

クレオメネス　いや、完全にはできないが、できる範囲内でやってみよう。我々は、皮膚が滑らかで、柔らかで、繊細であればあるほど、一般に人々はくすぐったがり屋であることを経験的に知っている。また同様に、触ったときに、ざらざらし、でこぼこし、堅い物は、それらが痛みを与えることがなくとも、皮膚は不快に感じ、また逆に、皮膚にとって、柔らかくて、滑らかで、その他の点でも不快な感じをさせない物は喜ばしいものであることも、我々は知っている。恐らく、優しい感触が直ちにいくつかの神経繊維に伝えられ、それらの各々が心地よい感触を生み出して、何とも言えない快感を齎すのであろう。これが笑いの原因なのだ。

ホレイショ　だが、どうして君は自由意志で行動する人間の喜びに関して、自動的な反応を想定するようになったのかね？

クレオメネス　観念の形成においてどんなに我々が自主性を主張しようとも、観念の肉体に対する影響は意志から独立しているのさ。顰《しか》め面ほど笑い顔の対極にあるものはない。前者は額に皺をつくり、眉を顰め、口を噤《つぐ》んだままでいる。後者はまったく正反対のことをする。「額の皺をのばす《エクスポリゲレ・フローンテム》(9)」というのは、ラテン語で、「陽気な」という意味だよね。ため息をつけば、腹筋と胸筋が内側に、横隔膜が通常よりも上方に引っ張られる。そして、無理して息を吸い込もうと、我々は、無駄であるけれども、心臓を圧搾しようとする。我々は、心臓を圧搾する姿勢で、でき得る限り多く空気を吸い込み、今度は吸い込んだのと同じくらいの激しさでそれを吐き出すと同時に、使っていたあらゆる筋肉を瞬時に弛緩させる。自然の女神は、間違いなく、我々に押し付けた自己保存という務めに何か役立つよう、このようにするよう目論んだのであろう。何らかの声を発することができるあらゆる生き物というものは、苦痛や切迫した危険だけではなく大きな不幸に陥った場合にも、なんと自動的に叫び声をあげて苦しみを訴えることか！　酷い苦悩に喘いでいる折の、自然の女神の目論見はこのようにとても荒っぽいので、彼女をなだめようと、また彼女が我々に使うよう命じた音声によって、自分たちが何を感じているか悟られないようにと、我々は、口をすぼめるとか、息を吸い込んで唇を噛むとか、唇をぎゅっと閉じるとかして、口から息が漏れるのを防ぐ最も効果的な手立てを採るように強いられる。失意の折はため息をつき、歓喜の折は大いに笑う。笑いの場合は、呼吸作用はほとんど重要ではなく、その他の如何なる場合よりもてんで勝手に呼吸する。外面のすべての筋肉と内面のあらゆるものが弛緩した感じがし、痙攣したように笑い転げることによって伝えられるもの以外の、何の動きもないように見えるのだ。

ホレイショ　私は人々がくたびれ果てるまで笑い転げるのを見たことがあるよ。

クレオメネス　これらのことすべては、ため息をつく場合に我々が見出すものと、どんなに真逆なものであることか！　苦痛や深い悲哀の故に我々が叫び声を上げたとき、口は円形か少なくとも楕円形に軽く閉じられ、唇は前方に開けたまま突き出され、舌は奥に引き込まれている。そしてこのことが、どんな国民も叫ぶときには「おおー」と大声をだす理由なのだ。

ホレイショ　えー、どうして？

クレオメネス　なぜかと言えば、口、唇、舌がそのような状態にあるときには、その他の母音は発音できず、また子音はまったく発音できないからだ。笑っているときには、唇は後方に引っ張られ、最大限に口を開けられるように引き延ばされているのさ。

ホレイショ　君はそのことをあまり強調しない方がよいと思うな。というのは、そのことは泣くときも同じだし、泣くのも疑いなく悲しみの表れだからだ。

クレオメネス　心臓が圧迫されるような大きな悲しみによって、また耐えざるを得ない不安によって、泣くことができる人間はほとんどいないね。だが、泣けば心臓の圧迫が取り払われ、かなり気持ちが楽になる。というのは、そのとき悲しみに耐える力が失せてしまうので、苦悩のあまり泣くのは悲しみの表れというよりもむしろ、これ以上悲しみに耐えられないという表明であるからだ。だから、泣くという行為は、強さを放棄することを意味し、悲しみに屈するようなものであるから、柔弱であると看做されている。とはいえ、大人の場合には、泣くという行為そのものは、喜びよりも悲しみに特有なものである訳ではない。苦悩の直中にあって大変な不屈の精神を見せ、涙を見せずに大変な不幸に耐えているにも拘わらず、芝居の感動場面を見て本気で泣くような人間たちもいるからね。ある者はある事柄で容易に感動させられ、またある者は直ぐさま別の事柄で感動させられるが、心を掻き乱すほどに激しく我々を感動させるものはどのようなものであれ、我々を泣くように促し、涙を流す無意識的な原因となる。だから、失意や喜びや哀れみのほかに、我々自身と何の関係もないのに、我々にこうした影響を及ぼすだろう事柄が存在する。たとえば、吃驚仰天《びっくりぎょうてん》する出来事の話や功績のために神の摂理が急変する話とか、英雄的行為や寛大な行為に関する場合とか、敵との恋とか友情に関する場合とか、あるいは、人間愛に関する気高い考えや見解を聞いたり読んだりする場合だ。とりわけ、それらの事柄が、心地よい仕方で、しかも臨場感があるだけでなく予期できない意外な表現で、突然、我々に伝えられたのであれば、尚更のことだ。同様に、このような馴染みのない話に涙を流すという弱さに最も陥りやすいのは、才能豊かで理解力が長けている人々であり、またそうした者のなかで慈悲深く、寛大で、腹蔵のない人々なのであり、反対に、鈍感で愚鈍の者や、残酷で利己的で腹黒い者は、こういった弱さに滅多に悩まされることはない、ということも分かるであろう。だから、本気で泣くというのは常に、心に影響しているものが何であれ、何かが心を慄《おのの》かせ打ち負かしているという明確かつ無意識の証明なのだ。また同様に、強風や煙、玉葱の催涙性物質《エフルーヴィア》、その他の揮発性刺激物などといった外部からの刺激は、露出している涙管や涙腺の外部の線維に等しく影響を与え、また突然の気分の高揚が涙管や涙腺の内部の線維に影響を及ぼすということも、周知のことだ。神の知恵は、さまざまな部分によって構成されている生物の無限の多様性におけるほど顕著なことはなく、それらの各部分は驚くほど巧みに工夫されており、意図されたさまざまな目的にまったく正確に合致している。とりわけ、人体は最も驚くべき技巧の傑作だな。解剖学者は、あらゆる骨や人体について、また筋肉や腱についての完璧な知識を持っているだろうし、あらゆる神経やあらゆる膜組織を極めて的確に解剖できるかもしれない。生物学者も、健康と病気の身体組織の内部やさまざまな症状について、適切な方法で、研究に没頭するかもしれない。彼らは、皆、不思議な組織を素晴らしいと称賛するだろうが、幾何学と力学にも精通していなければ、目に見える事柄においてさえ、作品それ自身に存在する工夫や技巧や見事さを、はっきりとは理解することはできないのさ。

ホレイショ　数学が医術に導入されたのはどのくらい前なのかな？　医術は数学によって大変確実性があるものになったと、聞いているけれども。

クレオメネス　君が言っていることはまったく別問題さ。もし君が医術という言葉で病人を治す術ということを意味させているのであれば、数学は医術に何の関わりも持つことはなかったし、また持つこともできない。身体の構造と動きは、恐らく、機械的に説明されるであろうし、流動体は流体静力学の法則に従っている。[10]だが、視界から隔絶され、形や大きさについてまったく知られていない事物の探究においては、我々は力学の如何なる部門からも助けを借りることはできない。医者は、他の人間と同様に、事物のあらゆる効能や特性を成り立たせている第一原理と構成要素についてまったく無知である。そしてこのことは、彼らが使用する薬草、したがってすべての薬剤だけではなく、血液やその他の体液についてもそうなのだ。医術ほどに不確かな術はなく、医術のなかで最も価値ある知識は観察から得られるのであって、それは、そうした研究に専心してきた才能があり勤勉な者だけが、長い間の的確な観察を通じて手に入れることができるようなものなのさ。[11]だが、数学を学んでいると称し、病気の治療における数学の有効性を語るのは詐欺であり、役者や道化役者《メリー・アンドルー》が演じる誤ったいんちき療法の一種なのだ。

ホレイショ　しかし、骨や筋肉や肉眼で見える器官で非常に素晴らしい技術が発揮されているのであるから、我々の五感が及ばないところでも、それに劣らない術が施されていると考えるのも、理に適ったことではないかね？

クレオメネス　私もその点に関してまったく疑いを持っていない。顕微鏡は我々に新しい世界を開示してくれたし、自然の女神が、我々がそれ以上解明することができないところで仕事を放棄しているなどとは、私には到底考えられないことだ。我々の思考や感情は、今まで発見されてきたことよりも、あるいは人知によって恐らくこれから発見されるであろうことよりも、身体の色々の部分にもっと明確で無意識的な影響を与えている、と私は確信している。我々の思考や感情が目や顔の筋肉に与える目に見える効果が、最も不注意な人間に対しても、私がこうした主張をする根拠を明らかにしてくれるに違いない。男性たちと一緒にいるときは、我々は用心をし、威厳を保とうとして、唇は閉じられ、顎は引かれる。口の筋肉は多少引き締められ、また顔のその他の部位は、それぞれ断固たる表情を保っている。こうした部屋から一転して別の部屋に入り、愛想もよくお淑《しと》やかな若い女性と会ったとしよう。考える間もなく、直ちに、君の顔付きは奇妙に変化し、顔に何かした心算はないのに、まったく別の表情になるであろう。君の表情の変化を看取った人は誰でも、少し前よりも君の表情がより柔和になり厳しさが目立たなくなったことに気づくであろう。下顎を少し下に下げようとすると口が少し開く。この姿勢で、何ものにも視線を固定せずに、前方を真っ直ぐ見ると、謂わば、顔立ちをしょぼくれさせ、顔のすべての筋肉を弛緩させることになり、知恵遅れの容貌に恐らく似通ってくるであろう。唾を飲み込むことを覚える以前の幼児たちは、普通、口を開けたままで常に涎《よだれ》を垂らしている。彼らの場合、知性が何にも芽生える以前の、まだそれがとてもぼやっとしている間は、顔の筋肉は、謂わば、弛緩しており下顎は垂れ下がり、唇の線維は緊張していない。少なくとも、彼らの顔に我々が観察できるこうした現象《ファイノメナ》は、その後よりもその時期にしばしば観察できる。非常に高齢になり、人々が老いぼれてくるとこれらの症状が再び現れ、大部分の痴呆症の場合は、生きている限りその症状は続く。それ故、ある男が非常に愚かな振る舞いをするとか、生来の阿呆のようにしゃべるときは涎掛けが必要なのさ。一方で、以上のすべてのことを念頭におき、他方で、阿呆ほど怒《いか》らない者はいないこと、また彼らほどプライドに左右されにくい人間はいないことを考慮に入れるとき、きちんとした顔付きをする場合には、我々に機械的に影響を与え我々を助けてくれるように思える、ある程度の自己愛が存在しないかどうか聞きたいな。

ホレイショ　君の疑問を解消させることはできないな。私が心底から思い知らされたことは、人間という機械についての君のこうした推測によって、私の理解力が非常に未熟なものであるということが分かったことだよ。どうして我々はこうした問題を論じるようになったのだろうかな。

クレオメネス　誰もが慥かな根拠をもって説明を与えることができない、笑いの起源について君が問うたからだよ。このような場合は皆が自由に当て推量をやるので、そこからは何の結論も導き出せず、何であれより真っ当な議論に害を与えることになる。だが、私が以上のような粗雑な考えを君に述べた意図は、自然の女神の働きが如何に不可思議であることを、つまりその働きがはっきりと目に見えながらも、人知によっては推し測れない力を伴って、如何に到る所に充満しているのかということを、それとなく君に伝えることにあったのだ。そして、そのことは、第一原因を論じ、先験《ア・プリオリ》的な推論をするという気高い試みよりも、根気強い観察や、思慮深い経験や、経験的《ア・ポステリオリ》な事実を踏まえた議論の方がより有益な知識を手に入れることができるであろうことを、証明するためだったのさ。発条《ぜんまい》時計の本質についてまったく何も知らないにも拘わらず、時計の内部を見ることもなく、時計の動く原因を洞察力によって見つけ出すほど賢明な人間が、この世に存在しているとは思わない。とはいえ、並みの能力があればどんな人間であっても、時計の外部を見ただけで、時計が時刻を示し、時を刻み続けるのは隠されてあるいくつかの不思議な細工の精度に依るのだということ、そして針の動きは、たとえどれだけの数の発条によって伝えられていようとも、本を正せば時計内部で最初に動く何かあるものに負っていることを確信するであろう。同様に、身体に対する思考の影響は明白なのであるから、身体のいくつかの動作は、思考によって、接触によって、したがって機械的に生みだされるということも慥かなことであろう。だが、身体の各部、つまりそうした動きを引き起こす器官が、我々の感覚器官から極めて遠くかけはなれているので、またそうした動きの敏捷さは驚異的であるので、それらの動きを追跡するのは我々の力に余るのだ。

ホレイショ　だが、考えるという行為は精神の仕事ではないのか？　身体の仕組みは精神とどんな関係があるのだ？

クレオメネス　精神が身体内部で行う思考作用は、建築家が設計し管理する仕事を大工やレンガ職人などがする、家を建てる場合と別様な仕方であるとは言うことができないね。

ホレイショ　ところで君は、精神は頭脳のどこかの部分により接近して内属していると思うかね？　あるいは精神は頭脳全体に広がって内属していると思うかね？

クレオメネス　その点については、すでに君に話した以上のことは何も知らないな。

ホレイショ　このような思考作用は、私の脚でも腕でもなく、私の頭脳の中で行われている労働であると、あるいは少なくとも何かの処理作業であると、はっきりと感じるよ。脳の解剖によって、我々はどのような洞察を、あるいは真の知識を手にしているのだね？

クレオメネス　先験的《ア・プリオリ》という点に関してはなにもないよ。最も有能な解剖学者であっても、君の指摘したことについては肉屋の見習い程度にしか知らないよ。我々は、脳を取り巻いている奇妙な一双の膜(12)や、目の詰まった刺繍のような静脈や動脈に感嘆するかもしれない。脳を解剖しながら、いくつかの対になっている神経をその先端まで辿って観察し、脳とその質を異にしているので、すぐに目に飛び込んでこざるを得ないさまざまな形と大きさの腺に注意を払った後で、つまり、それらのことすべてに注意を払い、それぞれの名前――それらの名前のいくつかは非常に不適切で上品さを欠いているのではあるが――に応じて区別した後で、最も優れた生物学者でさえ、次のことを認めざるを得ないであろう。すなわち、これらの大きな目に見える器官に関してさえ、神経と血管を除いて、その働きについてかなり明確に推測できるようなものがほとんどないことを、さらにまた脳そのものの神秘的な構造と非常に深遠な組織に関しては何も知らないことを、だが、脳全体は、考えられないほど整然と配列され、困惑するくらい多様な皺襞《しゅうへき》や屈曲のなかに鈴なりになっている、無数の目に見えないほどの微細の細胞でぎっしりと満たされている髄質であるように思われることを、彼は認めざるを得ないだろう。そして、恐らく、彼は次のように付け加えるであろう。脳は人間の知識のための容量の大きな国庫であると考えることは理に適っており、そのなかに、忠実な感覚は、感覚器官を通して受け取った、夥しいイメージという宝を絶えず預けていること、また脳は、精気《スピリット》が血液から分離された後、ほとんど物質とは言えない粒子へと昇華され、揮発される仕事場であること、さらにまたこれらの粒子の最も微細のものは、絶えず貯えられたイメージを探索するか、さまざまに配列するかして、あの驚くべき髄質の際限のない迷路をくぐり抜けながら、休みなく、理解不能な偉業に従事しており、それを熟視すれば、どんなに抜群の才能を有する人物であっても、ただただ吃驚仰天するだけであろうな。

ホレイショ　君のいったことは非常に空虚な推論にすぎなく、それらの何一つも証明することができないね。その理由は器官が小さすぎることだと君は言うのだろうが、光学ガラスに大きな改良が施され、今よりも三、四百万倍に物体を拡大する顕微鏡が発明できれば、その時は、苟《いやしく》も働きかけているものが物質である限り、君が言うところの感覚から隔絶されて存在するあの微粒子も観察され得るだろうことは、慥かだよ。

クレオメネス　そうした改良が不可能であることは明白であるが、仮にそうでないとしても、我々は解剖からほとんど助けが得られないだろうな。動物の頭脳は、生きている限り、調べられないからだ。時計から主要な発条を外し、それを内蔵していた発条箱を空のままにして、時計が時を刻んでいた間、それを作動させていたものが何であったか、見つけだすのは不可能であろう。恐らく、時計の仕掛けあるいは機構の部品である歯車やその他のすべてのパーツを調べ、針の回転との関連でそれらの用途を見つけだすことはできるであろうが、時計のこのような働きの原動力は謎のままいつまでも残るであろう。

ホレイショ　我々人間における主要な発条は、非物質的で不滅な精神だ。我々と同じように頭脳を持っておりながら、肉体と区別されるそうした不滅の実体を持たないその他の動物にとって、それは何だろうかね。犬とか馬は考えるとは思わないかね？

クレオメネス　私は、我々人間に比べれば遙かに劣った完成度であるけれども、そうした動物も考えると思うよ。[13]

ホレイショ　彼らの思考を統括しているものは何だ？何処にそれを求めなければならないのだ？　主要な発条は何だ？

クレオメネス　生命であるとしか答えようがないね。

ホレイショ　生命とは何か？

クレオメネス　その語の意味は誰もが理解しているけれども、恐らく、その他のすべてのものに動きを与える重要な要素である生命の原理については誰も知らないな。

ホレイショ　ある事柄の真実を知り得ないと確信した場合、人間たちは意見を異にし、互いに意見を押しつけ合おうとするね。

クレオメネス　愚か者や悪党がいる限り、そうだろうね。だが、私は君に意見を押しつけては来なかったな。頭脳の働きに関して述べたことは一つの推論であり、せいぜいあり得る話のひとつだと思う程度にしてくれと、君に言っといたよ。その性質上、証明することが無理な事柄に対して、その立証を期待すべきではない。息が途絶えて血流が止まったときは、肺臓が働き血液や体液が身体の隅々まで行き渡っているときとは、動物の体内はまったく異なっている。火の助けを借りて水を沸騰させるあのエンジンを見たことがあるだろう。君も知っての通り、エンジンを稼働させているのは蒸気だ。[14] エンジンの場合には、火が消えて水が冷却されると、（結局は、すべてを作動させている）蒸気を見ることができないように、動物が死んだときは、頭脳を働かせている揮発性の粒子を見ることができないのだ。とはいえ、ある人間に稼働していないときにエンジンを見せ、どのような仕方で水が沸騰するのかを説明した場合、彼が熱によって液体が沸騰して蒸気になることを完璧に知っていたならば、その説明を信じないのは奇妙な懐疑心のためであるか、あるいは理解力がまったくもって欠けているということになるね。

ホレイショ　だが、精神に違いがあると思わないか？　精神は等しく善だろうか、それとも等しく悪だろうか？

クレオメネス　我々は、物質と運動について、あるいは、少なくとも、それらによって意味されるもののいくつかについてかなりよく知っているので、我々の感覚が及ぶ範囲外のものであったとしても、形のある物質についてはある程度は見当をつけられるであろう。そして、我々が物質の任意のある部分について理解できるのは、最も優れた顕微鏡の助けを借りて目がそれを見ることができる場合の、せいぜい千分の一に過ぎない。だが、精神はまったく理解不能のものであり、その姿を我々に見せない以上、それについて我々はごく僅かしか確定することはできない。人間の能力の違いは、身体組織そのものに、つまり身体の構成の精密さの優劣か、あるいは身体の利用のされ方という点で人間の間に存在する違いに依存し、まったくそれに基づいていると思う。生まれたばかりの子供の頭脳は白紙《シャルト・》状態《ブランシュ》[15]であり、君がまったく正当にも仄めかしていたように、感覚の恩恵を被っていない観念など存在しないのさ。考えるという行為の本質は、精神の指揮・監督の下での、頭脳のなかを巡るこうした霊気の探索に、つまり、考えられないほどの速さで観念を捜索し、結合し、分離し、変化させ、複合することにある、ということを私は疑わないな。だから、生後一ヶ月の子供に我々がやってあげられる最善のことは、授乳と危害から彼らを守ってやることを除けば、手始めに視覚と聴覚という最も重要な感覚を使って観念を手に入れさせ、頭脳を働かせるように仕向け、我々を手本にして、我々のように思考することを真似るように促すことである。だが、幼児にとっては、こうしたことは、最初は大変難しいことである。だから、幼児たちは、健康であれば、最初の二年間ほどは、話しかけられたり身体を揺さぶられたりするだけで充分なのである。さらに、このような幼少期の保育士には、この世で最も賢明な年長な保母よりも、お喋りで走り回り、幼児が目を覚ましている間は、彼らと常に一緒に遊び楽しませるような、活動的な若い娘の方を選びたいし、余裕があるのであれば、彼女たちが疲れたときに互いに交代できるように、一人よりも二、三人の方がよいと思う。

ホレイショ　ということは、子供たちは保母たちの愚にもつかないお喋りから、大きな恩恵を受けると君は考えているのかね？

クレオメネス　それは彼らにとって計り知れないほど役に立ち、同じような利発な才能に恵まれた子供たちに、そうした恩恵のない場合よりも、より早くより上手に話したり考えたりすることを学ばせるのだ。子供たちにそうした能力を発揮させ、絶えずそうした能力を活用させるようにしておくことが眼目なのだ。というのは、その機会を失うと、二度と取り返すことができないからだ。

ホレイショ　とはいえ、我々は、二歳になるまでは、見たり聞いたりしたことを滅多に覚えてはいないね。だから、子供たちがそうしたくだらない話をまったく聞く機会がなかったとしても、一体何を失うというのかね。

クレオメネス　鉄は熱くて延性があるうちに打つべきであるように、子供たちも幼いうちに教育されるべきなのだ。彼らの肉体やすべての管状器官や膜組織は、その後に比べてまだ柔らかく、より速やかにちょっとした印象に反応する。彼らの骨の多くは軟骨に過ぎず、頭脳そのものも柔らかく、謂わば、流動的である。彼らの頭脳が、後にその中身が詰まってきたときよりも、上手に受け取ったイメージを保っておくことができないのは、この理由による。だが、最初のイメージが失われると、絶えず新しいイメージに取って代わられ、頭脳は、最初、暗号を記すための石板としての、あるいは腕試しのための試作品としての役割を果たす。幼児たちが主として学ぶべきことは、思考という行為そのもの、考えるという訓練であり、意図された目的に応じて手に入れたイメージを配列し、容易かつ敏速に操作する習慣を身につけることであって、こうしたことは、肉体という物質がたおやかで、器官が最も柔軟でしなやかな間ほど、上手くいくことはない。だから、単に幼児たちが考えることや話すことの練習をするだけならば、当たり障りのない限り、彼らが何を考え、何を話しても問題はない。活発な幼児たちの場合は、彼らにできるようになるまでは、我々の真似をしようと努力していることが、彼らの目によって直ぐに分かる。彼らが頭脳の訓練に挑戦し、言葉を捻り出すために、できる限り必死に考えようと努力していることは、彼らの支離滅裂な行動や彼らが発する奇妙な馬鹿げた話から分かるであろう。だが、単に話すということよりも、上手に考えるということにはさまざまな程度があるので、後者が最も重要だな。

ホレイショ　君が教育について語り、思考のように自然に身につくものをこんなにも強調するとは、不思議だね。誰であっても、考えるという行為ほどに素早くなされるものはない。「考える如く速やかに」は決まり文句であるように、瞬時に愚かな農夫は、偉大な賢者と同じように容易く、ロンドンから日本へと思索を巡らすかもしれないな。

クレオメネス　とはいえ、この考えるという能力の訓練をする場合ほど、人々の間で大きく違いがあるものはないのさ。私が今述べたことに比べれば、人々の間の身長や身体の大きさや体力や美しさの違いなど取るに足らない。この世で、人間にとって、実に思考の冴えほどに有益であるとともに、はっきりと感知できるものはない。二人の人間が同等の知識を持っていたとしても、一方が即座に言えることを、他方は二時間もあれこれ考えた末にやっと言うことができるのだ。

ホレイショ　もっと速やかに話す術を知っていたならば、当然にも誰もが話すことのために二時間もあれこれ考えないと思うよ。だから、そのような二人が同等の知識を持っていると想定するどんな理由があるのか、私には分からないね。

クレオメネス　君は注意を払っていないようだが、知ることという言葉には二重の意味がある。ヴァイオリンを見たときにそれを知ることと、その演奏の仕方を知ることとの間には大きな違いがある。私が言う知識は前者の種類であって、君が知識をこの意味で考えれば、私の意見にならざるを得ないな。というのは、どんなに頑張ったところで、頭脳にないものをそこから取り出すことはできないからだ。君が三分間で短い手紙の構想を練るのに対して、君自身と同じ速さで文字を書き、綴りを合わせることができる別の人物が、もう一時間かかるけれども、両者とも同じことを書くものとしよう。ゆっくり書く人物も君と同じ程度の知識を持っていることは明らかであり、少なくとも、この人物が君よりも知識が劣るとは思えない。彼も同じイメージを受け取ったのだが、君ほど素早くそれをはっきりと処理することができないか、少なくともそのような順序で配列することができないのだ。散文か韻文の同じように優れた二つの習作を目にするとき、一方の作品は即興で創られ、しかも我々がその事実を確信しており、もう一方の作品は二日間かけて創作されたとすれば、彼らの知識が同じであったとしても、前者の著者は後者の著者よりも生まれつきの才能が優れた人物なのだ。だから、受け取ったイメージの蒐集物を意味する知識と、必要とするときにそうしたイメージを見つけ出し、目的に応じて直ぐさまそれらのイメージを操作する知識またはむしろ手腕との間の違いは分かるだろう。

ホレイショ　我々がある事柄を知っていて、それを直ぐに考えつく、あるいは思い出すことができないとき、それは記憶力の欠陥のためである、と私は考えるね。

クレオメネス　ある部分そうかもしれないね。だが、驚異的な読書量を誇り、しかも並外れた記憶力を持ちながら、正確な判断ができないために何事であれ滅多に適切に語れないか、あるいは余りにも間延びした話しかできない人たちもいるよ。本の虫たち《ヘールオーネース・リブロールム》の間には、犬のような欲望を持ちながら消化吸収する力がない、哀れな理論家たちがいる。なんと大勢の博学な愚か者たちに、我々は大きな図書館で出遭うことか！　こうした愚か者の著作から明らかなように、彼らの頭の中には知識が家具店の家具のように納まっているに違いないが、頭の中の蒐集物は、彼らにとって、装飾品どころかお荷物であったということさ。これらすべてのことは思考機能の欠陥に、言い換えれば、我々が受け取った観念を最も有益に処理するときの、不器用さや素質の欠如に起因している。それとは逆に、大変素晴らしい判断能力を持ちながらまったく学問に通じていない別種の人たちに出遭うこともある。女性の大部分は、同じ教育の助けがある場合には、男性たちよりも、創意工夫の才に長け、当意即妙の応酬に秀でている(16)。女性たちが知識を獲得するための機会に恵まれていなかったことを考慮すれば、ある女性たちが、会話のなかで際立って異彩を放っているのを見るのは、驚くべきことだな。

ホレイショ　けれども、彼女たちの間では、正しい判断というのは滅多にあることではないね。

クレオメネス　ただそれはね、訓練と専念と精励が不足しているだけなのさ。難解な問題を考えることは、彼女たちの人生における本分ではなく、彼女たちが普通に置かれている持ち場のために、別の他の仕事が割り振られているのさ。しかし、女性が男性と同じような支援の下で仕事に着手し、それに耐え得るならば、彼女たちが男性たちと少なくとも同じ程度に達成できないような頭脳労働は存在しない。正しい判断とはそうした労働の結果に過ぎない。事柄を分解し、互いにそれを比較し、抽象的に公平に考察することに慣れている人、言い換えれば、考察しようとする二つの命題に関してどちらが真実であるか拘らないように思える人、あらゆる部分を均等に重視しつつ可能な限り同じ事柄をあらゆる角度から評価する人、つまり、こうした訓練にしばしば身を投じている人が、「他の事情にして《カエテリス・》等しければ《パリブス》」(17)、正しい判断と言われているものを最も身につける可能性があるのだ。女性たちの造りのでき映えは男性の場合よりも上品で、洗練されているように見える。容貌はずっと優雅であり、声はもっと甘美であり、外見全体も入念に作られており、男女の間の皮膚の違いは、目の細かい布地と粗い布地との間の違いと同じほどだ。自然は、我々が見極めることができるところよりも、我々から見えないところで彼女たちを疎《おろそ》かに扱い、頭脳の形成に当たっては、女性の身体のその他の部分ではっきりと看て取れる構造の精密さや組織の極度の精密さに関して、男性に対するのと同じ程度の注意を払わなかったなどと、想像する理由は存在しないのさ。

ホレイショ　強さが男性の属性であるように、美しさは女性たちの属性なのだよ。

クレオメネス　イメージを保存し、思考作用を支えている頭脳のあの微粒子がどんなに微細なものであろうとも、その微粒子の正確さや調和や精度という点で、もっとよく肉眼で見える部分において存在するような違いが、ある人間と他の人間との間には存在するに違いないのだ。だから女性が男性よりも勝っていることは、臓器の調和という点で、あるいは臓器の柔軟さという点で持つ器官の優秀さなのであって、それがものを考えるという術においても非常に重要な要素であるに違いなく、生まれつきの資質という名に値する唯一ものである。というのは、私が指摘した才能は、訓練に基づくものであり、周知のように後天的なものであるからさ。

ホレイショ　頭脳の出来映えは、男性の場合よりもむしろ女性の場合の方が繊細である。とはいえ、羊や牛や犬や馬の場合はもっと限りなく粗雑であると思うよ。

クレオメネス　そう考えない理由はないな。

ホレイショ　だが、結局、自我というものは、つまり意図し欲するという、あるいは他のものよりもむしろあるものを選ぶという我々の重要な部分は、非物質的なものであるに違いないね。というのは、もしそれが物質的なものであるならば、たった一つの微粒子であるか——この場合は、そんなはずはないと感じられる——、あるいは、そうした微粒子の結合体であるかの——この場合は、不可解どころではない——、何《いず》れであるに違いないからだ。

クレオメネス　私は君が言うことを否定しないし、思考と行動の原理は如何なる人間であっても説明できるものではないと、すでに婉曲に言っておいたよ。とはいえ、それが非物質的存在であったとしても、そのことを説明するとか理解するための困難に関して、事態が何か改善される訳ではないな。たとえそれが何であるにしても、この原理と肉体そのものとの間に相互交信が存在するに違いないことは、経験的《ア・ポステリオリ》に確信していることだ。また非物質的な実体と物質との間のお互いに対する相互的働きかけについても、思考が物質と運動の結果であるというのと同じくらい、人間の能力では理解できないのさ。

ホレイショ　多くのその他の動物たちも思考能力を与えられているように見えるけれども、我々が知っている限りでは、思索をしていると感じさせるように思われる動物は、人間以外にはいないね。

クレオメネス　人間以外の動物がどのような本能や特性や能力を持っているのか、あるいは欠いているのかということは、そうした資質が我々の感覚で把握できない場合には、そんなに簡単に決めつけることはできないよ。とはいえ、身体という機械の最も重要で最も必要な部分が、せいぜい三〜六年ほどですべて完成しかねない動物の方が、二十五年経っても完全に成熟することも、完全に成長し強靱な体力を手に入れることもできない動物よりも精巧なものではない、ということは大いにあり得ることだと思う。自分は二十歳のときに斯く斯くのことをなした人間と同じ人間であり、嘗ては然々《しかじか》の先生たちに習った少年であったという五十歳の人間の意識は、まったく記憶に依存するものであり、決して真相を突き止めることはできないことだ。つまり、二歳以前の思考操作が未熟で、頭脳が受け取ったイメージを長い間記憶に留めておくために必要な精度を備えていない段階では、自分自身のことについて、あるいは、何がなされたかについて、誰もが覚えていないし、またこうした記憶というものは、たとえどんなに過去まで及んだとしても、我々と共に育て上げられ、一週間とか一ヶ月以上は離ればなれになったことのない他人に関する程度しか、我々自身に関しても慥かなものではないのさ。息子が三十歳になったとき、彼こそ自らがこの世に生み落とした人物であることを、当の本人よりも母親の方がよく知っていることであろう。日々、息子のことを気遣い、時折、彼の容貌の変化を気に留めているような母親は、彼が幼時には変貌することはなかったことを、己れ自身に関してはできないほど確信している。そこで、こうした母親の意識から我々が知り得ることは、単に、それは頭脳のあらゆる迷路を霊気が駆け巡り、掻き回し、我々自身に関する事実をそこに探し出そうとするところに存する、あるいはその結果であるということだけなのだ。記憶力を失った男は、他の点ではまったく健康であっても、馬鹿者程度しか考えることはできないし、自分は一年前と同じ人物であるということを、たった二週間前に出遭った人間についてと同じく、意識することができない。記憶喪失にはいくつかの程度が存在するが、完全に記憶を失った者は、事実上《イプソー・ファクトー》、白痴になる。

ホレイショ　我々が扱っていた話題から大幅に脇道に逸れてしまったことに関して私に原因があることを自覚しているけれども、そのことを後悔してはいないよ。頭脳という組織について、そしてまた、よりよく肉眼で見える部分に対する思考の機械的な影響について君が語ってきたことは、言語に絶する造物主の知恵について熟考すべき崇高なテーマであり、この知恵に基づいて、さまざまな本能が、それぞれの意図された目的に適合するように、あらゆる動物に極めてはっきりと植え付けられるとともに、すべての欲望が彼らの身体の本質と大層見事に織り交ぜ結びつけられている。礼儀正しさの起源について明らかにし、また自己愛の制御において我々人類が他のどの動物よりも優っていることを君が明らかにしてくれた後では、これ以上に時宜に適った話題はないであろう。我々人類は、類い稀《まれ》な従順さと疲れを知らない勤勉さという点において抜きんでているのであるが、それによって大多数の者は、最も扱いにくくて制御しがたい情念から、集団の福祉と安全だけではなく、安楽と慰安のための膨大な利益を導きだすことができる。情念は、その性質上、社交性や社会に対して破壊的であると看做されるとともに、また教化を受けていない人間の場合には、必ずお互い同士を耐え難い存在にさせるのだよね。

クレオメネス　自己愛の本質と効能を我々に明らかにしてくれたものと同じ方法である、経験的《ア・ポステリオリ》に事実に基づいて推論する方法によって、恐らくその他の情念についても容易に説明がつき、理解できるようになるであろう。また、生きるために必要な品々が到る所で皿に盛られて、すべての動物の前に供せられる訳ではないということも明らかなことだ。だから、そうした必要な品々を探し出すように促し、どのようにすればそれらが手に入れられるかを教える本能を彼らは持っているのだ。動物たちの欲求を満足させようとする執拗さと機敏さは、常に、そうした本能が彼らに働きかける際の力の強さと程度に比例している。だが、地上におけるさまざまな事物の置かれている状況や、満たすべき欲求をそれぞれ持っている多様な動物の存在を考慮に入れれば、自らの本性のさまざまな要求に従おうとする動物たちのこうした試みは、しばしば、抵抗を受け挫折するだろうこと、そしてまた、多くの動物においては、もしそうしたそれぞれの個体が、自らのあらゆる力を奮い立たせ、自己保存という自らの大仕事を邪魔するさまざまな障害に打ち勝とうとする必死な思いを喚起するある情念を授けられていなかったならば、こうした試みは滅多に成功することはないだろうことも、疑問の余地はない。私が指摘するある情念とは怒りと呼ばれている。この怒りの情念と自己愛をもつ動物が、自分が欲するものを他の動物たちが味わっているのを見たときに、妬みの感情に襲われるということも別段不可解なことではない。骨折り仕事の後、どんなに獰猛でどんなに精励な動物でも、休息を求める。だから、我々は、あらゆる動物は、多かれ少なかれ、安楽を好む傾向を持っていると看做すのである。力を出せば疲れるのであり、また経験が教えるところによれば、精根尽き果てたときには、食べ物と睡眠が最も必要なものだ。生きていく上で、途轍もない敵と遭遇せざるを得ない動物は、極めて激しい怒りの感情と、攻撃用の武器をもって生まれてくることが知られている。だが、ある動物が、自らが被る危険を顧みず、この怒りの感情に絶えず囚われていたならば、彼は直ぐに破滅することになるであろう。こうした理由から、動物はすべて恐れの感情を授けられていて、武装した猟師たちが敵わないほど多くいるときには、ライオンでさえ尻尾を巻いて逃げ去るのである。獣たちの行動の観察から判断して、より完璧な動物の場合、同種の動物は、さまざまな機会を通じて、自らの欲求を互いに知らせ合う能力を持っている、と考えるべき根拠が充分にある。そしてその中のいくつかの動物は、単に互いを理解しているだけではなく、我々人間をも理解するようにもできている、と我々は確信している。我々人間と他の動物を比較する際に、人間の造りと人間の持つはっきりとした資質を考慮に入れるとき、言い換えれば、思索し、反省する能力という点で他の動物よりも人間は秀でていること、さらには、人間は話すことを学ぶことができることや、人間の手や指の有益性を考慮に入れるとき、我々が知っている如何なる動物よりも、人間は社会に適合しているということを、疑う余地はないのさ。

ホレイショ　君は我がシャフツベリー卿の学説を完全に退けたのであるから、社会についての、そしてまた人間の持つ社交性についての君の見解を詳しく聞かせて貰いたいね。最大限の注意を払って傾聴するよ。

クレオメネス　人間の持つ社交性、すなわち人間の社会への適合性の原因は、君の言うような深遠な問題ではない。ある程度の経験を積み、人間本性についてそれなりの見識がある並みの能力をもった人物にとって、もしも真実を知ろうという欲求に嘘偽りがなく、先入観なしで虚心坦懐にそのことを見つけようとするのであれば、それは直ちに見つかるものなのだ。だが、この問題を論じたほとんどの人たちは、忠誠を誓った思想傾向や、擁護すべきであると決めた主張を持っているのさ。ホッブズのように、人間は社会に適合しないように生まれついていると主張し、その理由としてこの世に生まれ落ちたときの幼児の無能力しか指摘できないのは、哲学者として失格だ[18]。とはいえ、彼の敵対者のある者たちも、人間が達成できるすべての事柄は、人間の社会への適合性を原因としていると看做されるべきであると主張したとき、同様に的を外していたのだ。

ホレイショ　ところで、他の動物たちが同じ仲間に対して抱いている愛情以上に、人間という種を大事にするように促す生来の愛というものが、人間の心の中に存在しているのだろうか？　それとも、我々は嫌悪と憎悪を持って生まれ、お互いに狼とか熊のような存在になっているのだろうか？

クレオメネス　私はどちらでもないと思うよ。人間社会の出来事や自然の営みに見られることからすれば、人間の交際しようとする傾向や願望は、他人への愛から生まれるものではないと想像する方が、惑星の互い同士への愛情は、さらに遠くに離れた星に対して感じる愛情に勝るとはいえ、惑星が常に同じ太陽系を一緒に回り続ける真の原因ではないと考えるよりも、ずっともっともらしいということだ。

ホレイショ　星たちは互いに何らかの愛を抱いているなどと、君は信じないね。それでは何故、「ずっともっともらしい」などと言うのかね？

クレオメネス　というのは、こうした惑星の愛を明確に否定する現象《ファイノミナ》が存在しないし、また、人間というものは自分自身の周りにすべてのものを集中させ、自分自身のためにだけ愛したり憎んだりするに過ぎない、ということを確信するに足る実に沢山の事例に毎日出遭うからだ。あらゆる個人はそれ自身一つの小宇宙であり、すべての人間は知性と力量が許す限り自らの幸福を実現しようと努力する。まさにこうした努力こそ、あらゆる人間の不断の務めとなり、人生における最大の目的となる。それ故、物事の選択において、人間は、幸福について抱いている考えに従って、物事の選択を行わざるを得ず、誰もが直面するその時点で、彼にとって最良であると看做される行為をせざるを得ないのだ。

ホレイショ　では、「私は、どちらがよいのかはわかっていて、そのようにしたいとは思う。でもつい悪いことのほうへいってしまう[19]」について、君はどう思うか？

クレオメネス　それは単に我々の性向の卑劣さを示すに過ぎないな。とはいえ、自由意志で行動する人間の自らが是認することのない精神的反応は、すべて発作的なものか、自分本来のものではないかの何れかなどと、人々は勝手なことを言うかもしれない。だが、私は意志に左右される精神的反応について述べているのだ。二つの事柄がある人物の選択に委ねられるとき、そうした選択は、その理由がどんなに矛盾していたり、不適切で邪悪であったりしても、彼は自分が選ぶものが最も適切なものであると考えていることを示しているのである。そうでなければ、自由意志による自殺は存在しないであろうし、人々を犯罪の廉で罰するのも不当であろう。

ホレイショ　誰もが満足するために努力するということは、私も信じるよ。だが、同じ種類の動物同士が、人間の快楽という概念のように互いに非常に異なり、彼らのうちのあるものが、他のものに最も嫌われている事柄に喜びを感じるなんていうことは、信じられないことだ。皆が幸福を目指しているけれども、問題は、それが何処に見出されるかだ。

クレオメネス　それは賢者の石[20]とともに、そしてまたこの世の完璧な幸福とともにあるものさ。この両者はこれまでのところ手に入れられることはなかったが、愚か者によっても賢者によっても、さまざまな方法で探し求められてきた。だが、そのどちらにせよ探し求めるに当たり、勤勉な探求者たちは、しばしば、彼らが期待したこともない事柄についての、あるいは先験的《ア・プリオリ》な計画に駆り立てられた人間の賢明さをもってしても決して見出せなかったような事柄についての、有益な発見に思い掛けなく遭遇した。我々人類の多くは、地球の住みやすいどこかある地域で、互いに共同防衛をして助け合い、一つの政治体をつくり上げるまでになるかもしれない。その政治体で、人々は何世紀にも亘って実に多くの事柄を知ることなく快適に暮らすであろう。だが、もし人々がそれらの事柄を知ることになれば、それらすべてのひとつひとつの事柄が、公衆の――人々が幸福に関して抱いている共通概念によるところの――幸福をより完全なものにするのに役立ったことであろう。この世界のある地域には、船舶について何も知らないにも拘わらず偉大で繁栄している国民が存在しているし、また別の所では、天然磁石を使った航行の仕方が知られる前に、海運が二千年以上に亘って行われ、航海術が途轍もなく進化を遂げている地域もある。こうした知識を、人間が最初に航海に出ようと決めた理由として、もしくは、海事に関する人間の生まれつきの才能を立証する論拠として主張するのは、馬鹿げたことだろう。庭園造りには、その庭園に適した土壌と気候を手に入れるということが必要不可欠だ。これらを手に入れれば、後は根気強さのほかに、植物の種子ときちんとした耕作しか必要とするものはない。見事な歩道や掘り割り、彫像、東屋、噴水や小滝などは、自然を愛《め》でるための大変な改修工事ではあるが、それらは庭園の存在にとって不可欠なものではない。すべての国家は、当初、見窄《みすぼ》らしいものであったに違いないが、人間の社会性がその後に劣らず顕著であるのは、この頃、すなわち国家の揺籃期においてなのだ。人間が社会的動物と呼ばれるのは主として二つの理由からである。第一に、人間は、他の如何なる動物よりも、生まれつき社会を好み望んでいると普通は思われていることだ。第二に、人間たちの交際は、他の動物たちがたとえそうしようと試みた場合よりも、恐らく、ずっと上手くいくことがはっきりしていることだ。

ホレイショ　でも、君は、なぜ、第一の点について、普通は思われているなどと言うのだ？　ということは、それは正しくはないのだね？

クレオメネス　このように慎重なのは極めて正当な理由があるからさ。社会に生まれたすべての人間は、他の如何なる動物よりも社会を望むということは慥かなことであるが、人間が生まれながらにしてそうであるかどうかは別問題だ。だが、たとえそうであったとしても、それは優れていることを示すものでも、何ら誇るべきものでもない。人間が安楽や安全に対して抱く愛好や、人間の生活状態の改善への不断の欲求(21)は、人間本性の貧しくて無力な状態を考慮すれば、人間に社会を好ませるのに充分な動機になるに違いない。

ホレイショ　人間の貧しく無力な状態についての君の指摘は、ホッブズが犯したと君が指摘する同じ過ちに、君も陥ることになるのではないのかな？

クレオメネス　まったく違うな。私は完全に成長した男女について述べているのであって、彼らの知識が広ければ広いほど、身分が高ければ高いほど、財産が多ければ多いほど、彼らの本性はますます貧しく無力であるというものだ。年収が二万五千ポンドないし三万ポンドあり、三〜四台の大型馬車を持ち、使用人が五十人以上もいる貴族は、所有しているものを除いて彼だけを単独で見れば、年収が五十ポンドしかなく、常に徒歩で移動せざるを得ない無名の人間よりも本性は貧しいのだ。同様に、自分でブローチを一度もつけたこともなく、侍女や女中一～二名に助けられて、何から何まで着せ替え人形の如く着せて貰ったり脱がせて貰ったりする貴婦人は、付《つ》け黒子《ぼくろ》(22)をつけるのに要するよりも短い時間で、冬の間中、暗がりで衣服を身につける乳搾り娘のドールよりも無力な人間なのだ。

ホレイショ　だが、君が指摘した、人間の生活状態を改善しようとする欲求は、それを持たない人間は誰もいないほど、普遍的なものだろうか？

クレオメネス　社会的動物と呼ばれ得るものは例外なく、何にも増して人間という種の特徴であると思うよ。というのは、社会で教育された人間は誰でも、望んでそうすることができるのであれば、自分の風采とか、財産とか、境遇とか、自分の所属している社会における役割などにおいて、何かが付け加えられたり、取り除かれたり、改められたりすることを欲しないような者は、この世の何処にも存在しないからだ。このことは、人間以外の如何なる動物にも認められないことであって、欲求と称するものを満たそうとすることにおける人間の刻苦精励は、欲望というものが多様であり、しかもそれが不分別なものであるということがなかったならば、現在のようによく知れ渡ることは決してなかったであろう。以上のことから、最も文明化された人々が、最も社会を必要としており、それ故、この点においては未開人に劣らないということは明らかだ。私が指摘した、人間は社会的動物であると呼ばれる第二の理由は、人間という種の間の互いの交際が、他の如何なる動物がそれを試みるよりも、ずっと上手くいったということだ。この理由を見つけだすためには、他の動物よりも優っている資質、しかも教育を受けたか否かを問わず人間の大部分に付与されている資質を求めて、人間本性を探究しなければならない。だが、この探求をするに当たって、人間の最も幼少の頃からとても高齢にいたるまで、人間の中に観察され得るどのようなことも無視すべきではない。

ホレイショ　なぜ、君が人間の年齢全体を考慮に入れるように神経をとがらせているのか、私には分からないな。人間が最も成熟し完成した時期に備わっている資質に注目するだけで充分ではないだろうか？

クレオメネス　人間における仕込みやすさと呼ばれているもののかなりの部分は、身体のさまざまな部分の柔軟さと、それらの部分が容易に作動するのに適しているかどうかに掛かっているのであるが、それらは、人間が充分に成長すると、まったく失われるか、かなり損なわれる。よく考え、よく話すという機能を獲得する能力ほど、人間という種が他の動物を遥かに凌ぐものはない。これが人間本性に属する固有な特性であることはまったく疑う余地はないが、この能力は、我々が完全に生育するときまで蔑ろにされたままであれば、消滅してしまうということも、また明らかだ。同様に、我々人間が通常享受している存命期間というものも、その他の大部分の動物の場合よりも長いのであるから、我々は、時間という点においても、他の動物に対して特権を持っているといってよい。だから、能力は同程度であっても、人間の半分しか生きられない他の動物に比べて、人間は、自らの経験によってのみ得られる知恵を伸ばす多くの機会に恵まれているのだ。六十歳の人間は、他の事情にして等しければ、三十歳の人間よりも人生において受け容れるべきことや、避けるべきことについてよく知っている。『兄弟』のなかでミキオンが若者の愚かさを擁護しながら、「他のすべてのことについて我々は年齢とともにますます賢くなる《アド・オムニア・アリアアエターテ・サピムス・レークテイウス》」[23]と、兄のデミアスに言ったことは、賢人たちだけではなく未開人たちにも当て嵌まる。人間の社会性をともに形づくっているのは、このこととその他の特性との協働作業だな。

ホレイショ　だが、なぜ、人間という種が抱く愛がそうした特性の一つとして挙げられないのだ。

クレオメネス　それは、第一に、私がすでに指摘しておいたように、他の動物以上に我々人間が愛を抱いているように見えないからだ。そして第二に、そのことは人間の社会性を論ずる上でどうでもよいことだからだ。というのは、政治体の本質を吟味してみれば分かることであるが、政治体を形成するのにも、あるいは維持するのにも、そのような愛が何ら関与してもいないし、そのような愛が重きをなしていることもないからだ。

ホレイショ　とはいえ、社会的という形容詞そのものが、あるいはその言葉の意味が、それの反対の言葉から看て取れるように、お互いに対するこうした愛というものを含意しているのではないか。孤独を愛する者は交際を嫌い、あるいは風変わりで内気で陰気な気質の者は社交的な人間の対極にいるのではないかね。

クレオメネス　我々がある人々を互いに比較したときには、社会的という言葉は、しばしば、そのような意味で用いられていることは、私も認めるよ。だが、我々が人間という種に特有な性質について述べ、人間は社会的動物であると言うとき、社会的という言葉は次のことを意味しているに過ぎない。すなわち、人間本性のなかには、大勢の人間を互いに協同させる親和性が存在し、それが人間を統合し一つの組織体を形成するであろうということと、また、すべての個人には力や技や知恵が賦与されており、それらを利用することによって己れを統御し、あらゆる非常時に際して、恰も一つの精神によって活気づけられ、一つの意志によって行動させられているが如く行動するであろうということだ。人間を社会に誘う動機の中には、彼らが生まれながらに持っている交際への愛好が存在していることは、進んで認めるよ。だが、人間がそうした欲求を持つのは、そうすることによってより良い状態になることを期待するという自己利益のためであり、自らが企む何らかの利益のため以外に、交際とかその他の如何なることも決して望むことはないであろう。私が否定することは、その他の動物が同種族に持っているものよりも優《まさ》った自らの種に対する愛情の故に、人間は生まれながらにして交際への欲求を持っているとする主張さ。それは、我々が己れ自身に贈る自己賛美であるが、我々がお互いの下僕でないのと同様に、その主張には何の信憑性もない。さらに、このような自らの種に対する見せかけの愛とか、他の動物以上に我々がお互い同士に対して持っていると言われる生まれつきの愛情というものは、社会を建設する手段としても、また交際における互いの分別ある交渉においても役立つことなく、それは存在しないに等しい、と私は言いたい。疑いもなく、あらゆる社会の基盤は政治だ。この真実を充分に吟味することによって、人間が社会性に関して卓越している理由のすべてを、我々は理解し得るであろう。そうすれば、動物たちが共同社会にまで編成されるためには、第一に、彼らが統治可能な存在であらねばならないことが明らかになる。また、統治可能な存在になるための条件として恐れとある程度の知性が必要である。というのは、恐れを感じない動物は決して支配されることがないからだ。さらに、分別と勇気を備えていればいるほど、恐れという有益な情念の影響を受けることなく、ますます御し難く手に負えなくなるであろうし、知性を伴わない恐れは、後で自らがどうなるかをまったく考慮することなく、恐れおののいている危険を只管《ひたすら》避けるように動物に仕向けるだけだからだ。だから、野鳥は、餌を食べて身の保全を謀るよりもむしろ、鳥かごに脳髄を打ち付けるのである。また、服従的な存在と統治可能な存在との間には大きな違いがある。というのは、他人に服従する者は、もっと嫌なことを避けるためにただ普通に嫌なことを受け容れているに過ぎず、その意味で、我々は服従的でありながら、服従している当の人物のお役に立っていない場合もあるのだが、統治可能な存在とは、相手を喜ばそうと努め、自分を支配している人物のために率先して尽力することを意味しているからだ。だが、愛というものは、何れの場合も身近な対象に対して芽生えるものであるから、自分というものをまったく無に帰することがない限り、誰であれ他人のために苦労しながら、長期に亘って心安らかでいられる訳がない。それ故、服従に甘んじながら、己れの隷属を自らの利益であると解釈し直すことを学び、他人のために行う労苦のなかに自分が納得できる説明を見出して満足するときに、その動物は真に統治可能な存在になるのである。動物のいくつかの種類は、難なくこのようにして統治可能な存在になっているし、あるいはなるかもしれない。だが、人間を除けば、自ら自身の種のために奉仕させることができるほどに従順な動物はまったく存在しない。とはいえ、このようなことでなければ、人間は社会的な動物に仕立て上げられることは決してなかったであろう。

ホレイシヨ　だが、人間というものは、本来、社会的存在として生まれついたのではないのか？

クレオメネス　我々は、『ヨハネの黙示録』[24]から、人間は社会的存在として創造されたことを知っている。

ホレイシヨ　だが、もしそのことが啓示されていなかったならば、あるいは君が中国人やメキシコ人であったならば、君は哲学者としてどう答えるのだ？

クレオメネス　自然の女神がワインのために葡萄をつくったように、社会のために人間を用意したと答えるね。

ホレイシヨ　オリーブやその他の植物から油を絞り出し、麻でロープを作るように、ワイン醸造は人間の考案だね。

クレオメネス　そして、個々の大衆から社会をつくり上げるのも同じことであり、それほど大きな手腕を必要とはしないのさ。

ホレイシヨ　だが、人間が帯びている社会性というものは自然の賜物、あるいはむしろ自然の創造者である神の摂理の賜物ではないのか[25]？

クレオメネス　間違いなくそうだね。とはいえ、あらゆるものに固有な効能や特有の適性などもそうであって、葡萄はワイン醸造に適しており、大麦と水は別の酒造りに適しているのも神の摂理の賜物だ。だが、そういうものの使用法を見つけだすのは人間の知恵なのだ。人間の社会性と同じように、その他のあらゆる人間の能力も、明らかに人間を創造した神からの賜物である。その意味で、我々の勤労によって生み出したり手に入れたりすることができるあらゆるものは、もともと我が身の創造者のお陰を被っているのだ。我々が人為的な成果と区別するために自然からの賜物について語るとき、それによって我々の協力なしに生み出されるようなものを意味させている。自然は季節になればエンドウ豆を実らせるのであるが、イングランドにおいては、人の手による並外れた勤勉な世話なくして、一月にエンドウ豆を緑にすることはできない。自然は自らが立案したことを自分自身で達成する。その結果に表れているように、自然が社会を形成する本能を蜂に与えておいたことが極めて明白のごとく、自然が社会のために用意したことがはっきり分かる動物が存在する。我々は、我々の存在やその他すべてのものを宇宙の偉大な創造者に負っているが、社会は創造者のご加護なしには存続することができないように、人間の知恵の協力なくしても存続することはできない。社会のすべては、相互契約か、弱者に忍耐を強いる強者の力にも依存せざるを得ないのだ。人為の作品と自然の作品との間の違いは非常に大きく、両者が別物であることを知らないなどということはあり得ない。経験に《ア・》先立って《プリオリ》認識することができるのは神だけに備わった能力であり、神の知恵は本物の確実性をもって働くが、我々が論証知と呼んでいるものは、その不完全な、借りもののコピーであるに過ぎない。だから、自然の作品には、試作品を見出せないし、それらはすべて完璧なものであり、最初に制作されたままであって、何も邪魔されることがなかったならば、我々の感覚だけではなく知性をも超えた、高度な完成品となる。それに反して、惨めな人間は、経験に即して《ア・ポステリオリ》推論するだけで、自らの存在も含めて何も確証することができない。その結果、人間が創意工夫した作品はすべてまったく不完全な欠陥品であり、当初はそれらのほとんどは哀れなほど見劣りがする。我々の知識はゆっくりと進歩するので、学問・芸術のなかには、ある程度の完成の域に達するまでに長年に亘る経験を要するものもある。最初の群れを巣立ちさせた蜂の社会が、彼らの後世の何れかの群れがその後に産出したものよりも、質の落ちる蜜蝋や蜂蜜を作ったなどと想像する根拠が何かあるだろうか？　そしてまた、自然の法則は固定していて変化しないものだ。自然のすべての秩序や規則には、人間が考案し称賛する事物においてはどこでも出遭うことがない安定性が存在している。

　　あなたが不変と考えるものが、
　　　好かれたり嫌われたりするでしょうか？[26]

蜂たちの間に、すべての群れがいま従っているものと何か別の統治形態が存在していたなんてことが、あり得るだろうか？　統治の問題に関して、これまで如何に限りなく多様な思弁が、また如何に馬鹿げた主張が、人々の間で提示されてきたことか！　そして、どれほどの意見の対立や、どれほど破滅的な争いを、それらが引き起こしたことか！　どれが最善の統治形態であるかについては、今日でも未解決の問題であり、社会の利益について、また社会のより喜ばしい秩序について示されてきた計画は、良いものも悪いものも含めて数限りなくある。だが、我々の洞察力はなんと近視眼的であり、人間の判断力はなんと誤りやすいものであることか！　ある時代には人類にとってとても有益であったと思われたものが、その後の時代には明らかに有害であるとしばしば看做され、また同時代においても、ある国では崇《あが》められているものが、他の国では忌まわしいものとされることもある。蜂たちは、彼らの調度品とか建築手法にどのような変化を加えたことがあるだろうか？　また、蜂たちが、六角形ではない蜜房を作るとか、あるいは自然が最初に提供してくれた道具に何か付け加えるなどとしたことがあるだろうか？　ところが、世界の偉大な国民によってなんと巨大な建造物が建てられ、なんと並外れた土木工事が遂行されたことか！　これらすべてに対して、自然は材料を探し出してくれたに過ぎない。採石場は大理石を産出するが、それによって彫像をつくり上げるのは彫刻家である。発明されてきた数限りない鉄製の道具を手に入れるに当たって、自然は地球の深部に隠されていた鉱石を我々に与えただけなのさ。

ホレイショ　とはいえ、能力豊かな職人たち、技術の考案者たち、技術を改良する人たちなどは、そうした骨折り仕事を完成させるために多大な貢献をしているとしても、彼らの才能は自然から得たものだよ。

クレオメネス　彼らの身体や人体組織の精密さに関する限りはその通りであるが、それだけだな。だが、このことはすでに私が認めてきたことであり、もし君がこの点に関する私が述べたことを覚えているのであれば、そのような仕事に携わったそれぞれの個々人の技術とか労苦に耐える忍耐に対して、自然が貢献した役割はほとんど取るに足らないものであったということが、分かるであろう。

ホレイショ　もし、私が誤解していなければ、君が婉曲に述べていることは次の二点かね。第一点は、その他の動物よりも人間の方が社会に適合しているということはその通りであるが、大勢の個人が渾然一体となり巧みに管理されるまで、それは個々人のなかにはほとんど感じ取ることができない、ということだ。そして第二点は、この実在するあるものは、言い換えれば人間の社会性は複合体であり、その本質はいくつかの事柄の併発性に存するのであり、人間には授けられてい て獣には欠けている何か一つのはっきりとした特質に存するのではない、ということだね。

クレオメネス　まったく君の言う通りだ。すべての葡萄は少量のジュースを含んでおり、それらが沢山纏まって搾られれば葡萄汁が生成され、巧みな操作でワインになるかもしれない。だが、葡萄汁がワインの特質である色・香り・味などを伴うためには発酵ということが如何に必要であるかということを、つまり、葡萄汁がワインになるためには発酵が不可欠であることを考慮に入れれば、大いなる言葉遣いの誤りなくして、すべての葡萄一つ一つにワインが含まれているなどと言うことができないことは、我々にとっては明らかなことだ。

ホレイショ　ワインの特質である色・香り・味などが発酵の産物である限り、それは偶然の産物であり、葡萄それぞれが単独で存在する限り、そうしたワインの特質を得ることはできない。それ故、君が人間の社会性をワインの特質に擬《なぞら》えようとするのであれば、社会のなかに発酵に相当するものが存在することを、私に示さなければならない。つまり、葡萄汁にとっての発酵と同様な、個々人が単独で存在する限り実際には備わっておらず、そしてまた、渾然一体となったとしても明らかに大衆にとって偶然的なものであり、しかもワインの特質である色・香り・味などを得るための発酵の如く、社会の完成にとって必要かつ不可欠であるような、何かが存在することをね。

クレオメネス　そのような発酵に相当するものは、人々の相互的取引ということから立証できるよ。というのは、我々が人間はその他の動物よりも社会的な動物であると判断し断言する根拠としている能力や才能を悉く吟味してみれば、その大部分とは言わないまでもかなりの部分は後天的に習得されたものであり、互いの交際を通じて大勢の人たちの間に根付いた、ということが分かるだろうからだ。「仕事をすることによりて《ファブリカンドー・》我々は職人となる《ファブリー・フィームス》」。人間たちは社会で共に生活することを通じて社会的になるのだ。生まれつき身についている愛情は、すべての母親を促し、我が子と認める子供たちが無力の間、彼らを養って害を受けないように世話をするようにさせるのだ。だが、人々が貧しく、可愛がれば可愛がるほど増えてくるものである子供たちに対するさまざまな愛情表現をする暇が女性たちにない場合には、子供の世話をしたり、子供と遊んだりすることが等閑《なおざり》になる。しかも、そうした子供が健康で大人しくあればあるほど、それだけ子供たちはほったらかしにされることになるのだ。このように赤ん坊たちに対しぺちゃくちゃ喋ったり、彼らを機嫌良くさせたりすることの欠如が、しばしば、子供たちが成人したときにおける無知だけではなく、如何《いかん》ともし難い愚かさの主要な原因ともなる。しかも、我々は、しばしば、このようなほったらかしの幼い頃の育てられ方だけに帰せられるべき事柄を、生まれつきの能力のなさのせいにする。自らと同じ種とまったく交わったことのないという人類の例はほとんど見出し得ないので、まったく教えられることがなかったならば、人間はどうなるだろうかということを推測することは困難である。だが、ある人間が模倣するものもなく、また誰もがその人間に何も教えないのであれば、彼がどんなに教えやすい性質の持ち主であったとしても、そのことは何の役にも立たないことを考えれば、そのような人間は思考する機能においてかなり不完全であろう、と信じるに足る正当な理由がある。

ホレイショ　だから、哲学者たちが自然法について論じ、自然状態の人間が何を考え、また彼らが何も教えられていない場合に、自分自身について、また天地創造についてどのように推論するのかという問題を敢えて解決しようとしたとき、彼らは非常に抜け目なく対処したのだね。

クレオメネス　ロック氏が正当にも述べたように、まともに思索したり、推論したりするようになるには時間と訓練を必要とするのである(27)。当面の必要事について考えることしかしていない人々が、それ以上のことを考えようとすれば、上手《うま》くいく訳がないのだ。最も文明化した国家においてさえ、僻地やほとんど人が住んでいない所では、大都市やかなりの大きさの都会やその周辺におけるよりも、人類が自然状態に近い状態にあることが分かるであろう。そのような人々のうちの最も無知な人々を見れば、私の言っていることの正しさが分かるであろう。抽象的思考を要する何かについて彼らに話してごらん、それを理解するのは五十人に一人もおらず、馬に話しているのと変わるところがないであろう。とはいえ、彼らの多くは有能な働き手であり、しかも嘘をついて欺くほど狡猾な人物なのである。人間は理性的な被造物であるが、この世に生まれ落ちたときには思考力を付与されている訳ではないし、また、生まれた後で、お好みのままに直ぐに、衣服を纏うように思考力が身につく訳ではないのだ。話すとも我々人類の特徴であるが、生まれながらにして話せる者は誰もいない。二人の未開人を先祖として十二代ほどたったとしても、まずまずの言語をつくり上げることもないであろうし、また、ある人間が二十五歳になるまで他人が話すのを一度も聞いていなければ、その人間がその後に話すことを覚えることができるなどということを、信じるに足る理由はない。

ホレイショ　君が以前に指摘していたように、器官がしなやかで、容易に思い通りに動くうちに教え込む必要性は、話すことや考えることを教える上で非常に大切なことだね。けれども、犬や猿に話し方を教えることができるのだろうか?

クレオメネス　できないと思うな。だが、人間以外の動物が、人間の子供たちが一言《ひとこと》を発することができるまでに被る苦痛を味わってきたなどとは思わないよ。さらに考慮されるべきことは、動物の中には、恐らく、我々人間よりも長生きするものもいるであろうが、我々人間のようにいつまでも若々しいままの動物はいないということだ。また、我々は、身体や内部構造が極めて精密であるが故に手に入れられた優れた修学能力の恩恵を被っているだけではなく、我々の持つ教えやすさという性質も、完全に成長しきるまでの身体や内部構造の遅々とした長期に亘る漸進的な発達に少なからず負っているのである。我々人間の器官が半分も完成しない前に、他の動物の器官は硬直してしまうのだ。

ホレイシヨ　ということは、言葉と社交性が賦与されているといった我々が人類を称える褒め言葉には、非常に若い頃から訓練を始めれば、刻苦勉励によって話すことを学び、社会的になるかもしれないという以上の現実味がある訳ではないのだね。

クレオメネス　異論はないね。二十五歳以上の成人した人類千人すべてが、仮に未開のままに育てられ、互いにまったく見知らぬ他人であったならば、彼らは決して社会的にはなれないだろうね。

ホレイシヨ　彼らの教育がそんなに遅く始まるのであれば、文明化されることはあり得ないと思うよ。

クレオメネス　だが、社会的であるということは人間の属性を表す形容辞であるから、私の言う意味は、人間はほとんど社会的になれない、ということだ。つまり、数多くの野生の馬の場合と同じく、人間たちを見張り、畏怖させておくために、彼らの人数の二、三倍の人数がいなければ、人為的に人間を統治することは不可能であるということだ。だから、ほとんどの社会や国の始まりは、ウイリアム・テンプル卿[28]の想定通りに形成されたということは充分あり得ることだ。とはいえ、彼が想定するほど速やかに事態が進展した訳ではない。彼のような申し分のない良識家が、どうして教化されていない人間たちのなかに正義とか、慎慮とか、知恵といった観念を思い描くのか、あるいは、市民社会というものが存在する以前に、しかも人間たちが交際し始める以前に、文明化された人間を想定するのか、私は訝しく思う。

ホレイシヨ　私も慥かにテンプルの本を読んだことがあると思うが、君が言っている意味が何であるのか思い出せないね。

クレオメネス　彼の本は君の真後ろにあるよ。一番下から三段目の棚の第一巻だ。それを取ってくれ。傾聴に値するよ。指摘した箇所は彼の『統治論』[29]のなかにある。そこにはこう書かれている。「というのも、ある男が多くの子供を産み育てることによって、一族を殖やそうとし、子供たちが自力で食べることができるまで（人間の一生にとってはこうした状態になるのには随分時間が掛かるので、他の如何なる動物において見られるよりも長い期間、人間の子供たちは親たちに依存せざるを得ない）、彼らが必要とする食料を与えるよう面倒を見続けることを考えれば、さらにまた、彼が強いられるのは単にそうしたことだけではなく、野生の果物を採集したり、労働を費やすことによって手に入れられる果物を栽培したりするかして、彼の無力な子供たちに必要な養育のための勤労も強いられることを考えれば、さらにその上、彼はこうした蓄えを補充するために、おとなしい動物を捕獲したり、荒々しい動物を狩ったりしなければならず、時には、幼い家族を守るために強く獰猛な獣（彼が弱くおとなしい動物に対してするのと同じように、こうした獰猛な獣は彼を獲物とするであろう）と戦うのに、勇気を発揮しなければならないことを考えれば、しかも、彼は、手に入れたものは何でも、子供たちのひもじさと必要性に応じて、慎重かつ整然と彼らの間に分配し、時には、本日余ったものを明日のために蓄えておき、また時には、子供の誰であれ欲するのを我慢させるよりも、むしろ自らが耐え忍ぶものと仮定するならば、――」

ホレイショ　この男は未開人でもないし、教化されていない人間でもないね。彼は治安判事に相応しい人物だ。

クレオメネス　どうか続けさせてくれ。この段落の続きを読むだけだから。「そして、子供たちのそれぞれが成長し、皆のための生活物資を分担することができるようになると、一家の息子として今何をなすべきか、またこの後、別の家族の父親として、何をなすべきかを、教訓や実例によって彼らに教え諭すと仮定するならば、さらにまた、彼らの健康や生活にとって、あるいは共同社会にとって（共同社会は、間違いなく、人々の間で美徳であるとか悪徳であるとか看做されているものはどんなものであれ、内包しているであろう）、どのような性質が好ましく、どのような性質が好ましくないかを子供たちすべてに教え、善への傾向を称賛して奨励し、悪への傾向を非難し罰すると仮定すれば、そして最後に、人生におけるさまざまな出来事のなかで、俗世が何の慰安も与えてくれないときには天国に想いを馳せ、己れ自身の弱さに気づくたびごとに、より気高くより偉大な自然の女神に助けを求めると仮定するならば、この男の子供たちは、必ずや彼の知恵、彼の善意、彼の勇気、彼の信心に対して大いに敬意を表しつつ育つであろうと結論せざるを得ないからである。そして、常に一家が物質的に豊富であるのを目にすれば、子供たちは父親が成功していることを充分確信するのである。」

ホレイショ　一体この男は地から湧きでてきたのか、それとも天から降ってきたのかね？

クレオメネス　そのように仮定しても、何ら道理に反することはないのだがね――。

ホレイショ　こうした議論はあまりにも徒労に過ぎるのではなかろうか。私の見当違いの質問のために君をウンザリさせてしまったようだ。

クレオメネス　いや、君は私をとても楽しませてくれた。君が尋ねた質問はすべて非常に適切であったし、専門家としてこうした事柄を考えたことがなくても、洞察力のある人なら誰しもする質問だったよ。私は、何か役に立つかと、この一節を君に読んで聞かせたが、君がこの問題にウンザリしているのならば、これ以上君の忍耐力につけ込もうとは思わないよ。

ホレイショ　君は私を誤解しているよ。私はこうした問題が面白くなり始めてきたけれど、我々がその問題についてこれ以上議論する前に、『統治論』をもう一度ざっと目を通しておきたいのだ。それを読んでからかなり経つからね。目を通した後、また議論を続けられると嬉しいし、それは早ければ早いほどいいな。君が上等の果物の愛好者であることを知っているから、もし、明日、私と一緒に食事をする気持ちがあるのであれば、パイナップルを提供するよ。

クレオメネス　私は君と一緒にいるのがとても好きなので、それを楽しめる折角の機会を逃すことはないよ。

ホレイショ　それでは、またね。

クレオメネス　さようなら。

六　ホレイショとクレオメネスとの間の第五の対話

クレオメネス　これに勝るものはないね。甘すぎることなくとても濃厚だ。この味に比べられる果物を私は知らないし、これはさまざまな異なった味わいが凝縮されたもののように思うよ。いくつかの果物を思い起こさせるが、すべてこれには敵わないな。

ホレイショ　気に入って貰えて嬉しいよ。

クレオメネス　また、この香りは驚くほど元気づけてくれるね。君が皮を剥いていたとき、素晴らしく香《かぐわ》しい芳香が部屋中に充満しているように思えたよ。

ホレイショ　外皮の内側には嫌みのない匂いの脂分があり、手に触れるとかなり長い間ずっとその残り香が指についているのだよ。だから今、私は手を洗い拭き取ったけれども、その香りは明日の朝まで完全に消えることはないだろうね。

クレオメネス　これは、国産のもので私が味わった三つ目のものだけれども、我が国のような北国の風土でこのようなものを生産するのは、人間の勤勉さと我が国における栽培技術の改良の重要な事例だね。温暖な地域の快適な気候に浴しながら、その性質からして熱帯の太陽を必要とする果実をここまで完熟させることができるのは、非常に素晴らしいことだ。

ホレイショ　暖気を確保するのは充分に容易《たやす》いことだが、適温を見出し、意のままに温度を調整することには、大変な熟練が必要であろう。そのことなくして、この地でパイナップルを成熟させることは不可能であろうな。温度計の助けを借りてやるように正確にこれをやり遂げるということは、慥かに見事な創意工夫というものだね——

クレオメネス　これ以上飲みたくないな。

ホレイショ　お好きなように。けれどもそうでなかったら、そろそろ頃合いだから、乾杯でもしようと思うのだがね。

クレオメネス　誰のための乾杯かね？

ホレイショ　私が考えていたのは、いま話題にしていたこの外来の果物の栽培と生産という点で我々が大変恩恵を被っている人間であるマシュー・デカー卿[1]のためだよ。イングランドで完熟した最初のパイナップルは、リッチモンド[2]にある彼の農園で生産されたものなのだ。

クレオメネス　それならば、心を込めて、乾杯をしよう。彼は慈悲深くて、思うに、とても親切な人間だ。

ホレイショ　彼と同じように世の中についての知識とお金を儲ける才に長けていて、彼のように私心と悪気のない他の人物の名前を挙げるのは容易ではないね——

クレオメネス　我々が昨日議論した事柄について思索を巡らしてきたかね？

ホレイショ　君と会ってから、私はそのことだけをずっと考えてきたよ。今朝、『統治論』全体を、これまでよりも注意深く通読した。そして、私はこの本を大変気に入った。とはいえ、私は、昨日、君が読んでくれたこの本の一節や同趣旨のその他の節などと、我々が人間の起源について聖書から得ている説明とを整合させることができずにいるのだ。すべての人間がアダムの、それ故、ノア[3]と彼の子孫の後裔であるのであれば、未開人はどのようにしてこの世に現れたのだろうか？

クレオメネス　とても古い時代に関して言えば、世界の歴史は不完全なものなのさ。ノアの洪水以降、戦争や疫病や飢餓などによってどのような惨状が齎《もたら》されたのか、どのような災難に人々が遭遇したのか、我々人類がどれだけ闇雲《やみくも》に地球上に散り散りばらばらにされたのかについて、我々は何も知らないのさ。

ホレイショ　けれども、自らがよく教育を受けた人物は、自らの子供たちに対する教育を疎《おろそ》かにすることは決してない。ノアの息子たちのように聡明で洗練された人たちが、彼らの子孫たちを蔑ろにしたと考える理由は何もない。すべて皆が彼らの子孫なのであるのだから、後続の世代が、経験や知恵を増すことなく退歩していき、自らの子供たちを一層蔑ろにし、終《つい》には、君が言うところの自然状態にまで退化したなどということは、まったくあり得ないことだ。

クレオメネス　君が皮肉を込めてこうしたことを言っているのかどうか、私には分からないが、聖書に書かれている歴史の真実性に疑問を抱かせ得るような問題提起ではないね。聖書は、人類の奇跡的な起源と、ノアの洪水後の生存者が少なかったことを我々に告げているけれども、それ以降、人類に起こったあらゆる激変については、何も教えてくれていない。旧約聖書は、ユダヤ人と関係のない事柄の詳細についてはほとんど触れていないし、モーセ(4)にしても、人類の始祖であるアダムとエバに起こったことについて、あるいは彼らによってなされたあらゆる事柄については充分に説明しようとしてはいない。モーセはアダムの娘たちの誰一人の名前を挙げることもなく、また、カインによる都市の建設(5)やその他のいくつかの出来事から明らかなように、この世の始まりに起こったに違いないいくつかの事柄も無視している。こうしたことから、モーセは自らにとって重要で自らの意図に適っているもの以外の事柄に関しては、一切語ろうとしなかったことは明らかであり、また彼の歴史記述におけるその重要な部分こそ、まさに最初の人間からイスラエル人の開祖への系図を辿ることであったのだ。だが、未開人が存在することもまた慥かなことであり、ヨーロッパのほとんどの国民は、世界のいくつかの地域で、文字の使い方も知らず、彼らの内に社会的規則も統治も見出すことができない野生の男や女に遭遇しているのである。

ホレイショ　私は未開人が存在していることを問題にする心算《つもり》はないよ。毎年アフリカから連れて来られる大変な数の奴隷たち(6)から推測して、地球上のある地域に、未だ他の人と交流することによる恩恵をまったく受けていない大勢の人々が存在しているに違いない、ということは明白なことだ。だが、どのように彼らすべてをノアの息子たちから導き出すべきかについては、私の力量に余ると言わざるを得ないね。

クレオメネス　全人類が明らかに被ってきた古代人の多くの素晴らしい芸術や有益な発明の喪失について説明することが、如何に困難であるかは君にも分かるだろう。だが、私がウィリアム・テンプル卿に見出す欠点は、彼が指摘する未開人の性格に関する記述だ。彼が描いているような、未開人の真っ当な推論であるとか、行為に移すときの規則立った行動様式などは、野生の人として相応《ふさわ》しいものではない。野生の人はさまざまな情念の坩堝《るつぼ》と化しており、それらは互いに押し合いへし合いしているに違いない。教育を受けていない人間は系統立った思考方法を持つとか、着実に何か一つの計画を遂行することはできないだろうね。

ホレイショ　君は我々人類に関して奇妙な考えを持っているね。けれども、人間というものは、成人に達するまでに、正邪の観念を持つようになるというのが、自然のことではないかね？

クレオメネス　君の疑問に答える前に、未開人の間には、粗暴さや従順さという点において、間違いなく大変な違いがあるということを君に考えて貰いたい。あらゆる動物が、助けを必要としている間は、子供たちを大事にするように、人間も同様子供たちを大事にする。だが、人間の場合は、社会にいる場合よりも未開状態にいる方が、子育てにおいて事故に遭遇したり、不幸になったりする可能性が高い。だから、未開人の子供たちは、成人する頃までに、自分たちに親がいたことをほとんど覚えていないくらいの窮状に陥ることも実にしばしばあったに違いない。もし、こうしたことが極めて幼少期に起こることがあれば、例えば四、五歳になる前に置き去りにされたり、はぐれたりすれば、彼らは死ぬに違いないのだ。他の誰かが彼らの面倒を見ることがなければ、彼らは、困窮のために死ぬか、猛獣たちに貪り食われるに違いない。生き残り、随分幼い頃から自活することになる孤児たちは、成人に達したときには、長年に亘って親の庇護の下で暮らしてきた他の者たちよりも粗暴であるに違いないさ。

ホレイショ　だが、考えられないほど粗暴な人間であっても、生まれながらにして、何が正当であり、何が不当であるかについての、何らかの判断を持っているのではなかろうか？

クレオメネス　そのような者は、何も考慮することなく、自らが手に入れられるものはすべて自分のものであると、当然のごとく看做《みな》すと思うよ。

ホレイショ　その後、彼らが二、三人一緒になれば、直ぐに自分の誤りを悟らせられることになるであろう。

クレオメネス　彼らは直ぐに仲違いして喧嘩になるであろうことは容易に推測できるが、彼らが誤りを悟るであろうとは、私は思わない。

ホレイショ　この分では、人間は決して集団を形成することはできないだろうね。では、どのようにして社会はこの世に生まれたのであろうかね？

クレオメネス　すでに君に指摘しておいたように、それは個々の家族からだ。だが、それは大きな困難や多くの幸運といった偶然事の協力なくして形成された訳ではない。家族の存在から社会の形成が可能になるまでには、何世代もかかったことであろう。

ホレイショ　人間たちが社会を形成したのだということは理解できるよ。だが、彼らがすべて誤った考えを持って生まれ、誤りを決して悟ることができないならば、どのように社会の形成について説明するのかね？

クレオメネス　そのことに関する私の見解はこうだ。自己保存の本能はすべての動物に自らの欲望を満たすように命じ、また、子孫を増やそうとする本能は、健康な人間が完全に成長するかなり前から、必ず人間に影響を与える。もし、食料がふんだんにある温暖で健康に良い場所で、とても若い野生の男と野生の女が出遭い、何の煩いもなく五十年間一緒に暮らしたとするならば、彼らは桁外れに大勢の子孫に出遭えるかもしれない。というのは、未開の自然状態においては、秩序が行き渡ったどのような社会において許されるよりも早くから、人間は子づくりに励むことができるからだ。十四歳の男の子ならば、もし手に入れられるものなら女の子なしで長いこといないであろうし、十二歳の女の子ならば、求められれば拒むということもないであろうし、男の子たちがいるのに長い間求愛されないでいる、などということもないであろう。

ホレイショ　こうした人々の間では近親婚ということが障害にならないということを考慮すれば、二人の未開人の子孫たちは、瞬く間に何百人になるかもしれないね。こうしたことはすべてその通りだと思うけれども、優れた能力がない親たちには、子供に僅かなことしか教えることができず、息子や娘たちが成長したとき、彼らを監視することなど不可能であろう。もし、彼らの誰もが正邪に関する如何なる観念もなく、社会が依然として遙か手の届かないところにあるとすれば、あらゆる人間が生まれながらにして持っていると君が指摘する誤った原理は、決して克服することができない障害になるね。

クレオメネス　君が誤った原理と呼んでいるものから、すなわち、人間が当然のこととして手に入れ得るあらゆるものに対して権利を主張することから、人間は自らの子供を所有物と看做し、己れの利益に最も適った仕方で子供たちを利用するであろう、という結果にならざるを得ない。

ホレイショ　何一つ安定的に追い求めることができない野生に生きる人にとっての関心事とは何であろうか？

クレオメネス　支配的な情念が続く間は、その情念が惹起する欲求だ。

ホレイショ　そうした欲求は絶えず変わるものであるから、子供たちは苛酷に扱われるであろうね。

クレオメネス　その通りだが、彼らがそのような存在である限り、ずっとそのように扱われるのさ。つまり、少なくとも彼らが抵抗できるほどに強くなるまでは監視され、命じられるままに行動せざるを得ないだろうね。生まれながら持つ愛情が我が子を愛し慈しむように未開人を促し、息子が十歳か十二歳位になるまで、あるいは恐らくそれ以上長い間に亘って、食べ物やその他の必需品を息子たちに与えるようにさせるであろう。だが、この愛情だけが、彼が満足させようとしている情念ではない。彼の息子が強情であったり、望む通りのことをしないために彼を怒らせたりしたならば、この愛情は直ちに消え失せてしまう。そして、彼の腹立ちが、他のどのような情念にも劣らず生まれつきのものである怒りの感情を喚起するほどに強いものであれば、十中八九、彼は息子を叩きのばすであろう。もし、彼が息子に大怪我をさせ、自らが為出《しで》かした惨状が彼に哀れみの情を引き起こすようなことになれば、彼の怒りは消え、生まれつき持つ愛情が甦り、再び息子を愛《いと》おしく思うようになり、自分のしたことを悔やむことになるであろう。そこで、あらゆる人間というものは、苦痛を嫌って、それを避けようと努め、恩恵はそれに浴する者すべて内に愛を育むものであることを勘案すれば、こうした親の管理の結果、未開人の子供は父親を愛しかつ恐れるということを学ぶということが分かるであろう。愛と怒りというこれら二つの情念は、我々が自らよりも遥かに秀でたあらゆる存在に対して自然に抱く称賛の情と相俟って、我々が畏敬の念と呼ぶ情念の複合体をほとんど必ず生みだすのだ。

ホレイショ　よく理解できた。君が啓発してくれたお陰で、あそこのテーブルと同じくらい明瞭に、社会の起源について理解できたよ。

クレオメネス　だが、君が想っているほど議論の展望が明確である訳ではないと思うよ。

ホレイショ　どうしてだ？　大きな障害は取り除かれたのではないか。慥かに、教育を受けていない人たちは、成人になったとしても決して管理されることはないであろうし、統治者の優越性が明確ではない場合には、我々の服従は真実なものではないだろう。だが、これら二つの条件は排除されているのだ。我々が若いときにある人物に抱く畏敬の念は必ず終生続くものであり、一度《ひとたび》、権威というものが認知され、その認知が定着すれば、統治の問題は難しいものではあり得ないだろう。このように、もしある人間が彼の子供たちに対して権威を維持し続け得るならば、孫たちに対してもより容易くそうすることができるであろう。というのは、ほんの僅かでも親に対して畏敬の念を持っている子供であれば、父親が敬意を払っているのを目の当たりにしている人物に対して敬意を払うことを拒むことなどは滅多にないからだ。そのうえ、ある人間のプライドというものは、その人間にとって一度手に入れた権威を維持するための充分な動機となるであろうし、子孫の誰かが手に負えない存在であると分かれば、言うことを聞かない者を矯正するためにその他の者の助けを借りてあらゆる手段を講ずるであろう。また、老人が亡くなれば、権威は彼から長子に移っていく、などという具合で続くであろう。

クレオメネス　君はせっかち過ぎると思ったのさ。もし、野生の人間が事柄の本質を理解し、アダムが奇跡的にそうであったように、全般的知識と既成の言語を授けられていたならば、君が述べたことはあり得るかもしれない。だが、自らの経験が彼に教えたことしか知らない無知な人間は、数学を教えるのに相応しくないのと同様に管理するのにも不向きなのさ。

ホレイショ　最初は、一、二名よりも多くの子供を管理する必要がなく、また経験も家族が殖えるのと同様に次第に増していくことであろう。またこうしたことにはそれほど完璧な知識は必要とされないだろう。

クレオメネス　必要とされるだろうなどと言わないさ。当初は、まずまずよく教育された人間の通常の能力で充分であろうが、己れの情念の何れについても抑制するよう教えられてこなかった人間にとって、子供を管理するような仕事はまったく不向きなことであろう。彼は子供たちがそうすることができるようになればすぐに、彼らに食べ物を手に入れるための手伝いをさせ、そうした食べ物を何処でどのようにして手に入れればよいか教えることであろう。未開人の子供たちは、能力を身につけてくると、彼らの親がしていることを見て、それらすべての振る舞いを真似ようと努めたり、親が発した声を聞いて、それらすべての声を真似ようと努めたりするであろうが、彼らが得ることができる教えはすべて直接的に必要とされる事柄に限られるであろう。未開人の親は、子供たちが成長すると理由もなく彼らにしばしば腹を立て、年を重ねるとともに、彼らに対する自然的な愛情も減っていくであろう。その結果、子供たちは身に覚えのない不手際を理由にしばしば罰せられることだろう。未開人たちは、過去の事柄に関してはしばしば過ちを自覚するのであるが、当面、彼ら自身がこれでよしとするような将来の行いのための決まり事を定めることができないという見通しのなさが、止めどもなく場当たり的という彼らの病《へい》の因《もと》となるであろう。未開人の男だけではなく彼の妻も、彼らの娘が妊娠し出産するのを見れば大いに喜び、孫たちを大いに愛《め》でることであろう。

ホレイショ　あらゆる動物における親たちの持つ自然の愛情というものは、彼ら自身の幼い子供たちだけに限られていると、私は思っていたよ。

クレオメネス　人間以外のあらゆる動物ではその通りだ。すべてのものが自分のものだと想うほどに自惚れが強い動物は、我々人類以外には存在しない。支配欲は決して衰えることのないプライドの結果であるが、プライドというものはあらゆる人間に共通するものであり、皇帝の息子にも未開人の子供にも生まれつき備わっている。我々がこのように自分自身を高く評価することが、自らの子供たちに対する権利を主張させることになるだけではなく、自らの孫たちに対する支配権も間違いなく存在していると我々に想わせるのだ。その他の動物の子供たちは、独立独行ができるようになると直ぐに自由になるが、人間の親たちが彼らの子供たちに対して持っていると称する権威というものは、決して止むことを知らない。人間の心の中においては自然のように見えるこの不滅の権利が、如何に一般的であるとともに不条理なものであるのかは、親の権利侵害を防ぎ子供たちを親の支配から救うために、あらゆる文明化された社会が、法を制定しその法によって親の権威をある一定の期間に制限せざるを得なかったことからも恐らく知ることができるだろう。我が未開人の夫婦は、孫たちの各々の親に対して疑いもなく所有権があるということから、孫たちには二重の権利を持ち、また、あらゆる子孫は外からの血が混じることなく、彼ら自身の息子たちか娘たちから生まれていることから、彼らは一族全体を自らにとって至極当然の隷属者として看做すであろう。そして、この未開人の最初の夫婦が、知識と思考能力を獲得すればするほど、たとえ五、六代目の子孫を見るまでに生きたとしても、すべての後裔への自らの支配権が、ますます正しく疑いのないものに彼らには思われるであろうことは、憐かなことだと思うよ。

ホレイショ　支配欲をはっきり持ちながらも支配力をまったく持たないままで、自然が我々皆をこの世に送り込んだというのは、奇妙ではないかね？

クレオメネス　君にとって奇妙に見えることは、神の知恵の否定しがたい事例なのだ。というのは、皆がこうした支配欲を持って生まれてこなかったならば、誰も支配欲なしでいたに違いなく、また、もし彼らの一部の者にこうした支配への渇望がなかったならば、大勢の人々を社会へと組織させることは決してできなかったからだ。人間は自らを強いて、生まれながらの欲求をねじ曲げるようになるかもしれないし、また、欲求をそれに相応しい対象からそらすかもしれない。だが、ある種全体に備わっている固有な本能というものは、手練手管や克己心で手に入れられるものではないし、そういう本能を伴わないで生まれたものは、永遠にそれを欠いたままであらざるを得ない。アヒルの雛は、孵化すると直ぐに水辺に走って行くが、ニワトリの雛に、乳の飲み方を教えることができないと同様に泳がせることもできないのだ。

ホレイショ　非常によく理解できたよ。もし、プライドというものがあらゆる人間にとって生得的なものでなかったのであれば、誰もが野心というものを抱くことはなかったということだね。支配力・統治能力という点に関して言えば、経験が我々に示すように、それは後天的に習得されるものではあるけれども、如何にして社会がこの世に登場するのかという点に関しては、私にとって野生の人と同様によく分からないな。野生の人は自己統治のための術も下手で、そのための力も欠いているという君の指摘で、この家族から社会を構想しようとする望みがすべて潰え去ってしまったよ。だが、宗教はそうした人たちに影響を与えないのだろうか？　また、どのようにして宗教はこの世に出現したのだろうか？

クレオメネス　神による、奇跡によってさ。

ホレイショ　「不明なる事を一層不明なる事によって《オブスクール・ペル・オブスクーリウス》」説明するのかね。突然現れて自然の秩序を覆す奇跡なんて、私は理解できないね。また、良識に反して《アン・デピ・ド・ボン・サンス》起こる事柄や、健全な理性や知られている経験に照らして、あらゆる賢明な人間が、絶対に起こり得ないと極めて正確に確信が持てるような事柄などは、私にはさっぱり理解できないね。

クレオメネス　奇跡という言葉が、神の力の関与が自然の通常の成り行きから逸脱しているとき、その関与を意味しているのは慥かだね。

ホレイショ　容易に燃えやすいものが、激しく燃え盛る炎の只中で、無傷のまま何も被害を受けずに残っている場合であるとか、飢えた血気盛んなライオンが最も貪り食いたいものを食べないでいるような場合などがそうだね。(7) こうした奇跡は不思議なことだね。

クレオメネス　そうではないと誰も主張しないさ。奇跡という言葉の語源がそれを示しているのさ。だが、奇跡を信じない人間たちが、まったく奇跡のうえに築き上げられた宗教に帰依しているように振る舞っているのも同様に不可解だな。

ホレイショ　だが、私は宗教について一般的な質問をしたのに、なぜ、君は啓示宗教に限定するのだ？

クレオメネス　私の意見では、啓示されることのなかったものは宗教の名に値しないからさ。ユダヤ教が国民的宗教の最初のものであったし、キリスト教はそれに次ぐものだね。

ホレイショ　だが、アブラハムやノアやアダム自身はユダヤ人(8)ではなかったけれども、彼らは宗教に帰依していたよ。

クレオメネス　それは、彼らに啓示がなされたに他ならないからだ。神が我々の最初の父母を創った(9)後直ぐに、彼らの前に現れ戒律を与えた。同様な関わり合いが全能の神とイスラエル父祖たち(10)の間で続けられたが、アブラハムの父親は偶像崇拝者であった。

ホレイショ　エジプト人もギリシア人も、またローマ人も、ユダヤ人と同様に宗教に帰依していたよ。

クレオメネス　彼らの甚だしい偶像崇拝と、忌まわしい礼拝を、私は迷信と呼ぶな。

ホレイショ　君がどんなに偏見に満ちていようとも、我々が我々の礼拝を宗教と呼ぶように、彼らも彼らの礼拝を宗教と呼んだのだ。人間というものは、情念だけを連れだって生まれてくると君は言うが、宗教がどのようにしてこの世に出現するのかと私が尋ねたとき、私が言いたかったことは、人間本性の中に、宗教へと人間を誘う後天的ではない何かが存在しているのだろうか、あるいは、人間を宗教へと関心を向けさせるものは何だろうか、ということだ。

クレオメネス　恐れだよ。

ホレイショ　どうしてだ！　「恐怖が第一にこの世界に《プリームス・イン・オルベ・デオース・》神々を作りたり《フェーシト・ティモル》[11]」というのが君の意見かね？

クレオメネス　私ほどそうした考えに異議を唱える人間はこの世にはいないよ。だが、宗教心に欠ける人たちが大変好むこの有名なエピクロス的な格言は、大変に粗雑なものであって、恐れが神を創造したなどと言うのは不遜であるとともに馬鹿げたことだ。それは恐れが草や太陽や月を創造したのだと言うのと同然であろう。だが、私が未開人について述べているときに、未開人たちが真の神を知らず、しかも思考や推論の術においても非常に劣っている間は、恐れの感情こそが、目に見えない力について何らかの朧気《おぼろげ》な観念を抱かせる機会を最初に与えるのだ[12]と述べることは、良識ともキリスト教とも抵触するものではない。その後、実践と経験によってもっと熟練を積み、頭脳の働きや才能の発揮が完璧になれば、間違いなく彼らは無限で永遠の存在についての正確な知識へと導かれることであろう。また、知識と洞察力という点において彼ら自身が進歩すればするほど、彼らにとってこの永遠なる存在の力と知恵は常にそれだけ偉大なもののように思われるようになり、彼らを畏怖させることになるであろう。ただし同時に、彼らの知識と洞察力も、限界のある人間本性がこれまで達成することができたよりも、遙かに高いレベルできっと継承されていくはずであろうがね。

ホレイショ　君を疑ったことを許して貰いたい。もっとも、君自身に説明の機会を与えることになったことは喜ばしいことであるがね。何の注釈もなしでは、恐れの話が酷く胡散臭く聞こえたのさ。とはいえ今でも、どのようにして目に見えない原因が、君が最初の未開人に想定した如く、まったく教化されていない人間の恐れの対象になるのか、私には理解できないよ。どのようにして目に見えず、五感に作用しないものが、野生の人に印象を与えることができるのだろうか？

クレオメネス　野生の人間に起こる、その原因が必ずしもはっきりしないあらゆる害悪や不幸、猛暑や極寒、不快な湿気や乾燥、別段目に見えて害を与える訳ではない雷鳴や稲妻、暗闇での物音や暗さそのもの、あるいは未知のぞっとするものなどすべてが、恐ろしさの感情の成立に関係し、その原因となっている。考え得る最も未開の野生の人間であっても、一人前の大人になる前に、果物やその他の食べ物は常に何処でも得られるとは限らないということを知るほどには賢くなっているであろう。このことは、蓄えが充分あるときには、それを貯蔵するよう彼を促すであろう。また、彼の食料は雨で腐ってしまうかもしれないし、樹木が枯れてしまい、何時も同じように実を沢山つけるとは限らないということも、理解するようになるであろう。彼は常に健康であるとは限らないし、彼の子供たちが、外傷が何も見当たらなくとも、具合が悪くなったり、死んだりすることもあるであろう。こうした災難の一部は、最初のうちは見過ごされたり、それについてあれこれ思い悩んだりするだけで、貧弱な理解力を不安がらせたりするだけで、それについてあれこれ思案させることはないであろうが、そうしたことが頻繁に起こるようになれば、彼は必ずや目に見えない原因をうすうす感じるようになり、経験が増すにつれてそうした感じはいよいよ慥かなものになるであろう。同様に、さまざまな異なる災難によって、いくつかのこのような原因を理解できるようになり、終には、恐れなければならない非常に多くの原因があると信じさせられることになる、ということは大いにあり得ることだ。このように物事を軽々に信じやすい気質を大いに後押し、自然にそのような信念を彼に抱かせたものこそ、我々が幼少の時期から身につけてしまっている馬鹿げた考えなのだ。それは、顔付きや身振りや彼らが示す兆候などによって、幼児たちのことが我々に理解可能になり始めるや否や、彼らのなかに恐らく確認できるであろう。

ホレイショ　それは何かね？

クレオメネス　幼い子供たちは皆、あらゆる事物が、彼らと同様に考え、感じていると想っているであろう。そして、一般に彼らが生命のない事物に対してこのような誤った見方をしていることは、自ら自身の粗野のために、あるいは注意不足のために被った災難に苦しんでいるときにいつも、子供たちの間に普通見られる振る舞いから明らかなことだ。何時《いつ》もこのような場合、テーブルとか、椅子とか、床とか、その他自らが負傷したことや、あるいは何らかのしくじりをしでかした結果に関わっていると思われるすべてのものに対して腹を立て、打ちつけたりするのを目の当たりにする。乳母たちは、子供たちの精神の発達度に応じて、同じような馬鹿げた考えを抱いているように見せつつ、彼らの味方をする振りをしながら、怒り狂っている子供たちを宥《なだ》めているのを、我々は知っている。こうして、乳母たちが、もっともらしく装いながら、乳児たちの憤りの実際の対象か、あるいは起こったことの責めを負わされる何かその他のものを、しっかりと叱りつけたり、打ちつけたりするのをしばしば目にすることになる。こうした生まれつきの愚かさは、社会のなかで成長し、自分たちよりも賢い人たちと語り合うことによって絶えず成長している子供たちとは異なり、人類による教育や人類との交渉を欠いている子供たちの場合には容易に解消されるとは、私は想わない。野生の人は一生涯、愚かさから完全には抜け出ることはできないと、私は確信している。

ホレイショ　私は人間の知性をそのように貧弱なものと考えることはできないな。

クレオメネス　では、ドリュアデスやハマ＝ドリュアデス(13)はどこから来たのだ？　古びて神々しいオークの大木や堂々たる樹木などを切り倒すとか、あるいは傷つけただけでさえ、どうして不信心であると看做されるようになったのだ？　古代の異教徒のなかの庶民たちが川や泉に宿ると理解した神は、どのような起源に由来するのだ？

ホレイショ　そのような嘘を考え出し、自らに都合のよい寓話を捻《ひね》り出した腹黒い祭司やペテン師たちの謀略からだな。

クレオメネス　それでもやはり、人々にそうした寓話を信じ込ませることができ、信じるままにさせておいたのは、知性の欠如と、子供たちに見出されるあの愚かさの名残のせいだったのに違いないさ。愚か者にそうした弱点がなければ、悪党どもは彼らを利用できないからね。

ホレイショ　そうした指摘にも一理あるかもしれないが、人間というものは生まれながらにして利益を得る相手が大好きだということを君は認めているよね。だったら、享受するあらゆる良き事柄が目に見えない原因から生じるのを知っている人間が、恐れよりも感謝によって信仰心に目覚めないのは、どうしてだ?

クレオメネス　それにはいくつかの本質的理由があるのさ。人間は、自然から手に入れられるすべてものを、自分のものだと看做す。種を蒔き刈り取るということは、収穫物を手にするに値するのだと彼は看做すのだ。どんなに僅かでも自らが一役買っているものは、常に、自分のものと看做されるのだ。あらゆる技術や発明は、我々の知るところになるや否や、我々の権利や財産になり、またそれらの助けを借りて成し遂げたものは何でも、人間同士の約束事として、我々自身のものであると看做される。我々は発酵作用やあらゆる自然の化学反応を利用しているにも拘わらず、我々が恩義を受けているのは、我々自身の知識だけだと思うのさ。牛乳の上層部の脂肪分を掻き回しバターを作る女性は、凝固状の脂肪分からサラサラしたリンパ状の部分を分離させ、取り除く力に関心を持つことはない。ビール醸造や、パン焼きや、料理や、我々が関与しているほとんどすべての事柄において、自然はコツコツと作用し、あらゆる変化を引き起こし、主要な役割を果たしているにも拘わらず、如何にもすべては我々人間による成果だと思うのさ。以上のことから、次のことは明らかだ。すなわち、生まれながらにしてすべてのことを自己中心的に考える人間というものは、野生の状態においても、彼が享受しているものはすべて己れのものと看做し、彼が一役買っているものはすべて己れの成果であると看做すという大いなる傾向を持っているし、極めてそのように看做しがちであるに違いない、ということだ。人間が教えられることなく自分自身の見識によって、神への恩義を知り得るようになるまでには、知識と内省を必要とするとともに、正しく思考し、理路整然と推論する術にかなり長けなければならない。人間の知るところが少なければ少ないほど、また、理解力が浅薄であればあるほど、物事に対する視野を拡げたり、自らが知っている僅かばかりの知識から結論を導き出したりすることが、それだけ困難となる。未熟で無知で無学の人間たちは、面前のものを凝視し、俗な言い方をすれば、鼻より先を見ることを滅多にしない。野生の人は、感謝の気持ちが働いたとしても、木を植えた人物に対して感謝しようと思うよりも、先《ま》ずは彼が木《こ》の実を拾い集めている木の方に感謝を捧げるであろう。文明人ならば、財産がかなり貯まってくると必ずそれに対する権利に気づくであろうが、それは、野生の人が自らの生命に対して持っている権利を問題にするよりも速やかにそうするであろう。感謝よりも恐れが宗教への勝《まさ》った誘因であるもう一つの理由は、教化されていない人間に幸いを齎す原因がまさに彼に害をも与えることと、しかも、彼にとっては、禍《わざわい》こそが疑いもなく一番の心配事であるからだ。

ホレイショ　実際、人間というものは、十回良い目に遭ったことよりも一回酷い目に遭ったことの方を、また十年間の健康よりも一ヶ月間の病気の方を覚えているらしいね。

クレオメネス　自己保存という営みのなかで、人間は自分に害を与えるものを一心に避けようと努めるのであるが、心地よいことを享受するときには、気持ちは和《なご》み気が緩む。彼は、何も疑問を抱くことなく、次から次へと数限りのない喜びに現《うつつ》を抜かすことができるが、禍の場合はほんの僅かなものであっても、それを避けようとして、それがどのように生じたのか知ろうとする。だから、禍の原因を知ることは本人にとって極めて重要なことではあるが、常に歓迎すべき喜ばしいことの原因を知ることはほとんど無意味なことである。つまり、喜ばしいことに関する知識は自らの幸福の増大に何の役にも立つものではないと看做されているのさ。だから、人間が害ある見えざる敵を察知し、その敵を見つけ出したならば、喜んで宥めて自らの友人にしようと考えるのは理に適っている。同様に、そうするために、彼の周りの到る所を探索し、調査し、注視した結果、地上での探索は無駄であると分かり、自らの視線を天上に向けようとするということも、大いにあり得ることだ。

ホレイショ　野生の人であるならばそうかもしれないね。彼は、けっこう長い間、繰り返し地上を見たり天上を見たりして、賢くなるのであろう。人間が実際にあるものを恐れていて、そのあるものに関して、それが何ものであるかも、何処にいるかも知らないとき、非常に困惑するであろうこと、また、人間がそれを見えざるものだと考える充分すぎる理由があるし、しかも、分からずにいる場合の方が分かっている場合よりもずっと恐ろしく感じるであろうことも、容易に理解できるよ。

クレオメネス　人間が短慮で、専ら最も簡単な仕方で自己保存を謀り、自己保存の過程で遭遇した面前の障害だけをその都度取り除いている間は、恐らく、こうした問題は彼にほとんど影響を与えることはないであろう。だが、人間がかなりの思考力を身につけ、思考するゆとりを持てるようになれば、奇妙な幻想や憶測を考え出すに違いない。野生の夫婦は、この問題に関して、互いに自らの考えを述べようとする前は、あまり長い間議論をすることはなかったであろう。やがて、彼らの意識の内にしばしば現れるいくつかの事柄を区別するために特定の音声を考案し共有する際、この見えざる原因は彼らが命名しようとする最初の事柄の一つであったであろうと思う。野生の男と野生の女が、他の動物よりも彼らの無力の子供たちの面倒をみないなどということはあり得ないし、彼らによって育てられた子供たちが、十歳になる前に、たとえ親から何の教えもなかったにしても、こうした目に見えない原因に対する恐れを親の心の内に看て取ることがなかったなどということは考えられない。また、同様に、人間たちが容貌や顔の肌や気質という点でどんなに互いに異なっているかということを考慮に入れれば、この原因についてすべて皆が同じ観念を抱くということも考えられない。これらのことからして、かなりの数の人間たちが、この目に見えない原因に関して明解に話し合うことができるようになればすぐに、彼らの間に異なった意見が存在しているということが自覚されるようになるであろう。この原因に対する恐れと容認は一般的なことであり、人間は常に己れ自身の情念を、思考力を有すると彼が考えるあらゆるものに帰属させているのであって、誰もがそのような力の憎悪と悪意を避け、もし可能であれば友情を手に入れようと努めるであろう。これらのことや、人間の本性について知れていることを考慮に入れれば、かなりの数の人間が、平穏であろうとなかろうと、長い間互いに交渉することができているならば、この力について意図的な嘘をつくことなく、ある者がそれを見たとか聞いたとかいった振りをするなどということは想像することがほとんどできない。見えざる力に関するさまざまな意見が、ペテン師たちの悪意と欺瞞によって、大勢の人たちの間で、どれほど致命的な憎悪の原因になり得るかということは、言うまでもないことである。もし、我々がたくさんの雨が降ることを望み、降らないのは君の所為《せい》だと納得し得るのであれば、それ以上の言い争いの原因を必要としない。聖職者の権謀術数や冷酷残忍さについてであれ、愚行や憎悪についてであれ、宗教上の理由でこの世に起こった如何なる出来事も、ちょっとした工夫をすれば、以上のような事実や恐れの原理によって、すべて解決もしくは説明できる。

ホレイショ　未開人における最初の宗教への帰依の誘因は恐れであったという点で、私は君に譲歩しなければならないと思う。とはいえ、大いなる恩恵や目覚ましい成果に対して、諸国民がいつも彼らの神に対して払ってきた感謝に照らして見れば、つまり、勝利の後、幾度となく捧げられてきた雄牛百頭の生け贄や、競技や祝祭におけるさまざまな習慣からして、人々がより賢明になり、啓蒙化されたならば、彼らの宗教のほとんどは感謝の上に築かれることになったということは明らかだという私の言い分を、君は認めざるを得ないね。

クレオメネス　君は、人間の名誉を守るために四苦八苦しているように見えるよ。だが、我々人類には誇るほどの名誉などないのだ。だから、人間本性について詳しく検討し、完璧に理解したならば、プライドによって自惚れるよりも、謙虚であるべきだとするずっと多くの理由が見出されるということを、君に順序立てて詳しく説明しようと思う。まず、未開人と文明人との間には本性上の違いは存在しないし、両者とも恐れの感情を持って生まれついている。そして健全な判断を備えていれば、何年も生き続けないうちにきっと、見えざる力がいずれそうした恐れの対象となるであろう。またこうしたことは、独りで野生のままでいようと、社会において最良の修養を積んでいようと、あらゆる人間に起こることだ。帝国や国家や王国などが、学芸や礼儀正しさやあらゆる世俗的な知恵という点で秀でていながら、同時に、目に余る偶像崇拝の虜になり、偽りの宗教の軽薄な言動を甘んじて受け容れていることを、我々は経験から知っている。最も文明化された人々も、如何なる未開人にも劣らず、聖なるものへの崇拝の念において愚かで馬鹿げていたが、前者は、しばしば、後者には決して思いつくことがなかったような、悪辣な残虐行為を犯してきたのだ。古代カルタゴ(14)の人々は明敏で繁栄した種族であり、富裕で手強い国民であり、ローマの人々がまだ主要な貴族の子息たちを彼らの偶像に生け贄として捧げていたときに、ハンニバルはローマ人をほぼ征服したのだ。市井の民について言えば、良識と美徳を兼ね備えている人間たちから成っている最も洗練された時代においてさえ、彼らが全知全能の存在に対して、この上なくお粗末で、恥ずべきで、とんでもなく馬鹿げた観念を抱いた多くの事例が存在している。そうした事例の人々があのように振る舞うとは、彼らの抱く神に関する理解がなんと混乱し不可解なものであったことか！　ヘリオガバルスの後継者であったアレクサンデル・セウェルス(15)は、悪しき風習の大いなる改革者であって、彼の前任者が悪しき君主であるとされたのに対して、彼は優れた君主であると看做されていた。宮殿には、彼の私的なお祈りのために設けられた小礼拝堂や小部屋があり、そこにはテュアナのアポロニオス(16)、オルペウス、アブラハム、イエス・キリストなどといった神々の聖像が置かれていたと、彼のことを書いた歴史家が述べている。なぜ、笑うのだ？

ホレイショ　司祭がある人間を良く思って貰いたいときに、その人間の欠点を隠すことになんと熱心であることか、と思ってね。君がセウェルスについていま述べたことを以前に読んだことがあるよ。ある日、モレリ[17]の本である調べ物をしていたら、偶々《たまたま》、皇帝の項目は目に留まったが、その箇所には、オルペウスについても、アポロニオスについても何の言及もなかった。ランプリディウス[18]の一節を思い出して不思議に思い、私が間違っていたかもしれないと考えて彼の本を読み返してみたところ、君が話した通りのことを見出したよ。ランプリディウスの言うところによれば、セウェルスはキリスト教徒に対して非常に好意的であったようであるから、モレリは、セウェルス皇帝のキリスト教徒に対する礼節に報いるという目的で、オルペウスやアポロニオスについて言及しなかったことは明らかだね。

クレオメネス　ローマ・カトリック教徒であれば、それはあり得ないことではないね。だが、次に私が論じたいことは、君が指摘した祝祭や、勝利の後の雄牛百頭の生け贄や、自らの神に対して国民が一般に抱く感謝の念のことだ。私は、あらゆる世俗的な出来事におけるばかりか宗教的な事柄においても、儀式や祭儀やその他多くの敬意の表明が存在しており、外見的にはそれらは感謝の念から生じているように見えるけれども、よくよく吟味してみると、元々は恐れの感情の結果であることを、君に考えて貰いたいのだ。フローラル・ゲーム[19]がいつ最初に始められたのかはよく知られていないが、毎年いつも催されていた訳では決してなく、大変不順な春になったことがきっかけで、元老院がそれを毎年の行事にするよう布告を出したようだ。正真正銘の畏敬の念あるいは崇拝の気持ちという感情の複合体をつくり上げるためには、愛と称賛は恐れと同じく必要な要素であるけれども、後者の恐れだけが前者の愛と称賛の振りを人々に装わせることもできる。そのことは、人々が内心は暴君を忌み嫌っていながらも、外面《そとづら》では彼らに敬意を表することから明らかである。偶像崇拝者たちは、自らが崇拝するあらゆる目に見えない原因が、絶対的で絶大で抵抗できないと認めざるを得ないと同様に、意地悪く傲慢で理不尽であると思われる場合には、人々が理不尽で専横な権力に対して振る舞ってきたと同じように、それらに対して絶えず従順に振る舞ってきた。いったいどのような動機によって、宗教上の些事がほんの僅かでも蔑ろにされたということに疑念が持たれたときにはいつも、同じような祭儀が執拗に繰り返されることになったのであろうか？　嘗て、上演が終わった後で、何か演じきられないものが残っているのではという懸念から、如何に頻繁に同じ笑劇が繰り返し演じられたかを、君も知っているだろう。お願いだから、兎にも角にも君自らの学識に訴え、それを思い浮かべ、人々が自分たち自身のためにつくり上げた際限のないさまざまな妄想や、誰もが人間社会の出来事に影響を与えていると想像している目に見えない原因に関して、人々が抱いてきた夥しい数の対立するさまざまな見解に目を向けてくれたまえ。そしてまた、あらゆる時代に亘って歴史をざっと鳥瞰し、あらゆる主要国家について、その栄枯盛衰を辿るとともに、それらの国家の偉大な将軍やその他の著名な人物の生涯と彼らの運不運を一瞥してくれるとともに、彼らの信仰心がどのようなときに異常に高まり、どのような場合に神のお告げが最も頼りにされ、どのような理由から彼らが最も頻繁に神に訴えたのかを留意してみてくれたまえ。さらには重要であろうと、馬鹿げていようと、忌まわしかろうと、迷信に関して君が思い出すことができるすべてのことを虚心坦懐に考えてみてくれたまえ。そうすれば、次のようなことが分かるであろう。まず、異教徒たち、そして真実の神を知らなかったすべての人々は、たとえ、彼らの多くがその他の多くの点で大変な博識と優れた知性の持ち主で、信頼のおける廉潔の士であったとしても、自らの神を賢明で温和で公正で慈悲深い存在としてではなく、それとは反対に、短気で報復心が強く気まぐれで無慈悲な存在として描いてきたことだ。また、一般民衆が神の属性だと教えられてきた忌まわしい悪徳やふしだらな不道徳は、言うまでもないことだ。次に、人々が感謝の念から目に見えない原因に思いを馳せたとされる各々の事例に関しても、あらゆる偽りの宗教には、神への崇拝や人々の天への服従が常に恐れの感情から生まれたことを確信させる、多くの事例が存在していることだ。宗教という言葉それ自体は神への恐れと同義なのだ。[20] だから、人間の感謝が恐れと同じく愛にもともと根ざしていたのだとすれば、ペテン師たちの狡猾さをもってしてもこの情念につけ込むことはできなかったであろう。そして、人々が聖像と称する不滅の力を感謝の念から崇拝するのであれば、ペテン師たちがいくら神や女神についてよく知っていると揚言したところで用をなさなかったであろう。

ホレイショ　あらゆる立法者や統治者たちは、そういう現象を利用して目的を達し、自らの期待する畏敬の念というものを手に入れたのだね。また畏敬の念というものを生みだすためには愛と尊敬の念が恐れと同様に必要だと、君も認めた訳だ。

クレオメネス　しかし、彼らが人間に課した諸々の法や、それらを犯すことや無視することに科した罰則から推して、これらふたつの要素のどちらに彼らが専ら依拠していたかは、容易に分かるであろう。

ホレイショ　大昔の時代の王であれ、その他の重臣であれ、とにかく初期段階の国家を統治しようとしながら、彼自身もしくは彼の先祖たちが目に見えない力と何らかの繋がりを持っていると主張しなかった人物の名前を挙げることは、なかなか難しいであろう。彼らとモーセとの間には、モーセだけが真の預言者で本当に霊感を与えられており、他の皆はペテン師であった、ということ以外に違いは存在しない。

クレオメネス　このことから、君はどのような結論を導くのかね？

ホレイショ　あらゆる時代のあらゆる党派や宗派の人たちの皆が自らの判断の指針としたことしか、すなわち、自分たちだけが正しく、自分たちと意見を異《こと》にする者はすべて間違っているということしか、我々自身についてもこれ以上何も言うことがない、ということだよ。

クレオメネス　その他の原因が如何なる審査に照らしても成り立たない場合、あるいは、ちょっとした疑念にも耐えられない場合には、厳密な考察を経た後、真正さと公正さをもって、我々自身についてこのように言うことができるということでは、不充分だろうか？　決して行われたことがない奇跡について語り、一度も起こったことがない出来事について話をする人間もいるかもしれないが、これから千年後の知識人たちは、皆、誰であれ偉大な数学者でなかったならば、アイザック・ニュートン卿の『プリンキピア』のような書物を書けなかったはずだということについては同意するであろう。モーセが、自らに啓示されたことをイスラエル人たち[21]に告げたとき、彼は当時この世で他の誰も知らない真実を語ったのだ。

ホレイショ　神の単一性[22]と、神が宇宙の創造者であるということを、君は言っているのだね。

クレオメネス　その通りだ。

ホレイショ　けれども、聡明な人物であるならば誰でも、自らの推論によってこれくらいのことは分かるのではなかろうか？

クレオメネス　もちろんだよ。ここ数百年の間に完璧な域に達した推論術を、思考法として正しく自ら身につけられたならばね。天然磁石の用途が考案され、羅針盤が発明されるや否や、ごく普通の船乗りであっても、皆、大海原の只中に船を進めることができるようになった。けれども、それ以前には、最も熟練した航海士であったとしても、そうした企てを考えただけで身震いをしたことだろう。モーセがヤコブの子孫たちにこうした重大で驚くべき事実を告げ得心させたとき、彼らは奴隷の身分にまで落ちぶれ、住んでいた土地の迷信に囚われていたのだ。彼らの主人であったエジプト人たちは、多くの学問・芸術分野において卓越し、当時の他のいかなる国民よりも自然の謎に関して造詣が深かったけれども、想像できないほど実に怪しげで忌まわしい神の観念しかもっておらず、至高なる存在やこの世を支配している目に見えない原因に関する無知と理解力の乏しさは、いかなる未開人であっても彼らほどではなかったことであろう。モーセは、経験を踏まえず《ア・プリオリ》にイスラエル人たちに教えたのであるが、彼らの子供たちは九、十歳になる前に、最も偉大な哲学者たちでさえ、自然に倣って幾時代も経《た》たないと知ることができない事柄を知っていたのだ。

ホレイショ　古代文明人たちの擁護者たちは、如何なる現代の哲学者であっても、先行する時代の人たちよりも上手に思考したとか、巧みに推論したとかいうことを、決して認めないだろうね。

クレオメネス　彼らは自分たちの考えを信じていればいいのさ。聡明な人物であるならば誰でも、自らの推論によってこれくらいのことは分かると君が言ったことは、初期キリスト教の時代に議論になったことがあり、ローマの偉大な人物たちによって、熱心かつ激しく拒絶された。ケルソス、シンマクス、ポルピュリオス、ヒエロクレス[23]や、その他の有名な修辞家たちや、間違いなく聡明である人たちも、偶像崇拝を擁護する論陣を張り、自らの神は多種多様であると主張した。モーセはアウグストゥスの治世よりも千五百年以上も前に存在した人物だ。誰もが着色法とか素描法をまったく理解していないと確信できるような状況で、ある人間が霊感によって絵画技法を身につけたと私に言ったならば、きっと私は彼の言い分を信じようとするよりも嘲笑ってしまうだろうと思う。けれども、私の目の前で、何枚かの素晴らしい絵を描く彼を見たとすれば、私の不信感は消え失せ、本当に描けるのだと思い、これ以上疑うのは馬鹿げているときっと思うことであろう。モーセ以外の立法者や建国の祖または彼らの先祖が繋がりを持った神について与えたあらゆる説明は、神に相応しくない観念を含んでおり、自然の光によってそれらが偽りであったに違いないことが容易に分かる。しかし、至高なる存在を神として、天地の創造者として、ユダヤ人に描いて見せたモーセの描写は、あらゆる審査に耐えられるであろうし、この世が果てても存続する真実なのだ。だから、一方で、あらゆる真の宗教は啓示されねばならず、奇跡なしではこの世に生じえなかったであろうこと、他方で、あらゆる人間が、何か教えを受ける前に、宗教に対して生まれながらにして抱いている感情は恐れであるということを、私は充分に証明したと思う。

ホレイショ　君は、我々は生まれながらに哀れな生き物だということを、色々な仕方で納得させてくれた。とはいえ、そうした事実を端《はな》から切り出されると、私はそういった屈辱的な真実に対して異議申し立てをせざるを得ないのだ。どうも私は社会の起源について聞こうとしているのに、次から次へと新たな質問をすることで、君の説明を自分で邪魔しているようだね。

クレオメネス　君は何処まで話したか覚えているかね？

ホレイショ　まだ少しも話が進んでいるとは思わないよ。というのは、社会の起源については、野生の男、野生の女、また彼らが教え諭すことができない子供や孫に関して、話しただけだからさ。

クレオメネス　しかし、とんでもなく野生な息子ととんでもなく野蛮な父親が一緒に暮らすことで、息子は父親に対して多少なりとも畏敬の念を感じ、そういう気持ちを身につけるようになるのであるから、話はかなり進展したと思うよ。

ホレイショ　君自身が、野蛮な親たちがそれを利用する能力がないことを示し、僕がそのことに関して抱いていた望みを打ち砕くまでは、私もそう思ったよ。私の意見では、依然として我々は社会の起源の問題に辿り着いていない、あるいは辿り着けないでいるのであるから、そうした主要な論点に話を進める前に、君がすでに一度後回しにした正邪の観念に関する私の質問に答えて貰いたいな。この問題に関する君の意見が気になるのでね。

クレオメネス　君の要望はもっともだよ。でき得る限りそれに応えようと思う。充分な教育を受けた聡明で学識と経験のある人間は、正反対の事柄のなかに正邪の違いを常に見出すであろう。一方で、そうした人物が常に非難するある種の事実が存在すれば、他方で、その人物がいつも承認するある種の事実も存在している。我々にとって害にならない同じ社会の構成員を殺すとか、その人から強奪するのは、常に悪いことであろうし、病人を治したり、公衆に対して慈悲深かったりするのは、本質的に良い行為であると、こうした人物はいつも明言するだろう。また、ある人間が他人から自分がして貰いたいように自分も他人にするというのは人生における良き準則だと、こうした人物は常に言うであろう。またこの点については、どのような国においても、如何なる時代においても、大変教養が高い人たちや抽象的に考えることを学んだ人たちだけではなく、社会の中で育てられた並みの能力を備えたすべての人たちも同意することであろうな。同様に、自らの思考力を兎も角ある程度使いこなすことができる者すべてにとって、契約もしくはその他の方法で何らかの大地の分割が行われる以前の、社会の成立していない状態では、あらゆる人間は大地に対する同等の権利を持っていたであろうと思うことほど正当なことはない。とはいえ、例の野生の人間が彼の野蛮な妻と子孫たち以外の人間とまったく出遭ったことがないとすれば、彼が同じような正邪の観念を持っていたであろうと君は思うかね？

ホレイショ　まったく思えないね。彼の貧弱な推論能力を以てしては、推論術を適性に働かすことは困難であろうし、彼が自らの子供たちに対して持っていると気づいた支配力というものが、彼を非常に専制的にするだろうからね。

クレオメネス　とはいえ、無能力ということは棚に上げ、六十歳の男が、奇跡によって、最も賢明な人間が身につけているほど完璧に、素晴らしい判断力と思考力と首尾一貫した推論能力を手に入れたとしよう。そうしたとき彼は、自分が御することができるすべてのものに対して持っていた権利に関する観念を改めるとか、ほとんどまったく本能によって行動しているように思われるときに、そうした振る舞いから彼が抱いていたであろうと見えるものと別の気持ちを、彼自身と子孫に関して抱くようになると、君は思うかね？

ホレイショ　疑いなくそう思うよ、というのは、判断力と推論能力が彼に与えられれば、一体何が、その他の人間と同じように、彼がそういった能力を使うことを妨げると言うのか？

クレオメネス　君は、誰しも、経験に照らして《ア・ポステリオリ》しか、つまり、彼が知っていることとか、真実であると看做していることからしか推論することができない、といったことをどうも考慮していないようだね。正邪の間の相違について私が述べたことは、教育によって学んだことを覚えている社会の中で生活をしている人たちとか、あるいは少なくとも、自分たちとは無関係でしかも自分たちと同等者かあるいは自分たちよりも優越者であるような他の人間たちと、明らかに出遭ったことがあるというような人たちに関して話したのさ。

ホレイショ　君が正しいと思い始めたよ。でも、よくよく考えてみると、どうしてある人間が、自分自身の妻と自らの子孫のほかに人間を知らない所で、自分をその君主であると看做すことが極めて理に適っているとしてはいけないのだろうか？

クレオメネス　君の言う通りだ。とはいえ、果たして、まったく互いに出遭ったこともなければ、互いに噂を聞くこともない、大家族を率いた未開人が、この世に百人も存在するであろうか？

ホレイショ　お望みならば千人も、とも言えるね。だとすれば、大変な数の生まれながらな君主がいることになるね。

クレオメネス　そうかもしれないな。ただ、私が君に知って貰いたいことは、聡明で判断力があるそうした百人ないし千人の人たちが気づいていないような、通常、永遠の真理であると看做されている事柄が存在するということなのだ。あらゆる人間が支配者的資質を持って生まれ、しかも我々がそうした資質を矯正できるのは他人との交わりによってだけであり、そうした交わりを経験することを通じて、我々には支配者の如く振る舞う権利はないのだと悟るということが事実だとすればどうだろう？　ある男の一生を、揺りかごから墓場まで眺めて見て、優越することへの欲求やあらゆるものを独り占めにしたい欲求と、道理に適った正邪の観念に則って行動しようとする傾向のどちらが、その男にとって最も自然であるか考えてみよう。そうすれば、彼の幼少期においては前者の欲求が顕著であり、彼が何らかの教育を受けるまでは後者の傾向はまったく現れず、また彼が教養の低い状態でいればいるほど、彼の行動に対する後者の影響は少ないであろう、ということが分かるであろう。こうしたことから、私は正邪の観念は習得されたものであると推測するのだ。というのも、もし、そうした観念が、あらゆる物を自分のものであるとする我々が生まれながらに持っている考え、あるいはむしろ本能と同じように自然なものであり、またそれが我々に与える影響もそれらの本能と同じくらい早い時期からのものであるとすれば、必ずや子供たちは長兄の遊び道具を泣き叫んで求めることはなくなるであろう。

ホレイショ　人間が自らの子供たちに対して持つ権利ほど、自然で道理に適ったものはなく、我々が親に負っている恩義は返しきれるものではない、と私は思うよ。

クレオメネス　我々が立派な親の子育てや教育に対して負っている恩義は、慥かに大変なものであるに違いないな。

ホレイショ　それは親に対する恩義のごく一部に過ぎないな。我々の生存自体が、親からの恩恵の賜物なのだ。我々は、大勢の人たちから教育を受けるかもしれないが、親の存在なくして決して生きていくことはできないのだ。

クレオメネス　まさにその通りで、大麦を産する土地なしでは、ビールは手に入らないのさ。また、無償の恩恵に対して義務などは生じないだろう。ある男が見事な一房のサクランボを見つけ、思わず食べたくなり、それらを貪り喰い大いに満足したときに、消化しないと経験上分かっているサクランボの種を多少は飲み込んでしまうことも充分あり得ることだ。もし、十二ヶ月ないしは十四ヶ月後に、その男が、草原の思いもよらない所に生育しているサクランボの小さな新芽を見つけ、しかも、その男が以前そこに行ったときのことを思い出すのであれば、彼がそこに芽が出た真の理由に思い当たることはあり得ないことではない。同様に、この男が、好奇心に駆られて、この苗木を持ち帰り、世話をするということもあり得ることだ。またその後、この苗木がどのようになろうとも、その男の行為の功績として、彼が苗木に対して持つ権利は、未開人が彼の子供に対して持つ権利と同じであろうと、私は充分に確信している。[24]

ホレイショ　前者と後者との間には大変な違いがあると私は思うがね。サクランボの種は、彼自身の身体の一部でもなければ、彼の血液とも混ざってもいないからね。

クレオメネス　悪いけどね、君があると看做している大変な違いとは、単に次のようなことに過ぎないね。つまり、サクランボの種は、未開人が飲み込んだ何かあるものよりも長い間、それを飲み込んだ人間の身体の一部ではなかったという点と、それら何かあるものが未開人の体内にある間に生じた変化よりも、サクランボの種がその男の体内にある間に生じた形の変化の方が大きくはなかったという点だけだ。

ホレイショ　けれども、サクランボの種を飲み込んだ男は、種に対して何もしなかったね。種が植物として木を発生させただけなのさ。そうしたことは、何もその男が種を飲み込まなくても同じように種は見事に苗木になったであろう。

クレオメネス　その通りだ。種が苗木になるための原因に関する君の言い分は正しいと認めるよ。しかし、私は行為の功績についてはっきりと触れておいたように、行為というものは何れにしても、自由意志で行動する人間の意図からのみ生じるものだろう。件の男が苗木を植えようとしてサクランボを食べたのではないのと同様に、未開人も、子供をもうけようという意図などほとんど抱くことなく交わったかもしれないし、恐らくそのようにしたのであろう。我々の子供は我々自身の血肉からなっているとよく言われるけれども、こうした言い方は妙に比喩的だと思うよ。とはいえ、修辞家たちはそれに名前をつけていないが、こうした比喩を正しいものとして受け容れるとして、このような比喩が一体何を、我々のどのような慈愛心を、我々の他人に対するどのような親切心を、その意図として明らかにしているのであろうか？

ホレイショ　君は好きなように何を言っても構わないが、子供たちは親自身の血肉からなっているという考えほど、親たちに子供たちを愛おしく思わせるようにするものはない、と私は思うよ。

クレオメネス　私も君と同じ意見だ。また、そのことは、我々は我々自身と、我々に由来するすべてのものに最高の価値を置いていることの何よりの証拠なのだ。もっとも、それは、それらすべてのことが素晴らしく、称賛に値すると看做される場合の話であり、それに反して、同じように我々に由来するものであっても、不快であるようなその他の事柄は、我々の自己称賛の気質の故に、努めて秘匿される。如何なるものであれ、それが見苦しく、何よりもまして我々にとって不名誉であると看做されるや否や、そのことを指摘したり、言及したりすることさえ、礼を欠くことになるのだ。胃の内容物はさまざまに処理されるが、我々はそのことに何も関与していない。その内容物が血液になろうと、別のものになろうと、我々が自らの意志で自覚的に行ったことは、それらを飲み込むのが最後であって、その後、動物としての有機的組織によってなされたすべてのことには、時計の進行の場合と同じく人間は何ら関与していないのだ。こうしたことは、自然がすべてやってくれているのにも拘わらず、よい結果が出るとなれば、自分たちがほとんど関与していないありとあらゆる行いに対して、我々が主張する不当な権利のもうひとつの例なのである。だが、自らの豊かな才能を誇る者は誰しも、自らが愚かしいことをしたり、興奮して感情が高まったりしたときは、非難されるであろうことを覚悟すべきなのだ。このようなとんでもない生まれつきの愚かさの原理がなければ、如何なる理性的な動物であっても、自らの自主性を誇りながら、同時に自らの意志に明らかに依存していない諸々の行為に対する称賛を受け容れることなどないであろう。あらゆる動物の生命は複合的活動からなっているが、その中で動物自身が受け持つ役割は受動的なものに過ぎない。我々は無意識に呼吸をせざるを得ないし、我々の存続は自然の保護と永続的な監視のお陰であることは明白である一方で、我々自身も例外ではなくその一部である自然の作品のあらゆる部分は、我々にとって不可解な神秘であり、如何なる研究も及ばぬものなのだ。自然は、自ら我々の食べ物をすべて提供し、それを欲する食欲のために我々の知恵を当てにしていない。食べ物を砕くことを、本能を通じて、自然は我々に教えてくれるし、快楽を出汁《だし》にしてそれを食べるよう手懐《てなず》ける。このことは自己判断による行為であるように思われ、しかも我々自身がこうした行為を自覚しているので、我々はそれに関与していると言えるかもしれない。だがその後すぐに、自然は世話を再開し、再び我々の預かり知らぬ所で、我々が知る限り我々の助けとか同意なしで、神秘的な仕方で我々を保護してくれる。その後、我々が食べたり、飲んだりしたものの処理は、まったく自然の監視下にあるのだから、その成果が生殖のための不確かな手段として役に立ったり、あるいは成長にとってそれなりの手助けを齎したりしたとしても、いったいどのような名誉あるいは恥辱を、我々はその成果の如何なる部分からにせよ受けてしかるべきなのだろうか？　我々にものを食べるように導くのと同様に、繁殖するように促すのも自然であって、他の動物と同様に、未開人も、自らの種を存続させることに何の思いも意図もなく、本能によって子孫を殖やすが、それはちょうど生まれたばかりの幼児が授乳行為において、生命を存続させようとする思いも意図も示さないのと同じことだ。

ホレイショ　だが、そうしたことがあるために、自然は動物と人間の両者に異なった本能を与えたのだ。

クレオメネス　慥かにそうだ。だが、私が言いたいことは、事の道理というものが、未開人にとってと同様にその他の動物にとっても、行為の起動力になっているということだ。何であれ動物の子供の出産にまったく立ち会ったことも、それを気にかけたこともない野生の女性が、実際の原因を思い描くことなく何人かの子供をもうけるだろうけれども、その際、彼女が実際の原因を思い描くといっても、それはせいぜい疝痛《せんつう》があれば自分が食べた美味しい果物の所為ではないかと疑う程度のものであり、それも、何の問題も感じないで、数ヶ月の間それを食べ続けてきたような場合にはとくにそうだ、と私は本当に信じているよ。世界中の到る所で、子供たちは、多かれ少なかれ、痛みを伴って産み落とされるが、そのことは喜びと結びつくものではないように思う。何も教えを受けていない人間ならば、たとえどんなに素直で注意深くあっても、苦痛が喜びを生むとかその原因になり得ることが信じられるようになるまでには、何度かはっきりとした体験を積む必要があるだろうね。

ホレイショ　大抵の人たちは、子供をもうけようという希望を持って、あるいはそういう予定で結婚するね。

クレオメネス　そうではないのでは、と私は疑っているのだ。夫婦関係にあっても、子供を望む者と、むしろ子供を望まない者、あるいは、少なくとも通常見受けられるほど早くは欲しくない者とが、同じくらいは存在すると思うよ。夫婦でなく、享楽に耽るだけの多くの人たちの情事の場合には、子供は彼らに降りかかる最大の災難だと看做される。そして、しばしば、罪深い愛が何の考えもなく産み落とした子供を、今度はより罪深いプライドが、残酷にも意図的に配慮の末に殺すのだ。だが、こうしたことのすべては、利発で物事の当然の結果について熟知している社会に住む人々のことであって、私の強調したことは、未開人に関して述べたものだ。

ホレイショ　とはいっても、あらゆる動物の両性間の愛の目的は、種の保存だよ。

クレオメネス　そのことはすでに認めているよ。もう一度言うけれども、未開人は、そうした動機によって性交へと促されている訳ではない。性交の結果を知ることなく子孫を殖やしているのさ。また、この上なく教育を施された男女が、限りなく貞節な抱擁をしている最中に、種の保存への配慮を真の動機として、そうした行為をしたのかどうかも、大いに疑問に思うよ。ある金持ちの男は、彼の名声と財産を継承させるために、息子をとても切望するかもしれない。恐らく、彼はただそれだけの動機から、ただそれだけの目的で、結婚するかもしれない。だが、幸せな子孫という心地よい期待から受け取っているように見える満足感はすべて、自らをそうした子孫の成因であると看做すことの心地よさからのみ生じることができるのだ。だが、どんなに子孫の存在がこの男に負っていると看做されようとも、彼の行為の動機は己れ自身を喜ばすことにあったことは慥かなことなのだ。そうであるにも拘わらず、ここにも、子孫に対する願望や、子供をもうけることへの思いが存在しているが、それは野性の夫婦が自慢すべきことではない。とはいえ、彼らは、五、六世代先の子孫を目にするまで生きたとしても、自らをあらゆる子供や子孫の成因であると思って自惚れるだろうさ。

ホレイショ　私はそうしたことに虚栄心を見出すことはできないし、また、私自身も彼らと同じように思うであろう。

クレオメネス　とはいえ、自由意志で行動する人間として、彼らが自らの子孫の存在に対してまったく寄与していなかったことは明らかではなかろうか。

ホレイショ　どうやら、君は言い過ぎたようだ。まったく、だって？

クレオメネス　そうだ、もし君が人間という存在は自らの欲望を自然から得ているということを認めるのであれば、人間は彼ら自身の子供に対してさえ自覚的に寄与したことはまったくないと言えるな。我々の感覚が及ぶ範囲であろうと、それを遙かに超えるところであろうとも、宇宙には唯一無二の真の原因が存在して、それが無限に多様な途方もない成果を生みだすとともに、自然の中で達成されるあらゆる大仕事を遂行している。親は子孫にとって作用因であるが、それは、職人自身によって考案され、作り出された道具が、彼の最も洗練された作品の原因となるという意味以上の真実性や、言葉の適宜性を帯びていない。銅釜に水を注ぎ込む感覚のない装置や置かれっぱなしの糖化槽は、ともにビール醸造の方法と手段という点で大きな役割を担っているが、それは丁度、動物の子づくりにおける元気な雄と雌の役割と同じようなものだ。

ホレイショ　君は我々をまるで木石の如く扱っているね。行動するか否かは、我々が選択できるのではないかね？

クレオメネス　その通りだ。壁に頭を打ち付けるか、あるいはそうしないかは、私の選択に委ねられている。だが、私がそのどちらを選ぶかをあれこれ考え込んで、君が頭を悩まさないように願うよ。

ホレイショ　だが、我々は自分が望むように身体を動かすのではないかね？　またあらゆる行為というものは意志によって決定されるのではないかね？

クレオメネス　では、その意志を明らかに支配し、凄い影響力でコントロールする情念が存在するとすれば、君の言っていることはどうなるかね？

ホレイショ　そうだとしても、我々は依然として自覚的に行動するし、聡明な動物でもあると思うよ。

クレオメネス　だが、私が話している事柄ではそうではないのだ。こうした事柄においては、望むと望まないとに拘わらず、我々は、我々の理解力を遙かに超えた行為を手助けするだけではなく、むしろそれを強く望み、他人の反対をものともせずに、それに大喜びするように内部から激しく促され、謂わば、強要されているのだ。私の指摘した喩え話はことごとく正しいのだ。というのは、とても情愛細やかで、とても聡明な夫婦でさえ、生殖の神秘について何も知らずに、否、それどころか二十人の子供をもうけた後でも、自然の営みや、自然内部で起こってきたことについてまったく知識もなく、また何の関心もないまま、二人一緒に暮らしているに違いないからだ。それは丁度、生命のない道具が、それが今まで用いられてきた最も不可解で巧妙な作業に関して、まったく知識がなく、また何の関心もないと同じことだ。

ホレイショ　人間のプライドの全貌を描くことにおいて君ほど卓越している、あるいはそれを糾弾する点で君ほど容赦しない人間を私は知らないが、その問題を話題にした途端、君は収拾がつかなくなるのだね。一気に、社会の起源の問題に話題を転じて貰いたいね。我々が等閑《なおざり》にしてきた未開人の家族から、どのようにして社会の起源を導き出すのか、あるいは未開人の家族がどのようにして社会を齎すのかという問題は、私の力量を超えているのだ。未開人の子供たちが成長したときに、頻繁に喧嘩をしないでいられることなどあり得ないことだ。人間が満足させるべきはっきりとした欲求をたった三つしか持っていないとしても、統治なくしては、彼らが平和裡に共存することはできないと思うよ。というのは、子供たちすべてが父親に対して敬意を払っていたとしても、父親が彼らに生きていくために守るべき良き規則を授けることができないほど思慮分別に欠けた人物であったならば、子供たちは絶えざる戦争状態のなかで生きていくことになるであろうと思わざるを得ないからだ。そして、彼の子孫の数が殖えれば殖えるほど、老いた未開人は統治の必要性とそれに対する自らの無能力との間の板挟みになって悩むことになるだろうね。子孫の数が殖えれば、彼らは自らの居住区域を拡げざるを得ないし、彼らが生まれた場所は、長きに亘って彼らを収容することができなくなるであろう。とりわけ自分が生まれた谷間が地味豊かな土地であったならば、誰しもそこを去り難く思うであろう。こうしたことを考えれば考えるほど、また、そのような大勢の人たちのことを考慮すればするほど、どのようにして彼ら未開人たちは、一つの社会へと編成され得たのか、ますます私は分からなくなるね。

クレオメネス　人間を連帯させることができる第一番目の要素は、最大の敵同士をも結びつける共通の危険だろうな。人の住んでいない所には必ず野生の獣が住み、人間がこの世に誕生したときは無防備であったことを考慮に入れれば、必ず未開人たちは野生の獣の為にこうした危険に陥るだろうね。こうした危険は、しばしば、人間の増殖を妨げる残酷な要素になったに違いないな。

ホレイショ　ということは、このような野生の人間が子孫とともに、五十年の間、平穏に暮らすであろうといった想定はあまりあり得ることではなく、また当該の未開人の生存があまりにも多すぎる子孫のために脅かされるなどと心配する必要もないね。

クレオメネス　その通りだ。ある人間とその子孫が、無防備のまま猛禽類の激しい餓えから、長い間、逃げきれる見込みなんてことはあり得ない相談だ。猛禽類は捕獲できるならばどんな動物であっても生きる糧にするであろうし、生命に危険があったとしても、食べ物にありつくためには、あらゆる場所を探し尽くし、どんな努力も厭わないだろう。私がそのような想定をした理由は、次のようなことを君に示すためなのだ。第一に、野生の、教育を受けていない人間が、ウィリアム・テンプル卿が指摘するような知識や思慮深さを持っているなど[25]ということは、ありそうでないということだ。そして第二に、自らと同じ人間という種《しゅ》と交わった子供たちは、たとえ未開人によって育てられたとしても、統治可能な存在であり、したがって、こうした子供たちはすべて、成人に達したときには、彼らの親が如何に無知で分別がなくとも、社会に適合的になるであろうということだ。

ホレイショ　説明してくれて有り難う。というのは、獣のような未開人の第一世代であっても、社会的な動物を充分に育て上げられるが、他人を統治するに相応しい人間を育て上げるには、さらにもっと多くの要素が必要とされた、ということが分かったからだ。

クレオメネス　未開人を連帯させる最初の動機についての私の推論に戻ろう。人類が文字を欠いていた黎明期のことだから、何事につけ明確に知ることは不可能であるが、事柄の性質上、その動機は猛禽類から受ける危険に対する共通した危機意識であったことは、大いにあり得ると私は思うよ。猛禽類には、子供たちや、人々が自分たちの食用に供しようとする無防備な動物を待ち伏せて襲う卑劣なものもいるし、また大人の男女を堂々と襲うより大胆なものもいる。このような私の見解を大いに確証してくれるのは、大昔からさまざまな国に存在する話がすべて、概ね私の意見を代弁していることである。というのも、あらゆる国の揺籃期における歴史書は、人々が野生の獣と戦ったことに関する話で溢れているからだ。そうした歴史書は、遙か遠い昔の英雄たちの主立《おもだ》った苦労話を取り上げているが、彼ら英雄たちの最大の豪気さは、ドラゴンを仕留めたり、その他のモンスターを退治したりすることに示されているのだ。

ホレイショ　君はスフィンクスや、バジリスクや、空飛ぶドラゴンや、火を吐く雄牛などを力説したいのかね？

クレオメネス　現代の魔女と同じ程度にはね。だが、それらすべての想像物は、有害な野生の獣や、それら野生の獣たちが与えた危害や、人間を恐怖に陥れた現実から生まれたものであり、馬の背に乗った人間を見たことがなかったならば、我々はケンタウロス(27)について耳にすることはなかったであろうと思うよ。ある種の野生の動物に見られる並外れた腕力や狂暴さや、毒液を分泌する生き物のさまざまな毒から、ほかの生き物にも潜んでいるに違いないと連想される驚異的な力や、突然で予期できぬ蛇の急襲や、さまざまな種類の蛇や、巨大な鰐や、異形な型をした魚や、翼を持つ別種の魚などはすべて、人間の恐れの感情を掻きたてるものなのだ。こうした恐れの感情が、どれほど怯《おび》えた人間の心のなかに奇怪な幻想を生みだすのか、信じられないほどだ。日中の危険は、しばしば、人々の脳裏を離れることはないし、恐怖心を増して夢の中に記憶されることによって、容易く現実を捏造するのだ。そのうえ、人間の生まれつきの無知や知識への渇望は、希望と恐れというものが生みだす軽信、大多数の人間が抱く称賛されることへの欲求、一般に驚異であるものとその目撃者や語り手に対して持つ畏敬の念などといったものを一層増大させるということを君が考慮したならば、つまり、以上述べたことすべてを考慮に入れたならば、如何にして多くの生き物が、一度も存在したこともないのに話題になり、記述され、きちんとした形で描かれるようになったのか、直ちに分かるであろう。

ホレイショ　異形な容姿の起源や、寓話の創案についての説明には違和感を覚えないが、人々を一つの利益の下に団結させる最初の動機として君が指摘した理由のなかに、私はとても当惑するものを感じる。君が指摘した理由は、有り体に言えば、以前に考えてもみなかったことだ。君が私に指摘したような裸で無防備な人間の状態と、人間の血に飢え、体力という点で人間より勝り、生まれながらにして防備がなされている多くの貪欲な動物のことを考えれば、どのようにして人間が存続したのか、私には想像し難いね。

クレオメネス　君の指摘はとても傾聴に値するね。

ホレイショ　それはよかった。ライオンや虎はなんて不快で忌まわしい獣だろう！

クレオメネス　私はライオンや虎を非常に素晴らしい動物だと思うし、ライオンほど私が感嘆する動物はいないのさ。

ホレイショ　ライオンの寛容さや感謝の気持ちについての奇妙な話もあるけれども、君はそういう話を信じるかね？

クレオメネス　私はそうした話には関心がないね。私が感嘆しているのは、互いにとてもバランスがとれたライオンの体型と骨組みと獰猛さだ。あらゆる自然の作品には秩序と均整と途轍もない英知が認められるが、そうした作品はライオンほどに明瞭にあらゆる部分が目的——その目的のために全体がつくられたのだが——に適《かな》った装置にはなっていない。

ホレイショ　他の動物の殺戮という目的だね。

クレオメネス　その通りだ。だが、その目的というのが簡潔にして明瞭で、何とも明快のことか！　葡萄はワインに、人間は社会に向いているということは、葡萄や人間それぞれの個体のなかで成し遂げられる事実ではないが、それぞれのライオンにはすべて真の威厳が刻印されており、その姿を見れば、どんな勇敢な動物でもひれ伏し、慄《おのの》いてしまう。ライオンの並外れて巨大な足に埋め込まれているがっちりとした大きなかぎ爪、そして爪の途轍もない固さ、さらに恐ろしいほどの歯、強い顎、同じく恐ろしいほどの口の大きさ、といったものを我々が見て観察してみれば、それらの用途は明らかさ。だがさらに、ライオンの手足の造り、筋肉と腱の強靱さ、他の動物より勝る骨の硬さ、全体の骨格、それとともに荒野を百獣の王として見回りするときの絶えざる忿怒、速さ、敏捷さを考慮するとき、つまりこれらのことすべてを考慮に入れるとき、自然の意図を顧みることなく、如何に驚異的な手腕をもってその美しい動物が、攻撃的な狩猟向けに考案されたものであるか[28]を理解しないのは、愚かなことだ。

ホレイショ　君は絵を描くのが上手だね。だが結局のところ、どうして君は動物の本性を、その起源から、つまり、それが最初に生みだされたときの状態からではなく、それが堕落させられた状態から判断するのだ？　楽園にいたライオンは温和《おとな》しく愛すべき動物であった。ミルトン[29]が、ライオンのアダムとエバの面前での振る舞いについて語っている、次の言葉に耳を傾けたまえ、すなわち、「彼らは、花模様も鮮やかな、柔毛《にこげ》のように柔らかい草地の上に身を横たえているとき」、

——二人の周りには、まだ野生化する以前の地上のあらゆる動物、つまり森や荒野や林や洞窟で狩りをする以前の動物が跳んだり跳ねたりして戯

れていた。戯れにライオンは後ろ足で立ち、前足で子山羊をあやした。熊や虎や山猫や豹は二人の前でふざけて跳ね回り――

ライオンは何を食べていたのだろうか？　また、楽園には、これら猛禽類が食べるどんな食べ物があったのかな？

クレオメネス　知らないな。聖書を信じる者は誰でも、楽園の全般的状態や神と人間との交わりは、無からの創造のように超自然的なものであったことを疑わないのだ。だから、そうした事柄は、人間の理性で説明されるとは、想定することはできないのだ。仮にそうだとしても、モーセは自分自身で提示した以上のことに責任はないであろう。彼が我々に示した当時の歴史は極めて簡明であり、他人によってそれに対してなされた注解や解釈に含まれる事柄によって、それが非難されるべきではない。

ホレイショ　ミルトンは、モーセによって正当化できることしか、楽園について何も述べていないね。

クレオメネス　山羊もしくは何らかの胎生動物が子供を生み育てることができたほど無垢の状態[30]が長く続いた、などということはモーセのどこを調べても立証できないね。

ホレイショ　子山羊などいるはずがなかった、という意味だね。『失楽園』のような素晴らしい詩に私だったらそんな難癖を決して付けはしないよ。そんなこと思いもつかなかったね。私がミルトンの詩句を暗唱した目的は、ライオンという存在が、楽園においては、如何に不必要で不適切な存在であるかということと、自然の作品に欠陥を見つけたと称する人たちがいたら、ある偉大な獣に非常に多くの卓越性を無駄に気前よく与え、投げ捨てている事実に対して非難した方が正当であったかもしれないことを、君に示すためだ。「なんと見事な多様な破壊兵器が、なんと並外れた強力な手足と筋肉が、ここではある動物に与えられていることか！　それで一体何をするというのか？　温和しくしていて子山羊をあやすのさ」と、彼らは言うであろう。有り体に言えば、こうした役目は、つまりライオンに割り当てられた仕事は、恰もアレクサンダー大王を乳母にするが如く、適切でも適当でもないと私には思えるよ。

クレオメネス　ライオンが眠っているのであれば、その時、君はさんざんライオンについて好き勝手なことを言ってもよいだろうさ。雌牛の群れの中で静かに草を食べている雄牛の姿しか見たことがなければ、雄牛に角を使用する機会があるなどと、誰も考えはしないだろう。だが、雄牛が、犬とか、狼とか、自ら種族のライバルなどに攻撃されるのを見たことがある人は、雄牛の角は彼にとって有用で役に立つということを、すぐに分かるであろう。ライオンはいつまでもずっと楽園にいるようには造られてはいなかったのだ。

ホレイショ　その点についてはそうではないと言いたいね。もしライオンが楽園を去るように通告され、そのように遂行されるように考案されていたというのであれば、人間の堕落が確定され予定されたものであったことは、天地創造のはじめから明らかなことだよ。

クレオメネス　それは慥かに予定されていた。如何なることも全知の神に隠すことはできなかったのだ。それは慥かだが、そのことが、アダムの自由意志を侵害するとか、あるいは何らかの意味で、そうしたことに影響を与えるために予定されていたというのであれば、私は全面的に否定するよ。だが、「予定されている」という言葉は俗世では大変話題を呼んでおり、「予定されている」という意味それ自体も、多くの重大な論争の原因となっているだけではなく、一義的に解釈しがたいものでもあるので、私はそのことに関する如何なる議論にも決して加わらないと決めているのだ[31]。

ホレイショ　議論に加われとは言えないね。とはいえ、君が大いに称賛した動物は、非常に多くの人類の生命を失わせたに違いないし、火器を、あるいは少なくとも弓矢を手に入れる前に、どのようにしてほんの僅かしか存在しない人間たちが、自らを守り得たのか不思議でしょうがない。というのは、どれだけの数の無防備の男女が一対のライオンに匹敵するのかと思うからだ。

クレオメネス　だが、我々人類はここに生存している。

またどんな文明国においても、そうした動物は野生のままでいることは許されない。我々人類の優れた知性がそれらの動物の行動を抑え込んだのだ。

ホレイショ　そうであるに違いないことは、私の思考力でも理解できるよ。だが、人間の知性は、何かを解決しようという目的に役立つとき、それは充分に成熟しておりいつも役に立つが、それ以外のときは、知識や推論力は時間の産物であって、何世代も経つまで人間は正しく思考することができない。ところで、人間が武装する前に、人間の知性はライオンに対してどのように対処することができ、また何のお陰で生まれてすぐの人類が野生の獣に貪り食われるのを防ぐことができたのだ？

クレオメネス　神の摂理さ。

ホレイショ　慥かに、ダニエルは奇跡によって救われたが(32)、残りの人類にとってそのことが何だというのだ。多数の人類が、さまざまな機会に、野生の獣によってズタズタに切り裂かれたことを我々は知っている。私が知りたいのは、人間が防禦のための武器や、そういった残酷な動物の狂暴さから身を守るための強固な要塞を持たないときに、彼らのある部分が逃げ果《おお》せて、人類が全滅しなかった理由だ。

クレオメネス　私は、それは摂理であると君に先ほど言っただろう。

ホレイショ　だが、どのようにして、君はこの奇跡的な助けの存在を証明できるのだ？

クレオメネス　君はまだ奇跡について論じているが、私は摂理について、あらゆるものを支配する神の知恵について述べているのだ。

ホレイショ　如何にして神のそうした知恵が、現在と同様に奇跡なしで、この世の初めにおいても、ライオンと我々人類との間に割って入っていたのかを君が私に証明してみせれば、「君は私にとって偉大なアポロだ《エリス・ミヒ・マーグヌス・アポロー》」(33)。というのは、差しあたり野生のライオンならば、少なくとも牛や馬と同様に無防備な人間をも、必ずや直ぐさま餌食にするだろうと確信するからだ。

クレオメネス　あらゆる特性や、本能や、生物あるいは無生物の本性と我々がよんでいるものは、神の知恵の産物、結果であるということを君は認めないのかね？

ホレイショ　そのように考えなかったことは一度もなかったね。

クレオメネス　それなら、そのことを君に証明することは困難ではないね。野生のライオンが生息するのは非常に熱い地域だけであり、それは熊が寒冷地の生き物であるのと同じだ。温暖な気候を好む人類の大部分は、中間地帯を最も喜ぶ。人々は自らの意志に反して厳しい寒さに慣れるとか、習慣や忍耐によって酷暑に慣れるかもしれないが、両極端の間の温暖の外気と天候が人間の身体により好ましいので、人類の大部分は温暖な地域に自然と定住するようになり、その他すべての点においても同じく利便性があるので、決してそれ以外の地域を選ぶことはしないだろう。

ホレイショ　とはいえ、暑い地域のライオンや虎はその境界のなかに留まっていたのだろうか、また寒い地域の熊は、決して境界を越えて彷徨《うろつ》いたり流離《さすら》ったりしなかったのだろうか？

クレオメネス　私はそうだとは思わないな。人間も、家畜と同様に、ライオンの生息地から遠く離れた所でしばしば襲われたこともあるだろう。如何なる野生の獣であっても、我々がしばしばお互いに対して致命的であるほどには、我々人間に対して致命的である訳ではないけれども、敵に追われた人間は、自らは決して選んだことがない領域に、逃げ込んだのだろう。同様に、強欲や好奇心は、何もそうせざる必要性もないのに、しばしば、人間を危険に晒したが、もし、人間が自らの本性の要求するものだけで満足し、人間ほどには虚栄心も強くなく気まぐれでもない動物が満足している、あの簡素な仕方で自己保存に励んでいたならば、そのような危険は避けられたかもしれない。だが、人間が採ったこれらすべての行動のお陰で、大勢の人類が野生の獣やその他の有害な動物に苦しめられることになったことは、私は疑わないね。そのような場合には、弓矢あるいはもっと優れた武器が発明されるまで、多くの人間が、酷暑もしくは極寒の地に定住したり生存したりするのは不可能であっただろうと心底思う。とはいえ、こうしたことは、私の主張を覆すことにはならない。私が証明したかったことは、あらゆる動物というものは、自らにとって最も相応しい暑さや寒さを本能的に選ぶので、ライオンと熊によって貪り食われるような危険を冒すことなく、長い世代に亘って子孫を殖やす余地がこの世には充分に存在したであろうということ、また、最も未開な人間であっても理性の助けなしで、これくらいのことは悟るであろうということだ。私は摂理の働きだと呼ぶのだが、それによって、私は、宇宙の調和的な配列における至高者の万古不易の知恵を意味させている。それは、すべての出来事が疑いもなく依存している不可解な原因の連鎖の源であると言ってよい。

ホレイショ　君は期待していた以上に上手《うま》く私の疑問に答えた訳だが、そのことによって、社会への最初の動機だと君が主張したことが、元の木阿弥になったのではと心配だね。

クレオメネス　そんなこと気にしないでくれ。人々が一緒になって互いに助け合わなければ、無防備で身を守ることができないその他の野生の獣がいるからだ。温和な気候で、ほとんど開墾されていない地域には狼がいっぱいいるだろう。

ホレイショ　私はドイツで狼を見たことがあるが、狼たちは大きなマスティフ犬ほどあって、主な獲物は羊であったと思うよ。

クレオメネス　狼にとっては、狩猟できるものは何でも獲物さ。狼は無鉄砲な動物で、非常に飢えているときには、羊だけではなく、人間や牛や馬にも襲いかかる。彼らはマスティフ犬のような歯をしているが、そのほかに、犬にはない獲物を引き裂くための鋭い鉤爪《かぎつめ》も持っている。どんなに頑丈な人間でも強さという点では狼にはとても敵わないが、さらに悪いことは、彼らは群れをなしてやって来ることで、村全体が彼らに襲われたこともある。狼は一腹で五、六匹かそれ以上の子を生み、もしも人々が纏まって速やかに彼らを駆除してしまわなければ、狼が繁殖している地域は、たちまち、荒廃してしまうであろう。同様に、猪も恐ろしい動物であり、気候が温暖な地域の大きな林や人の住んでない場所では、大抵は自由に闊歩している。

ホレイショ　猪のあの牙は恐ろしい武器だね。

クレオメネス　しかも、猪は狼よりも、大きさと強さという点で遙かに優っている。大昔に猪たちが犯した害悪と、勇敢な人たちが彼らを退治して得た名声とで、歴史は溢れている。

ホレイショ　その通りだが、昔、怪物と戦った英雄たちは充分に武装していたよ。少なくとも、彼らの大部分はそうだった。だが、まったく武器を持たなかった頃の無防備の人間たちには、群れをなしてやって来る飢えた狼の歯や爪に立ち向かうのに、どんな手立てがあったのだろうか？　また、人間が加えることができる最も強い一撃で、どのような効果を、猪の厚い剛毛の密生した獣皮に与えることができるだろうか？

クレオメネス　一方で、私は野生の人間が野生の獣に対して持たねばならない懸念について指摘してきたけれども、他方で、我々は人間にとって有利な点も忘れるべきではない。第一に、苦難に慣れた野生の人は、体力や敏捷性や活動力を必要とするあらゆる戦いにおいては、飼いならされた従順の人間よりもずっと秀でていたであろう。第二に、人間の怒りは、社会におけるよりも未開の状態における方が、より速やかに、またより効果的に人間の心を高揚させ、手助けしてくれたであろう。社会における人間は、幼い頃から、己れを守るために、非常にさまざまな方法を教えられ、怒りという自然の気高い贈り物を、恐れの感情でもって封じ込め、押さえつけるように強いられているのだ。野生の動物の多くは、彼ら自身の、あるいは彼らの子供の生命が危険に晒されているときには、とても強硬に戦い、しかも最後まで執拗に戦い抜き、自らが打ち負かされる状態にあるとか、不利な状態にあるとかなどを考えることなく、息のある間はでき得る限り相手を痛めつけようと努める、ということがよく知られている。同様に人間も、ものを教えられず無思慮の存在であればあるほど、ますます一番大切である怒りの感情によって完全に支配されるということも、確認されていることだ。生まれつき持つ自然な愛情によって、野生の男は、また野生の女も、彼らの子供のために自らの命を犠牲にするとき、彼らは戦いながら死ぬであろう。だから、一匹の狼が、たとえ無防備であったとしても、親が共に決然としている場合には、その用心深い野生の人間の親たちから子供を奪い去るのは容易なことではないと気づくだろうな。人間は生まれつき無防備な存在であるという点について言えば、彼が、長い間、自らの腕力について知りながら、指の関節の接合について、あるいはそのことによって生じる、素早く握ったり摑んだりする指の持つ能力について理解していないなどということは考えられないし、どんなにものを教えられていない未開人であっても、成年に達する前に、棒や棍棒を使いこなすであろう。野生の獣のために人々が陥る危険は最も重要な問題であるから、それは彼らに最大の注意を喚起させるとともに、それへの対処に全力を尽くすよう促すであろう。彼らは野生の獣を追い詰めたりその子を殺すために、穴を掘ったり、その他の策略を考え出したりすることだろう。彼らは火を発見するとすぐに、己れ自身を守り、敵を痛めつけるために火の力を使うであろう。こうしたことをヒントにして、彼らはすぐに木を尖らせることを習得するであろうが、このことはやがて彼らに槍や切れ味鋭い武器などを作らせることになるだろう。また、人々が殴り倒したいほど動物に怒りを感じていて、しかも、その動物が走り去ろうとしたり、飛び去ろうとしたりするとき、彼らは追いつけない相手には思わず何かものなどを投げつけるであろう。こうしたことは、槍を手に入れるや否や、ごく自然に投げ槍や投げ矢を考え出すように人々を導くであろう。恐らく、こうした段階で一連の思考は暫く小休止をするであろうが、それはやがて弓矢を生みだすことになるであろう。木の小枝も大きな枝も非常に弾力性があることは分かりきったことであり、また、動物の内臓から紐《ひも》を作るのは、恐らく麻を使うよりも古くからあったことかもしれない。親の子供に対する支配は別として、何らかの種類の統治が人々の間に見られるようになる以前に、彼らがこれまで述べたすべての武器や、さらに多くの武器を手に入れるとともに、それらの武器の使用に関しても熟練度が増してきていたであろうことも、経験的に分かることだ。また同様に、この程度の武器しか持たぬ未開人たちが、数の上で優勢になったとき、ライオンや虎を含む獰猛な野生の獣を果敢に攻撃したり、追跡したりしたということもよく知られていることだ。さらに、我々人類にとって都合のよい温和な地帯においては、人間が肉体的恐怖を抱いて当然であるような動物の本性に関わっている、もう一つのことも考慮されなければならない。

ホレイショ　狼と猪か？

クレオメネス　そうだ。我々人類の多くが狼に貪り喰われたことは、議論の余地はない。だが、狼というものは、羊や飼育されている鳥などを求めて彷徨するのが最も自然なことであって、死肉とか、その他何であれ腹をいっぱいに満たすものが得られる限り、人間とか大きな動物を追跡するなどということは滅多にない。このことが、夏場には、人間が襲撃されることに関して、狼をそれほど恐れる必要がないことの理由なのだ。同様に、野生の豚が人間を追い求め、奴らの多くの胃袋には人間の肉がぎっしり詰め込まれていたということも憶かなことだ。だが、奴らは、普通、ドングリや栗やブナの実や、その他の植物を餌にしており、自らの生息地に草が見つけられず、あらゆるものが雪で覆われている厳寒期の餌が何も手に入らないとき、必要に迫られてときどき肉食性になることもあるだけなのだ。だから、厳しい冬を除けば、人間はこうした種類の獣の何《いず》れからも、甚大で直接的な危険に晒されるようなことはなく、しかもそのような厳しい冬というものは、温和な気候の地域では滅多に起こらないのも明らかなことだ。とはいえ、奴らは、人間の生存のために役立つあらゆるものを台無しにして貪り喰う、我々の永遠の敵なのであるから、奴らを常に警戒するだけではなく、奴らを打ち負かし、抹殺するために、お互いに絶えず助け合うことは、最も肝要なことであったのだ。

ホレイショ　人類が存続し、数を増やし続け、自らに敵対するあらゆる他の動物を支配することになるだろうな、ということがよく分かったよ。こうしたことは、人々が野生の獣に対抗して互いに助け合うことがなかったならば決して起こりえなかっただろうから、互いに協力し行動をともにしなければならないという必要性が、社会への第一歩になったと言うのだね。ここまでは、君が社会の起源という主要論点を論証していることを、私は喜んで認めよう。だが、何事も神の許しがなければなされないというよりもむしろ、君のようにあらゆることを神の摂理の所為にするのは、我々が完璧に善良で慈悲深い存在に対して抱く観念と矛盾するのではなかろうか。あらゆる有害な動物にも、人間に役立つ何かが備わっているということもあり得ることだ。ルカヌス(34)が言及したあらゆる蛇のなかで最も有毒のものに、まだ発見されていない解毒剤とか他の素晴らしい薬が含まれていたかどうか、君と議論する心算《つもり》はない。だが、強さという点で我々よりも勝っているだけではなく、謂わば、我々を絶滅させる目的で生まれながらにしてはっきりと武装された、夥しくさまざまな貪欲で血に飢えた動物のことを考えれば、つまり、これらのことを考慮にいれるとき、我々を罰するためということでなければ、それらの動物の役割も、それらが何のために予定されたのかも、私には分からない。とはいえ神の叡智によって、人々が知恵を付けるためになくてはならない手段としてそれらが造られたと考えることなどもっとできないことだ。どれだけ多くの人類が、それらの動物との戦いで貪り喰われたことか！

クレオメネス　十の狼の群れがあり、各群れに狼が五十匹いるとすれば、それは長い冬の間に、無防備な百万の人類に恐ろしい惨害を齎すことであろう。だが、五十万の人類の間で流行《はや》った疫病は、効果のあるとされる薬と有能な医者によってなされた徹底した対策にも拘わらず、同じ期間にそうした数の狼が平らげたであろう人数よりも多くの人類を病死させたことが知られている。人間が全宇宙は主として自分たちのために造られたと想像するのは、我々が生まれながらに持っているプライドの原理と、我々皆が己れのために人類に対して抱いている高い評価の所為だ。そしてこうした誤りが、人々に多くの途方もないことを行わせ、神と神の御業について浅ましく下劣な考えを抱かせるのだ。狼が人間の肉片を食べるのは、人間が子羊の肉や鶏肉を食べるよりも、残酷で極悪非道であるということはない。何のために、あるいはどれだけ多くの目的のために、野生の獣が創造されたのかということは、我々が裁定すべきことではない。だが、それらが創造されたことを我々は知っており、またそれらの野獣のあるものがあらゆる初期段階の国家と人々の定住に大変な災難を齎したに違いないことも、また慥かなことだ。君はこれらのことを完璧に信じ、その上、それらはまさに人類の生存にとって克服し難い障害であると考えた。君が言いだしたこの難問に答える中で、私は、動物の持つさまざまな本能や独特の性向に注目して、自然界では、我々人類のための歴然とした対策が採られていること、そしてそれによって、この上なく獰猛な獣の狂暴さや攻撃力にも拘わらず、我々が自らを守り子孫を殖やすことができるように、獣たちの攻撃を無防備のままどうにか躱《かわ》しながら、ついには数の力と我々自身の勤勉さによって手に入れた武器とによって、地球上の如何なる場所を耕作し定住しようと思ったにせよ、我々はあらゆる野生の獣を例外なく敗走させるか殺すことができたことを明らかにした。我々が太陽から授かっている不可欠な恩恵は子供にでも明らかであって、太陽なくして、現在、地球上に生息している動物は生き残ることはできないだろう、ということも明らかなことだ。だが、太陽がそれ以外の用途に役立たないとしても、少なくとも太陽は地球よりも八十万倍大きいので、その千分の一でも同じように我々の役に立ってくれるだろう。無論、それに比例して我々の方に近づいてくれさえすればの話ではあるが。こうした考察だけからも、太陽は、我々が住むこの惑星に加えて、その他の天体も照らし恵みを与えるためにも創造されたのだと、私は信じている。火と水は無数の目的のために予定されたものであり、それらによってなされる利用法は、ある場合と他の場合とでは互いに大きく違っている。とはいえ、我々はこれらの恩恵を受け、もっぱら、我々は自分自身にかかわることだけに気を取られているが、膨大な宇宙の体系のなかには、我々が知り得ない極めて賢明な目的のために今でも役立ち続けている、恐らく、我々の身体を含めて何千という事柄が存在することは、大いにあり得ることだ。地球上に棲む生き物に関するこの天体の計画、つまり統治の仕組みに照らして見れば、動物の死滅は動物の誕生と同様に必要なことなのだ。

ホレイショ　私はそのことを『蜂の寓話』から学んだよ[35]。そして、その本で読んだことはまったく正しいと確信しており、もし、どれか一つの種が死を免れるのであれば、それは、早晩、残りのすべての種を壊滅させるだろうが、このことは前者が羊で後者がすべてライオンであっても変わりはない。だが、至高なる存在が我々人類の多くの命を犠牲にして社会をこの世に導入したとは、もっと穏やかな仕方でも遥かに巧くやれたであろうから、私には信じられないな。

クレオメネス　我々は、なし得たかもしれないことではなく、なされたであろうことを語っているのだ。鯨を創造したのと同じ力が我々の背丈を七十フィートにし、またその背丈に比例する強さを我々に与えただろうことも疑いようもない。だが、あらゆる種において、ある者が死ぬのと同じ速度で別の者が生まれることを、この地球の計画が求め、君自身もそれを必要だと考えているのであるから、君はなぜ死という手段を除外するのかね？

ホレイショ　過剰な数の我々人類を取り除く海戦や陸戦があるだけではなく、医者や薬屋が存在することから分かるように、病気も蔓延しているだろう？

クレオメネス　慥かにそうかもしれないが、実際には、社会を形成するためにはそれだけでは充分ではないのだ。人口の多い国家においては、戦争や野獣や絞首刑や溺死による死者、さらには多くの不慮の事故の死者に、病気による死者や病気の治療者を加えても、人々が自らの種を守るために持っている本能、我々の目に見えない能力に比べると、ほとんど問題にならないことが分かる。あらゆることが神にとっては容易なことであるが、人間風に擬《なぞら》えて言えば、この地球とそこに存在するあらゆるものを創造するに当たって、動物たちを殺戮し駆除するためのさまざまな方法や手段を考案するのに、彼らを創造する上で用いられたものに劣らない知恵と気遣いが必要とされたことは明らかだ。

家屋というものが耐用年数を超えて持ちこたえられるようには設計されていないのと同じように、我々の身体も寿命を超えて生きながらえるようには設計されていないということも明らかなことである。とはいえ、我々誰しもが生まれながらにして抱いている嫌悪感は死そのものに対してであり、死に方に関しては人々の考えは千差万別であり、一般的に好まれている死に方なんてものをまだ私は聞いたことがない。

ホレイショ　とはいえ、誰しも残酷な死に方など選びはしないね。野獣によって切り裂かれ生きたまま食べられるなんて、言語に絶する、なんと耐え難い苦痛であろうことか！

クレオメネス　胃静脈瘤とか膀胱結石によって普通に引き起こされる苦痛程度だと、請け合うよ。

ホレイショ　そのことを、どんな方法で請け合うのだ？　また、どうやって証明するのだ？

クレオメネス　我々の人体組織そのものによってさ、つまり際限のない耐え難い苦痛を認識できない人体の構造によってさ。人間という生き物には、感じられる快楽の程度と同様に苦痛の程度も限られており、それらは各人の耐久力に正確に比例している。それを超えると意識が失われ、何であれ嘗て耐え難い苦痛のために気絶したことがある者は、自分が感じた痛みを覚えているのであれば、その場合どの程度まで堪えられるものか充分に分かっている。野獣が我々人類に与えた真の被害や齎した惨禍は、人間が互いの間で被った残酷な扱いや多様な致命的な損傷などとは比較にならないのだ。戦いで両足を失い、その後で二十頭の馬に蹴散らされた逞しい戦士を眼前に思い浮かべ、このように肋骨の大半がへし折られ、頭蓋骨が割られたままどうしようもなく、数時間の間の断末魔のなかで卒倒している戦士の苦しみが、ライオンに食べられたときよりも軽いと思うかどうか、是非、聞かせてくれ。

ホレイショ　どちらも凄まじいね。

クレオメネス　物事を判断する上で、我々は、しばしば、しっかりとした推論や我々自身の知性よりも、流行の思いつきや時代の習慣などによって方向づけられることが多いのだ。海で溺れて魚の餌食になるよりも、水腫で死んで蛆虫に食べられる方が苦痛ではないなどということはない。だが、我々の偏狭な思考法には、我々の判断力を危殆《きたい》に瀕《ひん》させ堕落させる何かがあるのだ。どうして上品で趣味のよい人として知られている人物が、屋外で焼かれて不快感を与えない遺骨となるよりも、胸くそ悪い墓のなかで腐敗し悪臭を放つ方を好むのであろうか？

ホレイショ　忌憚なく言えば、私はぞっとするような異常なものはすべて嫌いだね。

クレオメネス　君がぞっとすると呼んでいるものが何であるか私にはわからないが、動物が互いを食べて生きているということほど、自然にとってありふれたことはなく、事物の自然の進行にとって好ましいものはない。地球上に生息する生き物の全体系は、こうした事実の上に成り立っているように思われる。我々が知る限り、ある種の動物は、生きているか死んでいるかは別として、他の種の動物を必ず食べて生きており、またほとんどの種類の魚は魚を食べて生きるように強いられている。最後に指摘した魚の件は、決して自然による軽視であるとか、自然の怠慢であるとか言えないことは、自然がその他の動物に対して行ってきた如何なる事柄をも遙かに凌ぐ規模で、魚のためにしてきた大規模な準備から明らかだ。

ホレイショ　魚が産む驚異的な量の卵のことを君は言っているのだね。

クレオメネス　そうだ。しかも、魚のお腹に抱えている卵が生殖力を持つのは、それが体外に排出された後になってからであり、そのため、雌は抱え得る限り多くの卵をお腹に満たすことができる。また、卵そのものも、雄から何らかの物質を受け容れるのに適合的であるよりも、遙かに密集して群がっているかもしれない。そうでなければ、一匹の魚が毎年あれほど夥しい数の魚を生みだすことはできないだろう。

ホレイショ　だが、雄の精子《アウラ・セーミナーリス》は、家禽やその他の卵生動物の場合のように場所を必要とすることもなく、鈴なりの卵全体に突き進みそれらすべてに作用し得るほど、濃度が稀薄なものなのだろうか？

クレオメネス　駝鳥は論外としても、その他の卵生動物も、魚の場合ほど卵が密集しているものはいない。だが、子として実を結ばせる力が卵全体に浸透し、雌のお腹に抱えられているすべての卵が、魚の体内にある間に受精するのであるとすれば、子として実を結ばせる雄の生気である精子が、たとえそれ自体が場所をとらない濃度が稀薄なものであっても、それはその他の動物の場合のように、あらゆる卵を膨らませ、多少とも膨張させざるを得ないだろう。また、それだけ多くの卵がほんの僅かでも膨張すれば、今卵が入っている腔よりも遥かに大きな容積を必要とする大きさまで、卵全体が膨らむだろう。ここに、たとえある種の個体のそれぞれが、その種を絶滅させようという本能を持って生まれたとしても、その存続に備えるための想像を超えた素晴らしい考案があるというものではないか！

ホレイショ　君の言っていることは、少なくともヨーロッパにおけるかなりの部分の海においては当て嵌まるよ。というのは、淡水に棲むほとんどの種類の魚は、自分と同じ種類の魚を食べることはないが、それらの魚も同じように産卵し、その他のすべての魚と同じようにいっぱい卵を抱えているからね。それらの魚のなかで我々にとって唯一の途轍もない殺し屋はカワカマスだ。

クレオメネス　しかもそれは極めて貪欲な魚だ。カワカマスをのさばらせている所では、その他の魚が増殖できないことを、我々は池で見て知っている。だが、川や、陸に近いあらゆる水域には、水陸両生の鳥やその他多くの種類の鳥が生息しており、ほとんどが魚を食べて生きている。多くの場所に生息しているこれらの水鳥たちは、夥しい数に上るであろう。これらの水鳥以外に、川獺《かわうそ》や、ビーバーや、魚を餌としているその他の多くの動物もいる。また、小川や浅瀬では、鷺やサンカノゴイなどが分け前に与《あずか》ることだろう。これらによって餌食にされる魚の量は、恐らく、ごく僅かであろうが、一対の白鳥が一年間で食べ尽くす稚魚や卵は、かなり大きな川に放流するのに充分な量にのぼるであろう。ただ魚が食べられさえすれば、何がそれらを餌食にするかということは、捕食者が同じ種であろうが別の種であろうが構わない。私が証明したいことは、自然というものは何らかの種の数を異常に多く生み出した場合には、それらを駆逐するための有効な手段を考案しているということだ。世界各地における虫の多様性は、こうしたことを調べたことがない者にとっては信じ難いほどだし、また、それらの虫に見出される美しさといったら計り知れないものだ。だが、これら虫の多様性や美しさといったものは、それらの虫を殺生しようとさまざまな計略をめぐらす自然の精励に比べれば、驚くべきものではない。そして、仮にそれらを殺生しようとする際に、その他の動物への注意とか警戒を直ちに止めるとすれば、現在、我々のものであるこの地球の大部分は、二年も経たないでそういう動物のものになるであろうし、多くの国では虫が唯一の住人になるであろう。

ホレイショ　鯨は虫だけを食べて生きていると聞いたことがあるが、そうして食べられる虫の量は大変なものになるに違いないね。

クレオメネス　一般にはそのように言われているが、それは、鯨の食べたもののなかに魚が見当たらないからだと思うし、また、鯨の棲む海には夥しい数の虫が生息し海面を漂っているからだと思うが、この鯨という動物は、私の主張を確証するうえで手助けとなる。どのような種であれたくさんの数が生み落とされる場合には、それらを消失させなければならないということが自然の最大関心事になのであるが、この巨大な動物は余りにも大きすぎて飲み込めない。鯨が帯びているこうした特質が、その他の魚において見られるような有機的組織をまったく作り替えてしまった。というのも、鯨は胎生であり、それ故、他の胎生動物と同様に子を生むが、一度には、二、三頭以上の子をけっして生まないからさ。この地球が産する数限りない多様な動物にとって、種の存続にとりわけ必要なことは、それらを絶滅させるための下準備が、それらを誕生させるためになされた下準備よりも不充分ではないようにということだ。それ故、動物の死や消失に対する自然の心配りが、動物たちに餌をやったり保護したりするための配慮よりも、明らかに勝っているのだ。

ホレイショ　そのことを証明してくれたまえ。

クレオメネス　毎年、何百万という自然に生息する動物たちは餓死させられ、餌不足のために消滅する運命にあるが、動物が死ねば必ずいつでもそれを貪り喰うたくさんの動物が存在する。しかし他方で、自然は自らにあるすべてのものを与える。だがそれは、自然が心ならずも食べ物と認めざるを得ないような、素晴らしくもなく手の込んだものでもないものであるが、自然の賜物ほどに広範囲に存在し公平なものもないのさ。自然に生息する最も卑しい種にとってさえ、素晴らしすぎる食べ物など存在しないと自然は考えており、あらゆる動物は、同等に、自らが見つけることができたものはすべて自由に食べてよいのだ。ありふれたハエの身体組織の出来映えは、何と精巧なことか！　暑いさなかでの、ハエの羽の敏捷さやあらゆる動作の迅速さは、なんと無類のことか！　力学にも通じたピタゴラス学派[36]の人間が、顕微鏡の助けを借りて、この気まぐれな生き物の細部をくまなく覗き込み、その身体組織の優雅さを充分に検討してみれば、斯くも精巧かつ素晴らしく仕上げられた何十億もの生気に溢れた生き物が、日々、我々がほとんど必要としていない小鳥や蜘蛛などに貪り喰われているなんて大変残念なことだと思わないだろうかね？　否それどころか、ハエの数がもっと少なく、蜘蛛がまったくいなくても、事柄は同じように充分巧く処理されていただろう、などとまさか君は思ってはいないよね？

ホレイショ　私はドングリとカボチャの寓話[37]をよく知っているので、君に返答できないし、そんなことで頭を悩ますようなことはしないよ。

クレオメネス　だが、君は、自然の摂理が人々を結びつけるために用いたと私が想定した手段に対して、言い換えれば、人々が野獣から被っている共通の危険というものに文句をつけた。もっとも、そのことが人々が結びつくための最初の動機になるであろうという蓋然性に関しては、君は認めていたけれども。

ホレイショ　自然の摂理が我々人類に対してハエや魚の卵に対する以上の配慮をすることがなかったとか、自然が虫けらたちの命と同じように人類の運命を玩《もてあそ》んだとか、しかも、前者に劣らず後者の事例も度を超して多かったなんて、私には信じられないね。君が、つまりキリスト教に対して一家言ある君が、どのようにしてこのことを宗教と融和させることができるのか不思議だね。

クレオメネス　宗教はこのことに何の関わりも持っていない。我々は自らの種と、その種の優越性のことで頭がいっぱいのため、この地球の体系について、つまり地上や地中の生き物との関わりの中で地球の生態が築き上げられている計画について、真剣に考える余裕がないのさ。

ホレイショ　私は我々人類ではなく神について話しているのだ。君が神をそのような酷い残酷さと意図的な悪意の張本人に仕立て上げることと、宗教は関係がないのかね？

クレオメネス　物事がなされたときの意図とか、そうした物事に対して人類が抱いている感情しか我々に示すことができないような表現を用いる場合には、我々人類と関連づけないで語ることは不可能だ。物事を行うに当たって当人の考えや意図が残酷であったり悪意に満ちていなかったりしなければ、それを行っている人間に関して、何事についても残酷であるとか悪意に満ちているとか呼ぶことはできない。自然におけるあらゆる行為は、抽象的に捉えてみれば、押しなべて違いはない。また、個々の動物にとってはどうであれ、この地球とか宇宙全体にとって、死は誕生よりも大きな悪ではないのだ。

ホレイショ　君の指摘は事物の第一原因(38)を知的な存在ではなくしているね。

クレオメネス　なぜそうなるのだ？　どのような残酷さや悪意とも無縁であるだけではなく、そうしたものを心に抱くこともできないような、知的で最も賢明な存在を、君は想い描くことができないのか？

ホレイショ　そうした存在であれば、残酷で悪意に満ちた事柄に係わることもそれを命じることもできないだろうね。

クレオメネス　神もそうだ。だが、このことは我々を悪の起源についての議論に導くことになるだろうし、さらにそこから、我々は不可避的に自由意志と予定説の問題に向き合わざるを得なくなるのであるが、これは前にも君に言った通り[39]、私には立ち入りたくはない不可解な謎なのだ。だが、私はこれまで神に対して不敬になる如何なることも決して語ったことも、考えたこともなかった。それどころか、私が至高なる存在に対して抱いている観念は、不可解な存在に関して私の能力でイメージできる限りでの超越的で偉大な存在であるというものであり、しかも、至高なる存在が何らかの悪そのものの立案者であるならばむしろ、彼は存在しなくてよいと考えてもよいほどだ。だが、君は、社会はもっと上手なある方法で導き出されたと考えているようだが、その方法を聞かせてくれれば有り難いな。どうか、君の考えるもっと穏やかな方法を教えてくれ。

ホレイショ　我々が自らの種に対して抱いている生来の愛と称せられているものは、その他の動物が同じ種に抱いている愛よりも卓越したものではないということを、君は充分に納得させてくれた。とはいえ、子供たちが無力の間、親たちは彼らに対して愛情を注ぐのを目にするのだけれども、もし、自然がそれと同じような誠実ではっきりとしたお互いへの愛情を、我々に実際に与えてくれたのであれば、人間は好んで互いに仲間になったことであろうし、また彼らの人数が多かろうが少なかろうが、また彼ら自身が無知であろうがなかろうが、如何なる者も彼らの結びつきを妨げることはできなかっただろうね。

クレオメネス　「おお《オー・》、憐れむべき人の心よ《メンテース・ホメヌムカエカス》、おお《オー・》、盲目なる精神よ《ペクトラカエカ》[40]」

ホレイショ　お好きなだけ叫べばよいが、野獣という共通の脅威によって結びつけられることができたよりも一層堅固に、この愛情により人々は友情という絆で結ばれたのであろうと、私は確信しているよ。私の言い分に君は何か異議を挟むかね？　また、こうした相互に抱く愛着によって何か悪い影響が生じたことなどあっただろうか？

クレオメネス　相互に抱く愛着というものが、神が宇宙の事物を秩序づけ配列してくださったときの案、つまり計画と両立しないだろうことは明らかだね。もし、そうした愛着が本能に基づいて人間のなかに植え付けられたものであれば、人々の間に如何なる破滅的な争いも致命的な憎しみも決して存在し得なかっただろうし、人々は互いに相手に対して残酷ではあり得なかっただろう。要するに、長期的、短期的を問わず如何なる戦争も存在し得なかっただろうし、また、夥しい数の人類が互いの敵意によって殺されるようなこともあり得なかったであろう。

ホレイシヨ　市民社会の安寧と維持のために、戦争や残酷や敵意を処方する、稀に見る国お抱えの医師になれるね。

クレオメネス　ちょっと、誤った言い方をしないでくれ。私はそんなことをしていないよ。だが、仮に世界は神の摂理によって支配されていると君が信じるのであれば、神は自らの意志と望みを成就し実行し達成するための手段を行使するということもまた、同様に君は信じなければならない。たとえば、戦争が勃発するには、まずは異なった国家の臣民の間に誤解と争いが、またそれら臣民のそれぞれの君主あるいは統治者とか支配者の間に不和が存在せねばならないといったようにね。明らかに、人間の心はこの種の手段が鋳造されるありふれた造幣局なのだ。このことから、もし神が、最善であろうと君が考えた穏やかな方法によって事柄を定めていたならば、人間の血はたとえ流されたにしてもほんの僅かであったであろうと、私は結論するな。

ホレイシヨ　穏やかな方法によって生じる不都合とはどのようなことかね？

クレオメネス　現在、生息しているような多様な生き物は存在し得なかっただろうね。否それどころか、人類自身もその暮らしとともに存在する余地はなかっただろうね。だが、もしも戦争がなく、神の摂理の通常の進行が実際よりも中断されることがなかったならば、我々人類だけで地球を満杯にしたことだろう。また、穏やかな方法というものは、この地球が創造されたときの案とは対極をなすものであり、それを破壊するものである、と言っても過言ではないと思う。そしてこの問題こそが、君が決して考慮しない点なのだ。私はすでに一再ならず、君自身が動物の殺害は動物の誕生と同様に必要であると認めたことに注意を喚起しておいたね。如何にして多数の生き物を絶えず殺害して駆除し、その後に続く生き物のための場を確保するかという工夫にも、多様なあらゆる種類の生き物それぞれにその種を守らせるという点にも、同様な知恵が見出される。我々がこの世にやって来るための道がたった一つしか存在しない理由は何であると思うかね？

ホレイショ　一つだけで充分だからさ。

クレオメネス　そのような類推からすれば、この世を去るための道が一つでは充分でなかったので、いくつかのこの世を去るための道があるのだ、と我々は考えなければならないね。そこで君が、動物が死ぬことは生まれることと同様に、生息している多様な動物の保護と維持のための必要な要請《ポーストラートム》であると仮定し、しかも、死ぬための手段を限定して、死に赴く多くの動物が通るのを目の当たりにする大きな門の一つを実際に塞いでしまった場合、君は自分が主張した案に対立していることにならないのかね？　いや、そうすることは出生を妨げた場合よりも、君の案と抵触することが少なくなるのだろうか？　もしも、戦争などなく、通常の死に方以外に死ぬための手段がなかったならば、この地球は、そこに生息する人々の十分の一の人数も支えられなかったか、少なくとも維持することはできなかっただろう。戦争という言葉で私が意味させているのは、ある国家が別の国家に対して行ってきた戦争だけではなく、外国のみならず国内での争い、大虐殺、毒薬や刀剣などによる個々人同士の殺害、あらゆる敵対する勢力同士の殺戮をも含むのであって、そういったさまざまな争いを通じて人々は、カインがアベルを殺した[41]時代から今日まで、自らの種に対する愛を白々しく叫びながら、世界中の到る所で互いの命を奪い合ってきたのさ。

ホレイショ　そうした惨禍の四分の一も記録に残されていないと思うが、歴史上知ることができる事例だけでも、惨禍を被った人間は膨大な数にのぼり、一時《いっとき》に地球上に生存していた人数よりも恐らく多かっただろうね。だが、君はこのことからどのようなことを推論したいのだ？　そうした人々も不死身ではなかっただろうし、戦争で死ななかったとしても、何れ病気で死んだに違いない。六十歳の男性が戦場で銃弾に倒れるとき、たとえ彼が戦場に行かず家に留まっていたとしても、恐らく、後《あと》、四年も生きながらえることはなかったであろう。

クレオメネス　如何なる軍隊であれ、恐らく六十歳の兵士は存在するだろうが、普通、人々は若い頃に戦地に赴く。そして、戦闘において四、五千人の兵士が死んだ場合、死んだ兵士のなかで一番多いのが三十五歳以下の者であることが知られている。そこで、十人とか十二人の子供をもうける多くの男性がその年齢を過ぎるまで結婚をしない、と考えてみたまえ。

ホレイショ　他人の手にかかって死ぬ者が皆、彼らが死ぬ前に十二人ほどの子供をもうけるとすれば、……。

クレオメネス　そんなことはあり得ないさ。私は、何も途方もないことや、あり得ないことを想定している訳ではない。だが、同じ種である人間の手にかかって恣意的に殺されたような人間は皆、さもなければ生き延び、安穏に生活したことであろうし、そのような仕方で殺されなかった者たちが被ってきたあらゆることが彼らの身にも降りかかり、しかもそれは彼らの子孫にとっても同様であったことだろうと思う。彼らは皆、戦争やお互い同士の暴力を除いたとしても、大惨事に見舞われたり病気に罹ったりして、治療や投薬をせざるを得なかったであろうし、またその他の人間の生命を奪い、寿命を縮める事故も免れることはできなかったであろう。

ホレイショ　だが、もし地球が住人で溢れかえっていたならば、神はもっと頻繁に疫病や病気を流行らせたということはなかっただろうか？　またそうであったならば、もっと沢山の子供たちが幼少の頃に死んだかもしれないし、またもっと多くの女性たちが不妊であったかもしれない。

クレオメネス　君のいう穏やかな方法が、より多くの人たちにとって満足のいくものであったかどうか私には分からないが、君は神に対して不遜な観念を抱いているね。人間は慥かに君のいう本能を伴って生まれ落ちてきたかもしれないが、仮にそれが創造主の望みだったとすれば、別の秩序が存在したに違いなく、この世の事物は最初から現在あるのとはまったく異なった仕方で秩序づけられていたであろう。とはいえ、最初に計画を作成し、後に欠陥があると分かったときにそれを正すのは、有限の知恵の仕事だ。欠陥を正し、前にやり損ねたことを修正し、間違っていたと経験的に分かる方法を手直しするというのは、人知だけに固有なことなのさ。だが、神の認識というものは永遠の昔より完璧なものなのだ。無限の知恵は誤りとか間違いに陥ることはないのだ。だから、あらゆる神の御業は遍《あまね》く善であって、すべてはまさしく神の望みどおりになされている。神の法と評定の確固不動さと安定性は不朽のものであり、それ故、天命が永遠であるのと同様に神の裁断は不変なものなのである。我々人類の余剰部分を排除するための必要な手段として戦争を指摘してから、十五分も経っていないね。今度は、どうして戦争は必要ないと思うようになったのだ。自然は、我々人類をこの世に誕生させる際に、戦争によって生じる我々男性の損失に関して、そのようなことが続く場合には、はっきりとその部分を補うことによって充分対処してきたということを、私は君に証明してみせることができる。このことは、互いに食い合って大量に魚がいなくなることに、自然が対処してきたことと同じ方法だ。

ホレイショ　では、どのようにしてなのだ？

クレオメネス　女子よりも多くの男子をこの世に送り込むことによってだよ。我々男子は、この世で出遭わねばならぬあらゆる艱難辛苦の矢面に立ち、そのことによって女子よりも遥かに多くが死なざるを得ないことも、君には容易に分かるだろう。ところで、もちろん、我々には分かっていることであるが、毎年、生まれる幼児のうち、男子の数が常に著しく女子の数よりも多いのであれば、自然が大勢の男子をこの世に送りつけているのは明らかではないだろうか？　そして、この多すぎる男子が死ぬことがなければ、大きな国家においては、彼らは単に余剰な存在であるだけではなく、破滅的な結果も招く存在でもあろうな。

ホレイショ　男子の出産数の方が多いということは、驚くべき事実だね。私は、そのことに関して公表された報告書を覚えているよ。それは、ロンドン市とその郊外における出生と埋葬の統計表から採られたものであったけれどもね[42]。

クレオメネス　八十年間に亘る統計表だったね。その間の、女子の出生数は常時男子の出生数よりもかなり少なく、時には、その差は数百人になることもあった。戦争や航海によって男性が被る甚大な被害を補塡するための自然のこうした準備が、両者の出生数の違いだけから想像し得るよりも遙かに数が多いことは、以下の点を考慮すればすぐに明らかになるだろう。第一に、女性は男性が罹患しがちなあらゆる病気にも多少は罹り、第二に、女性は、男性は免れているが、彼女らにとっては深刻な死因となっている女性ならではの数多くの疾患や惨事に晒されているということだ。

ホレイショ　このことは偶然の結果などではあり得ないだろうが、君が私の言う愛に溢れた体系から導き出した、戦争のなかった場合の結論は、これで破綻したね。というのは、その場合、我々人類は際限なく増え続けるだろうという君の懸念は、戦争で死んだ者たちがたとえ生きていたとしても、女性は不足したことはなかろうという想定に、まったく基づいているからだ。また、このように男子の出生数が多ければ、女性が不足したであろうし、また不足したに違いないことは明らかなことなのだ。

クレオメネス　君の言っていることは正しい。だが、私の主たる目的は、君が要求した変更が、明らかにいま事物が支配されている体系の残りの部分にとって、あらゆる点で如何に好ましくないものであったかということを君に示すことであったのだ。というのは、仮に、こうした準備が女性側にも施され、自然が、我々人類を誕生させるに当たって、男性には関わりがない惨事で死ぬ女性の損失を補うために絶えず留意してきたとすれば、また同類である人間によって殺された男性が仮に生きていたとしても、彼らのすべてに相応する女性が必ず存在したであろうし、また、戦争がなければ、すでに指摘したように、地球は人口過剰になっていただろうからだ。あるいは、仮にもし、人間の自然の姿が現在と同じであったならば、つまり、女子よりも男子が多く生まれ、男子よりも女子が多く病気で死ぬのであれば、しかも如何なる戦争も存在しなかったならば、この世は常に大変に過剰な男性が存在することになり、男性の数と女性の数の間の不均衡は数限りない災いの原因になっていただろうからだ。だが現在こうした災いは、ほかならぬ人間が同類の人間をほとんど貴ぶことなく、互いに紛争を繰り返しているという自然的原因によって防がれているのだ。

ホレイショ　結婚しようともせずに死ぬ男性の数が今よりも多くなるであろうということ以外には、このことによって引き起こされるだろう災いは私には分からないし、このことが本当に災いであるかどうかは、大いに議論の分かれるところだと思うよ。

クレオメネス　如何に人々が互いに心から愛し合おうとしても、こうした恒常的な女性の不足と男性の過剰があらゆる社会で大きな社会不安を引き起こし、女性の価値が、つまり女性の価格が、そのことによって大いに高められるので、かなり良い境遇にある男性にしか女性を手に入れることはできないだろう、と君は思わないかね？　このことだけでも世界は別物になるだろうね。そして、人類は、現在、奴隷制が認められていないあらゆる国家における、厳しく汚い労働のようなどんな苦役をも厭わない人たちを不断に供給する最も重要な源泉であるとともに無尽蔵の源泉を、つまり、貧しい子供たちの存在を決して知り得なかっただろうな。そういう子供たちは、文明化された国家のあらゆる生活上の快適さが避けがたく依存している、社会によって齎されるあらゆるこの世の天恵のなかで最も大きく、最も広範なものなのさ(43)。君が言うような人間の自らの同胞に対する真実の愛なるものは、現在の体系とまったく矛盾してしまうことが分かるような、その他多くの事柄も存在している。まず、羨望と競争心に依拠するあの勤勉というものがこの世にはまったく存在しないことになるに違いない。また、隣国の国民を犠牲にして繁栄を謳歌する国民になるとか、あるいは、侮り難い国民であると看做され続けることに対して、如何なる社会も決して心安らかではあり得なかっただろう。あらゆる人間は平等主義者であっただろうし、統治は不必要だっただろうし、さらにまた、この世には喧騒も存在しなかったことだろう。偉大な名声を持つ人々とか、古代における偉業とか、過去の時代に上流社会《ボー・モンド》の人々によって褒めそやされ称賛されたあらゆるものを、調べてみたまえ。もし、大変な骨折りが必要とされる仕事が再び行われるとするならば、次のどちらの資質が、あるいは、どちらの人間本性の助けが、それらを達成する上で最も相応しい手段であると君は思うかね？　君が必要であるとした、野心や栄誉心と無縁のあの純粋な愛情という本能だろうか、それともそうした愛情の如く見せかけて作用したり、そうした愛情と類似していると思われたりするプライドと利己主義という確たる原理であろうか？　愛情という本能に支配されている人間は同じ人間の誰の世話も求めないし、また、他人のために進んで何かをしようとすることもないだろうことを、お願いだから考えてみてくれ。そうすれば、愛情という本能が普遍的なものであるならば、社会の風景が今の風景とまったく異なったものになるだろうということが、容易に分かるだろう。こうした本能は、現在の体系とは異なった別の世界の別の体系にはとても相応しいものであろうし、そうした別の世界では、不誠実や、変化や新奇さへの絶えざる欲求の代わりに、強慾さを伴わない倹約や、プライドとは無縁な寛容さという、我々とは異なった欲求を持った人間たちの間で、穏やかな満ち足りた精神によって絶えず保たれた堅実さが遍く見出されるだろう。また、そうした世界に生きる人々にとって、死後の世界における幸福への気遣いは、我々の現世における享楽の追求と同様に、人生において切実であるとともに、それははっきりと看て取れるであろう。だが、我々が生きる世界における、世俗的な偉大さを手に入れるためのさまざまな方法や、世俗的な人間にとっての幸福を得《う》るために用いられるすべての手立てを考えてみたまえ、そうすれば、君が言う本能は、人間社会が世俗的な叡智によって育成し、現に育成し続けている虚栄心と名誉心という原理を破壊し、まさにその存在を阻《はば》むに違いないということが分かるだろう。

ホレイショ　私の愛に溢れた体系は撤回するよ。もし、あらゆる人間が生まれながらにして謙虚で、善良で、有徳であったならば、今まで存在した活気に満ちた喧騒も、変化に富んだ多様性も、要するに、この世の素晴らしきことが存在し得なかっただろうということを納得させられるからだ。病気と同様にあらゆる種類の戦争も、人類が余りにも急速に増殖するのを防ぐ自然の手段であることは理解できるが、野獣もまた我々人類を減らすために予定されたものであるとは思えないね。というのは、野獣は、人間がごく少数のときにこの目的を全うできるだけであり、しかも、人間の数は減るどころか殖えているからであり、またその後、人間が対抗できるほど充分に強くなったときに、野獣をその任に当てたとしても、それに応えることはできないだろうからだ。

クレオメネス　野獣は我々人類を減らすために予定されたなどと、私は一度も言ったことはないよ。私が指摘したことは次のことに過ぎない。すなわち、多くの事物はさまざまな異なった目的に適うように創造されているのであり、またこの地球の体系の創造に当たっても、人類に関わりがない多くの事柄も考慮に入れられてきたことであろうし、それ故、宇宙は人間のために創造されたなどと考えるのは笑止の沙汰であるということだ。我々のすべての知識は経験に即して《ア・ポステリオリ》得られるので、事実に基づかない推論は軽率であるとも、私は指摘した。野獣がいて、野生の人がいることは慥かなことであり、また後者がごく僅かしか存在しない所では、前者は常にとても厄介な存在であり、後者にとってしばしば極めて有害であるに違いないことも、同様に慥かなことだ。また、人間が生まれながらに持つ情念と、何も教えられることなく存在している彼らの無力さを考慮すれば、統治も互いの依存関係もなく、他人に頼ることなく何とか遣り繰りしながら小さな家族を成して人間が生きている間は、未耕作の地でいつも野獣から感じているに違いないあの共通の危険ほどに、彼らを互いに団結させ、同じ利益を彼らに選択させるよう導く原因とか動機を見出すことはできない。この社会への第一歩は、実にしばしば指摘した共通の危険という例の原因によって、このような状況下にいる我々人類に必ず齎される結果であると、私は思っている。さらにその他のどのような目的に、またどれだけの目的に、野獣が予定されていたのかということに関しては、前に述べた通り明確にする心算はない。

ホレイショ　だが、他の如何なる目的に野獣が予定されていたとしても、君の見解からすれば、共同防衛をすることを通じて未開人を団結させることがその一つの目的であったに違いない、ということになるだろう。だが、君のその見解が、私には神の善意という我々の観念と矛盾するように思われるのだ。

クレオメネス　所謂《いわゆる》、自然悪と呼ばれているものは皆そのように思われるだろう。もしも、君が人間の情念を神に帰《き》させ、また無限の知恵を我々の極めて浅薄な能力という基準に照らして判断するならばね[44]。君はすでにこのことを二度口にし、私はすでにそれに答えておいたと思うよ。私は、君と同様に、神を悪の立案者にする心算はないが、同時に、至高なる存在に関わることは何事も偶々起こるものではない、ということも確信している。だから、君がこの世は神によって支配されていないとは考えないならば、疫病やその他のあらゆる病気からはもちろんのこととして、人間や野獣からも被ることもある災難や戦争も計り知れないほど賢明な指導の下にある、と考えるべきなのだ。原因のない結果などあり得ないのであるから、その原因を知らない者は別として、何事も偶然に起こるなどと言うことはできない。私は、すぐに分かるありふれた例を挙げて、そのことを明らかにすることができる。テニスについて何も知らない人間にとって、ボールが色々の所に飛んだり跳ね返ったりするのは、まったく偶然なことだと思われる。そのような人間にとっては、ボールが地面に打ち付けられる前に、ボールが受けている色々な異なった変化や方向や速さを推測できないので、ボールが最初に明確に方向づけられた場所に打ち下ろされた後、それが何処に飛び跳ねるかは偶然事なのだ。それに反して、ボールが辿る軌道を完璧に理解している経験を積んだプレイヤーは、ボールが手に届く範囲内にやって来るだろう場所に、すでにそこにいなかったならば、一直線に向かうであろう。また、賽子《さいころ》の一振りほど偶然であるように思われるものはないが、賽子もその他の如何なるものと同様に、重力の法則と運動一般の法則に従っているのであり、それらにつき纏っている印象のように、重力の法則や運動法則に従わない仕方で落下することは不可能なことだ。とはいえ、賽子が投げられた後で受け取る変化などはまったく不明であり、またそれらが偶然であるが如く位置を変える速さは、我々の鈍い認知力では辿れないので、公正な勝負でも、人間の理解力にとってそのひと振りで何が出るかは謎なのだ。だが、同じ変化や方向や速さが、ともに十立方フィートの二つの立方体の賽子に与えられ、しかもその指示を、一対の賽子が持ち上げられ静止するまで、ダイスボックスやそれを摑む振り手の指や賽子が放たれるテーブルだけではなく、お互いからも受け取るとすれば、常に同じ結果が生まれるだろう。そして、もし運動量が、つまりダイスボックスや賽子に伝えられる力が正確に分かり、しかもそれを実行するのに手間取り、三、四秒でなされることが一時間かかったとすれば、色んな賽子振りの原理を容易に見出すことができるだろうし、人々は、立方体のどの面が上になるのか予知することを確実に学ぶであろう。それ故、「偶然の《フォーチュイタス》」や「思いがけない《カジュアル》」という言葉は、我々の知識や先見の明や洞察力の欠如に基づいているということ以上の意味を持たない。このことを考えれば、人間のあらゆる能力はあの普遍的な直覚に限りなく劣っており、至高なる存在はそれによって、我々に見えようと見えまいと、過去であろうと現在であろうと未来であろうと、瞬時に例外なくすべてのものを把握するのだ、ということが分かるであろう。

ホレイショ　降参だ。君は、私が指摘し得るあらゆる難問を解決したね。未開人を互いに結びつける最初の動機に関する君の仮説は、良識とも、神の属性について我々が持つべき如何なる観念とも矛盾しないということを、私は認めなければならないね。否、それどころか、私の反論に答えるに当たって、君は自らの推論の蓋然性について言及するとともに、この地球の計画の考案と実行という両面に亘る神の知恵と力について、私がこれまで聞いたり読んだりした如何なるものもなし得なかったほど、明白かつ明瞭なものにしてくれた。

クレオメネス　君が満足してくれたのであれば嬉しいよ。とはいえ、君が丁重に敬意を表してくれたほどの功績があるとはとても私には思えないけれどもね。

ホレイショ　今は、私にも次のことが非常によく理解できるよ。すべての人間は死ぬと定められているのと同じく、この目的を達成するための手段が存在することも必要であること、また、そうした数ある手段もしくは死因のなかから、人の悪意も野獣やあらゆる有害な動物の狂暴さも除くことはできないこと、そしてもし、それらの手段や死因が自然によって実際に予定され、その目的のために考案されたのであれば、そのことに関して我々は不平を言う理由を当然に持ち合わせてはいないが、それはちょうど死そのものとか、日々刻々と死因となるあの恐ろしい一連の病気を、咎めていけないのと同じことなのだ。

クレオメネス　それらは、人間の堕落の後、当然にも地球全体に対して宣告された呪いのなかに、すべて等しく含まれているのだ。またそれらが真の災いであるにしても、我々の最初の親が招きすべての子孫たちに負わせた罪の結果として、当然の罰として看做されるべきである。世界のあらゆる国民、あるいは我々人類に属するあらゆる個々人は、文明化されていようが未開のままであろうが、セツとかカムとかヤペト[45]に起源があったことを、私は完璧に信じている。偉大な帝国にも終末があり、どんなに巧みに統治されていた国家や王国であってもいつかは零落するということを経験が教えているように、最も洗練された上品な人々であっても、四散したり困窮したりすればすぐに退廃的になったり、博識でよく教育を受けた先祖を持つ者であっても、不慮の出来事や災難によって、終には最初の最低の部類の未開人まで落ちぶれたりすることもある、というのも慥かなことなのだ。

ホレイショ　もし、君が確信していることが正しいのであれば、もう一つの方も、未開人が未だに存在し続けていることからして、分かりきったことだね。

クレオメネス　ところで、人々が野獣から被ってきたあらゆる危険は、彼らが教化され、大きな秩序づけられた社会に住むようになればすぐに解消されるというようなことを、嘗て、君は仄めかしたことがあったように思うけれども。しかし、今述べたことから分かってくれると思うけれども、我々人類は常に未開人の状態にまで落ちぶれかねないから、我々はそうした危険から決して完全に逃れることはできないのだ。だから、こうした惨事が紛れもなくノアの子孫である多くの人々に実際に降りかかったように、子供がいるこの世の最も偉大な君主でさえ、同じような不幸が彼の子孫たちの誰かに決して降りかかることはないとは確信できないのだ。野獣たちは、充分に耕作された地域においては、完全に根絶させられたであろうが、土地がまったく等閑《なおざり》にされ放置された地域では、数を増やすであろう。以前に追い出され閉め出された多くの場所を、多数の野獣が徘徊し、我が物顔に振る舞うだろう。この地球の地中や地上に棲むあらゆる種類の生き物は、例外なく、最初の状態と同じように、それを創造することが適切であると判断した例のあの神意の庇護の下に存続し続けると、私はこれからも信じ続けるだろう。君は実に忍耐強かったが、私は議論で君をくたびれさせる心算などなかった。社会への第一歩について、このように共通理解に達したのはよい頃合いであるから、今日のところはこれぐらいにしておこうか。

ホレイシヨ　そうだね、喜んで。随分喋らせてしまったが、君に暇ができ次第、残りの話を是非聞きたいものだ。

クレオメネス　私は明日ウィンザー(46)で食事をしなければならないのだ。君に別の約束がないのであれば一緒に出かけたいのだが、光栄にも同伴していただけるのであれば大変名誉なことと思うよ。馬車は九時に手配できるし、しかも君は出かける途中に住んでいるだろう。

ホレイシヨ　慥かに、三、四時間ほど話をするのにうってつけの機会だね。

クレオメネス　君がいないと、まったく私は独りぼっちなのさ。

ホレイシヨ　私に任せてください、お相手します。

クレオメネス　さようなら。

七　ホレイショとクレオメネスとの間の第六の対話

ホレイショ　ロンドンの石畳道路から外に出たのだから[1]、もう時間を無駄にしないようにしよう。私は、これから聞ける話から、大きな満足を得られるだろうと期待しているよ。

クレオメネス　社会への第二歩は、人々が相互に感じている危険だ。それには、あらゆる人間が生まれながらにして持っている、プライドとか野心というあの強力な原理が大きな影響を与えている。異なる家族は一緒に住もうとし、共通の危険に立ち向かおうとするであろうが、争うべき共通の敵が存在しないときには、彼らは皆互いにほとんど役に立たない。こうした危険な状態では、体力や敏捷さや勇気が最も大切な資質となるであろうし、多くの家族が一緒に住めば、私が指摘した原理に駆り立てられ、優越を求めて競うようになるだろう。こうしたことを考慮すれば、この競い合いは間違いなく争いに発展するであろうし、その場合、最も弱く臆病な者は身を守るために絶えず最も信頼に足る者と行動を共にすることになるであろう。

ホレイショ　この争いは、当然、大勢の人々をさまざまな集団や仲間に分割するであろうし、それらの集団や仲間はすべて異なったリーダーを持ち、そのなかの最も強く勇敢な集団は、常に、一番弱くて臆病な集団を吸収することになるだろう。

クレオメネス　君が指摘することは未だにこの世に存続

している文明化されていない種族に関する報告と正確に一致するし、そうした人々は長い間に亘って惨めな生活を強いられるかもしれないな。

ホレイショ　親の庇護の下で成長したまさに第一世代は扱いやすかっただろうが、その後の世代はそれ以前の世代よりも次第に賢明になることはなかったのだろうか？

クレオメネス　彼らは間違いなく知識は豊かになり博識になっただろうし、時の流れと経験が彼らに対して他の人々に対してと同じような影響を与えただろうし、彼らが身を入れて取り組んだ特定の事柄に関しては、最も文明化された国民と同じくらい熟達し、才覚を発揮したことだろう。だが彼らの制御しがたい情念や、それによって引き起こされる仲違いは、決して彼らを幸せの状態のままにさせておくことはなかっただろう。また、こうしたお互い同士の争いは、彼らの創意工夫を挫折させ、彼らの意図を挫くことによって、絶えず彼らの進歩を台無しにしたことであろう。

ホレイショ　そうした苦難が、その内に、不和の原因を彼らに気づかせるようになり、そこで得た知恵によって、互いに傷つけ合わないために契約を結ぶということにならないかね？

クレオメネス　恐らく、そうなったのであろうが、このような粗野で教化されていない人々の間では、契約に従わされたことに伴う利益がなくなれば、誰もが契約を守らなくなるであろう。

ホレイショ　見えざる原因に対する畏怖である宗教が、契約を遵守させることに関して、彼らに役立つことはなかったのだろうか？

クレオメネス　議論の余地なく役立ったろうし、しかも幾世代も経《た》つことなくそうなっただろう。だが、宗教は、彼らの間では何ら機能しなかっただろう。それは文明化された国民におけるのと同じであって、そこでは義務を強制し、偽証を処罰する人為的な力がない限り、天罰はほとんど信用されておらず、宣誓もまれにしか役に立たないと思われているのさ。

ホレイショ　とはいえ、ある人間を指導者になりたいと思わせた同じ野心が、彼が統率する人数にものを言わせて、内政問題においても人々を支配したいと望ませただろう、とは君は思わないかね？

クレオメネス　その通りだ、と思う。しかも、このように無秩序で不安定な仕方で共同体が存続したにも拘わらず、三、四世代後には、人間の本性とは如何なるものであろうかと吟味がなされ、理解されるようになっただろうと思うよ。リーダーたちは、彼らが統率する人々の間で争いや不和が生じれば生じるだけ、ますます彼らを取り締まることが困難になり、さまざまな方法で人類に歯止めをかけ、人々が互いに殺し合ったり、攻撃し合ったりすることや、同じ共同体において他人の妻たちや子供たちを連れ去ることを禁じるとともに、そのための処罰を取り決め、非常に早い段階から誰しも自分を裁く案件で裁定者になるべきではないことや、一般的に言って老人は若者よりも物知りであることなどを知ったことだろうな。

ホレイショ　一度《ひとたび》、禁令や処罰が設けられれば、あらゆる困難は乗り越えられるようになったであろうと私は思うよ。また、なぜ君が、こうして人々は長い時代を惨めに生きざるを得なかった、などと言ったのか不思議で仕方ないね。

クレオメネス　まだ指摘していないとても重要な事柄が一つあってね、そのことが実現するまで、かなりの数の人たちは幸福になれないのさ。どんなに強固な契約であっても、その妥当性を示すに足るものがなければ、何の意味があるのだろうか？　また、正確さが要求される事柄に関して、とりわけ話されている言葉が未だ非常に不完全の場合は、口承というものがどれだけ役に立つものであろうか？　口頭報告というものは、普通はけちをつけられたり、議論を呼んだりしがちであるが、そうしたことは、誰もが誤りのない証言であると看做《みな》している記録によって防げるものだ。また、成文化された法の意味でさえ、歪曲し曲解しようとする多くの企てから推して、そうした成文法を欠くあらゆる社会においては、正義の執行が如何に実現不可能であったかと我々は判断してよいであろう。それ故、社会への最後の第三歩は文字の発明である。大勢の人々は統治なくして平和に生存することはできないし、また統治は法なくして存続できない。さらにまた、法というものは記述されることなくして長い間効力を持ち続けることはできない。こうしたことを考えるだけで、人間の本性が如何なるものかについての洞察を得《う》るのには充分なのさ。

ホレイショ　私はそうは思わないね。統治が法なくして存続できない理由は、大勢の人々の中には悪人もいるからだよ。だが、我々が人間の本性を判断するときに、理性の命令に従う善人よりも悪人を典型例とするのは、獣に対しては疾《やま》しくなくとも、不当なやり方なのではないか。また、生まれつき従順で温和な多くの優れた気質の馬に注目することなく、ごく僅かな扱いにくい馬のために馬全体がそうしたものだと非難するのは、我々にとって大変な間違いを起こすことになるのではなかろうか。

クレオメネス　このままだと、私が昨日と一昨日に話したことをすべて繰り返さなければならないことになるな。思考能力であれ言語能力であれ、たとえ人間という存在がこれら二つとも獲得する力を他の動物以上に生まれながらにして持っているとしても、教育されることもなく、また同じ人間という種《しゅ》の誰とも語り合うことのないままでいたならば、こうした特質は人間にとってほとんど役に立たないということを、君は納得したと私は思ったよ。あらゆる人間は教育されることもなく、独りぼっちでほうっておかれている間は、他人のことを配慮することなどなく、己れの本性の衝動のままに振る舞うであろう。だから、善人であるべきだと教えられない者は皆悪人なのだ。同様に、よく調教されていない馬は始末に負えない。というのは、馬の場合、扱いにくいということは、噛みついたり蹴ったりして、端綱《はづな》を引きちぎろうとし、騎手を振り落とし、軛《くびき》を振り払い、自らの本性の赴くままに欲するあの自由を取り戻すために、力の限り暴れまくるときのことだからだ。君が生来と呼んだことは明らかに人為的なものであり、教育に帰属しているのであり、どんなに優れた気質の馬であっても、調教されることなく、従順であったり温和であったりすることはないのだ。馬によっては四歳くらいになるまで乗りこなすことが難しいものもいるだろうが、その一方で、四歳よりずっと前に、手で触れられ、声をかけられ、ブラシをかけられたりする馬もいる。こうした馬は、飼い主によって餌を与えられ、拘束され、時には撫でられ、時には痛い目に遭わされ、そしてまだ幼いうちに、手抜かりなく我々人類に対して畏敬と崇拝の念を抱くよう吹き込まれ、単に人類に屈服するだけではなく、人類の大変非凡な才能に従うことにプライドを感じるように躾けられるのだ。君が統治される適合性に関して馬一般の本性を判断したいのであれば、最も育ちのよい牝馬と最も素晴らしい牡馬の間の子馬を捕らえて、雌雄の若馬を一緒に百頭ほど七歳になるまで森に解き放ち、馬たちがどれほど従順に扱いやすくなるかを確かめればよいのさ。

ホレイショ　だが、そんなことは決して行われたことはないね。

クレオメネス　それは誰の責任なのだ？　牝馬から隔離されているのは牡馬からの要請ではないし、また如何なる馬にせよその馬が温和だとか従順であるのは、まったく人間の管理のせいなのだ。悪徳は人間の場合も馬の場合も同じ起源から生じるのであって、放縦な自由への欲求と拘束されることへの苛立ちは、人間の場合も馬の場合も負けず劣らず明白である。ある人間が教訓や禁令による拘束を打ち破り、教化されていない、あるいは放埒な人間本性が齎《もたら》す放縦な欲望をむやみに追い求めるとき、その人間は悪徳をなしていると呼ばれる。このような人間の本性に対する不満は何処においても同じだ。人間という者は、それを手に入れる権利があるかどうかを考えることなく、欲するものをすべて手に入れようとする。また、そのことが他人に与える結果について何ら考慮することなく、したいことをすべてやってしまう。また同時に、人間という存在は、自分と同じ原理に基づいて行動したり、あらゆる行為において自分に対して何ら特別の配慮を示さなかったりするすべての存在を嫌うものなのさ。

ホレイショ　要するに、人間は、生まれながらにして、他人にしてもらいたいように自分がしてやる気はない存在ということだね。(2)

クレオメネス　その通りだ。このことには、人間本性における別の理由も関与している。人間という存在は皆、自分と他人を比較するとき、判断に偏りがでるので、どのような対等の二人であれ、自分についてよく考えるほどには、互いに相手のことをよく考えることはないのだ。あらゆる人間が意見を述べる権利を平等に持つ所では、「最も相応しい人に与えられよ《デトール・ディーグニオーリー》」と記されて彼らの間に配られた贈り物こそが、最も大きな争いの原因となるのだ。怒った人間は他の動物と同じように振るまい、自己保存のために腹立たしい相手の邪魔をする。そして怒った人間は皆自らの怒りの感情の程度に応じて、自らの敵対者に対して、彼らを滅ぼすか苦痛や不快感を与えようとする。こうした社会にとって障害となる人間の行為は、人間本性の欠陥であるというよりはむしろその特性であることを、人類の世俗的な幸福のために案出されてきたあらゆる規制や禁令というものが、そうした人類の特性に対してまさに相応《ふさわ》しいように、そしてまた、私が指摘したように至る所で人類に対してなされたあの苦情を取り除くように作られているということから、我々は知り得るであろう。あらゆる国の主《おも》だった法も同じ傾向を持っている。しかも、人間というものが生まれながらにして免れることができない、何らかの弱点であるとか、欠陥であるとか、社会への不適合とかを、指し示していない法など一つも存在しない。だが、それらの法のすべては、あらゆる事柄に関して自分を中心において考えるように促し、手に入れることができるものはすべて何でも要求するよう唆《そそのか》す、あの生まれながらにして人間が持つ支配本能を挫き正す矯正法として、明らかに意図されたものである。社会の世俗的利益のために人間の本性を改善しようとするこうした意図や試みは、神自らによって与えられたあの完全にして簡潔である法典ほどに明白であるものはない。エジプトで奴隷状態であったイスラエル人たちはその地の支配者たちの法に服していたが、彼らは、最も卑しい未開人とは大いにかけ離れた存在であったように、文明化された国民からもほど遠い存在でもあった。神の法を授かる前に、彼らはすでに確立している規制や協約を共有しており、それを十戒(3)も踏襲したと考えるのが理に適《かな》っている。そしてまた、彼らは正邪の観念を持っていたに違いなく、公然たる暴力や財産の侵害を防ぐために彼らの間に契約があったことも論証できることである。

ホレイショ　どのようにして論証するのだ？

クレオメネス　十戒そのものからだ。あらゆる賢明な法というものは、それに服すべき人々に相応しいものである。例えば、第九の戒律(4)から明らかなことは、自ら自身に関わる事件については、その人間自身の証言だけでは信じるに足るものではないとされていたこと、また如何なる人間であっても自ら自身の事件の裁定者になってはいけなかったことだ。

ホレイショ　第九の戒律は隣人に対しての偽証を禁じているだけだよ。

クレオメネス　その通りだ。だから、この戒律の全体的な趣旨と意図は私が指摘したことを前提にしているのであり、それを含意しているに違いないのさ。また、盗みと姦淫と隣人が持っているものを欲しがることの禁止は(5)、より鮮明に私が指摘したことを暗示しているのであり、十戒以前に合意されよく知られていた規制や契約の欠陥を補うための、付加や修正であるように思われる。こうした見地から、今、示唆した三つの戒律に注目してみると、それら三つの戒律は、別の折に私が傲慢な精神であり利己主義の原理だと言ったあの我々の内にある支配本能の強力な証拠であるばかりか、それを打ち砕き、根こそぎにし、人間の心から取り除くことの困難さの証拠でもあることが分かるであろう。というのも、我々は隣人の持ち物を力ずくで奪い取るのは思い止まるけれども、こうした支配本能が我々を唆して隣人に知られずにこっそりと手に入れさせ、占有すること《オポルテット・ハベーレ》の妥当性という考えを巧みに吹き込んで我々を欺く危険性があることを、第八の戒律が明らかにしているからだ。第七の戒律からこれまた明白なことであるが、我々は、ある男から彼の妻である女性を奪って連れ去らないことに関して同意していたとしても、またたとえ我が隣人が彼女と彼女が生むすべての子供たちを扶養する責任を負う状態であっても、もし我々が彼女を好いているのであれば、あらゆる欲望を満足させるように命じる生得的な原理が、自分の妻の如く彼女を扱うよう唆すということも充分に危惧されることだ。最後の戒律はとりわけ私の主張を強固なものにするのに充分なものだ。それは悪の根源をずばり衝き、第七の戒律と第八の戒律において懸念されている災いの真の源泉を告発している。というのは、最初にこの戒律を実際に犯すことなくして、誰しもその前にあるこれら二つの戒律を破る恐れがないからだ。さらにこの第十の戒律は、以下のことを非常にあからさまに仄めかしている。第一に、我々の支配本能は大変強力であり、ほとんど矯正できない弱点であること、第二に、我々の隣人が所有しているものに対して、正当性や所有権があるかどうか無視して、必ず我々はそれを欲するかもしれないということだ。こうした理由から、この戒律は、隣人のものは如何なるものであってもむやみに欲しがることを我々に対して絶対的に禁止しているのだ。神の叡智は、絶えずあらゆるものを我がものにすることを強いる、この利己的な行動原理の力をよく知っていて、一度、ある人間が心底からあるものを欲したとき、この支配本能が、この利己的な行動原理が、自らの欲望を満たすためにあらゆる手段を講ずるよう人間を唆し説得するだろうことを、よく理解しているのだ。

ホレイショ　君の如く戒律を解釈し、それらの戒律を我々の本性の弱点と正確に符合させるやり方によれば、第九の戒律から、あらゆる人間は偽証することへの強い欲望を持って生まれついたということが導かれることになるけれども、私はそのようなことをこれまで聞いたことがない。

クレオメネス　私もそうだ。君の的確な指摘のなかに見出される辛辣な批判は充分あり得ることだと認めるが、その非難は、如何にもっともらしく見えようとも、不当な非難だな。もし生まれつき持っている欲求それ自体と、そうした欲求が――それを掌《たなごころ》にできないどころか――我々に犯させるさまざまな罪とを君が進んで区別しようとするならば、君が仄めかす結果に帰着しないはずだ。というのは、偽証したいという直接的な欲求を持って我々は生まれついてはいないが、我々は一つ以上の欲求を持って生まれついており、それが抑制されることがなければ、やがては偽証するよう我々を強いることになるだろうし、あるいはもっと酷いことになり、諸々の欲求は偽証なしには満たされることができなくなるかもしれないからさ。そして、君が指摘した戒律があからさまに暗示していることは、生来、我々は、あらゆる非常時に際しても、自己利益にえげつないまでも執着すること、そして、第七と第八の戒律から明らかなように、他人に対して明らかに損害を与えるだけではなく、たとえ自らの良心に反しても、人間というものは自らの利益の虜になり得る存在だということだ。というのは、誰しも、何らかの目的なくして、隣人に対して故意に偽証することはないからであり、その目的を、それがどのようなものであれ、私は利益と呼ぶのだ。殺人を禁じる法は[6]、自らの利益に抵触するような場合には、我々はなんと途轍もなく殺人を過小評価するようになるのかということを、すでに明示していたのだ。それは当然のことであって、我々の最大の恐れは破滅であり、また自らの存在の消滅に匹敵するほどの不幸はないが、支配本能は我々を大変不公平の裁定者にしてしまうので、我々は、意のままにできないならば――意のままにすることが幸せであると思われているが――、むしろこの不幸を他人にも負わせてやろうとし、欲求を満たすうえで障害であると考える者を、完全に破滅させるからだ。しかも、人間はこれを、今、存在している妨害であるとか、これから生じるかもしれない妨害のためばかりか、嘗ての罪や取り返しがつかない事柄のためにも、行うのだ。

ホレイショ　君が最後に言ったことは、報復という意味だね。

クレオメネス　その通りだ。私が人間の本性のなかに存在すると強調する支配本能は、人間の情念の内で紛れもなく際立ったものであり、人間であるならば誰しもそうした情念を持たないで生まれつくことはなく、この上なく博識で素晴らしく教化された者であっても、それを滅多に克服することはできない。だから、報復をすると敢えて言い放つ者は誰しも心の内で裁く権利と処罰する権限を当然の如く要求するに違いないのであるが、そうした権利や権限は、大勢の人々の間の互いの平和にとって破壊的であるという廉で、あらゆる市民社会においては、その他の危険な手段と同じく、すべての人々の手から奪い去られ、最高の権力として、支配者層だけに帰属された最初の案件なのだ。

ホレイショ　我々の本性のなかに支配への執着のようなものが存在していることを、これまで君が述べたどのような話よりも、この報復に関する君の見解によって納得したよ。だが、なぜ個人の、つまり個々の人物の悪徳が人間という種全体のものとして看做されなければならないのか、ということは未だに納得できない。

クレオメネス　それは誰しもが人間という種に特有な悪徳に陥りがちであるからだよ。それは別な動物の間のジステンパーのようなものであり、馬には罹りやすいが乳牛には発症しない多くの病気もある。悪徳はそれを犯す者には必ず存在し、悪徳を犯す前に、彼の心のなかで、彼に悪徳を犯すように促し、唆す潜在的な原因となっているのだ。それ故、立法者には法を制定する上で考慮すべき二つの要点がある。第一に、彼らが監視しなければならない社会にとってどんな事柄が幸福を齎すのだろうかということであり、第二に、こうした幸福を促進または阻害するどんな情念や特性が人間本性のなかに存在するかということだ。鷺やサンカノゴイの襲撃に対して養魚場を監視するのは賢い知恵というものだが、七面鳥や孔雀とか、魚が好みでもなく、捕らえることもできない他の生き物に対して、同様な用心をするのはお笑い草だろう。

ホレイショ　最初の二つの戒律[7]に関わっているのは、あるいは君がそれと一致していると主張するのは、人間本性におけるどのような弱点もしくは欠陥なのかね？

クレオメネス　真なる神についての我々の生まれつきの盲目と無知だね。というのは、我々すべてが宗教に対する本能を持ってこの世に生まれ、その本能は成人に達する前に顕現するのであるが、あらゆる人間が生まれながらに持っている、不可視の原因、あるいは不可視のいくつかの原因に対する恐れは、その原因もしくはそれらの原因の本性や特性がそのようであるだけに、無知の人たちすべてが動揺する場合の不安ほどには、一般的ではないからさ。このことの一番の証拠になり得るのは――

ホレイショ　証拠などいらないよ。あらゆる時代の歴史が充分な証拠だね。

クレオメネス　言わせてくれ。あのね、第二の戒律こそがこのことの最も重要な証拠になり得るのであって、それは、不可視の原因に対する誤った恐れがすでに人間に行わせ、またこれからも行わせ続けるだろう馬鹿げた行為や忌まわしい行為すべてを、明白に指摘しているのだ。しかもその際、神の叡智以外の何かが、広範囲かつ全般的に亘る人間の途方もない行いを、この戒律でなされているようなとても少ない言葉のなかに含意させることができただろうとは、私にはとても考えることはできない。というのも、天空にあるどんなに高く遠いものであっても、地上にあるどんなに卑しく浅ましいものであっても、必ずある種の人々はそれを崇拝するか、もしくは何らかの方法でそれを迷信の対象にしてきたからだ。

ホレイショ　「……ある地方の人は鰐《わに》を崇め、別の地方の人は蛇を食べて腹をふくらます聖鳥イービスに震えおののいている。……尻尾の長い神猿の黄金象が燦然と照り輝いている[8]」。神聖な猿という訳だ！　人類のどの部分であれ神としてそのような動物を崇めたことは、我々人類にとって恥辱であることを私は認めるよ。だが、そうしたことは迷信に帰せられ得る愚かさの極みだね。

クレオメネス　私はそうとは思わないな。猿はまだ生き物であり、その意味で、生命のない事物よりも何ほどか勝っているのさ。

ホレイショ　人々の太陽崇拝や月崇拝は、斯くも浅ましく、斯くも滑稽な動物の前に人々がひれ伏すのを見るよりも、遙かに真っ当なことではないだろうか。

クレオメネス　太陽や月を崇めた者たちは、自らが栄誉ある理知的な存在であるということをまったく問うたことがないのだ。私が「生命のない《イナニメイト》」という語について言及したとき、自らの菜園で栽培していた神々に、つまり韮や玉ねぎに対して人々が払っていた崇敬の念について、君が引用した同じ詩人が述べていたことを念頭においていたのだ。その詩人は、「韮や玉ねぎを噛んで傷つけたり、食いちぎったりすれば、それは神々の掟に反する行為である。このように彼らの菜園から神々が生まれてくるとは、おお、なんと神々しい民族《たみやから》であることか！」[9]と書いている。しかし、こうしたことは、ユウェナーリスの時代から千四百年後にアメリカ大陸でなされていたことに比べれば取るに足らないことだ。もし、メキシコ人の信じがたい偶像崇拝がユウェナーリスの時代に知られていたならば、彼はエジプト人に注目する価値があるとは思わなかっただろう。生きている人間の心臓を切り取り生け贄として捧げ、ウィツィロポチトリ[10]の途轍もない悪辣で非道で執念深い性質を慰めるという、奇怪で言語に絶するとともに恐ろしく衝撃的な馬鹿げたお告げを具現化するために、メキシコの貧しい人々が耐えなければならなかった尋常ではない苦痛に対して、私はしばしば驚嘆したものだ。あの厭うべき邪神の奇怪な外観や不自然な奇形は、貧しい人々が不可視の法外な力について自ら想い描いた悲惨な思いの生き生きとした表現であり、彼らがそれを如何に恐ろしくて呪うべきものであると考えていたかを、端的に示している。しかも同時に、彼らはそれに最高の崇敬の念を表し、恐れおののきながらも、人間の生き血を犠牲にして、その激怒や憤怒を宥《なだ》められないまでも、それによって齎されると懸念されるさまざま災いを、少なくともある程度は避けるよう努めたのだ。

ホレイショ　第二の戒律を再考してみることほど、偶像崇拝を激しく非難するうえで、時宜を得たものはないことを、私は認めなければならないね。だが、君がずっと述べてきたことは、大して注意力を要するものではなかったので、私はある別のことを考えていたよ。第三の戒律[11]の趣旨について考えを巡らしていたとき、君があらゆる法一般について、とりわけ十戒について断言したことへの反論が、しかも最も強力だと思われる反論が、頭に浮かんできた。悪人の誤りを人間本性一般のせいにするのは間違いだと私が強調したことを、君は知っているね。

クレオメネス　知っているよ。とはいえ私はその点については返答したと思うよ。

ホレイショ　もう一度だけ尋ねさせてくれ。我々の本性の弱さと、あるいは悪い仲間と付き合うことによって一般に身に付く悪習とのどちらから、罰当たりなことを唱えるようになるのだと君は思うのかね？

クレオメネス　間違いなく後者だな。

ホレイショ　そうであるならば、この法は禁じられている悪徳を犯す悪人だけを対象としたものであり、人間本性全般に備わっている弱点に対して向けられたものではまったくないことは、明らかだよね。

クレオメネス　君はこの法の意図を誤解しているように思うし、また私は君が想像しているよりももっと気高い目的をこの法は持っていると思うな。人間という生き物を統治可能にするためには権威への畏敬の念が必要であったと私が言ったことを、君は覚えているだろう。

ホレイショ　よく覚えているよ。また畏敬の念は、恐れと愛と称賛の感情が綯《な》い交《ま》ぜになったものだったね。

クレオメネス　それでは、十戒のなかで語られていることを見てみよう。自分たちに話しかけたのは誰なのかがイスラエル人に分かるように、わざわざ設《しつら》えられた十戒の前書きのなかで、誰もが知っている事実に照らして、自ら自身の偉大な力の最も顕著な事例と、イスラエル人の自らに対する強い恩義を示しつつ、神は自らの民として選ばれた人々に対して姿を現す。この前書きは平明ではあるが威厳に満ちており、これほど真に崇高なもしくは荘厳な文はあり得ない。これほど含蓄に富み重々しく威厳があり、同じように簡潔な言葉で充分にその目的を果たすとともに、意図に適っている文があれば、見せて貰いたいと学界の住人たちに言いたいね。なぜ人々が神の法に従わねばならないのか、その動機や誘因について述べられている第二の戒律の部分では、以下のことが最も力説されている。第一に、神を忌み嫌う者たちへの天罰と、第二に、広い範囲に及ぶ神を愛し十戒を守る者たちへの恵みだ。これらの一節を丁寧に熟考すれば、愛と同様に恐れも、また最高度の称賛もそこでは率直かつ明瞭にはっきりと説き聞かされていることが、そしてまた、畏敬の念を合成している三つの要素への感覚を深く自覚させるための最良の方法がそこでは用いられていることが分かるだろう。その理由は明らかだ。もし人々がその法典によって律せられねばならない存在であるとしたならば、人々に法への恭順を強いる上で最も必要であったものは、神に対する畏敬の念と最高度の崇拝であったのであり、神の命ずるままに人々は法を遵守しなければならず、それらを破った場合には神に説明する義務があったのだ。

ホレイショ　そうした指摘が私の反論に対してどのような答えになるのかね？

クレオメネス　暫く我慢して聞いてくれ。今そのことを言おうとしているのだから。人類というものは、生まれつき気まぐれで変化や多様性を喜び、最初に新鮮なときに受けた事柄への印象を長い間保ち続けることは滅多にない。また、彼らは事柄がありふれたものになると、最善なものであっても軽蔑はしないまでも軽視しがちである。第三の戒律はこの弱点を、言い換えれば我々の本性における真摯さの欠如を指しているというのが、私の見解だ。必要な場合にのみ最も厳粛に、しかも最も重要な事柄に関してのみに、神の名を用いるということの法の厳密な遵守によって、造物主に対する我々の義務として、人間本性における弱点による悪しき結果を一番よく防ぐことができるだろう。十戒の前段で、最も強力な動機によって、畏敬の念を喚起し、それを抱き続けさせるための注意がすでになされていたがごとく、この法の賢明な内容ほどに、その畏敬の念を強固にして永続きさせるのに相応しいものはないであろう。というのは、あまりの馴れ馴れしさは軽視を生むように、最も神聖なものに対して当然払うべき我々の最高度の敬意は馴れ馴れしさの対極をなすものであるから、最もよく畏敬の念を持続させることができるからね。

ホレイショ　反論に答えてくれたね。

クレオメネス　恭順を齎すために畏敬の念がどれほど重要であると思われているかを、我々は同じ法典の別の戒律(12)からも知ることができるだろう。子供たちは、彼らの親や、彼らの親の許可の下、親に代わってその任を務める人たちからしか、義務について学ぶ機会がない。それ故、人々は神の法を大いに恐れるだけではなく、その義務を最初に教え込み、それが神の法だと知らせてくれた人々に対して大いに畏敬の念を持つことも、必要であったのだ。

ホレイショ　だが、子供たちの親への畏敬の念は、子供たちが親から経験的に学んでいることの当然の結果だと、君は言ったね。

クレオメネス　もし、この法において命じられていることを人間が自発的に行うのであれば、こうした法は必要ないと君は考えているのだね。だが、子供たちの親に対する畏敬の念は、ある部分は子供たちが親から受けた恩恵と折檻の、またある部分は親が子供たちのなかに認めた優れた能力に対する高い評価の当然の結果であるけれども、経験が教えるところによれば、こうした畏敬の念はもっと強い情念の支配下にあるかもしれないのだ。しかも、畏敬の念は、あらゆる統治や社会性そのものにとって最も重要性を持つものであるから、神は己れの特別な命令によって、我々の心中においてそれを強く強固なものにするとともに、それを保持し続けることへの報償を約束することによって、もっとそれを育成させた方がよいと考えた。このように君にも考えて貰いたいな。我々の生まれつきの粗暴さを最初に矯正し、我々誰しもが生まれながらに持っている自立心を挫くのは、親なのだ。我々の服従の最初の萌芽は親に負うところが大きいのだ。人間の従順さの素因という点では、あらゆる社会は子供たちが親に払う尊敬や敬意の恩恵を被っているのだ。我々の本性における支配本能やそうした本能の結果である幼児の我が儘は、知力がほんの僅かであっても頭を擡《もた》げてくればすぐに、またはそれ以前に発症する。まったく蔑ろにされたり、教育を施されたりしたことがない子供たちは、常に手に負えない悪童なのだ。つまり、最も自己規制ができない人間ほど御しにくく、勝手気儘を好む者はいないのだ。

ホレイショ　ということは、我々が成人に達したならば、この戒律は必要とはされないと、君は考えるのだね。

クレオメネス　とんでもない。というのは、まだ成人に達しない前の親による保護下にあるうちに、この法によって策略的に意図された恩恵を我々は受けるけれども、そうであるからこそ、そこで命じられている義務は決してなくなることはないからだ。我々は幼少期から目上の人たちの模倣をすることが好きだ。そして子供たちが成人した男女となり、自由に振る舞えるようになったとき、親に対して彼らがこうした敬意や畏敬の念を示し続ける限り、こうした実例は、すべての未成年の子供に義務を教え、彼らよりも年長の賢明な他の人々が自ら進んで応じるのを目の当たりにしている事柄を、拒むべきではないことを学ぶという点で、彼らに大いに役立つ。なぜならば、こうすることによって、彼らの理解力が増すとともに、こうした義務が社会の慣わしとなり、遂には彼らのプライドがそうした慣わしを無視させておかないだろうからだ。

ホレイショ　君が最後に指摘したことは、上流階級の人々の間の、最も身持ちも悪く邪悪な者たちでさえ、親に対して反抗的で心の中では彼らを憎んでいても、少なくとも人前では、外面的には恭順を誓い敬意を表するという事実の慥かに理由になるね。

クレオメネス　このことは、良い作法は邪悪さと矛盾するものではないこと、また、人間は礼儀作法の厳格な遵守者であるかもしれないし、苦労して良い育ちであると思わせようと努めるかもしれないが、それと同時に人間は神の法を顧みず、宗教を軽蔑して生きるかもしれないことを、我々に納得させるいまひとつの例だ。その意味で、表面的であれこの第五の戒律に従わせるためには、社会の慣わしを遵守するような人々の間で、上品で身なりがよいだけではなく丈夫で元気な人間が、年老いた親に議論で破れて屈服する光景ほどに強力な訓戒はないし、若者を啓発する教訓もないと言ってよい。

ホレイショ　でも、あらゆる神の法が、つまり、ただ神自身や、その力や栄誉や、その意志に対する我々の恭順だけに関係していると思われるような法が、我々の隣人に関する何らかの考察から導き出される法と同じように、社会の福利や人々の世俗的な幸福に関しても考慮していると、君は思うかね？

クレオメネス　それは疑う余地はないと思う。安息日の遵守(13)がそのことを示しているだろう。

ホレイショ　『スペクテイター』(14)誌のある号で、そのことが大変見事に立証されるのを我々は見たことがあるね。

クレオメネス　人間社会における事柄のうちで安息日の持っている有用性は、その雑誌の著者が気づいたことよりも遥かに重要なことだ。人類が社会を完成させる上で苦労したあらゆる困難のなかで、時の分割ほどにとことん人類が困惑させられたものはなかった。我々が太陽の周りを一周する一年の行程は、丸一日とか丸一時間という日数や時間数に正確に対応せず、研究をする上で多大な困難の原因となっていた。また、季節の混乱を防ぐために、どのように一年を分割するかということほど人間の頭脳を苦しめたものはなかったが、一年を太陰暦によって分割したとしても、時の計算は一般の人々にとって実用的でなかったに違いない。祭日が不規則でその他のすべての日が同じように見える二十九日または三十日を覚えることは、記憶にとって大変な負担であったに違いないし、また、無知な人々の間では絶えず混乱を引き起こしたに違いないだろう。それに較べて、すぐに巡ってくる短い期間は簡単に覚えられ、その他の残りの日から明確に区別された七日のうちの固定された一日は、どんなに浅薄な人間の記憶にも残ることであったであろう。

ホレイショ　安息日は時の計算にかなり役立っただろうし、安息日なしの経験を一度もしたことがない人間が安易に想像するよりも、人間社会において遥かに役立っていると私は思うね。

クレオメネス　しかし、第四の戒律において最も注目すべきは、神が自らの民に対して己れの正体を明かし、この世のその他の人々がずっと長い間知らないままでいた真実を、初期段階の国民に告げたことである。人々はすぐに太陽の持つ力に気づかされ、空の流星を観察し、月やその他の星の影響に感づいた。だが、長い時間をかけて人間が崇高な観念を大いに深めるようになってやっと、持って生まれた思考力がすべての創造者である神についての黙想にまで到達することができたのだ。

ホレイショ　君がモーセについて話したときに、このことについては充分に論じていたね。だから、社会の成立についてもっと話すことにしよう。社会成立のための第三段階は文字の発明であること、文字なくして如何なる法も長い間効力を持つことはできず、あらゆる国における主要な法律は人間の弱点に対する救済法であること、つまり、それらの法は、我々の本性と不可分のある属性が齎す悪い結果を防ぐための対処法として考案されたこと、しかも、そうした属性は、統御も抑制もされることがなければ、社会にとって阻害要因で有害であることを、私は納得させられた。同様に、これらの人間の弱点は十戒のなかでもはっきりと指摘されていること、また十戒は途轍もない知恵によって書かれていること、そして、そのなかには、高度に重要性を持つ問題だけではなく、社会の世俗的利益を考慮していないような戒律は一つも存在していないことも、私はなるほどと得心させられた。

クレオメネス　君の指摘したことは、まさに私が立証しようと努めてきた事柄だ。これで、大勢の人々が政治体へと組み込まれるのを邪魔するあらゆる難事と主要な障害が取り除かれる。一度、人々が成文法によって統治されるようになれば、その他のすべては歩調を合わせて速やかに進む。そうなると、財産と生命並びに身体の安全は確保されることになるだろう。このことは必然的に平和への愛着を促進し、それを広めるようにするだろうし、一度、人間が平穏を享受し、隣人を恐れる必要がなくなれば、人々は労働を分割したり、再分割したりすることを学ばないでいることは難しいだろう。

ホレイショ　君が何を言っているのか、私には分からないな。

クレオメネス　私がすでにそれとなく言っておいたように、人間という存在は生まれつき他人がすることを見て真似るのが好きであり、未開人が皆同じ事をする理由はそこにある。そのために彼らは常に自らの境遇を改善したいと望んでいるにも拘わらず、それができないのである。そこでもし、ある人間がもっぱら弓矢づくりに専念し、他方で、二人目が食べ物を供給し、三人目が小屋を建て、四人目が衣類を、五人目が道具を作るのであれば、彼らは互いに役に立つようになるだけではなく、五人全員がてんでんばらばらにこれらの職業や仕事に従事した場合よりも、同じ年数でより大きな成果を手に入れられるだろう。

ホレイショ　その点については、君はまったく正しいと思う。君が指摘したことの正しさは、時計造りにおけるほど顕著なものはなく、時計造りでは、君の指摘する方法ですれば、製造の全工程が常に一人の人間の仕事のままであった場合に達成されただろうよりも、その完成度が高くなる。また、クロックやウオッチの出来映えの精密さや美しさだけではなくその量の多さも、主として製造工程をいくつかの部門に分割したことに負っていると、私は確信している。

クレオメネス　同じように、書き言葉である文字の使用は、それ以前には、実に中身がなくて不確かでしかあり得なかった話し言葉そのものを、大いに改善するに違いないね。

ホレイショ　君が再び話し言葉について言及するのを聞いて嬉しく思う。君が以前そのことを指摘したとき(15)、私は口を差し挟む心算《つもり》はまったくなかったよ。君の言う野生の男女が最初に出遭ったときに、どんな言語で話したのだろうね？

クレオメネス　私がすでに述べておいたことから明らかなように、彼らはまったく言語を持っていなかったというのが、私の見解さ。

ホレイショ　とすれば、野生の人々は互いに相手を理解するためのある種の本能を持っているに違いなく、文明化されるとそれを失うということだね。

クレオメネス　自然は、あらゆる同じ種類の動物たちを、自ら自身と自らの種の自己保存のために必要とされる範囲内で、相互的交わりのなかにおいて相互了解できるようにしたと、私は確信している。そして、例の君が野生と呼ぶ男女であるが、数多くの声が二人の間で交わされる前に、彼らには相互了解が充分存在していたと、私も思う。また、社会に生まれついたある人物が、そうした未開人や彼らの境遇について思いを馳せるためには、いくらかの困難が伴わざるを得ないし、その人物が抽象的思考に慣れていなければ、人間がほとんど欲望を持てず、無垢な人間本性の直接的な要求を超えて蠢《うごめ》く欲求なども持てないような大変つましい状態など、ほとんど想像できないだろうね。そのような男女には、言語が存在しないだけではなく、何らかな言語の必要性に迫られているとか、言語がないことで何か実際に支障をきたしているなどと感じたり想像したりすることもないことは明らかだと、私には思われる。

ホレイショ　どうしてそう思うの？

クレオメネス　なぜかと言えば、如何なる動物であっても、それについて観念を持たないものに関して、自分たちにそれが欠けていると知ることは不可能であるからだ。さらに、もしも未開人が成人した男女になった後に他人の話すのを聞き、言葉の有用性に気づかされ、その結果、自ら自身に言葉が欠けているということを自覚したとしても、彼らの言葉を学ぼうとする意欲は能力と同様に高《たか》が知れたものであろうと、私は思う。また彼らが言葉を学ぼうと試みたとしても、そのことは徒労に終わり、容易に習得することができないものだと気づくであろう。というのは、すでにしばしばそれとなく指摘しておいたように、子供たちには備わっている音声器官のしなやかさや柔らかさは、成人した男女の場合は失われているだろうからね。また、彼らがかなり上手に話せるようになる前に、ヴァイオリンとかその他の最も難しい楽器を見事に演奏することを習得するかもしれないね。

ホレイショ　獣たちはさまざまな情念を表現するのにいくつかの異なった声を出すね。例えば、あらゆる種類の犬たちは、苦痛や大きな危険を示すのに激怒や怒りを表す場合とは別の叫び声を上げるし、また犬という種はすべて遠吠えによって悲哀を表現するよ。

クレオメネス　君が言っていることは、自然が人間に言葉を授けたということを信じるに足る論拠にはなり得ないね。ある種の獣が享受していて人間には欠けている無数のその他の特典や本能が存在している。雛鳥は卵から孵《かえ》るや否や走り回り、ほとんどの四足獣は生まれるとすぐに助けなしに歩くことができる。もし、言語が本能によって身につくとすれば、言語を話している人々はその言語に含まれる個々のあらゆる言葉を間違いなく知っていただろうし、野生の状態にいる人間は、知られているうちで最も貧弱な言語の千分の一も使う機会はなかったであろう。ある人間の知識が狭い範囲内に限られ、単純な人間本性の要求しか従うものがないとき、話し言葉の欠如は無言の身振りによって容易に補われる。教育を受けていない人間にとっては、音声によるよりも身振り手振りによって自己表現する方が自然であるが、我々は皆他の動物以上に、話し言葉を使わないで自分の考えを他人に理解して貰う能力を持って生まれついていると思う。悲哀、喜び、愛、訝り、恐れなどを表現するために、人類全体に共通している一定の合図が存在している。子供たちの泣き声は、助けを呼んだり、同情を喚起させたりするために自然が与えたものであり、しかも同情を喚起させるにあたって泣き声ほどその他のどの音声よりも効果的なものがないことを、誰もが疑いはしない。

ホレイショ　母親や乳母の胸中に、ということだね。

クレオメネス　大部分の人間の胸中に、という意味だよ。軍楽のような曲は一般に士気を鼓舞して元気づけ、意気消沈しないようにするということを、君は認めるかね？

ホレイショ　認めなければならないと思うよ。

クレオメネス　それならば、無力な赤ん坊の泣き声《ワーギートス》は、それが聞こえる所にいる我々人類の大部分の同情を喚起するが、このことは、ドラムやトランペットが演奏を聞いた人たちの胸中にある恐れを追い払ってくれるよりも、遙かに慥かなことだということを、私は請け合うよ。泣くことや、笑うことや、微笑むことや、眉を顰《ひそ》めることや、ため息をつくことや、叫ぶことについては、すでに議論したね。目という言葉はとても豊かで、とても普遍的なものであるので、この助けを借りて、限りなく遠く離れた種族であっても、種に関わる最も重要な世俗的な問題について、教育を受けていようといまいとに拘わらず、一目で互いに理解し合う。そして、我が野生の男女も目という言葉で、初めて出遭ったときに、文明人の男女ならば赤面せずに敢えて明かすことのないようなことを、はっきりと率直に互いに言い合うであろう。

ホレイショ　慥かに、人間というものは、口で語る場合と同様に目で語る場合にも、恥知らずなのかもしれないね。

クレオメネス　だから、天性のものであるそうした表情やいくつかの仕草は、あまりにも意味ありげであるというだけの理由で、上品な人たちの間では注意深く避けられている。欠伸をしながら他人の前で背伸びをするのは、とりわけ男女が一緒の所では、よい作法にまったく反するとされるのも、同じ理由からさ。これらの仕草を人前で見せるのは下品であるように、そうした仕草を注視したり、それらを理解したように思われたりするのも野暮なことなのだ。だから、このようにそれらをしなかったり無視したりすることが、無知あるいは能天気の故になされる無作法などによって偶々《たまたま》それらが行われても、その多くは通ぜず、実際には上流社会《ボー・モンド》の住人たちに理解されない原因になるのだ。

だが、身振りや仕草でしか意思疎通の手段がない言葉を持たない未開人にとっては、それらは一目瞭然のことだっただろうね。

ホレイショ　けれども、古老の人たちが話し言葉を習得できるとかその気になるとかしなければ、子供たちに言葉を教えることはできないね。では、どのようにして二人の未開人によって、それが如何なる言語であるにせよ、この世に齎されることができたのであろうか?

クレオメネス　農業、医術、天文学、建築学、絵画などのあらゆるその他の学問・芸術がそうであったように、少しずつ時間をかけてだよ。言葉の発達が遅い子供たちについて我々が知っていることからすれば、野生の男女は、音声によって互いに自分を理解させようとする前に、仕草や身振りでそれをしたであろうと考えるべき根拠があるということだね。しかし、彼らが長い間一緒に暮らすようになると、恐らく、彼らが最も熟知している事物のための音声を見つけ出し、それらの事物が視覚から外れたところにあるときは、その音声によって互いにその事物の観念を心の中に掻き立てたということは充分にあり得ることだと思う。しかも、恐らく彼らはそれらの音声を自らの子供に伝えたことであろう。さらに、彼らが長く一緒に暮らしていればいるほど、事物そのものだけではなく行為に関する彼らが考案した音声も、ますます多様になったことであろう。また、よく舌が回るとか抑揚が自在であるとかいったことに関しては、彼らが思い出せる自分自身の場合よりも、子供たちの場合の方が遙かに優れているということを、彼らは分かっていただろうね。そうした子供たちのある者が、偶然か故意かによって、あるときにこの器官の優れた適正を活用するようになり、それを後の各世代が絶えず改良してきたということは、充分あり得る話だ。そして、以上のことがすべての言語と言葉そのものの起源であったに違いないし、それらは霊感によって教えられたものではなかったのである(16)。さらに、言語が（人間の案出によるものを指しているのであるが）大きな完成度に達し、人々が関わり親しんでいるあらゆる事物だけではなく、日常のあらゆる行為もそれぞれの言葉を持つようになったときでさえ、仕草や身振りは、かなり長い間、言葉と一緒に用いられ続けたと、私は思うよ。なぜならば、両者とも同じ目的を持っているものであるからね。

ホレイショ　話し言葉の目的は我々の考えを他人に伝えることだね。

クレオメネス　私はそうは思わないね。

ホレイショ　なんだって！　人々は理解して貰うために話すのではないのか？

クレオメネス　ある意味ではその通りだ。だが話し言葉には二重の意味があって、君はそのことを念頭に置いていないように思う。人間は「理解して貰うために話す」ということで、人々が話すときに彼らが発する音声の意味を他人に知って貰い、理解して貰うことを望むということを、君が意味させているのであれば、その通りだと私は答える。だが、人々が話すのは、己れの考えを他人に知って貰い、他人によって己れの存念が曝《さら》けだされ、見透かされるためでもあるが、そのことも同様に、「理解して貰うために話す」ということに含意されているだろうという意味ならば、私はそうではないと答える。女性から生まれた人間[17]が行った最初の仕草もしくは音声は、その行為をした本人のためになされ、彼の利益に適うように意図されたものであった。しかも、話し言葉の最初の目的は、話し手が信じ込ませようとしている事柄を相手が信用するように、あるいは相手が話し手の支配下に完璧にある場合は、彼が強要しようとしている事柄を行うように、またそれに耐えるように、他人を説得することにあったというのが私の意見だ。

ホレイショ　同様に、話し言葉は、我々自身のために他人を説得するだけではなく、他人の利益のために彼らを教育したり、助言を与えたり、情報を与えたりするのにも用いられるね。

クレオメネス　だから、言葉の助けを借りて、人々は自分を責めたり、罪を認めたりすることもあるかもしれないが、誰もそうした目的のために話し言葉を考案したのではなかったであろう。私は、人間に話させた意図について、最初の動機と目的について述べているのだ。子供たちを見れば分かるが、彼らが言葉によって表現しようとする最初の事柄は、自らの欲求や意志であり、彼らの話し言葉は、以前には、仕草によって要求するとか、否定するとか、肯定するとかしたものの単なる追認に過ぎない。

ホレイショ　だが、人々が言葉を使って自分たちの考えを充分に表現できるようになった後でも、彼らは仕草や身振りを使い続けると、君はどうして想うのだね？

クレオメネス　それは言葉が仕草を補強するように、仕草が言葉を補強するからだよ。洗練された上品な人々でさえ、熱が入ったときには、言葉と仕草の両方を使わないでおられないだろう。ハチャメチャな早口言葉で、幼児がお菓子とか玩具《おもちゃ》をねだりながらそれを指さして取ろうとするとき、この二重の努力は、幼児が何も仕草をすることなく平易な言葉でそれを欲しいと言ったときとか、あるいは何も言おうとせずに欲しいものを見つめ手を伸ばそうとしたときよりも、我々に強い印象を与える。言葉と行為は互いに協力して補強し合い、経験が教えるところによれば、それらは別々であるよりも結びついていた方がより効果的に我々に訴え、より説得力を増すのさ。つまり、「結合された力《ウィース・ウーニータ・》は強さを増す《フォルテル》」ということなのだ。そして、幼児がその両方を用いるとき、手の込んだ演説に適切な身振りを加える場合の雄弁家と同じ原理を用いて彼は行動しているのさ。

ホレイショ　君の言い分からすれば、身振りの方が言葉そのものより本来的なものであるだけではなく、古くからのものであると思うべきであろうが、以前の私であれば受け入れ難い議論であると思っただろうね。

クレオメネス　だが、それは事実であり、途轍もなく出しゃばりで気の荒い気性の者たちが話すときは、もっと忍耐強く沈着な者たちが話すときよりも多くの身振りを用いることに、君はこれから常に気づくことだろうね。

ホレイショ　こうしたことがフランス人の間で如何に誇張され、ポルトガル人の間ではそれ以上に誇張されているのを見ることは、非常に楽しい光景だね。手足を使ったさまざまな奇妙な身振りだけではなく、なんと顔や身体を歪めることも、彼らのなかのある者たちは通常の会話のなかに取り入れているのを目の当たりにして、私はしばしば吃驚《びっくり》したものだ。だが、私が海外に出かけたとき、論争が生じた場合とか、あるいは何であれ議論をしなければならない案件がある場合に、身分のある人たちの間でさえ、大部分の外国人たちが大声ですさまじくがなり立てながら話すことほどに、私を不快にするものはなかった。そのことに慣れるまで、常に身構えさせられたよ。というのは、彼らは怒っているのだと思い込んでいたからね。そして、私が憤慨すべきことであったかどうか確かめるために、しばしば言われたことを反芻してみたよ。

クレオメネス　他人を説得するだけではなく打ち負かすという人間が持つ生まれつきの野心や強い願望が、こうしたことすべての原因だね。声を高くしたり低くしたりするのは、時宜《じぎ》に適ったものであれば、貧弱な理解力を虜にする魅惑的な手段であり、大声は行為と同じで言葉の補助手段なのだ。不正確で誤った語法やセンスのなさでさえ、しばしば、大声や大騒ぎによって上手に打ち消されるし、それらによって生み出された激しさからすべての力を得た議論には説得力があった。言語そのものの弱さが話しぶりの強さである程度は矯正されるのかもしれないね。

ホレイショ　静かに話すことがイギリスの育ちのよい人たちの間の慣行であるのは、嬉しいことだよ。喚《わめ》き声や粗暴の振る舞いには耐えられないからね。

クレオメネス　だが、後者の方がより自然なことで、教訓とか実例によって教えられることがなかった者は誰でも、自然に反する振る舞いに、君の好きな言葉で言えば、社会の習わしに屈服することはなかったのだね。人々が若いうちにそうした社会の習わしに馴染むことがなかったのであれば、後にそれを受け容れるのは極めて難しいことだよ。とはいえ、そうした社会の習わしは、追従の術という点で人間の創意工夫として最も誇るべき、よい作法のなかで最も道理に適うと同時に最も素晴らしい作法でもあるよ。というのは、ある人間が身振りとかその他の頭と身体による動作もなく穏やかに私に話しかけ、そして声の抑揚もなく同じように控えめな落ち着いた口調で話を続けるとき、第一に、彼は、その感じのよい態度によって、己れ自身の慎みと謙遜の気持ちをよく示しており、第二に、私に対して好意的な評価を抱いていると思われるという点で、私に敬意を表しているように見えるからだ。そのような振る舞いを彼がすることを通じて、彼が私のことを感情に流されず理性によって支配されている人間であると考えている、と想像する喜びを私に与えてくれるからね。彼は私の判断力を信頼しているので、冷静にかつ沈着に、彼の言ったことを私が推し量り考えることを、望んでいるように思われるのだ。私の良識と理解力の真っ当さを信頼していなければ、誰もこうしたことをしないだろう。

ホレイショ　私はその意味を深く考えたことはないけれども、こうした気取らない話し方にいつも感心していたよ。

クレオメネス　我々の言語である英語の力強さと美しさは、国民に浸透していたラコニア風(18)の雄々しい精神と、会話時のこの淑《しと》やかさのお陰を被っていると、考えざるを得ないな。そしてこの会話時のこの淑やかさは、他のどこの国よりもましてイギリスにおいて、長い間上流社会における特有の慣習であったけれども、何処の国においても、言語の洗練さを担うのは上流社会なのだ。

ホレイショ　言語を洗練させたのは、説教師や、劇作家や、雄弁家や、名文家であったと思っていたがね。

クレオメネス　彼らは既につくり出されて手元にあるものを最大限に利用するが、語や句の真の唯一の鋳造所は宮廷であり、どの国民においても洗練された層が「話すことの原則と規準」《ユース・エト・ノールマ・ロクエンディー》(19)の体現者なのだ。慥かに、あらゆる専門用語や業界用語は、主として文字通り仕事の上でそれらを用いるそれぞれの芸術家や業者たちのものである。けれども、隠喩的に使用するためにそれらから、あるいは活語であれ、死語であれ、その他の言語から借用したものはすべて、最初に、宮廷の刻印と上流社会の承認を得なければならず、その後、初めて通用することができるようになる。そして、上流社会の人たちの間で使用されていないとか、あるいは彼らの承認もなく外国からやって来たものはすべて、粗野であるか、衒学的あるか、陳腐なものにされてしまうのだ。それ故、雄弁家や歴史家やあらゆる売文業者たちは皆、使用する言葉をすでに充分容認されているものだけに限定しているのだ。彼らは、そうした財宝のなかから、自らの目的に適う言葉を選りすぐることはできても、銀行家が貨幣を鋳造することが許されていないように、彼らも彼ら自身の新語を作ることは許されていないのだ。

ホレイショ　依然として私には、抑揚をつけて話すことが言語そのものにとってどんな利益や不利益があるのかが理解できないね。仮に、今私が話していることが書き留められ、半年後に、書かれたものから、それが大声で話されたものか、小声で話されたものかを言い当てることができるのは、真の魔術師に違いないな。

クレオメネス　熟練した手際がよい人々が、前に述べたような話し方に慣れてくると、それがやがて言語に影響を与えるようになり、言語を力強く表現豊かなものにするというのが、私の見解だ。

ホレイショ　だが、その理由は？

クレオメネス　人が自分の言葉だけを信頼し、また聞き手は自分でそれを読むことで、その言葉の話しぶりによって影響を受けないとき、必ずや人々は、簡潔な論理や明快な文章や非常に力強い言葉だけではなく、用語の正確さや文体の簡潔さ、さらには表現の上品さと豊かさなどに気を配るようになるであろう。

ホレイショ　何か大変なこじつけのように聞こえるが、的を射ているのかもしれないね。

クレオメネス　あらゆる話す人々が、大声を出そうが小声で話そうが、また身振りを使おうが使うまいが、同様に相手を説得して、意図している目的を達しようと望み、努力しているということを考慮すれば、君もきっとそのように思うようになると思うよ。

ホレイショ　言葉は説得のために考え出されたと君は言うけれども、君はその点を強調し過ぎているように思うけどね。言葉が多くのその他の目的で使用されているのも慥かなことだよ。

クレオメネス　私もそのことを否定しないさ。

ホレイショ　人々が叱りつけたり、罵ったり、互いに口汚い言葉を浴びせかけようとするとき、どのような意図でそうするのであろうか？　もしも、己れについてこれ位であると高を括っている他人に対して、自らをもっと低く評価すべきだと説得するためであるならば、そのようなことをしても上手くいくとは思わないね。

クレオメネス　罵ったりするのは、我々が他人について抱いている下劣で卑劣な評価を彼らに示すこと、しかもこれ見よがしに喜びを持って示すことなのだ。口汚い言葉を使う人々は、しばしば、そのような言葉を浴びせる人々に対して、彼らに自分で思っているよりももっと悪いのだと信じ込ませるように、そうしているのだ。

ホレイショ　彼らが思っているよりも悪くだって！　どのような理由からそれが分かるのだ？

クレオメネス　叱りつけたり、罵ったりする者たちの所作やよくする振る舞いからだ。彼らは、罵り相手自身の欠点や短所だけではなく、相手の友人や親族に関する馬鹿げた話や卑しむべき話をすべて暴露し大げさに誇張して言うだろう。また彼らは、非難めいたことを何か言えそうであれば、相手が従事している職業とか、相手が所属している党派とか、相手の出身地とか、相手とほんの少しでも関連があることすべてに飛びつき中傷するだろう。また彼らは相手のもしくは相手の家族に降りかかった災難や不幸を嬉しそうにそっと他人に伝えるだろう。彼らはそうした行為のなかに神の正義を認め、それらは相手が受けるに値する罰であると、確信している。彼らは、相手がかけられた嫌疑が何であれ、恰も立証されたものであるが如く、そのことで相手を責める。彼らは、単なる憶測でも、いい加減な風評でも、また明らかな誹謗であっても、あらゆるものに助けを求め、別の折には彼ら自身が信じるに値しないと認めたようなことでも、しばしば、相手を咎めるのだ。

ホレイショ　だが、どうして、世界中の大衆の間で、叱りつけたり罵ったりする慣習がこんなにも一般的になったのであろうか？　私には理解できないが、そうすることに喜びが存在するに違いないね。教えてくれないかね、人々がそこから受け取ったり、そこに期待したりするのは、どんな満足なのか、どんな利益なのか？　またどんな目的でそうしたことをするのか？

クレオメネス　彼らが口汚い言葉を発したり本気で罵ったりするとき、そのような振る舞いの真の原因や内なる動機は、第一に、押し殺して隠すことが困難な彼らの怒りをぶちまけることにある。第二に、それは、法律による報復のように相手に何か実質的な損害を与えた場合に当然に考えられる処罰を受けさせることなく、彼らの敵を叱りつけることにある。だが、こうしたことは、言語が大きく完成の域に達し、社会がある程度礼儀正しいものになる以前には、決して慣習化されることも、思いつくことさえなかったであろう。

ホレイショ　口汚い言葉が礼儀正しさの結果であるという主張は、面白いね。

クレオメネス　君がその言葉を何と呼んでも構わないが、そうした言葉の元々の始まりは、喧嘩やその不幸の結果を避けるための単なる方便であったのだ。というのは、もし、彼にそうした力があり、何らかの恐れによって彼自身が躊躇《ためら》うことなく相手を殴っていたならば、誰もその相手のことを悪党だとか悪漢だとか決して呼ばないだろうからだ。だから、人々が、危害を加えることなくただ罵っているだけならば、それは彼らの間にあからさまの腕力や暴力を防ぐための健全な法があるというだけではなく、彼らがその法を恐れ遵守しているということの何よりの証《あかし》なのだ。斯くして、ある人間がかなりまともな臣民になり始め、半《なか》ば気品ある人間になり、癇癪を起こしたときにはこうした取るに足らない代替行為で満足するようになるのであるが、こうしたことは、最初は大きな自己抑制なくしてなされることは決してなかった。というのは、そうでなければ、自然が教える、怒りをぶちまけるための紛れもなく手っ取り早く自然と身に付いた表現は、人間の場合においても他の動物の場合と同様に、喧嘩という姿をとるからだ。このことは、まだ不機嫌の人間を見たことのない生後二、三ヶ月の乳幼児たちにも見出されるだろう。というのは、そのような年齢の乳幼児も、しばしば、空腹や苦痛やその他の体内の病気によって、頻繁に、しかも多くの場合理由も分からなく怒りだすものであるが、そうした怒りが生じると、彼らは手と足だけではなく頭まで使って、引っ掻き、暴れ、たたくからね。彼らがこうしたことをするのは、本能つまり身体の組織や機構のなかに植え付けられたものによってであり、彼らのなかに知恵とか理性の何らかの兆候が見出される前のことだと、私は確信している。また同じように、自然は彼らに人間という種に特有の喧嘩の仕方を教えるのであり、その結果、子供たちは、馬が足で蹴り、犬が噛みつき、雄牛が角で突くように、自然に腕で殴りかかるようになるのだと、私は信じている。失礼、少々脱線してしまったね。

ホレイショ　そうしたことは充分にあり得ることだね。けれども、それほど自然的なものでなかったならば、容赦のない君のことだから、人間本性を嘲《あざけ》る機会を見逃すはずはなかっただろうね。

クレオメネス　我々には、生まれつき持っているプライドほどに危険な敵はないのさ。私はでき得る限りプライドを攻撃し、それを抑制するよう努めようと思う。

というのは、最高の人間が誇るべきものとして備えている最も素晴らしい美点さえも、習得されたものであることを我々が納得できればできるほど、我々は教育に一層の力を注ぐよう教えられるであろうし、教育にますます熱心になるよう我々は促されるからだ。そして、早期の優れた訓育が絶対的に必要であるということは、何よりもまして、我々の教化されていない本性の帯びている弱点と同様に醜悪さを暴き出すことによって立証され得るのである。

ホレイショ　言葉の話に戻ろう。言葉の最大の目的が説得することにあるならば、フランス人は我々よりもだいぶ先んじているね。彼らの言語は本当に魅惑的だ。

クレオメネス　慥かにフランス人にとっては、そうだね。

ホレイショ　フランス語を解して、なかなかのセンスを持つその他のすべての人々にとっても、と私は言いたいね。フランス語は大変魅惑的な言語だと思わないかね？

クレオメネス　その通りだね。食を愛する人にとってはね。というのは、フランス語は料理法や飲み食いに属する事柄に関して、極めて内容豊富で充実しているからね。[20]

ホレイショ　だが、冗談はさておき、フランス語は、我々の英語よりも説得するのに相応しい言葉であると思わないかね。

クレオメネス　丸め込んだり口車に乗せたりするにはそうかもしれない、と思うな。

ホレイショ　言葉の使い方をそのように拘ることによって、君がどんな正確さを目指しているのか、私には分からないな。

クレオメネス　君が言及した説得という言葉には非難か軽蔑ということは含意されていないね。それでは、最も能力のない人間同様に最も能力のある人間も、面目を失うことなく説得に屈してしまうことになるだろう。だが、丸め込んだり口車に乗せたりすることによって屈服するような者たちは、資質に劣り知性に欠ける人物であると、普通は看做されるのさ。

ホレイショ　率直に言ってくれ、二つの言語のどちらがより優れた言語なのか？

クレオメネス　それを決めるのは難しいな。一方の言語において大変重視されていることが、しばしば、他方の言語ではまったく受け容れられないことがあるので、二つの言語の良さを比較することほど難しいことはないのさ。そうした理由から、美と正はまちまちであり、人々の資質が違うように、それぞれの場所で異なっている。私は裁定者を気取る訳ではないが、二つの言語に関して気づいている点は、フランス語が得意の表現はすべて人を慰めるか喜ばせるようなものであり、英語の場合においては、人の心を射抜き、胸を打つ表現ほど称賛されるものはない。

ホレイショ　君は今自分のことをまったく公正であると考えているかね？

クレオメネス　もちろん、そう考えているよ。だが、そうでないにしても、どうしてそれを悪いと思わなければいけないのか、私には分からない。人が偏見を持つことが社会にとって利益になるような物事もある。人々が自分の国を愛するのと同じ原理から母国語を愛しがちであることは、誤りであるとは思わない。フランス人は我々のことを粗野であると看做し、我々は彼らをおべっか使いと言う。フランス人がどう考えようともご随意に任せますが、私は粗野であるとは思っていない。コルネイユが六千リーブル贈呈されたと言われている『ル・シッド』の六行を君は覚えているかね？

ホレイショ　とてもよく覚えているよ。

エルヴィール、父上は亡くなられたわ。
ロドリーグ様の最初の一撃が父上の命を奪ったの。
ああ思う存分泣いて、涙で全身を濡らすように、
私の半身がもう片方の半身を墓に葬り、
この痛ましい災難の後に、残された半身に対して、
もうこの世にいない半身のために復讐するよう私に強《し》いるのよ。(21)

クレオメネス　これと同じ趣向が我々の言語で表現されると、フランス語ではどんなに説得力のあるものであっても、イギリスの観客にシッシッと野次られるだろ

うね。(22)

ホレイショ　それはあなたのお国の美的感覚に対する賛辞にはならないよ。

クレオメネス　どうかな、審美眼がまずまずの持ち主であっても、どのようにして「人の半身がもう片方の半身を墓に葬ることができる」のか、そんなにすぐには理解できないかもしれない。正直、私には理解できないし、英雄詩に見られるものにしては、謎めいていすぎる感じがするな。

ホレイショ　この趣向にはまったく繊細さが見出されないかね？

クレオメネス　そんなことはないけれども、それはあまりにも微妙すぎて、蜘蛛の巣の繊細さと言ったところかな。そこには訴えるものがないのだ。

ホレイショ　私はこれまでこの詩句を素晴らしいものと思ってきたが、君によって独断の微睡《まどろ》みから目覚めさせられると、そこには別のもっと酷い誤りがあることを見つけたように思う。

クレオメネス　それは何だね？

ホレイショ　この著者は女主人公に、事実に反することを語らせているね。「私の半身がもう片方の半身を墓に葬り……復讐するよう私に強《し》いる」と、シメーヌは言う。「強いる」という動詞の主語は何だろう？

クレオメネス　「私の半身」だろうな。

ホレイショ　そこに誤りがあるのだよ。こうした言い方は、正しくないと私は思うのだ。というのは、ここで言われている「片方の彼女の半身」というのは明らかにあの残された半身で、彼女の恋人ロドリーグのことだよね。どうして彼が彼女に復讐するよう強いたのだ？

クレオメネス　彼がしたこと、つまり彼女の父親を殺したことによってさ。

ホレイショ　いや、クレオメネス、こうした理由だけでは不充分なのだよ。愛によって彼女にとって自らの家族の命よりも大切なものになってしまった男を殺すために、復讐のためのあらゆる法的権利と弁論を駆使するように義務が容赦なく彼女に激しく迫っていることを考えると、シメーヌの不幸は彼女が陥った愛と義務との間の板挟みから生じたのだ。だから、正義を求めるよう彼女に「強いた」のは、死んで墓に入れられた半身、つまり彼女の父親であって、ロドリーグではなかったのだ。仮に彼女の感じていた義務感が父を思う慈愛心から生じていただけであれば、それはじきに解消され、彼女自身も激しく泣くこともなく、悲しみから解き放たれていたことだろう。

クレオメネス　君の見解と違って申し訳ないが、私は詩人の方が正しいと思うよ。

ホレイショ　愛と名誉のどちらが、シメーヌにロドリーグに対して告訴せよと迫っているのか、考えてみてくれ。

クレオメネス　考えてみるが、それでもやはり、彼女の恋人が、彼女の父親を殺したことで、自分を告訴するようシメーヌに強いたと思うしかないな。それは丁度、債権者たちに賠償する気のない人間が、自分を逮捕するように強いるとか、あるいは、話しぶりにウンザリさせられている気取り屋に、「こんなしゃべり方を続けていると、君を邪険に扱わざるを得ないね」と言いたくなるのと同じことさ。もっとも、ロドリーグが告訴されるのを望んでいないように、この間ずっと、債務者は逮捕されるのを、また気取り屋は邪険にされるのを、望んでいないかもしれないけれどもね。

ホレイショ　君の意見は正しいと思うよ。またコルネイユにも許しを請わなければならないね。そこで今度は、君が社会についてさらに語ろうとしていることを聞かせて欲しいのだ。文字の発明によって、法や言語においてなされている改善以外に、大衆はどのような利益を得ることになるのかな?

クレオメネス　それは、成し遂げた有益な改善・進歩に関する知識を保存することによって、一般にあらゆるその他の発明を促進することだね。法というものが周知徹底されるようになり、法の執行が多くの人々の承認の下で容易になってくると、大衆は互いにかなりよく安全を確保し得るようになるであろう。その他の動物に対する人間の知性の優越性が、どれほど人間の社会性に寄与するかということが、そしてまた、人間の社会性は、未開状態においては、その同じ知性の優越性によって妨害されているということが明らかになるのは、その時であり、それ以前ではない。

ホレイショ　なぜ、そういうことになるのかね？　私は君が言っていることが理解できないな。

クレオメネス　人間の持つ秀でた知性は、第一に、他の動物が感じるよりも敏感に、人間に悲しみと喜びを感じさせ、また他の動物とは桁違いに深くそうした感情を抱くことができるようにさせる。第二に、秀でた知性は自らを満足させるために一層励むよう人間を促す。つまり、人間の秀でた知性は、どのような緊急時にあっても対処できるように、知力に劣る動物によって用いられているよりもずっと多様な手段を自愛心に与えるのだ。同様に、秀でた知性は、我々に先見の明を授け、希望を抱かせるが、その他の動物は希望を持たず、目先のことしか考えない。これらの事柄は、自愛心が理《ことわり》を説《と》きつけて我々を満足させ、最も喫緊の必需品を与えるために、多くの困難にも耐えさせるためのまさに手段であり、名目なのだ。これは、気づいてみれば政治体のなかに生まれついてしまっている人間にとって限りなく有益であり、社会を好ましいと思わせるものに違いない。それに反して、その時以前における同じ資質は、つまり自然状態における同じ人間の秀でた知性は、度し難いほど人間に社会を嫌悪させるとともに、同じように困窮しているに違いない他の如何なる動物よりも、未開状態における自らの自由に頑なに固執させるに役立つだけのものなのだ。

ホレイショ　君をどのように論駁すればよいか分からないよ。君の言うことには一理あるし、それには同意せざるを得ないな。とはいえ、妙な感じだね。君はどのようにしてこのような人間の心の洞察に達し、どのような方法で人間本性を解明するための手立てを手に入れたのかね？

クレオメネス　上流社会の嗜《たしな》みを充分に身につけた人間の場合に、どのような美点や資質が実際に習得されたものであるのかを、入念に観察することによってだよ。この観察を公平に行うと、その人間の残りの部分が人間の本性であると確信できるだろう。これら二つの事柄をきちんと分離し別々のものとして扱わないでいるから、人々はこの問題に関してとても馬鹿げたことを述べてきたのだ。だから、彼らは、人間の社会に対する適合性の原因として、数百年も存続してきた市民の制度である社会において教育を受けたことのないような人間には、誰にも賦与されていない資質を持ち出すのである。だが、我が人類のおべっか使いたちは、この事実を巧妙に我々の目から遠ざけておくのだ。つまり彼らは、生来のものから習得されたものを分離し、その両者を区別する代わりに、それらを合体させ混同するのに骨折っているのだ。

ホレイショ　何故、彼らはそんなことをするのだろうか？　私にはその人間賛美の意味が理解できないよ。というのは、生来の資質だけではなく習得された資質も同じ人物に属し、前者が後者よりもその人物にとって分かち難いものであるということはないからね。

クレオメネス　ある人間にとって、彼が生来持っているものほど身近なものはないし、またそれほどまさしく完璧に自らの所有物であるものもないと思われているからさ。そして、あらゆるものを尊重させたり軽蔑させたり、また愛させたり憎ませたりするように人々を導く、あの愛すべき自我が外部から手に入れたあらゆる習得物が取り除かれ、取り去られるようになると、人間本性は貧相な姿になるからさ。それは、誰もが見られたくなく思う裸の状態、あるいは少なくとも裸同然の状態を呈するのだ。所有することができ、しかも所有するだけの価値のあるものに対して、我々はそれを一心に手に入れようと努め、我々自身の装飾品にしようとする。たとえ富や権力や、明らかに偶然的であるような、我々の人格とは無縁の運命の贈り物であってさえもそうだ。ところが、それらが我々の正当な所有物である場合には、我々はそれらなしで考えられることを好まない。卑賤な状態から身を起こしこの世で立身出世した人々が、自らの素性についての話を好まないことも、周知の事実だ。

ホレイショ　それは一般通則ではないね。

クレオメネス　私は一般通則であると思う。もっとも、それには例外はあるかもしれないし、またそのことには理由もあるけれどもね。ある人間が自らの資質を誇りに思い、自らの勤勉さや洞察力や機敏さや心遣いを称賛して貰いたいと望むとき、彼は恐らく赤裸々に己れのことを告白し、親の素性についてさえ暴露するだろうし、彼を出世させた長所を際立たせるために、自らの卑賤な生まれについて話すであろう。だがこうしたことは目下《めした》の者たちの前で行われるのが通例であり、こうした話をすることによって目下の者たちの妬みは薄らぎ、こうした汚点を認める彼の率直さと謙虚さを彼らは褒めそやすことであろう。だが家柄を誇りにしているような目上の人物の前では、こうした言葉が吐かれることなどは滅多にない。このような人間たちは、生まれでは自分より勝るけれども階級では対等である人々と一緒にいるときはいつでも、自分の素性が知られないことを切に望むであろう。というのは、そうすれば、目上の人々によって自らの出世を疎《うと》まれ、生まれが卑しいために見くびられるということを、彼らは知っているからだ。だが、私の主張を立証するもっと手短な方法がある。ところで、そうすることは下品であると知りながら、ある人物に対して生まれが悪いと言ったり、その悪い家系について仄めかしたりすることは、よい作法だろうか？

ホレイショ　違うね。そうだとは言えないね。

クレオメネス　そうだよね、それがそのことについての世間の一般的な見解を示しているのだ。高貴な先祖であったり、名誉であったり、称賛であったり、自らの階級から齎されたりするものすべては、我々の人格にとって有利なものである。そしてそれらが自分自身のものであると看做されることを誰もが望むのだ。

ホレイショ　「つまり、家柄とか、先祖とか、あるいは自らが成し遂げたのではないようなものは、私からすれば、〝身についた〟ものであるとは言えないのだ(23)」と、オウィディウスが述べたとき、彼はそのようには考えていなかったね。

クレオメネス　これは、ある男が自らの曾祖父はジュピター(24)であったことを証明しようと骨折《ほねお》っている会話における慎み深さの見事な一例だが、その男が自らの振る舞いで否定しているような言い分にどんな意味があるというのか？　身分のある人間が、たとえ己れの存在や高い地位を主として母親の慎みのなさに負っていたとしても、非嫡子と呼ばれて喜ぶなんてことを聞いたことがあるかね。

ホレイショ　習得された事柄ということで、君は学問と美徳を意味させていたと私は思っていたけれども、君はどうして生まれや家柄についてまで述べるようになったのだね？

クレオメネス　人間というものは、たとえそれが彼らの人格とはまったく無関係なものであっても、名誉に値するものであれば如何なるものであっても、己れの人格から切り離されるのを好まないということを君に示すことによって、我々は実際に自分たちに属しているものを取り出して、また最も善良で賢明な人たちの意見では、我々が評価されるべき唯一の資質を取り出して評価されたとしても、我々がほとんど喜ぶことはないことを、君に納得させたいからさ。充分な嗜みを身につけた人間というものは、人間の完璧な姿から見て自らの至らなさを深く恥じ、自らが洗練されればされるほど、自らの本性に改善の余地がある姿をあるがままに見られるのは屈辱的であると考えるようになる。このうえなく真っ当な著者たちは、著作を実際に書いているときには削除したとはいえ、一度は慥かに構想したことすべてが公表されたのを見れば恥ずかしく思うに違いない。その意味で、彼らは建物を見せる前に足場を片付ける建築家に正《まさ》しく譬えられるであろう。あらゆる装飾というものは、我々が飾られた事物に対して抱いている評価を示している。顔に塗られた赤や白の化粧とか、頭に被せられた鬘《かつら》は、最初、ごく内密に他人を騙す目的をもってそうされたと、君は思わないかね？

ホレイショ　フランスでは、現在、化粧は女性の服装の一部と看做されており、彼女たちはそのことを秘密などにしていないね。

クレオメネス　ヨーロッパ全土における男性用の鬘の如く、最早、隠しようもないほど目立つようになったときのように、この種のペテンは皆そうなるのさ。だが、こうしたことが隠すことができ、知られることがないとすれば、男に媚びを売る黄褐色の女は、自分の顔を塗りたくっている滑稽な顔料が顔色と看做されることを心より望むであろうし、頭の禿げたシャレ男は、彼の肩まで垂れ下がった髪が自然の頭髪であると看做されれば、同じように喜ぶであろう。抜けてしまった歯を隠すため以外に、義歯を入れる者はいないのだ。

ホレイショ　だが、ある人間の知識というものは、その人間自身の実際の一部ではないのかね？

クレオメネス　その通りだ、人間の礼儀正しさもそうなのだが、これらは両方とも金時計やダイヤモンドの指輪のように人間本性に属するものではないのだ。しかも人間はこうしたものからでさえ、自らの人格に対する高い評価や尊敬の念を引き出そうとしているのだ。外見を装うことで虚栄心を満足させ、しかもどのように装えば良いか知っていることで、上流社会で称賛されている人々は、もしも、彼らの着ている衣服やその着こなしの巧みさが彼ら自身の本性の一部ではないと看做されるならば、大いに不満であろう。それどころか、彼らはこうした要素だけで、無名な存在の内から、最も身分の高い人々の集まりである宮廷に出入りできるのだ。そこでは、男女とも、彼らの徳性とか知性などは考慮されずに、ただ彼らの服装だけから判断されて、宮廷に入ることを許されたり拒まれたりするということは明らかなのだ。

ホレイショ　君の言っていることは理解できたと思うよ。我々に自らの人格を飾るように最初に思いつかせることができたのは、我々にはそれがどのような存在であるかほとんど分からない、あの自我というものに対する我々の愛なのだ。そして、我々が自らの本性を真っ当なものにし、洗練し、美しいものにしようと骨を折ったとき、例の自愛心のために我々は、飾られているものと飾っているものとを別個なものとして見られることを好まないようになるのだね。

クレオメネス　理由ははっきりしている。装飾が施される前であれ後であれ、我々が愛を感じているのはあの自我であって、習得されたと認められるものはすべてが、我々の原初の裸の状態を指し示し、我々の生来の欠如を、敢えて言えば我々の本性の卑しさや欠陥を非難しているように思えるのだ。人為的な勇敢さほど戦争において役に立つものがないことは否定できない。とはいえ、明らかに策謀と訓練によって勇気を奮い起こすよう騙され、唆された兵士は、二、三の戦いで大胆不敵に戦った後で、お前は生来の剛勇さを持っていないなどということを聞くなんて、たとえ彼自身だけではなく彼のすべての知り合いも、彼が途方もない臆病者であった頃を覚えていたとしても、とても耐えられないだろうな。(25)

ホレイショ　でも、我々が我が人類に対して生まれつき抱いている愛とか愛着とか慈愛心が、他の動物が自らの種に対して抱いているものより強い訳ではないのに、どうして、人間は、非常にしばしば、如何なる他の動物よりも大いにこうした愛を表明することになるのだね？

クレオメネス　それは、他の動物にはそうするための同じような能力とか機会がないからだ。だが、君が憎しみについても同じことを問うならば、人間が持つ知識が増えれば増えるほど、また富や権力が大きくなればなるほど、他人を愛する場合と同様に憎む場合も、一層、彼が感じている情念を他人に気づかせることができるようになる、と言うことができるだろう。人間は未開の状態に留まれば留まるだけ、自然の状態からの隔たりが少なければ少ないだけ、彼の愛はますます実《じつ》のないものになるのだ。

ホレイショ　悪賢い人たちの場合よりも素直で無学な人たちの場合の方が、正直者が多くペテン師が少ない。だから、他の如何なる所よりも自然のままに素朴に生きている人々のなかに、純粋な愛や偽りのない愛着を求めるべきだよ。

クレオメネス　君が言う誠実さだけれども、慥かに、愛は教化された人々よりもされていない人々の場合の方が実のないものだと私は言ったが、愛そのものは、どちらの場合においても、真実で誠実であると私は思っている。悪賢い人々は、何も感じていないのに、愛を装い友情を感じている振りをするけれども、未開人と同じく彼らもまた、情念や生来の欲求の影響を受けている。それを満足させる仕方は異なっているにしてもね。育ちの良い人たちは、食べ物を選び食事を取る際には未開人と大いに異なる行動を取るが、また、情事においてもそうであるが、空腹や性欲は両者とも同じだ。悪賢い人間、否、最悪の偽善者であっても、家の外での振る舞いがどうであっても、心の中では妻や子供を愛しているかもしれないし、最も誠実な人間であってもそれ以上のことはできないのさ。私がやるべきことは、人々が我々人類の本性に備わっているとともに、また人類全体が保持していると褒めそやす立派な性質は、人為と教育の結果であることを君に証明することだ。教化されていない人々の間で愛というものがほとんど頼りにならない理由は、彼らの場合には情念が、育ちの良い人々の場合の情念の状態や動きよりも、刹那的で移ろいやすく、しばしば、互いにせめぎ合い次から次へと変化するからだ。充分に教育を受けた人々は、自らの安楽と生活の慰安を心がけることや、自ら自身の利益のために規則や礼節を重んじることや、より大きな不都合を避けるために小さな不都合はしばしば我慢することを学んできている。最下層の大衆や碌《ろく》な教育を受けたことがない者たちの間では、長きに亘って協調するということは見られない。そのような状態の男とその妻は、互いに真剣に愛し合ってはいるが、ある折には愛に満ちあふれていたが、些細な事が理由で次の瞬間には仲違いしてしまう。だから、多くのそのような人たちの生活が悲惨なものになるのは、他ならぬ礼儀作法や思慮分別の欠如という彼ら自身の欠点の所為《せい》なのだ。この二人は何気なく、しばしば、互いが怒り出すまで後先《あとさき》を考えずに勝手放題に言い放ってしまい、どちらもそれを抑制することができず、妻は夫を口汚く罵り、夫は妻を殴りつけ、妻はわっと泣きだす始末となる。このため情にほだされた夫は悪かったと思い、二人とも後悔して再び仲良くなり、考えられる限りの誠実さをもって、将来に亘って生きている限り決して喧嘩をしないと誓う。こうしたことは、ほぼ半日をかけて二人の間で起こるが、喧嘩の種が絶えなかったり、二人のどちらかが多少短気であったりした場合には、恐らく一ヶ月に一度、あるいはそれ以上の頻度で繰り返されることだろう。術なくして、長い間、愛情というものは絶えることなく二人の間で続くことは決してないのさ。また、良き友達同士でも、常に一緒にいる場合には、双方において大いに思慮分別がなければ、仲違いすることになるだろうね。

ホレイショ　人間は教化されるにつれて幸せになったという君の見解に私も同意しているが、国民は長い時間をかけなければ上品になることは決してなく、人類は法を起草するまでは絶えず悲惨であったに違いないから、何故、詩人などがあのように黄金時代(26)を褒めそやし、その時代には平和や愛や誠実さに溢れていたなどと偽証するのだろうか？

クレオメネス　紋章官が素性の分からない無名の人々に、輝かしい立派な家柄の系図を贈るのと同じ理由によるのさ。自らの一族を誇ることがない高貴な家系の人間がいないように、祖先の美徳や栄光を褒めそやしてやれば、必ずどんな社会の住民であっても喜ぶものなのさ。ところで、君は詩人たちのつくり話のどこを力説したいのかね？

ホレイショ　君は、異教徒の迷信に関しては非常に明確に、且つ極めて大胆に論ずるとともに、その方面からの如何なる欺瞞に対してもおめおめと騙されることがないとはいえ、ユダヤ教やキリスト教に関する事柄に遭遇したときには、君は一般大衆の誰にも劣らず軽々しく信じがちだね。

クレオメネス　君がそんな風に考えているとは、誠に残念だね。

ホレイショ　私が言うことは事実だよ。ノアと方舟(27)について言われていることすべてを易々と鵜呑みにする人間は、デウカリオンとピュラの物語(28)を嘲笑うべきではない。

クレオメネス　老人とその妻が頭越しに石を投げたことによって、人間が石から生まれたという話と、ある男とその家族がたくさんの鳥や獣を引き連れ、その目的のために建造された大きな船のなかで護られるという話を、同じように信じられるだろうか？

ホレイショ　君は公平でない。石と土塊《つちくれ》のいずれも人間になるのに、それらの間にどんな違いがあるのだ？　石がどのようにして男あるいは女に変わるのかということも、どのようにして男あるいは女が石に変わるのかということも、私には容易に想像することができる。ロト[29]の妻のように塩の柱にされた場合と同様に、女がダプネーのように木に、またニオベー[30]のように大理石にされたとしても、私には不思議に思えない。どうか、もう少し細かく質問させてくれ。

クレオメネス　その後で、私の言い分を聞いてくれればと、願うよ。

ホレイショ　はい、はい。ところで、君はヘシオドスを信じるかね？

クレオメネス　信じないね。

ホレイショ　オウィディウスの『変身物語』は？

クレオメネス　信じないね。

ホレイショ　だが、君はアダムとエバの物語や天国を信じるよね。

クレオメネス　もちろん、信じるよ。

ホレイショ　彼ら二人があっという間に、つまりすっかり成長した状態で生みだされ、しかもアダムは土塊から、エバはアダムの肋骨の一本から生みだされたという話[31]は？

クレオメネス　信じるさ。

ホレイショ　では、創造されるや否や、彼ら二人は話したり、推論したりでき、知識が付与されていたという話は？

クレオメネス　信じるよ。

ホレイショ　要するに、君は一人の人間によって語られた楽園の無垢や楽しさやあらゆる驚異を信じるのに、多くの人たちによって語り継がれてきている黄金時代の高潔さや調和や幸福については信じ兼ねると言うのだね。

クレオメネス　まったくその通りだ。

ホレイショ　それならば、君がそのように考えることが、如何に不公平なだけではなく不可能でもあるかを、私に説明させてくれ。第一に、自然のままでは不可能であることを君が信じるというのは、君自身の信条や君が主張してきた見解――私はそうした君の信条や見解は正しいと思っているが――に反するであろう。というのは、如何なる人間であれ教えられることなく話すことはできないだろうこと、推論力や思考力は徐々に私たちに身につくこと、さらには、頭脳に伝達されたものや、感覚器官を通じて私たちに伝えられたもの以外については、私たちは何も知ることができないことを、君が証明して見せてくれたからだ。第二に、寓話であるとして君が撥ね付けたもののなかにも、充分にもっともらしさが存在しているからだ。というのは、いつも人類を混乱に陥《おとしい》れるほとんどすべての戦争や個人的な争いが、どちらが優れているかを巡っての、また「わたしのものとあなたのもの《メウム・エト・トゥウム》」を巡っての見解の相違によって生じたことを、我々は歴史から学んでいるし、日々の経験が我々に教えているからだ。だから、狡猾さや強慾さや欺瞞がこの世に忍び込んでくる以前の、また名誉の肩書きや主従の区別が知られる以前の、ほどほどの数の人々があらゆるものを共同で享受し、肥えた土壌と恵まれた気候の下で産する大地の恵みで満足していたとき、どうして彼らは平和と友好の下に一緒に暮らすことができなかったであろうか？　なぜ君はこのことを信じることができないのか？

クレオメネス　それは、人間の場合には、仮に土壌や気候、さらにはそれらが齎す豊穣さのおかげで、この上もなく豊かな想像力が彼らに自由に空想させることを許したとしても、法と統治なくして、どのような数であってもほどほどの協調性をもって一緒に暮らすということは、彼らの本性と相容れないからだ。だが、アダムはまったく神の創造物であり、超自然的な産物なのだ。彼の言葉や知識、彼の善意や無垢は、彼の身体の他のあらゆる部分と同じく奇跡によるものなのだ。

ホレイショ　まったく、クレオメネス、君の言い分は聞くに堪えないよ。我々は社会の形成原理について話しているのに、君はこっそり奇跡を持ち出すのだね。それなら、どうして私も同じように、黄金時代に人々も奇跡によって幸せになったのだと言ってはいけないのだ？

クレオメネス　連続する奇跡によって、幾世代にも及ぶ人々がすべて人間の本性に反する生き方や行いをさせられたとするよりも、一つの奇跡がある定まった時に一組の男女を生み出し、彼らから残りの人類が自然な仕方で子孫として生み出された、ということの方がありそうなことであるからだ。というのは、前者は黄金時代や銀時代についての説明[32]から導きだされたものに違いなく、モーセの場合、最初に自然の仕方で生まれた人間、つまり女性から生まれた最初の人間が兄[33]を妬んで殺すことによって、私が人間本性に属すると主張した傲慢な精神や支配の原理についての充分な証拠を与えてくれているからだ。

ホレイショ　君は騙されやすい人間に数えられないだろうけれども、それでも、我が聖職者のなかでさえ文字通り理解すれば馬鹿げていると看做したような話を、すっかり君は信じているようだね。君が楽園を断念するなら、私は黄金時代を主張しないよ。理屈の分かった人や哲学者は、そのいずれをも信じるべきでないね。

クレオメネス　でも、君は旧約聖書も新約聖書も信じると私に言ったね。

ホレイショ　私は聖書にあることすべてを文字通りの意味で信じると決して言わなかった。だが、一体どうして奇跡を信じるのだ？

クレオメネス　それは、私としてはどうしようもないからさ。奇跡なしに、この世に人間が生みだされ、この世に齎されることができた可能性を、君が少しでも私に示すことができるならば、私は決して再び神の御名《みな》を君に言わないと約束しよう。自ら自身を創造した人間が存在したと君は信じるかね？

ホレイショ　信じないね。それはまったくの矛盾だからね。

クレオメネス　それならば、間違いなく最初の人間は何かあるものによって創りだされたであろうし、私が人間について述べていることは、物質一般や運動一般についても恐らく言えるであろうね。あらゆるものは原子の集合と偶然の寄せ集めに由来するというエピクロスの教義は、他のあらゆる愚論にもまして奇怪《きかい》で途方もないものだ。

ホレイショ　でも、エピクロスの教義を反駁する厳密な反証はないね。

クレオメネス　人がそうしたことを述べようと思っても、太陽が月に恋していないことを示す証拠もないのさ。とはいえ、私は、それらのいずれであっても信じることは、妖精やお化けについて述べられているまったく子供じみた話を信じることよりも、人間の知性を大いに貶《おとし》めることになると思うよ。

ホレイショ　だが、「無から何も生じない《エクス・ニヒロー・ニヒルフィト》」(34)という厳密な証明にほとんど劣らない、無からの創造ということとまともに衝突し、それを否定する公理も存在しているよ。どのようにして無から何かが生じることができるのか、君は理解できるかね？

クレオメネス　白状すると、永遠とか神そのものと同様に理解できないな。だが、必ず存在しなければならないと私の理性が確信させてくれることを理解できないとき、その責任は私の能力不足、あるいは理解力の浅薄さにあるということほど、私にとって自明な公理もしくは証明はない。太陽や星、それらの大きさ、それらとの距離、それらの動き、さらには、我々がもっと身近に知っている動物の身体や組織の肉眼で見える部分について我々が知っているような僅かなことからだけでも、そうしたことは、知的な原因に起因する結果であり、力という点だけではなく知恵という点においても無限である存在者の考案であるということが立証し得るのだ。

ホレイショ　だが、たとえ知恵が如何に優れたものであったとしても、また力が如何に広範囲に亘っていようとも、作用を及ぼすための何かがなければ、どのようにしてそれらが働くのか、依然として理解できないね。

クレオメネス　たとえ真実であっても、我々には理解できないのはこのことだけではない。最初の人間は如何にしてこの世に現れたのか？　これも理解できないけれども我々はこうしてここにいる。熱さや湿気は明確な原因から生じるはっきりとした結果であり、動物界や植物界だけではなく鉱物界においてさえ、大きな影響力を持っているが、前もって種子がなければ、草の新芽一つも生みだすことはできない。

ホレイショ　ある人たちの見解によれば、我々自身や我々が目にするすべてのものは、疑いもなくある一つの全体の部分であり、その全体、つまり宇宙は、永遠の昔からあったとされているね。

クレオメネス　こうした主張は、あらゆるものを気ままな偶然から、しかも無感覚の原子の無作為の運動から導き出している、エピクロスの体系よりも満足すべき議論でも理解しやすい議論でもない。我々の理解を遙かに超えた知恵と力なくして生みだされることが不可能であると我々の理性が告げる事物を目にするとき、その高度な知恵と偉大な力が目に見えるほどはっきりと発揮されている事物が、それらを考案し創造した知恵や力と同時存在であるということほど、まさにその理性に反し、それと対立するものはないであろう。だが、スピノザ哲学の核心であるこの教義[35]は、長い間、無視され続けられた後で再び復活し、原子論が廃れることになるのだ。というのは、迷信と同様に無神論にも色々な種類があって、長い間、批判に曝された後で周期的に復活するからだ。

ホレイショ　どうして君は、まったく正反対の二つの事柄を結びつけようとするのだね？

クレオメネス　君が想像している以上に、両者の迷信と無神論の間には類似性が存在しているからだ。両者ともその起源は同じなのだ。

ホレイショ　なんだって、無神論と迷信が同じ起源だって！

クレオメネス　まさに、その通りだ。それら両者とも同じ原因、人間の精神の同じ欠陥から、つまり真実を判別する能力の欠如や神的本質に関する生来の無知から生じているのさ。幼い頃から真の宗教の原理を教えられることなく過ごし、その後もそのことに関する厳密な教育を継続的に受けてこなかった人々は皆、彼らが備えている気質や体質、彼らが置かれている境遇、彼らが交わっている仲間といったものの違いに従って、無神論か迷信に陥る大いなる危険性を孕んでいるのだ。精神的に弱い人間、無知で卑しい身分の者に育てられた人々、厳しい運命に翻弄されているような人々、卑屈な精神を持つ人々、貪欲で浅ましい人々は、当然ながら迷信を信じやすく、容易にその影響を受けることになる。そして、とんでもない不条理や明確な矛盾が存在するとき、卑劣な人々や大方の博奕打ちや二十人中十九人の女性たちは、見えざる原因に関して、迷信を信じるように恐らく教えられるであろう。だから、大衆は決して無宗教に毒されている訳ではなく、国民が教化されていなければいないほど、ますます何でも信じる軽信者になるだけなのだ。それに反して、才能に溢れ気概がある人々、思索的で内省的な人々、自由な主張者たち、あるいは数学や自然哲学について一家言がある人々、さらにはとても好奇心旺盛な人々、安楽で贅沢に生活している私心がない人々の場合は、幼い頃、継子扱いされたり、真の宗教の原理を充分に基礎から教えられていなかったりすると、ともすれば無信仰に陥りがちである。とりわけ、彼らの間で、プライドや資産が人並み以上あるような人々はそうである。この種の人物が不信心者の手にかかると、無神論者あるいは懐疑論者[36]に成り果てる危険が充分ある。

ホレイショ　人々をある意見に縛り付けておくために君が推奨する教育の仕方は、偏屈者を生み出し、聖職者にとって強力な仲間を育成する上で大いに役立つかもしれない。とはいえ、良き臣下や倫理的な人間を育成するためには、若者に徳への愛を抱かせ、正義と廉潔の情操や、名誉と礼節に関わる真の理解を吹き込むことほど相応しい手段はないね。これらは、人間本性を矯正するための、そして人間本性を荒廃させ、傷つけている心中の支配欲や利己主義という野蛮な原理を破壊するための真の特効薬だね。宗教の問題に関して言えば、心に先入観を抱かせて、若者たちにある信条を持つよう強いるのは、彼らが成熟し己れ自身で判断や選択をするのに相応しくなるまでは、公平で偏見のないままにしておくよりも偏頗で不当だよ。

クレオメネス　不信心を常に助長し増大させるのは、君が褒めそやしているこの公平で中立的な術策なのだ。そして、暫くの間、善良な人々の間で流行《はや》った、宗教的問題に関する教育の怠りほどに、この王国での理神論の増長に貢献したものはないのさ。

ホレイショ　公共の福祉は我々にとって主要な課題であるべきだし、また、社会が最も必要としているものは、宗派もしくは教派に対する頑な信仰ではなく、あらゆる振る舞いにおける他人に対する正直さや高潔さであり、互いに対する慈悲心であると、私は確信しているね。

クレオメネス　私は頑な信仰をむやみに推奨している訳ではない。キリスト教が徹底的に教えられている所では——そうあるべきであるが——、正直さや高潔さや慈悲心が忘れられるなどということはあり得ず、それらが宗教的な動機から発したものでなければ、そうした美徳の発現はまったく信用できない。というのは、来世を信じていなければ、人間というものはこの世において誠実に行動する義務はないからであって、誓いそのものはその人間にとって拘束にはならないからだ。

ホレイショ　敢えて偽誓しようとする偽善者にとって、誓いとはどのようなものなのだろうか？

クレオメネス　嘗て偽誓したことが分かっておれば、如何なる人間の誓いであっても決して信用されないし、本人が自分は偽善者であると言うのであれば、私がそうした偽善者に騙されることはあり得ない。また、本人自身が告白しない限り、誰であってもその人間が無神論者であるなどと決して信じないよ。

ホレイショ　この世に真性の無神論者がいるとは、私は信じないよ。

クレオメネス　言葉の表現を争う心算はないよ。だが、昨今の理神論が無神論よりも安心だということはないと思う。というのは、ある人間が神の摂理と来世というものを否定するのであれば、ほかならぬ聡明な第一原因である神の存在を認めたとしても、その人間自身にとってもその他の人間にとっても何の役にも立たないからだ。

ホレイショ　結局、美徳というものは、信仰の欠如とも軽信とも無関係である、と思うね。

クレオメネス　とはいえ、我々が自己矛盾を犯さない限りは、それらには関係があるさ。人々の行動が自らの支持する原理によって、また自らのものだと公言する考えによって左右されるのであれば、あらゆる無神論は悪魔で、迷信を信じる人間は聖人であることになる。だがこれは事実ではなく、倫理観に溢れた無神論者もいるし、迷信を信じる大悪党もいるのだ。それどころか、最悪の無神論者に犯すことができ、迷信を信じる人間には犯すことがないような邪悪な行為が存在すると私は思わないし、不信心もその例に漏れない。というのは、放蕩者や博打打ちの間では、神霊を信じて悪魔を恐れているのに不敬な言辞を吐くということほどにありふれたことはないからだ。私は迷信を無神論と同様に良く思ってはいない。私が目指すところは、両者を監視して予防することだ。そして、人間的な手段によって得られ、しかも迷信と無神論という害毒に対して非常に強力で間違いなく効く解毒剤は、私が既に指摘したもの以外に存在しないと確信している。我々がアダムの子孫であるということの真実性に関して言えば、私はそのことの信者でありたいからといって、理性的動物であることをやめる気はない。この点に関して私が言いたいことは以下のことである。人間の知性には限界があることを我々は確信しており、また、知性の範囲の狭さ、その本質の限界性そのものがまさしく、洞察力によって我々の起源を見抜くことを妨げている唯一の原因であることも、ほんの僅かばかりの省察《せいさつ》の助けを借りれば、恐らく確信できるであろう。その結果、我々にとって最大の関心事である人間の起源の真実に到達するためには、何かが信じられるべきではあるが、何をあるいは誰を信じるべきかが問題となる。もし私が、モーセが神の啓示を受けていたということを君に証明することができなかったならば、最も迷信が蔓延《はびこ》っていた時代に、神について非常に邪悪で厭うべき観念を抱いていたこの上なく下劣な偶像崇拝者の間で育った一人の人間が、我々の知っているような助けなしに、彼の生まれつき持っている能力だけで、最も秘められた、最も重要な真実を見つけ出すことほどに、この世で驚くべきことは決してなかった、と君は認めざるを得ないだろう。というのは、十戒から知られるように、彼は、人間本性に関する深い洞察力とともに、無からの創造に関して、宇宙を創り上げたあの不可視な力の統一性と限りない偉大さを知っていたこと、そしてまたこの世の如何なる民族であれそれらの民族が啓蒙されるより十五世紀も以前に、彼が人類の起源についてイスラエル人に教えたことも明らかなことだからだ。その上、この世界と人類の始まりに関するモーセの話が、現存する如何なるものよりも古く、もっともらしいものであり、彼の後、同じ問題について書いた他の人たちの大半が彼の不完全の模倣者のように見えること、さらにソモナコドム[37]や孔子さらには我々が知っているその他の者の記述のように、モーセからの借り物であったように思われる話が、モーセの五書[38]に含まれているどのような事柄よりも道理に適うものではなく、五十倍も突飛で疑わしいということも、否定し難いのだ。信仰や宗教についてはさておき、啓示された事柄や、計画そのものについては、提出されてきたあらゆる説を比較検討してみれば、我々には始まりがあったに違いないのであるから、あらゆるものの原因であり造物主でもあった無限の創造的な力から、我々の起源を導き出すということほどに、合理的で良識に適うものはないということが分かるであろう。

ホレイショ　さまざまな機会に君から聞いているような、誰であれ神について気高い観念とか高尚な感情を抱いているという話は、他では一度も聞いたことがないね。君がモーセを読むとき、楽園の営みや神とアダムとの会話のなかに、低級で、下劣な、しかも君が神に関して抱きがちな崇高な観念にまったく反するようないくつかの事柄に出くわすようなことはないかね？

クレオメネス　そのように思っただけではなく、そのことに戸惑ったこともあることを率直に私は認めるよ。だが、一方で、我々が簡単に了解できる事柄に関しては、人間の理解が深まれば深まるほど、神の知恵は一層完璧で的確なものであるように見えてくるけれども、他方で、偶然に、あるいは熱心な探求によってこれまで見つけられた理解しがたい事柄は、無視され、発見されないままでいる非常に多くの重要な事柄と較べれば、数の上でも、価値の上でも取るに足らないものだとも思うのだ。つまり、こうしたことを考えるとき、我々が非難している事柄にはとても賢明な理由が存在しているのであり、この世が続く限り、それは人間には分からない、恐らく永遠に分からないままのものであろうと、考えざるを得ないのさ。

ホレイショ　だが、なぜ我々は容易に解決できる困難に苦しめられ続けているばかりで、バーネット博士やその他数名の人々とともに[39]、それらの事柄は寓話であって、比喩的な意味で解されるべきだ、と言わないのだろうか？

クレオメネス　その点に関して、私には異存はないし、宗教的な秘儀を人間的理性や蓋然知と適合させようと努力している人々の創意工夫の才と尽力をこれからも絶えず称えようと思う。とはいえ、文字通りでの意味において、モーセの五書において述べられている事柄は、誰にもまったく論駁することはできない、と私は敢えて言いたい。そして、どのようにして人間がこの世に誕生したのかという話について、考え得る限り最も見事に考案された寓話を、人間の知恵が構想できるなら、あるいは考案できるならやってみたらと言いたい。もしできたならば、私はそれについて宗教に対する敵対者たちがモーセの記述に対してやったように非難しないであろうし、強い異議を挟むこともできないだろうと思う。たとえそうした敵対者たちが聖書の真実性に対して異議を挟むよりも前に、彼らが聖書に対して行ったような無礼な振る舞いを、私が彼らの周知の捏造物に対して行うことが許されたとしてもね。

ホレイショ　そうかもしれないね。ところで、黄金時代に言及するなどして、こうした長い脱線の原因を最初に私が作ったのだけれども、そろそろ主題に戻ろうよ。君が指摘したような未開の夫婦から充分に教化された国民になるには、どれだけの時間、どれだけの年月が必要であると思うかね？

クレオメネス　どれだけかかるかまったく分からないし、それを確定するのは不可能に近いと思うよ。これまで話してきたことからも明らかなように、その夫婦に由来する家族は、その全体か、もしくはその一部がある程度の洗練さを身につけるほどに進歩を遂げるまでには、バラバラに分散したり、再び結びついたり、また何度か離散するということを繰り返したことだろう。統治の最善の形態であっても転変せざるを得ず、人々が教化された国民になるまでその共同体の纏《まと》まりを維持するためには、実に多くの事柄が生起しなければならないのさ。

ホレイショ　国民という纏まりを形成する上で、人々の精神や才能の違いに負っているところが実に大きいのではないかね？

クレオメネス　いや、ただ集団の風潮に懸《か》かるものだけだよ、しかもそれはすぐに巧みな統治によって変調させられるけれどもね。あらゆる人間の集団においては、勇気とか臆病などはまったく練習や訓練に懸かっているる。学問や芸術が富に先立つことは滅多になく、それら両者は統治者の能力や人々の境遇や彼らが持つ向上のための機会などに従い、早かったり、遅かったりして教え込まれることになる。だが、一番重要なのは指導者だな。さまざまな考えを持つ群衆のなかで平和や平穏を維持したり、ある一つの利益のために彼らすべてを努力させたりすることは、大変な仕事なのだ。また人間社会においては、統治の術ほどに多くの知識を要するものは存在しない。

ホレイショ　君の説によれば、そのことは人間の本性を監視することとほとんど変わらないことになるね。

クレオメネス　しかし、その人間の本性が正しく理解され得るまでに、大変時間がかかるのさ。諸々の情念の真の利用法を見つけ出し、成員のあらゆる弱点を集団全体の長所として加え、卓越した管理によって私悪を公益に変えることができる政治家[40]を育成することには、長い年月に亘る努力が必要なのだ。

ホレイショ　多くの非凡な人物が生まれるような時代は、そうしたことにとって好都合であるに違いないね。

クレオメネス　優れた法を起草するために手助けになるのは才能ではなくして経験だね。ソロンやリュクルゴスやプラトンなどは皆知識を求めて旅をし[41]、その知識を他の人たちに伝えたのだ。人間が編み出した最も賢明な法は、一般に不注意につくり上げられた以前の法令の網を悪知恵でくぐり抜けてきた悪人たちの言い逃れに起因するものなのだ。

ホレイショ　鉄の発明、鉱石を金属に精錬することは、社会を完成する上で多大な貢献をなしたと思うよ。というのは、人間はそれなくして道具を持つことも農業をすることもできないからね。

クレオメネス　鉄は慥かに大いに役に立つけれども、もし人々が労働の果実を享受して、平和裡に平穏に暮らすことができていれば、貝殻や、火打ち石や、木材を火で堅くしたものなどが、どうにかやり繰りするための代用物になるのだ。両手のない人間が、自らの両足で顔を剃り、立派な文字を書き、針と糸を使いこなすことができるなんてことを、君は信じられたかな？だが、我々はそれができることをすでに知っている。メキシコやペルーのアメリカ原住民たちは、未発展状態の世界のあらゆる兆候をそなえていると、何人かの高名な人物が指摘している。それは、ヨーロッパ人が彼らのもとに最初に辿り着いたとき、作ることが容易であると思われる非常に多くのものを彼らは欠いていたからだ。だが、彼らにとって知恵を借用する相手もおらず、鉄もまったくなかったことを考慮すれば、我々が認めた習熟度に彼らがどのようにして達し得たのか、驚くべきものがある。第一に、彼らの間で文字の発明がなされ成文法ができるまで、長い間、どれほど大勢の人々が互いにやっかいな存在であったであろうかということは、知る手立てもない。第二に、我々が経験的に知っているような多くの歴史の空白によって、文字が知られているのに人々の交流や時代状況の記述が完全に失われているかもしれない。戦争や人間同士の確執は、彼らを四散させるだけで最も文明化された国民を滅ぼすかもしれないし、全般的な破壊行為は都市や宮殿に対するのと同様に学問や芸術に対しても容赦しないのだ。あらゆる人間が生まれながらにして強い支配欲を持ちながらも、その能力を欠いて生まれてきたことが、大いなる幸いと災いの原因であった。侵略と迫害は、多くの人種を混合したり、四散させたりしながら、この世界を見知らぬものに変容させてきた。あるときには、巨大な帝国がいくつかの部分に分割され、新しい王国や公国を生み出し、別なあるときには、大征服者が、ほんの数年で、さまざまな国家を自らの支配下に治めるのだ。ローマ帝国の崩壊だけからも、学問と芸術は建物や碑文よりも消滅しやすく、速やかに失われてしまうこと、そしてまた、国々に人間が住み続けていたとしても、途轍もない無知蒙昧がその地を覆い尽くすこともあることを、我々は学ぶだろう。

ホレイショ　だが、結局、最も取るに足らない兆《きざ》しとなるものから、富裕な都市や強力な国家を育て上げるものは何だろうか？

クレオメネス　摂理だな。

ホレイショ　だが、摂理は目に見える手段を使うよね。私はそれを稼働させる原動力を知りたいな。

クレオメネス　国家を強化するために必要なすべての基盤に関しては、『蜂の寓話』を読んでいる君は知っているよね。あらゆる健全な政治や統治のための術は、すべて人間本性に関する知識に基づいて構築されているのさ。一般的に言って、政治家の最も重要な任務は、一方で、あらゆる有益で有用な行為を奨励し、もしできることならばそれらの行為を報償し、他方で、社会にとって破壊的で有害なあらゆる行為を処罰するか、少なくとも思い止まらせることだ。そのことについて詳しく述べれば切りがないであろう。怒りや情欲やプライドは限りない災いの原因になるかもしれず、それらすべてに対して注意深く監視しなければならない。だが、これらのことは別にして、強慾や羨望が人々にけしかけて隣人に損害を与えるようなあらゆる企みや目論見を挫き防ぐのに必要な規制だけでも、数え切れないほどだ。君がこうした真実について得心したければ、ほんの一、二ヶ月の間でも、ロンドンのような都市で生業《なりわい》として従事しているあらゆる学問や芸術、さらにはあらゆる商売や手工業や業務などを調査し、詳細に考察してみたまえ。そしてまた、非常にさまざまな私人や法人が、第一に、公共の安寧や福祉が妨げられるのを防ぎ、第二に、お互いに公然と相手に悪事を働き隠れて相手を出し抜くとか、あるいは何であれその他の仕方で侵害するのを防ぐために、絶対的に必要であると看做されているあらゆる法律や禁止令や条例や制限などを調査し、詳細に考察してみたまえ。もし、君がこうした労をとる気があるのであれば、大きな繁栄する都市を上手に統治するための条項や条件の数は、想像を超えるほど膨大なものであることに気づくであろうし、またそれらの条項や条件のすべては、人間の放埒な情念や有害な弱点を制御したり、抑制したり、萎えさせたりするという同じ目的のために存在しているということも分かるだろう。その上、これはもっと感嘆すべきことであるが、こうした莫大な数の規制に含まれる項目のほとんどの部分は、よくよく考えてみれば、至上の知恵の結果であるということも分かるだろう。

ホレイショ　もし、とても聡明な資質と非凡な才能の人間がいなかったとすれば、どのようにしてこれらの事が起こり得たのであろうか？

クレオメネス　私が仄めかした事柄のなかには、ある一人の人間であるとか、ある一世代の仕事だというものはほとんどなく、それらの大部分は幾世にも亘る産物であり、共同作業の結果なのだ。「第三の対話」のなかで、船舶建造の技術や、洗練さを身につけるための術[42]について君に話したことを思い出してくれ。私が言う知恵というものは、優れた知性とか強烈な思考力の所産ではなく、仕事の上での長年の経験やさまざまな観察から得られる堅実で慎重な判断力の所産なのだ。こうした種類の知恵や長い時間をかけて培った経験によって大都市を統治するのと、低級な比喩で申し訳ないが、靴下を編むのとは、難しさという点でそんなに大きな違いはないだろう。

ホレイショ　愷かに低級な譬えだね。

クレオメネス　けれども、秩序整然とした都市の法体系や樹立されている経済機構を譬えるのに、編み機よりも適切なものを私は知らないのだ。一見しただけでは、編み機という機械は複雑で分かりづらいが、その結果は精度が高く美しく、それによって生みだされるものには驚くほど整然とした秩序が存在している。しかも、製品の美しさや精度は、すべてではないにしても、主として発明された機械の素晴らしさに起因しているのだ。というのは、この編み機を使うこの上なく優秀な職人であっても、半年間の訓練を受けただけのどんな半端者であっても作れる程度の製品しか、我々に提供できないからだ。

ホレイショ　君の譬えは低級だが、君の真意をとてもよく例証していることは認めざるを得ないね。

クレオメネス　あ、そうだ、もっとよい別の譬えを思いついたよ。非常に正確にいくつかの曲を奏でるように仕様された時計を持つということは、最近ではありふれたことだね。組み立てたり分解したりするなかで、こうした発明品の制作にその代価として最初から最後まで必ず付き纏ったに違いない、失望という苦悩だけではなく努力や苦労に、驚嘆なくして思いを馳せることはできないよ。幾世にも亘って途絶えることなく続いてきている繁栄する都市の統治には、何かこれと類似したものが存在していると思う。統治というものに付随する最も取るに足らない些細な規制も含めて、長い時間を費やすことなく、また大変な生みの苦しみや熟慮を伴っていない、真っ当な規制などは存在しない。そのような都市の歴史や古文書を調べてみれば、その都市を支配している法や法令における、あるいはそれらに対してなされた、変更や廃止や追加や修正の数は夥しいものであるが、一度、法や法令が、熟練の技という人間の知恵が及ぶ限り完璧に仕上げられたとき、社会という機構全体は、時計を巻く場合と同じようにほとんど技能を要せずに、ひとりでに役割を果たすようになるということが分かるであろう。摂理が以前と同様に見守ってくれている限り、大都市の統治は、いったんしっかりとした秩序ができあがれば、たとえ賢人がそこにいなくても、行政官が単に直感に従うだけで、かなりの間、申し分なく達成されることであろう。

ホレイショ　だが、大都市の統治は、それが一度確立されたならば、極めて容易であるとしても、国家全体、王国全体の場合はそうはいかないよね。名誉と大きな信頼のある部署のすべてが、資質のある勤勉な、廉潔にして有徳な人々によって占められるのは、国家にとって大変な天恵だと違うのかな？

クレオメネス　その通りだ。そしてさらに学識があり、穏健で、質素で、率直で、愛想のいい人であればなおさらだ。そのような人をできるだけ早く捜しださなければならない訳だ。だが、さしあたり、そうした部署は空席にしておく訳にいかず、そうした官職はとりあえず得られる人材が務めることになるだろうね。

ホレイショ　国家には有能な人材が大変不足していると遠回しに君は言っているように思えるね。

クレオメネス　ことさら我が国のことだけを言っているのではなく、あらゆる国家について、王国一般について言っているのさ。私が言いたいことは、中くらいの能力と評価のあるすべての人間がどのような最高の職位であっても務まるように、国内統治や、市民行政の各部署が賢く工夫されるのは、あらゆる国家の利益だということだ。

ホレイショ　それは、少なくとも我々のような国では、絶対に不可能だね。だって、裁判官たちや大臣たちはどうするのよ？

クレオメネス　法律の勉強は非常に難解で、非常に退屈であるけれども、法律に関わる職業は実入りがよく、大きな名声も得られるものだ。そのため、かなり資質があり非常に勤勉な僅かな者しか、この分野で抜きん出ることはない。また、有能な法律家で、誠実な人間として知られている人なら誰でも、充分に年を重ね謹厳実直であれば、常に裁判官に相応しい立場となるものだ。慥かに、大法官[43]になるためにはより高度な能力が要求され、有能な法律家や誠実な人間であるだけではなく、幅広い知識と優れた洞察力を兼ね備えた人物である必要がある。だが、大法官はたった一人だ。また、私が、法律について、また野心や物欲が人類に与える力について述べたことを考慮に入れれば、事物の通常の成り行きとして大法官庁のなかに、大法官の職位に相応しい人物が誰もいないなんてことは、事実上あり得ないのさ。

ホレイショ　あらゆる国家には、大衆団交を任せられる人々や、公使や大使や全権使節の任に堪え得る大変有能な人物が必要ではないか？　また、外国の公使と交渉できる人物も、国内にいなければならないのではないか？

クレオメネス　あらゆる国家にはそうした種類の人間がいなければならないのは慥かだ。とはいえ、国内や国外で君がつき合ってきた知り合いから推して、君が指摘した事柄にはそんなに並外れた条件を必要としていないと、君が思わないのは不思議だね。宮廷生え抜きの上流社会の人々のなかで、中くらいの能力の持ち主というのは皆、会談や交渉において最も役に立つ才能である手際の良さと大胆さを兼ね備えた人物だろう。

ホレイショ　我が国のように、さまざまな債務を多く抱え、実にさまざまな税金が課せられている国家においては、すべての財源とその歳出について熟知するということは、生まれながらの優れた資質と勤勉なくして、手に入れることができない知識であるに違いないね。だから、国庫の上級管理職は絶え間ない困難とともに最大の信頼をも伴う職種に違いないね。

クレオメネス　私はそう思わないね。公共機関のほとんどの部門は、実際のところ、事情を知らない外部にいる人間が思うほどには、内部の人間にとって難しい部署ではないのだ。仮に、焼き串回転器具とその錘が視界の外にあるとした場合に、何時間にも亘ってたくさん肉の刺さった二、三本の焼き串が規則正しく回転するのを、ある人間が説明しなければならないとすれば、その人間が賢明であっても、事情に通じていなければ大いに困惑することだろう。そして、十中八九、彼は料理人や台所の下働きをする人間を実際に値する以上に高く評価することになるであろう。財務省管轄下のすべての業務においても、その組織が十分の九のことをやっていて、しかも組織は、恐れ多くも国王から監督者の職を仰せつかっている幸運な人物がその職務のためにひどく疲れたり、困らせられたりすることがないように、またその人物の上に置かれている信頼や信用が、彼の骨折りに相応しいものであるように充分に注意を払ってきているということだ。大きな部局の仕事を分割したり、さらにそれを再分割したりすることによって、それぞれの人間の仕事はとても平明で慥かなものになるので、その仕事に多少慣れれば、間違いを犯すことはほとんど考えられなくなる。その上、各人の能力を慎重に規制し、各人の責任を賢く管理することによって、それぞれの役人の忠誠心は白日の下に晒されるから、それを失えばたちまち見抜かれるであろう。これらの術によって、最も大切な業務も、また非常に多様な業務も、自らの最高の幸福が富と快楽であるような平凡な人間によって、手早く安全に処理されるだろうし、最大限の規律が大きな部局やその各部門において守られるであろう。同時にまた、財務省の全機構は、局外者はおろか、そこで雇われている大部分の役人たちにも、極度に複雑で込み入ったもののように思われるようになるであろう。

ホレイショ　我が財務省の機構は、あらゆる種類の不正や不法侵入を防ぐための称賛すべき考案だと認めるよ。だが、その機構の長の立場にあって、その機構を動かしている職務には、大きな裁量が許されているね。

クレオメネス　どうしてそうなのだ？　大蔵卿(44)は、もしくはその職務が委員たちによって遂行されているのであれば財務大臣は、彼らの下で雇われている下っ端役人と同様に、法律を遵守しなければならないし、罰せられずにお金を着服するほどの権力を持っている訳ではないのだよ。

ホレイショ　国王の支払い命令書によって、彼らは職務を遂行するのではないのかね？

クレオメネス　国王が会計処理できる金額とか、議会によって指示された用途のための支払いなどは、そうだね。けれども、それ以外はできないね。だから、もしも悪事を働くことができない国王が騙され、議会の直接的な指示に反して、あるいは議会の指示なしに、着服されるかどうかはともかく、国王の支払い命令書が手当たり次第に裁可されたならば、大蔵卿は危険を覚悟で認可書を執行するのさ。

ホレイショ　だが、それ以外の官職が、少なくともずっと重要な官職がまだ一つあって、その官職には、これまで名前が挙がってきた如何なる官職よりも遥かに優れた、そしてもっと幅広い才能が必要とされるのだよ。

クレオメネス　ちょっと、待ってくれ。大蔵大臣という官職は最も尊厳がある職務であり、それ故、その職務の遂行は、その他の如何なる職務よりも遥かに優れた、そしてより尋常ではない才能が求められるのだよ。

ホレイショ　あらゆる役人を支配し、国王の直下で働いている総理大臣はどうなのかな？

クレオメネス　我が国の政治制度にはそのような役人は存在していない(45)。というのは、我が国の行政制度は、とても賢明にも、こうした政治制度によっていくつかの部門に分割されているからだ。

ホレイショ　では、海軍大将や、陸軍大将や、総督に対して、そしてまた外国の公邸にいる我が国の公使たちに対して、誰が命令を出したり、指示を出したりするのだね？　また一体誰が、王国の至る所で国王の利益に気を配り、国王の安全に配慮しているのかね？

クレオメネス　それは国王と枢密院だよ。枢密院なくして、王権が機能し、指揮し、すべてを支配することは考えられないよ。また、君主が自ら直接にその任に当たる気のないものは何であれ、それらが関連する行政部門に当然ながら回される。また、そうした行政部門においては、誰もが身を処すためのはっきりとした原則を身につけている。国王の利益に関して言えば、それは国家の利益と同じであり、国王の警護は近衛連隊によってなされるであろう。国家のなかで、もしくは国家のために起こり得るどのような種類の仕事であっても、各々の肩書きによって認められ、権威づけられ、識別された高級官僚のうちの誰かの所管に属し、そこで査察を受けている。だが、請け合って言えることだが、彼らの間には総理大臣という名称は存在していないよ。

ホレイショ　どうして君はこのように誤魔化そうとするのだね？　総理大臣が存在していることを、君自身も知っており、世の中の人々も皆知っていて認めているよ。またそうした大臣が存在していることは容易に証明できることだよ。しかも現在のような状況において、国王が総理大臣なしでやっていけるとは思わないね。王国のなかに非常に多くの不満分子が存在しているようなときに、下院議員を選ぶ場合には、選挙は最大限の注意をもって監視されなければならないし、不満分子の邪悪な目的を挫き、僭主を締め出すのに必要な、あらゆる対策が講じられなければならない。つまり、内密に素早く手を打つ必要があるばかりか、大変な洞察力と非凡な才能もしばしば要求される対策を講じなければならないのさ。

クレオメネス　君がこうした事柄をどんなに誠意を持って擁護しているように見えようとも、ホレイショ、君の基本的な考えからして、君が本気でそのようなことを擁護しているとは、私は思わないよ。私は急迫した事態を考えて議論している訳ではない。ただ、君主や大臣たちの行為を詮索したり、あるいは彼らの行状を精査したりしないかわりに、政治制度自身が持つ知恵しか認めないもしくは擁護しないと言っているのだ。

ホレイショ　そうして欲しくないな、君には。ところで、自らの両肩に大変な重責を担うとともに、ヨーロッパ全体の成り行きに心を砕いているような人間は、該博な知識やその他の秀でた才能とともに、驚異的な天分を備えた人物であるに違いないとは思わないのかどうかを、ちょっと教えてくれないかね。

クレオメネス　通常、総理大臣が持っているような本物の権力と広範囲に亘る職権を授けられた人間というものは、大いに異彩を放ち、他のどのような臣下よりも注目すべき人物であるに違いないことは、慥かなことである。とはいえ、もしやらせてみれば、この総理大臣の職務に相応しく、少し経験を積めば異彩を放ってくるような人物は王国には常に五十人は存在しているが、それに較べて、大ブリテンの大法官になる資格を備えた人物は一人しか存在しない、というのが私の見解だ。総理大臣は、ただ総理大臣であることだけで、皆から総理大臣であると認知され、総理大臣として遇されることだけによって、多大な途轍もない利益を得ているのだ。行政全般に亘って王国のあらゆる部局とあらゆる支局において、お好みのままに人に会い、ものを尋ね、ものを見る自由と権限を持っている人物は、とても事情に精通し、十倍も能力に長けている他のどのような人物よりも、ずっと多くの情報が手に届くところにおり、あらゆる事柄についてより正確に論じることができる。野心にも虚栄心にも事欠かない、かなりの教育を受けた意欲的な人間が、市民行政に携わるあらゆる役人たちの勤勉や勤労のみならず、あらゆる才覚や経験を思いのままにいつでも利用できる機会に恵まれれば、賢く、注意深く、老練な人物であると看做されないなどということは、ほとんどあり得ないことだ。しかも、行政に関することであれ、軍事に関することであれ、また国際問題に関するものであれ、国内的問題に関するものであれ、何か事件が起きたり、業務の処理をしなければならないことが起きたりすれば、彼がその気になれば、ほとんどの場合、それを促すか邪魔するかは別として、必ず大いに影響力を行使することができるであろう。

ホレイショ　君が言うことには一考の余地が充分あると認めざるを得ないね。とはいえ、しばしば、僕を君の考えに同調させるのは、見て貰いたい角度から事柄に光を当てる君の巧妙さによってであり、大切であるものを軽視しその功績を剥ぎ取る優れた君の手腕によってではないか、と疑い始めているのだ。

クレオメネス　誓って言うけれども、私は心底このように思って話しているのだよ。

ホレイショ　私が自分の目で見てきたものや、政治家や政治屋の間で行われている業務について日々ずっと観察しているものについてよくよく考えてみて、君は間違っていると自信を持って言えるのだ。つまり、総理大臣を活用したり、首を挿《す》げ替えたり、配置換えしたりするための手腕だけではなく、あらゆる策略や力、また総理大臣のあらゆる行為を誤り伝えるために用いられる知恵や悪知恵、勤勉さや巧妙さ、彼らに関して流される流言飛語、公表される譚歌《たんか》や諷刺文、彼らに向けられた切り口上の演説や非難などを考慮するとき、要するに、これらの事柄や、総理大臣を嘲るとか憎むべき存在にしようとして言われたり、行われたりしたことをすべて顧《かえり》み考慮するとき、総理大臣が攻撃される場合のような凄腕や豪腕を打ち負かし、酷い悪意や羨望を打ち砕くには途轍もない才能が必要だと、私は思うのだ。単に普通の思慮分別と我慢強さしか備えていない人物ならば、たとえ世の中がどのようなものか熟知し、そこにおける美徳や誠実さや高潔さを身につけていたとしても、十二ヶ月と総理大臣の地位に留まることはできないだろうし、ましてや何年もその職を続けることはできないだろう。だから、君の主張には何か誤りがあるに違いないと思うのだ。

クレオメネス　私自身の説明不足か、それとも君が不運にも誤解されたのかな。非凡な才能がない人物でも総理大臣になれると私がそれとなく言ったとき、私はその職務そのものについて、つまり総理大臣がいない場合に、国王や枢密院がわざわざ統括しなければならなくなる職分について、述べたに過ぎないのさ。

ホレイショ　統治機構全体を指揮し管理するためには、先《ま》ず以て有能な政治家でなければならないね。

クレオメネス　君は総理大臣という地位を過大に評価し過ぎているのだ。有能な政治家であるということは、人間本性が持ち得る最高の資質の持ち主だということだ。有能な政治家という名に値するためには、古代史と現代史に精通しているとともに、それぞれの国の公共の利益のみならず、君主や大臣たちの気質や美徳や悪徳とともに、彼らの個人的な考えをも知るために、ヨーロッパのあらゆる宮廷を熟知していなければならない。また、彼は、すべてのキリスト教国とその国境地帯について、産物や地勢、主要都市や要塞都市、さらにはその地における交易や製造業の状態、その位置や地理的優位性、兵力や住民の数などを知っているべきだ。さらに彼は本だけではなく人間そのものを読み取らなければならず、人間本性や、情念の利用法を完璧に理解しなければならない。しかもその上で、自らの心情を秘匿する名手であらねばならず、自らの表情を完璧に制御でき、他人から秘密を聞き出すためのあらゆる手練手管に大いに長けていなければならない。こうしたことすべてにおいて、あるいはそのほとんどにおいて実際そうであると看做されるとともに、公務において大いに経験を積んだような人物でなければ、有能な政治家であると言えないけれども、たとえそうした資質の百分の一もない人物であっても、総理大臣になるのに相応しい存在であろう。国王の寵愛が総理大臣を誕生させ、その地位に利益だけではなく強大な権力を齎す任務を与えるのだ。だから国王の寵愛こそが、そうした地位にいる人物が立脚すべき唯一の基盤なのだ。その結果、あらゆる君主国における最も野心的な人々は、こうした地位を手に入れるに最も値するものとして常に競っているが、その地位を享受するのは容易であっても、その地位を獲得し維持するのは大変難しいことなのだ。だから、私が述べた有能な政治家になるための資質は蔑ろにされ、それらの資質よりも有益で簡単に手に入れられる資質の獲得が目指され、考慮されることになるのだ。君が総理大臣という存在に認めている能力は有能な政治家になるための資質とは別種のものであり、ご機嫌取りに磨きをかけ、巧妙に他人を喜ばせ丸め込む術にとても長けているところに、その本質があるのだ。また、君主が欲しがっている物を、それが何か分かったときに調達してやることや、君主が求めている快楽を提供するよう努めることが通常の彼の業務なのだ。君主に求めているものを尋ねるのは不平を言うのと同じことなのだ。だから、尋ねざるを得ないということは不平の種を持っていることであり、君主が温和しくそうした不平に屈するのを目の当たりにすることは、廷臣たちの大変な無作法を示しているのだ。礼儀正しく洗練された大臣というものは、主人の願望を理解し、彼にわざわざその名をあげさせることなく主人の喜ぶものをあてがうものだ。また、ありふれた追随者というものは誰しも、話されたことや、なされたことすべてを手当たり次第に褒めそやし、褒め称え、最も取るに足らない振る舞いにさえ、知恵や慎慮を認めるものだが、君主の明らかな欠陥を上手に繕《つくろ》い、君主のあらゆる欠点やあらゆる弱点を、それらに最も類似している、あるいはもっと正確に言えば、それらと一番対立していない美徳のように見せかけるのも、熟練の廷臣の役割なのだ。そして、君主から寵愛が得られるだけではなく、恐らくそれが永続きするのも、こうした必要な務めを全うすることによってなのだ。宮廷において愛想良く振る舞うことができる者は誰でも、必要な人物であると必ずや考えられるであろう。そして、寵臣《ちょうしん》が一度主人の高い評価によって地位を築いてしまえば、自らの一族郎党を引き連れ、国王の関心を独り占めし、自らの子分以外の者をすべて国王から遠ざけるということは、彼にとって容易《たやす》いことだ。ある程度の期間が経てば、自分自身が登用した以外の者をすべて行政から排除し、何か自分とは別の縁故や助けで出世しようとしている人々を常に失脚させることも難しいことではない。総理大臣は、その地位により、彼に対抗するあらゆる存在に対して非常に優位な立場にある。その一つは、略奪者であろうと愛国者であろうと例外なく、総理大臣の地位を占めたものは誰しも大勢の敵を抱えていたということだ。そうしたことがよく知れ渡っていたので、総理大臣の命令に起因する多くの事柄は、たとえそれらが正しいものであったとしても、人類の公正で思慮深い人々の間では信用されないのだ。彼らが一般に非難されるの要因となる羨望や恨みを押さえ込み萎えさせることに関して言えば、仮にその寵臣が自分でそれをすべてやるのであれば、君が指摘したように、慥かに絶えざる警戒と努力はもちろん、非凡な資質や大いなる能力が必要とされるであろう。だが、こうしたことは彼らの手先となって働く者たちの役割であり、多くの部門に分割された一つの仕事なのだ。総理大臣にほんの僅かでもお世話になっている者、あるいは彼を何であれ頼みにしている者は、皆そうすることが自らの利益になるので、一方で、庇護者である総理大臣を褒めそやし、彼の美徳や能力を誇張し、彼の行為を正当化する、また他方で、彼の敵対者を非難し、彼らの評判を貶し、あらゆる才を尽くし、総理大臣を追い落とすために利用されるのと同じ策略を使うことを自らの本務とし、自らの関心事とするのだ。

ホレイショ　それでは、学問にも、言語能力にも、政治的手腕にも、またそれ以外の如何なる資質にも欠けていても、よく洗練され垢抜けた廷臣であれば、誰でも総理大臣に相応しいと言うのだね。

クレオメネス　しばしば、しかも容易に見かけるような、少なくとも、ちゃんとした常識を備えており、酷い弱点や欠陥が顕著ではないという要件を満たした人物であればね。そして、このような人物はほとんどの如何なる国においても事欠くことはないのさ。とはいえ、彼はかなり健康で恵まれた体格である人物であらねばならないし、また、謁見の儀において彼を称賛する派手な大勢の人々や、繰り返される請願や辞儀や卑屈な態度や、彼に対して絶えず払われるその他の敬意などに我慢できるだけではなく、それらを嬉しく思うような人物でもあらねばならないのだ。彼に最も必要な資質は、無分別に慌てふためいたり、狼狽《うろた》えたりすることなく、豪胆で毅然としていることである。もし、彼にこうした資質があり、記憶力もよく、さらに、たとえいつも冷静沈着でなかったとして、少なくとも見たところ大過なく、たくさんの仕事に励むことができるのであれば、必ずや彼の素質は絶賛されることであろう。

ホレイショ　君は総理大臣の美徳についても、誠実さについても何も言っていないね。総理大臣には絶大な信頼が置かれているのだよ。もし彼が強欲で誠実ではなかったり、愛国心もなかったりするのであれば、国庫に驚くべき大混乱を齎すかもしれないのだ。

クレオメネス　プライドを持つ人間であれば、必ずや己れに対する評判について多少は気にするものだ。また、盗みが発覚するかもしれないという大きな危険に曝され、しかも盗みのために罰せられることがないという保証などまるでない場合に、平凡な行動原理を持つ人間の盗みを防ぐには、己れにごく当たり前の思慮分別があれば充分なのだ。

ホレイショ　だが、諜報活動に関わるお金のように、犯罪事実を追えない場合についても、彼には絶大の信頼が置かれているのだ。そうしたお金は、国家的な理由から、そのことに触れることでさえしばしば憚られるものであり、ましてや詳細に亘って精査するのはなおさら難しいであろう。また他の宮廷との交渉において、彼が美徳とか公共の利益とかを蔑ろにして、利己心と私的な見解によってのみその場に臨むのであれば、自国を裏切り、国家を売り渡し、あらゆる種類の悪事をやりたい放題するのではなかろうか？

クレオメネス　議会が毎年開会されている我が国のような場合はそうではないね。外交問題に関しては、すべての世の中の人たちが知るべきこと以外、重要な取引は何もできないのだ。明白に王国に対して破滅を齎し、自国人の意見でも外国人の意見でも、我が国の利益と甚だしく、しかも明白に衝突するような何らかの事柄が、万一なされたり企てられたりしたならば、そうしたことは大騒ぎを引き起こし、総理大臣を危機に陥れるであろう。だが、少しでも思慮があり自国に留まる心算のある人物ならば、そうした危険に曝されるようなことは誰もしないであろう。諜報活動に関わるお金や大臣たちが決裁する権限を持ち、恐らく彼らに大きな裁量があるその他の金額について、国の財産を彼らが使い込む機会があるということに関しては、私には異論はないよ。とはいえ、こうしたことを見つからずにするには、目立たないようにしかも極めて用心深くやらねばならない。だから、彼らの地位を妬み、彼らの一挙手一投足を観察している悪意ある監視者たちは、彼らにとって大いなる抑止力になっているのだ。それら敵対者の間の対抗意識や党派間の争いは、国家の安全にとってかなり大きな要素となっているのだよ。

ホレイショ　とはいえ、名誉心があり良識や知識に秀でて、しかも勤勉で倹約に励む人々が国家の仕事に抜擢された方が、もっと安全ではなかろうか？

クレオメネス　慥かに、その通りだ。

ホレイショ　一方で、あらゆる場合において、金銭に卑しく、金品に強慾であることを自ら示すとともに、他方で、どんなに富や財産があっても、彼らの生活を支えたり彼らの欲望を満足させたりするには充分ではないことを、自らの生活ぶりによって明らかにしているような人物の公正さや誠実さを、我々はどうして信頼できるのか？　さらに、才能に欠けるような人物、あるいは業務に支障を与えるような、自分本位で野心に溢れ、虚栄心に満ち酒食に溺れるような人物すべてが、名誉もあり余得《よとく》もある地位から除外され排除されるのであれば、美徳や美質を大いに奨励することにはならないかね？

クレオメネス　その点について、誰もが君に異議を挟まないよ。そして仮に、美徳や宗教や未来の幸福が、肉体的快楽や礼儀正しさや世俗的な栄誉の場合と同じように心の底から、人類の大部分によって追い求められているものであるとすれば、良い人生を送りその能力が知られた人物だけが、どのような政治上の地位であれ、その地位を占めるということが最も良いことであるに違いない。だがこうしたことが実現するのを期待するとか、繁栄している大きな富んだ王国でそれを望んで生きるということは、人間社会の諸事情に関する無知を曝け出すことになる。世間一般の節制や、質素倹約や、公平無私を国民にとって幸運であると看做し、それと同時に、安楽や、豊かさや、交易の拡大を天に懇願する者は誰でも、自分のしていることがまるで分かっていないように私には思えるのだ。そこで最善が得られないならば次善を捜してみようではないか。そうすれば、国民に彼らの家庭や彼らが大事にしているものを守り永続させるためのあらゆる可能な手段のなかで、賢明な法によって自らの政体を護り強固にすることや、大臣のうちのある者が期待していたよりも能力と正直さに欠けることが判明した場合には、大臣たちの知識や誠実さの不足によって公共の福祉が大きな損失を被らないような行政の形態を工夫することほど良い方法がないことが分かるであろう。行政機関というものは、常に運用されていなければならない。それは決して停泊できない船なのだ。最も学識があり、最も徳の高い、そして最も私心のない者こそ最良の大臣ではあるが、他方で、大臣は存在し続ける必要がある。罵りや暴飲は、船乗りの間では、捨て置けない罪であり、もし彼らを矯正できるのであれば国民にとって願ってもない天恵である。だが、その間ずっと、我々には船乗りが必要であり続けるのだ。千回以上も罵詈雑言を吐いたり、あるいは人生で十回以上暴飲をしたりしたことがある者はすべて帝国軍艦に乗務できないとなれば、善意の規制のために帝国軍艦は航海業務に大きな支障を来《きた》すと、私は確信するな。

ホレイショ　どうして君はもっとあからさまに話さないのだ？　どうしてこの世には美徳も高潔さもないと言わないのだ？　というのは、君の話の趣旨はそのことを証明しようとしているように見えるからさ。

クレオメネス　私はすでにこれまでの会話において、この主題に関する私の立場を充分に説明しておいた。だから、私がすでにきっぱりと否定しておいたことを、君が再び私に帰属させようとするのは驚きだな。有徳な、あるいは信心深い人間などいないなんて、私は決して考えたことはない。人類への追従者たちと私が違うところは、彼らが声高に主張するそうした種類の人間の数なのだ。君自身も、君が想像するほど多くの有徳の人間が存在するなどと実際のところ信じていないと、私は思うよ。

ホレイショ　君はどのようにして、私自身よりも私の考えをよく知り得たのだ？

クレオメネス　一番低い社会的身分から一番高い社会的身分までの、社会におけるいくつかの職業や専門職の功績について馬鹿げたほど褒めそやし、その上辺《うわべ》を取り繕ったとき、君も知っての通り、すでにこの話題に関して君を試しておいたからさ。そのとき、君は、人類一般を非常に高く評価しているようだが、個々の人類に関しては、私自身と同じくらい容赦なく、些細な点に関しても口喧《くちやかま》しい人間だということが、はっきりと分かったのだ。私は、君に対して、考慮に値することを一つ指摘しておかねばならない。それは、すべてではないにしても、大半の人々は公平であると思われたいと願っているけれども、我々が愛とか憎しみとかの感情に囚われているとき、我々の判断を公平に保つことほど困難なことはないということだ。さらにまた、人々がどんなに公正で公平であったとしても、友人たちに腹を立てているときとか、敵対者たちにとても好感を抱いているときに、彼らが言うほど彼らの友人たちが良き人で、また彼らの敵対者たちが悪しき人であることも滅多にないということだ。私としては、一般的に言って、総理大臣は、自分たち自身の利益のために総理大臣を中傷するとともに、彼に取って代わろうと百計を巡らす彼の敵対者よりもずっと悪い存在とは思っていない。功績や能力において同等で、美徳や悪徳に関しても似たもの同士の、対立する党派に所属する二人の高い地位にいる人物を、どこかヨーロッパの宮廷において捜してみよう。一方は寵愛を受け他方が無視されている、こうした二人の人物に出遭うときはいつも、最高位にいて重要な業務をこなしている人物は皆自らの党派の称賛を受けていることが分かるだろう。そして、万事がかなり上手く運んでいれば、彼の後援者たちは、そうした上首尾を彼の品行の良さに帰し、彼のあらゆる振る舞いを称賛に値する動機から導き出すであろう。敵対する党派の人間は、彼に美徳を見出すことはできず、彼は単に情念に促されて行動しているに過ぎないとするであろうし、また万事が上手く運ばない場合には、我々の党派の頭目がその地位に就いていればそうはならなかったと、確信するであろう。こうしたことは世の常なのだ。同じ王国の人々でさえ、自分たちの支配者や指揮官が称賛に値する成功を収めても、彼らに対する評価においてなんと凄まじくしばしば食い違うことか！　国民のある一部の人々は、ある将軍の勝利を彼の申し分のない軍事上の知識と並外れた戦闘能力に帰すとともに、もしこの人間が、真の英雄的精神や高潔な祖国愛に鼓舞され支えられていなかったとすれば、彼が機敏に対処した労役や労苦に堪えることはできるはずもなく、あるいは自発的に危険に身を曝すといったようなこともなかったであろうと主張したことは、我々自身が目撃してきたことだ。ご存じのように、これが国民のある一部の人々の感想であったのに対して、別の一部の人々は、あらゆる彼の成功を、彼の軍隊の勇敢さと彼の部隊を支援しようと本国においてなされた法外な補給に帰すとともに、彼の全生涯から立証できるとして、過度の野心や富への飽くなき渇望という素因以外のものによって、彼が勇気づけられたり先鋭化したりすることは決してなかったと主張した。

ホレイショ　覚えていないけど、私自身もそのように言ったかもしれないな。だが、結局のところ、マールバラ侯爵[46]は非常に偉大な人間であり、抜きん出た才人であったということだね。

クレオメネス　実際その通りだ。君がついにそのことを認めるのを聞いて嬉しいよ。

我々は美徳が損なわれねば憎み
眼前から消え去れば、追い求める[47]。

ホレイショ　それはそうと、馬車を二、三分の間止めるように言ってくれないかね。その間に馬の何頭かが放尿するかもしれないからね[48]。

クレオメネス　どうか見え透いた言い訳をしないでくれ。止めたいのであれば、君がそう言えばよい。その上、時間はたっぷりあるし。――馬車の外に出たいのかね？

ホレイショ　いや。だが、君が何回かあることを繰り返して言うのを聞いたのだけれども、それを書き留めておきたいと思ってね。私は、しばしばそのことを尋ねようと思ったのだけれども、いつも忘れてしまうのだよ。それは侯爵に関して君の友人が書いた碑文のことだよ。

クレオメネス　マールバラ侯爵の碑文かね？　喜んで教えよう。紙を持っているかね？
ホレイショ　この手紙の裏に書こうと思うよ。それに、偶々、今朝、鉛筆を削ったばかりでね。その碑文はどんな具合に始まるのだね？
クレオメネス
　戦時の勇敢さか平時の美徳で栄光を目指し、
ホレイショ　それで？
クレオメネス
　人々は古代人を神に祭り上げた。
ホレイショ　分かった。だが、対句全部を一度に教えてくれ。意味がはっきりするから。
クレオメネス
　父親のないマールスと母親のないミネルヴァを生んだ
　偽りのギリシアは輝かしい先祖を誇るだろう。(49)
ホレイショ　それは名案だね。勇気と品行とは、正しく彼が抜きん出ていた資質だったよ。その後はどうなっているのかね？
クレオメネス
　骨壺に納められた人間が生んだイギリスがここにあり
　古代にはそのような神がいなかった。
ホレイショ　――ありがとう。もう馬車を出していいよ。君からこの碑文を最初に聞かされて以来、明らかにそれからの借用と思われるいくつかの作品を目にしたよ。この碑文はぜんぜん公表されたことはないのかね？
クレオメネス　公表されたことはないと思うよ。その碑文を最初に私が見たのは侯爵が埋葬されたときで、それ以来ずっと手稿のまま伝えられてきた。まだ、印刷された碑文には一度もお目にかかったことはない。

ホレイショ　思うに、この碑文は君の友人の『蜂の寓話』に匹敵するものだよ。

クレオメネス　君がそんなに気に入ったのであれば、最近、オックスフォードのさる紳士が行ったそれの翻訳を、紛失していなければ、見せてやってもいいよ。この碑文は、主張の主要部を事実上構成している最初と最後の対句を意図しているだけだ。二番目の対句には同じ主張が継続しておらず、むしろ脱線となっている。

ホレイショ　とはいえ、そのことが極めて説得的に最初の対句の真実性を証明しているよ。また、マールスに父親がおらず、ミネルヴァには母親がいないというのは、我々が彼らに関して受けている説明が信じられないものである、ということを示したいと望んでいる人間にとって、最も幸運なことだよ。

クレオメネス　ああ、ここにあったよ。急いで写したので、君にこれが読めるかどうか、分からないよ。

ホレイショ　大丈夫だよ。

思慮深く助言するか、勇敢に戦った人を、
義理堅い古い時代は神と呼んだ。
だからギリシアではマールスとパラスを神と崇め、
マールスを英雄の、パラス[50]を愛国者の手本とした。
古代人よ、この壺のなかに人が眠っている、
あなた方の神々のなかでこの人に匹敵する者がいたら教えてくれ。

実にいいね。

クレオメネス　非常に生き生きとしていて、ラテン語で狙いとされていた点が、むしろ英語での方がもっと明確に表現されているね。

ホレイショ　君も知っての通り、私はミルトン以外の英国の詩は好きではない[51]。だが、そのことで我々の歓談が妨げられることのないようにしたいものだ。

クレオメネス　私は人類一般の偏頗な見方について論じ、人々はその行為をなそうとしている人物への好き嫌いによって、如何に異なった判断をその行為に対して下すものかということを、君に気づかせたのだ。

ホレイショ　だがその前に君は、公行政において、優れた学識や非凡な資質を持つ人間の必要性について――私は必要であると思っているが――論駁していたね。そのことに何か言い添えることはなかったかね？

クレオメネス　なかったね。少なくともあったとは記憶していないね。

ホレイショ　君がこうした考えを述べるに当たり、何か邪《よこしま》な意図があるとは思わない。だが、そのような考え方が正しいと仮定しても、そうしたことを暴露することが怠惰や無知を奨励する以外の何か他の効果を持ち得ると理解することは、私にはできないな。というのは、もし学問や才能とか、天賦の資質や知識なしで、統治上の最高位を占められるならば、人々はあらゆる頭脳労働や厳しい勉学に伴う疲労などなしで済ませるからね。

クレオメネス　私はそんなに全般的な意見を主張した訳ではないが、狡猾な人間が、行政の最高位で、あるいはその他の重要な職位で、非凡な才能を持つことなく、かなりの異彩を放つことができることは、慥かなことだ。有能で公正で立派な政治家に関しては、その名に恥じない人物は、同時にこの世に三人もこれまでいなかったと思うよ。人々が話題にし、互いに称え合っている知恵や、しっかりとした知識や、本質的な価値とかの四分の一もこの世には存在しないし、また美徳や宗教心については、存在しているように見えても、実際はその百分の一も存在しないのさ。

ホレイショ　強慾や野心という動機に基づいているにすぎない人々は、富とか名誉という目標しか目指さず、それさえ手に入れれば満足するということは認めるよ。だが、美徳と公共精神の原理によって行動する人々は、自分たちの国に尽くすために役に立つ学識を手に入れるために地道に努力をしているのだ。だから、もし美徳というものが珍しいものであるとすれば、なぜそうした知的職業で秀でた人々が存在するようになるのだ？　というのは、学識のある人間や才能のある人間が存在することは、間違いなく慥かなことだからだ。

クレオメネス　あらゆる学識の基礎は、我々が自分自身で選択や判断ができる、あるいはそうすることが許される以前の少年・少女の頃に築かれなければならない。また、それが学識を身につけるための最も有益な時間の活用の仕方なのだ。自らの学識の大いなる進歩にとって、人々が恩恵を被っているのは、良き訓練と、両親や先生たちの思慮深い配慮である。また、自らの子供たちが充分に学識を深めることを望まないような酷《ひど》い親などほとんど存在しない。自らの子供たちを苦労して金持ちにしようとする人々の生来の愛情が、同様に子供たちの教育へと彼らを激しく駆り立てるのである。その上、子供たちを蔑ろにすることは不当なことであり、それ故、不名誉なことなのだ。自分たちの子供たちをある職業とか知的職業に就かせようとする両親の主たる意図は、子供たちに生計を成り立てさせることにある。学芸を奨励し促進しているものは報償やお金や名誉であり、しかもそうしたことが、もし人間というものがプライドを感じることもなく、また強欲でもなかったならば存在することがなかったような、数限りない学芸の成果を成し遂げたのである。野心と強欲と、そしてしばしば窮乏こそが、勤勉や精励への大いなる拍車となり、年少の頃には父親や家庭教師によるどんな説得や懲罰でさえ何の効果も与えることがなかったような人々が成人したときに、彼らを怠惰から目覚めさせるのである。知的職業が儲かる仕事であり、大きな威厳を持っている間は、その職業に秀でた人々がいつも存在するだろう。それ故、大いに洗練された国家においては、国民が繁栄している限り、あらゆる種類の学問が大いに栄えるであろう。裕福な親やお金に余裕のある親ならば、自分たちの子供たちを学識の深い人間に育てないことなど滅多にないことである。こうした尽きることがない源泉から、学術的知識が求められるあらゆる職業や知的職業のために必要とされているよりも遥かに多くの人材が供給されているのである。学問するよう育てられた子供たちのなかで、ある者は一人前《いちにんまえ》になるとすぐにそれを等閑《なおざり》にして本を捨て、他の者は、年を重ねるとともにますます勉学に励むようになるだろう。とはいえ、大多数の者は、習得するのに苦労したものは大事にすることであろうね。また、裕福な人々の間には、怠け者だけではなく学問を愛する者も常にいるだろうね。人々の好みや楽しみが違うので、あらゆる研究分野にその称賛者たちがいるだろうし、どのような学問分野においても、必ず誰かしらがそうした学問の研究に大いに励むことであろう。そのことは、ある人が狐狩りをし、また他の人は魚釣りを楽しみ、といった行動原理と何ら変わることがない。古物収集家や植物学者や、蝶や笊貝《ざるかい》の貝殻やその他自然の奇妙な産物の愛好家たちの、並大抵ではない苦労について考え、彼らがそれぞれの分野で用いる格調高い用語や、その道に関心がない者にとっては誰の注目にも値しないと思われるようなものに、彼らがしばしば命名する大仰な名前に注意してごらん。好奇心は金持ちにとってしばしば、金銭が貧乏人に対して持つと同様に魅惑的なのである。また、ある者の場合には私益が促すことを、他の者の場合には虚栄心が促し、これら両者が巧妙に絡み合ってしばしば大いに驚くべきことが生じるのである。倹約家である人間が、お金をこよなく愛し、年老いてもそのためにあくせく働き続けると同時に、夥しい数の珍品や骨董品の所有者であるという評判をえるために、一年に四〜五千ポンドの支出をするとか、あるいはほとんど同じことだが、十万ポンド以上の金額に対する利子を失って満足するなどというのは、驚きではないか？　学問を促すのは、利得とか名声への願望であり、多額の収入や大いなる威信への願望なのだ。如何なる職業であれ、学芸であれ、それらが奨励されていないと我々が言うとき、そのことによって意味するところは、それらに携わっている指導者もしくは教師が、名誉とか利益によって彼らの苦労が充分に報償されていない、ということに過ぎない。この上なく神聖な職務でも、私が言っていることの例外にはならない。他人に施すべき奉仕や恩恵に対してよりも、自らの職務に伴う、あるいは伴うべき名誉や報酬に対して関心を持たないほど私心のない聖職者など存在しないし、そうした聖職者のなかで一所懸命に学び、修行に励んでいる者であっても、その多くが公共精神や信者たちの精神的な安寧への思いによって並外れて厳しい修行に励んでいるなどと、容易に立証することもできないのだ。それどころか、彼らの大部分は、名誉欲や出世願望によって衝き動かされているということも明らかなのだ。学問の最も有益な分野が、まったく取るに足らない分野のために蔑ろにされるのを目の当たりにすることも、もし人々が自らの才能を誇示する機会が前者の場合よりも後者の場合の方が存在すると大いに期待できるときは、決して珍しいことではない。見栄や羨望は、美徳や慈悲心よりも多くの著者を生み出したのだ。才能や学識で知られた人々が、しばしば、互いに相手の名誉を失墜させ、破滅させるために鎬《しのぎ》を削っている。慥かな良識と該博な知識を倶《とも》に身につけた二人の敵対者が、自らが身につけた如何なる手腕や思慮分別をもってしても、心に抱く遺恨や、互いに相手に対して表す悪意や敵意を、考え抜かれた自らの行為で抑え込み世間から隠すことができないとき、両者はどのような原理で行動していると言うべきなのか？

ホレイショ　そのような人たちが美徳の原理で行動しているとは、私は言わないね。

クレオメネス　けれども、名声もあり、大変な功績もある二人の謹厳な聖職者におけるこうした事例[52]を君も知っているだろうが、彼ら二人とも、仮にも己れの美徳が疑問視されようものなら、非常に傷つけられたと考えるだろうな。

ホレイショ　宗教への強い思いとか公共の利益という口実の下に、人々が自らの思いの丈をぶちまけるとき、実にしたい放題のことをするね。喧嘩の原因は何だったの？

クレオメネス　「山羊の毛について《デー・ラーナ・カプリーナー》」[53]さ。

ホレイショ　つまらないものだということだね。まだよく分からないな。

クレオメネス　古代の喜劇詩人たちの韻律についてさ。

ホレイショ　やっと君が言っていることが分かったよ。そうした韻文を調べて詠唱する方法だね。

クレオメネス　文学に関わることで、これほど無意味で役に立たないことなど考えられるかね？

ホレイショ　すぐには思いつかないね。

クレオメネス　だが、彼らの間の大きな争点は、どちらがそのことに関して最もよく理解していて、しかも最も昔から知っていたか、ということなのだ。思うに、この事例が我々に暗示していることは、たとえ人々が単に羨望や強欲や野心という行動原理に基づいて行動しているにすぎないとしても、学問が一度確立すれば、如何なる分野であっても、たとえ無益な分野であってさえ、学者たちには、自らに施される名誉や大きな収入を手にする余地が大いに存在している、我が国のような大きくて豊かな国にあっては、等閑《とうかん》に付《ふ》されることなどほとんどあり得ないということだ。

ホレイショ　とはいえ、君が仄めかしているように、人々は能力がほとんどなくとも大部分の職務を果たし得るのだから、どうして、学者たちは勉学に打ち込み、必要以上の学識を得ようと、あんなに無駄な苦労をするのかね？

クレオメネス　そのことについてはすでに答えておいたと思うよ。圧倒的多数の者が、勉学に励むことや知識を身につけることに喜びを感じるからさ。

ホレイショ　とはいえ、一心不乱に勉学に励むことによって健康を損ねたり、実際にそのことによる疲労のために命を落としたりする人たちもいるね。

クレオメネス　そうして亡くなる人たちは、過度の飲酒によって健康を害し、実際に命を落とす人たちよりも多くはないよ。過度の飲酒は、過度の勉学よりもずっと無分別な快楽であり、遙かに酷い生体酷使なのさ。けれども、自らの国に奉仕するために一所懸命に資格を取ろうと苦労している人々が存在していることを、私は否定しないよ。私が指摘したいのは、自らの国に対してはほとんど関心がなく、自ら自身を満足させるためにだけ努力している人たちの数の方が遙かに多いということなのだ。『美と美徳の観念の起源についての考察』の著者であるハチスン氏[54]は、愛情や慈悲心などの量を計量したり測定したりするのに、非常に秀でているように見える。このような詮索好きな形而上学者が、暇な折に、以下の二つの事柄を別々に考量するための労をとるよう私は望みたい。第一は、利己心と無縁の、人々が自らの国に対して抱く真実の愛についてだ。第二は、彼らがそうした愛を感じていなくとも、そうした愛から行動していると思われたいという、彼らが抱く願望だ。まあ、この才能豊かな紳士が、まず、これら二つのことを別々に考量し、その後で、この国で、あるいは他の如何なる国においても見出されるすべてのことを公平に理解した上で、それら二つの感情がどのような割合で互いに支えあっているのかを、所謂、彼の実証的な方法によって我々に示されることを望みたい。――「個々の生き物はそれ自身に委ねられる」[55]と、セネカは言っている。慥かにその通りであって、自然があらゆる個々人に委ね託したのは、他人の面倒ではなく己れ自身の面倒なのだ。努力した分だけより多く利益を得たいために、つまり、誰よりも優り、誰よりも口の端にのぼり、同じ仕事に従事している、あるいは同じ寵愛を求めている他の誰よりも好ましく思って貰いたいために、人々は尋常ならぬ努力をするのである。

ホレイショ　能力の劣る人々よりも、才能と学問のある人々の方が抜擢される確率が高いと思うか?

クレオメネス　「その他のことは同等として《カエテリス・パリブス》」、ならばそう思うよ。

ホレイショ　それならば、地位を思い通りに任命する権利を持つ人々には少なくとも美徳が存在していると、認めなければならないね。

クレオメネス　美徳が存在していないとは言わないけれども、同様に、功績ある人たちを昇進させたことに対して、その任命権者に与えられる栄誉や真の名誉も存在しているのさ。つまり、かなりの聖職録を授ける権利がある人物が、非常に有能な人間にそれを与えたならば、誰もが彼を称賛し、教会区民はとりわけ有り難く思うであろう。虚栄心が強い人間は、有徳な人間と同様に、自らの選択が世間全体から非難され、攻撃されることを好まないのだ。だから、もし彼らが真実を知っていて、しかも血族とか、友情とか、利害とか、その他のものから生じるもっと強力な動機が私の指摘した原理を邪魔しなかったならば、我々人類に固有の称賛されることへの愛だけで、人類の大部分に、否、最も御しにくい者たちの大半にさえ、何人かの候補者のなかから最も価値ある人間をいつも選ばせるのに、充分だろう。

ホレイショ　でも、君の言い分によれば、最も上手に機嫌を取り、お世辞を言える者たちが、真っ先に選ばれるように私には思われるけれどもね。

クレオメネス　学識ある人間の間には、世間と上手く折り合いをつけて、自らの研究に勤《いそ》しむことができる術や才を持った人たちもいる。こうした人々は、上流社会の人々にどうしたら気に入られるかを知っていて、その目的を達成するために、自らの才能を駆使し、最も効果的に取り組む者たちなのだ。我々がずっと話してきたような地位の高い人々の暮らしぶりや立ち居振る舞いを少しでも覗いてみれば、彼らが研究に没頭し、厳しい研鑽に励むことによって手に入れようとしている目的や利益が、すぐに見出されるであろう。聖職位にある人たちが、お呼びも掛からず用事もないのに、宮廷を彷徨《うろつ》くのを見たり、彼らが絶えず寵臣たちに話しかけ、恭しくお近づきになるのを見たり、また、彼らが当世風の奢侈に対して声高に反対し、不満ながらも奢侈を強いられざるを得ないとぶつぶつ言うのを聞いたり、またそれと同時に、自らの生活の仕方という点で、進んで、否、積極的に満足のいくように努め、力の及ぶ限り上流社会を真似ようとすることや、抜擢で地位を得るや否やすぐに、もっと利益がありもっと尊敬に値する地位に抜擢されるよう備え、また実際にそうした地位を懇願し、さらにまた、いかなる非常事態においても、富と権力と名誉と優越性こそが彼らが摑もうとし、喜びを感じるものであることを見るとき、つまり、こうした事実を、またこうした証拠が列挙されるのを知るとき、彼らの行動原理あるいは精励の意図を推測するのが困難であるとか、あるいはそれについて疑う余地があるなどということが、あるだろうか？

ホレイショ　私は聖職者に対してほとんど言及する気持ちはないし、その筋からは美徳を期待していないね。

クレオメネス　君はその他の階級の人々の間に見出すのと同じように、聖職者の間にも美徳を見出すであろうが、どちらの場合においても、実際の美徳の持ち主は見掛けほどには多くないものだ。誰もが偽善的であるとか、嘘をついているとか思われたくないであろうが、自分が手に入れたいものを認めるくらいには正直であっても、どうしてそれを手に入れたいかの真の理由を告げるような人間はほとんどいない。だから、人間の言行不一致は、事柄の真の価値に関する考えを彼らから聞き出そうとする場合ほど、顕著なときはないのさ。疑いもなく、美徳というものは人間が持つことができる最も貴重な宝であり、すべての人たちから称えられてきたものである。しかし、「その報酬を取り上げられたら[56]」、美徳が心底から奉じられている国など一体どこにあるだろうか？　他方において、お金は当然ながらあらゆる悪徳の根源であると言われ、お金を嘲ることのなかった著名な道徳家とか諷刺家は存在しなかった。とはいえ、人々は、お金を使って善行を施すなどとさまざまな振りをして、お金を手に入れようとどんなに苦労し、どんなに危険に曝されていることか！　私としては、お金は、副次的要因として、その他の如何なるものよりも、この世における多くの災いを齎したと、心の底から信じている。だが、市民社会の秩序と経済機構、そしてその存在それ自体にとって、これほど不可欠なものをほかに挙げることは不可能である。というのは、市民社会が我々の多様な欲求という土台の上に築かれているように、その上部構造全体は人間が互いに対して行う相互的尽力によって成り立っているからだ。しかも、必要としているときに、如何にしてこのような尽力を他人にして貰えるかは、個々の人間にとって人生における大きな、そしてほとんど絶えることのない心配事なのだ。他人が見返りなしで我々に尽力してくれると期待するのは、道理に合わないことだ。だから、人々が互いに行うことができる取引は、ある物に対しては別の物という、継続的な物々交換であらざるを得ないのだ。ある財の所有権を譲渡する売り手は、その所有権を購入する買い手と同様に、自分自身の利益を深く心掛けている。そして、君がある財を望むとか欲するとかする場合、その財の所有者は、その同じ財の在庫または蓄えをどれほど所持していようとも、あるいは、君がどんなにその財を熱望していようとも、君が欲している財よりも気に入った対価がなければ、その財を決して手放さないだろう。私が提供できるサービスが、ある人間が望まない、あるいは好まないようなものであるとき、私のサービスを受け容れさせるために、相手をどのように説得したらよいだろうか？　社会の何れとも仲が良くて争いもしない者は誰しも、弁護士のために奉仕することはないだろうし、医者は家族全員がまったく健康な人から何も取得することはできない。貨幣は、人間が互いにすることができる尽力への、受け容れ可能な報酬となることによって、あらゆるそうした困難を取り除くのだ。

ホレイショ　だが、あらゆる人間は己れ自身を自らの価値以上に評価するものであるから、誰もが自らの働きを過大に見積もりがちだと、君の説からすると当然の結果としてならないかね。

クレオメネス　そうだろうし、慥かにそうだ。だが、驚くべきことは、社会における人間の数が多ければ多いほど、彼らの欲望が多様になればなるほど、また彼らの間で取り憑かれたように欲望を満足させることが普段に行われるようになればなるほど、彼らがお金を使う際の、君の言うところの悪徳の結果が有害ではなくなるということさ。それに反して、貨幣もなく、社会の人間の数が少なければ少ないほど、社会の成員が自らの欲求を満たそうとする際、彼らが生存に必要なものだけに欲求の対象を厳格に制限しようとすればするほど、それだけ私が指摘した相互尽力に彼らは容易に同意するだろう。また、大きくて洗練された国家においても、あらゆる生活上の安楽、所謂この世の幸福を手に入れようとすることが、貨幣もしくはそれの代用物がなくとも、言葉がなくとも、まったく同じように可能であるかもしれない。とはいえ、貨幣を欠くこともなく、しかも立法府によって貨幣の管理が充分に行き届いている所では、貨幣が、常に、あらゆる物の価値が測られる規準になることだろう。そこには必要から生まれる大きな天恵が存在しており、誰もが飲み食いをしなければならないことが、市民社会の接合剤になっているのである。またそこでは人々が自分たち自身を如何に高く評価しようとも、ほとんどの人々がすることができる労働はとても安価であろう。というのは、たとえそれが、人間にとってどんなに有益なものであっても、非常に豊富に存在するものであれば高価であるはずもなく、財の有用性よりも財の希少性がそれらの価格を引き上げるからだ。このことから、長い時間を掛け、退屈な勉学に精進することによってしか習得できない、あるいは、そうそうお目にかかれない特殊な才能を必要とする学問が、どうしていつも一番お金になるのかは明らかだ。また同様に、あらゆる社会において、できることならば誰しもが御免被りたい過酷で不潔な労働が、誰に割り当てられることになるかも明らかだ。だが、君はすでにこうしたことを『蜂の寓話』を通じて充分に理解しているだろう。

ホレイショ　そうだね、この問題に関する注目すべき主張をその本で読んだが、決してそれを私は忘れることはないだろうね。その本で、著者は、「困窮以外に貧乏人を働くように駆り立てるものはなく、困窮を和らげるというのは道理に適っているが、それを取り除くのは愚かなことだ[57]」と、述べているよ。

クレオメネス　この命題は正しいと思うし、またこの命題がもっぱら金持ちの利益のためであり、貧乏人の真の立場が考慮されていないなどということにはならないと思うよ。というのは、労働者のなかで、卑しい境遇で生まれ育って喜んで自らの身分に甘んじ、自らの子供たちも彼らと同様な貧しい境遇のままでいることに満足し、最も貧しい食べ物や衣服だけではなく、労働や服従に幼少の頃から子供たちを馴化させようとする者たちは、公共のために最も役に立つと同時に、自らも惨めな思いをすることなどほとんどないからだ。ところが逆に、自らの仕事に不満なので、絶えず自らの境遇の惨めさにぶつぶつ不平を言い、また子供たちの幸福に大いに配慮しているのだという口実の下に、彼らの教育を他人の慈善に委ねるような類《たぐ》いの者たちは、いつも、他人に対してまったく役に立たず、自らも最も不幸だろうからだ。貧乏人のうちこの後者の類いの大半は怠け者で、飲んだくれの者たちであって、自らは放蕩な生活に現《うつつ》を抜かし、家族を等閑にし、自分たちのくそ坊主どもを養うという重い肩の荷をできる限り下ろすことだけを望んでいるのだ、ということを君も気づくことだろう。

ホレイショ　私は慈善学校の唱道者ではないよ。とはいえ、労働貧民の子供たちが、彼らも彼らの子孫も皆、そうした奴隷のような状態にずっと縛り付けられ、卑しい境遇で生まれた者たちが、たとえどのような才能とか天性を持っていようとも、立身出世を妨げられ、禁じられるというのは、残忍なことだと私は思うよ。

クレオメネス　君が指摘したようなことがどこかで行われたとか、行われようとしたのであれば、私も残忍なことと思うよ。しかし、キリスト教国では、如何なる社会的身分の人であっても、彼らや彼らの子孫たちが、永久に奴隷の境遇に縛り付けられたままでいるということなどない。最下層の人々のなかであってさえ、どこの国でも幸運な人々がいるものだ。我々は、一度当然ながらお金を大事にして貯蓄するように励めば、教育もなければ味方がいなくとも、自ら自身の勤勉さや努力によって、無の状態から並みの状態へ、ときにはそれ以上まで身を起こす、といった人物を日々見かけている。そして、こうしたことは、才能豊かな人たちよりも、平凡で見劣りする能力の人々の場合の方が頻繁に起こるのである。貧乏人の子供たちの立身出世を妨げることと、彼らがもっと有益な職に就けるとき、無闇に何千人もの貧乏人の子供たちに教育を強いるのを拒むことの間には、甚だしい懸隔があるのだ。金持ちのなかのある者たちが貧乏人にならざるを得ない者がいるように、貧乏人のある者は事物の通常の成り行きで金持ちになるかもしれない。だが、貧しい労働者を至るところで熱心に悲惨な境涯から救い上げてくれるあの一視同仁の精神の方が、何の理由もなく裕福な者を安楽と贅沢から突き落とす惨《むご》い力に較べて、王国全体に対して害が少ないということはないであろう。国全体の過酷で不潔な労働に三百万人の人手が必要であり、あらゆる種類のそれらの労働が、貧乏人の、文盲の、彼ら自身ほとんどあるいはまったく無学の者の、子供たちによって遂行されていると仮定しよう。そこで、仮に、これらの子供たちの十分の一が故意に力尽くで、最も卑しく過酷な仕事から免れられるとすれば、三十万人の人手を必要とする仕事が放置されたままになるか、あるいは、人数削減によって生じた不足分をもっと育ちの良い他の子供たちで補わなければならない、ということは明らかだ。

ホレイショ　そのことによって、最初は慈善心によってある者に対してなされることが、結局は他の人たちにとって残酷な行為となるかもしれない、という訳だね。

クレオメネス　そうなるだろう、きっとね。すべての国民の複合体においては、均衡を保って全体を合成させるために、さまざまな階級の人々は、人数に関して互いに一定の調和を保たねばならない。また、このあるべき調和は、人々の資質・能力の違いの結果であり、彼らの間に生じる人生における栄枯盛衰の自然的帰結であるから、誰もが干渉しないときほど、この調和は上手く達成されるとか、維持されることはないのだ(58)。だから、誰もが流れを変えたり、妨げたりさえしなければ、あらゆる大きな社会の持つ本質から自然に湧き出てくる幸運を、善意の持ち主であろう人々の近視眼的な見解が如何に我々から奪うか、学ぶことができるであろう。

ホレイショ　私はこのような難解な事柄に立ち入りたくないな。君はお金を褒めそやすことでさらに何を言おうとしているのだ？

クレオメネス　私はお金を擁護も非難もする心算はないよ。それが善であろうが悪であろうが、お金の威力と支配領域はともに広大な範囲にまで及んでおり、お金の人類への影響力は、如何なる帝国や国家や王国においても、国が最大の威光と繁栄を誇り、学芸がそこで最も盛んであった、この上なく知識豊かで洗練された時代ほど、強力であったり、全体に及んでいたりしたことはなかった。だから、貨幣の発明は、人間が考案した他の如何なるものよりも、人間本性の持つ性癖に上手く合致したものだと私には思える。お金ほど怠惰や強情張りに対する優れた治療剤はない。そして、大変なプライドの持ち主であってもお金のためには、快く熱心にしばしば目下の者たちに敬意を表せざるを得ないのを、私は驚きを持って眺めてきたものだ。お金はすべての尽力を手に入れ、すべての負債を帳消しにする。否、それ以上の働きをするのだ。というのは、ある人物がある仕事に就き、雇用した人間がちゃんとした給料をその人間に支払うならば、その業務が如何に労苦を伴い、如何に困難なものであり、あるいは如何に退屈なものであっても、責《せめ》に帰すべきはそれを行う者にあると常に看做されるからだ。

ホレイショ　学究的な職業に就いている多くの著名人がこの点に関して君に異議を唱えるだろうとは思わないかね？

クレオメネス　もし仕事を求めたとか職を捜したことがあったならば、誰しもそうはしないはずだということは、私にも非常によく分かる。

ホレイショ　報酬目当ての人々の間では、君が指摘したことはすべて正しいよ。だが、金儲けを軽蔑している高潔な精神の持ち主に関して言えば、お金より名誉の方が遙かに大きな効能があると思うね。

クレオメネス　高貴の肩書きやこの上なく輝かしい家柄も、強慾を防ぐ手段にはなり得ないね。だから、実に寛大で気前の良い人品の最上級の人物でさえ、手に入れる見込みがあるときには、最もさもしい職工がはした金を欲しがるように、しばしば利得を渇望するものなのだ。途轍もなく儲かる見込みがあるとき、金儲けを軽蔑する高潔な精神の持ち主を見つけ出すのが如何に難しいか、一七二〇年の出来事(59)が我々に教えてくれた。その上、お金ほど普遍的に魅力のあるものはない。お金は、身分の高い者や低い者、富んだ者や貧しい者すべての立場の人たちにフィットする。それに対して、名誉は身分が卑しくあくせく働く人々にはほとんど威光を持たず、大衆の誰に対してであるにせよ滅多に影響を及ぼすことはない。だが、お金の場合には、それによってあらゆる所で名誉を手に入れられるだろう。否それどころか、富それ自体が、それを上流社会風に使う仕方を知っている者すべてにとって名誉になるのだ。それに反して、名誉はその支えに富を必要とする。富がなければ、名誉はその当事者の重荷になり、名誉の肩書きは、困窮の境遇であれば、それらが相俟って、同程度の貧乏だけの場合よりも大きな精神的な負担となる。というのは、ある人間の身分が高ければ高いほど、この世で望むものがそれだけ過度のものになるけれども、所持するお金が多くあれば、過度の願望も充分に満たすことができるからだ。貨幣は、文字通りの意味で、この世における最良の強壮剤であり、人間の心に無意識に作用する。貨幣は、人々の労働への意欲を駆り立て、労働を好むようにさせる刺激剤であるだけではなく、疲れ果てているときには慰安を与えてくれ、あらゆる労苦や困難を支えてくれるものなのだ。自らの出来高に応じて賃金が支払われる労働者は、どのような種類の労働であっても日給もしくは週給を支払われ、決まった賃金を貰っている労働者よりもずっと多くの仕事をやり遂げることができる。

ホレイショ　ということは、多くの労力と時間を要する骨の折れる要職には、定まった給料で懸命に力を尽くして責務を果たしている人たちがいるとは、君は思わないのだね？

クレオメネス　いや、大勢いるさ。しかしながら、新たな報償で新たに発生した面倒事に対処するたびに、あるる人々が自らで自分たち自身を苦しめ酷使する、あの不断の精勤と並外れた厳しい職業への専念が要求あるいは期待されるような、地位も職務もそこには存在しないということだ。報酬が常に自らの働きに見合い、しかも謝礼が弁護士の場合のように相手に対して行う業務の直前とか、医者の場合のように直後になるような職業においてなされているような、自らの職業に完璧に専念し、熱心に敏速にかつ忍耐強く仕事をする人間を、一年間の収入が確実で変わることがない何らかの職務もしくは高位の職に就いている人々の中に、君は決して見出したことがないであろう。君自身、我々の最初の会話の中でこのことをそれとなく慥かに言っていたと思うよ。

ホレイショ　前方にお城があるよ。(60)

クレオメネス　君にはそれが残念ではないだろうと思うよ。

ホレイショ　実は残念なのだ。君が総理大臣や嫉妬深い彼の敵対者たちを論じたのと同じように、率直かつ思いのままに国王やその他の君主について述べるのも聞きたかったのだ。私は、ある人間が公平な人間であると分かれば、彼が指摘したことが真実でなくとも、少なくとも彼は真実を目指しているのだと考えるほどには、正当に評価しようと思う。私がこの世において目にしたことにもとづいて、君の意見を考えれば考えるほど、君の意見にますます同意せざるを得なくなるね。今朝は、一貫して、もっとよく君の意見を知るためと、君にもっと詳しく自分の主張の真意を説明する機会を与えるため以外には、私は君に反対するようなことは何ひとつ言わなかったよ。私は君によって転向者にされた者であり、今後は、『蜂の寓話』に関してこれまでとはまったく違う見方をしようと思う。というのは、『特徴論』における語法や言葉遣いは優れているし、人間の社会性に関する学説も魅力的でもっともらしく、またその本ではさまざまな事柄が優れた技巧と秀でた学識によって際立たされてはいるが、もう一方の『蜂の寓話』には慥かにそれ以上の真実が存在しており、この本のほとんど至る所で人間本性が忠実に描き出されているからだ。

クレオメネス　私は君がこれらの両書をもう一度読んで貰いたいと願うが、読んだ後で、これほどまでに違う見解にもとづいて書いているように見える二人の著者には、今まで出遭ったことがないと言うだろうと思うよ。私の友人である『寓話』の著者は、読者を引き込み上機嫌にしておくために、とても浮かれた感じで、しかも何か別なことを言っているようで、実は彼は人間本性における堕落を喝破しているのだ。そして、人間に自ら自身のことをさまざまな観点から示しながら、彼は、間接的に、啓示と信仰の必要性だけではなく、はっきりと人々の生活の中に見受けられるキリスト教の実践の必要性をも指摘しているのだ。

ホレイショ　そのことは気づかなかったな。彼はどのように間接的にそのことを示したのだ？

クレオメネス　それは、一方で、この世に蔓延《はびこ》る虚栄心とそれが帯びている最も優雅な愉悦感を暴くことによって、他方で、真の至福を手に入れるためには人間の持つ理性や異教徒の美徳では充分でないということを明らかにすることによってだ。というのは、キリスト教国で、しかも皆が幸福を求めていると称する人々の間で、人間というものがキリスト教を信仰することに他のどのような意味があるのか、私には分からないからさ。

ホレイショ　シャフツベリー卿についてはどう思うかね？

クレオメネス　まず、彼は学識のある人間で非常に洗練された著述家であり、優雅な言語を操るとともに、力強い表現で、豊かな想像力と素晴らしい思考力を働かせている、ということは君に同意する。だが、一方で、彼の自由や慈愛に関する意見は気高く崇高であり、『特徴論』のなかに陳腐であるとか卑属であるようなものはないということは認めなければならないが、他方で、彼が人間本性の善性や優越性に関してつくり上げた観念は、麗しく好感の持てるものではあるとはいえ、非現実的で荒唐無稽なものであったこと、また汚れなき生活と世俗的偉大さという決して互いに調和し得ない正反対のものを結びつけようと一所懸命努力したこと、さらにはこの目的を果たすために彼は理神論を支持し、偽善売教(61)や迷信を非難するために、聖書そのものを攻撃したこと、そして最後に、聖書の多くの節を嘲るとともに、キリスト教の廃墟の跡に異教の美徳を打ち立てるという意図を持って、あらゆる啓示宗教の土台を掘り崩そうと努めたように思われることは否定できないことだ。

訳注

一　緒言

（1）　一七二四年に公刊された。

（2）　この弁護論は公刊されることはなかったようである。

（3）　新訳『蜂の寓話』（拙訳、二〇一九年、日本経済評論社）四頁、参照。

（4）　新訳『蜂の寓話』三二二頁、参照。

（5）　『ベガーズ・オペラ』は、ジョン・ゲイ台本、ヨハン・クリストフ・ペープシュ編曲の最も有名な社会諷刺を旨とする一七二八年初演のバラッド・オペラである。登場人物は大悪党から小悪党まで悪党ばかりで、極悪人の追い剥ぎが結婚し、入獄し、脱獄までを扱った諷刺的なオペラである。

（6）　新訳『蜂の寓話』三二五頁、参照。

（7）　マルクス・ポルキウス・カトー・ケンソリウス（Marcus Porcius Cato Censorius BC234-BC149）のこと。大カトーとも呼ばれる。共和制ローマ期の政治家であり、清廉で弁舌に優れ、執政官（コンスル）、監察官（ケンソル）を務めた。

（8）　新訳『蜂の寓話』一三九頁、参照。

（9）　「告解火曜日」（Shrove Tuesday）は、フランス語では「肥沃の火曜日」を意味するマルディグラ（Mardi gras）が相当し、謝肉祭の最終日、灰の水曜日の前日を意味する。キリスト教信者が復活祭前に行う四〇日の断食期間である四旬節の始まる前日に当たり、これまでの罪を悔い改め、魂を清めて、四旬節前の最後の食事の機会を祝う日である。嘗ては、杭に繋がれた雄鶏に棒きれを投げつけるのが、「告解火曜日」の気晴らしであったようである。また雄鶏はフランスを象徴する存在であったことから、これらの行為はフランスに対する昔からの憎しみに起因するのではないかという説もある。ジョサイア・タッカーは *"Earnest and Affectionate Address to the Common People of England Concerning their Usual Recreations on Shrove Tuesday"* 1753 の中で、鶏投げを「最も残酷で野蛮な娯楽」として批判している。

（10）　マルクス・トゥッリウス・キケロ（Marcus Tullius Cicero BC106-BC43）は、共和制ローマ末期の政治家、哲学者である。ラテン語でギリシア哲学を紹介し、エラスムス、モンテスキュー、カントなどに多大な影響を与えた。プラトン（Platōn BC427?-BC347?）は、古代ギリシアの哲学者である。ソクラテスの弟子にして、アリストテレスの師に当たる。プラトンの思想は西洋哲学の主要な源流であり、『ソクラテスの弁明』や『国家』等の著作で知られる。現存する著作の大半は対話篇という形式を取っており、一部の例外を除けば、プラトンの師であるソクラテスを主要な語り手とする。

(11) 本書の編者であるケイ教授によれば、プラトンもキケロもこのようなことを言っていないとされる。また、プラトン研究者のP・ショーリー教授からの示唆として、マンデヴィルは、プラトンが『テアイテトス』のなかで、またキケロが『友情論』のなかで述べた少し似たような発言を恐らく念頭においてこのように書いているのであろう、とケイ教授は述べている。

(12) ルキアノス (Lucianos, 英語ではLucian 120?-180?) は、ローマ帝国期にギリシア語で執筆したアッシリア人の諷刺作家であり、シリアのサモサタで生まれ、アテナイで没した。若き日は哲学、弁論、医学などさまざまな分野、いろいろな流派の学問を聴講し勉学を積んだが、やがて弁論術を習得して弁論家として一本立ちする。よく知られている著作としては『神々との対話』や『死者の対話』や『本当の話』などが挙げられる。また、『本当の話』という作品では、月への旅行譚を書いており、最古のSF小説の一つに数えられている。『本当の話――ルキアノス短篇集』呉茂一、山田潤二、高津春繁訳（ちくま文庫、一九八九年）を参照のこと。

(13) フィラレシーズ (Philalethes) という合成語は、接頭辞がPhilosophy（哲学）を接尾辞がヨーロッパ文明の一つの発祥の地であるギリシアを連想させる。

(14) アルマンザーは、ジョン・ドライデンの『グラナダの征服』(*The Conquest of Granada* 1670) に登場する武人である。また、ジョン・ドライデン (John Dryden 1631-1700) は、イングランドの詩人、劇作家であり、王政復古時代のイングランド文学の中心的人物で、その時代が「ドライデンの時代」として形容されるほど影響力の大きい人物であった。

(15) 決疑論者・詭弁家 (casuist) とは、巧妙な論法を用いて、しばしばもっともらしいことを言う人をさす。また、決疑論 (casuistry) とは、倫理的問題に回答を導く指針を、「倫理理論」や「倫理原則」にではなく、具体的な事例そのものに求める立場のことである。

(16) 厳粛主義者 (rigorist) とは厳格・厳正を第一の信条とする人。

(17) シャフツベリーⅢ世 (Third Earl of Shaftesbury 1671-1713) は、イギリスの哲学者で道徳感覚学派の祖である。ロックの教えをうけ、道徳感情の固有の価値を強調し、真・善・美の一致を説いた。主著は『人間、風習、言論、時代の特徴』(*Characteristics of Men, Manners, Opinions, Times* 1711) である。

(18) ピエール・ガッサンディ (Pierre Gassendi 1592-1655) は、フランスの物理学者・数学者・哲学者であり、スコラ学的アリストテレス主義に反対し、エピクロスの原子論と道徳論を復興した。デカルトの論敵であり、ロックやニュートンに影響を与えた思想家としても知られる。尚、本書の編者ケイ教授はガッサンディの書物の中に対話形式で書かれたものは見つからないとしている。

（19）　本書を通読すれば、分かるように、ホレイショがマンデヴィルの主張を代弁しているところもある。例えば、聖書の天地創造のように、奇跡によって歴史や自然現象を説明しようとすることに対し、自然の法則（natural law）にもとづいて考察しようとする場合である。

（20）　イギリスでは、一七五二年のグレゴリオ暦導入までは、元旦は三月二五日の受胎告知の日であった。そのため、一月一日から三月二五日の間は、このように二年続きで表記されていた。

（21）　この大篝火はジョージ二世の配偶者であるキャロライン王妃の誕生日を祝うもの。王妃は一六八三年三月一日に誕生している。

（22）　新訳『蜂の寓話』三二八頁、参照。

（23）　たとえば、一七二八年三月一六～一九日の『ロンドン・イヴニング・ポスト』、一七二八年三月二一～二三日の『ホワイトホール・イヴニング・ポスト』など。

（24）　本書の編者であるケイ教授によれば、この人物はとんだ食わせ者であったらしく、同郷の知り合いから出版社へ渡すよう依頼された原稿に、『アレテ・ロギア（美徳論集）、もしくは美徳の起源についての一考察』というタイトルをつけ、マンデヴィルを攻撃する「序文」を付して、自分の著書として出版し、しかもこの本のお陰で、ロンドン主教からエセックスでの優雅の生活を与えられたようだ。

（25）　ジョン・パートリッジ（John Partridge 1644-1714）は、イギリスの占星家（astrologist）で、暦者（almanac maker）である。星占いに基づくいかがわしい予言を載せた暦を発行したので、スウィフト（Jonathan Swift 1667-1745）は、*The Accomplishment of the First of Mr. Bickerstaff's Predictions; being an account of the death of Mr. Partridge, the almanack-maker, upon the 29th instant, in a letter to a person of honour.* 1708 のなかで、パートリッジの死を予言し、終《つい》に死んだと宣言したので、パートリッジは、慌てて、自分は生きていると世間に訴えたが、功を奏することができなかったことを指す。

（26）　ウイリアム・ロー（William Law 1686-1761）は、イングランド教会の司祭であり、彼の神秘的で神学的な著作は、彼の時代の福音主義運動や、作家のサミュエル・ジョンソンや歴史家のエドワード・ギボンなどの啓蒙思想家に大きな影響を与えたとされている。また、『「蜂の寓話」というタイトルが付された最近の著作に関する見解』（*Remarks upon a Late Book, Entituled, The Fable of the Bees* 1724）という書物でマンデヴィルを糾弾している。

（27）　キャロライン王妃の誕生日である。上記の訳注（21）を参照のこと。

（28）　マンデヴィルの本書における原注によれば、人身御供

（human sacrifice）を指しているとされている。

（29）マンデヴィルは、神経科および消化器系統の専門医であった。

（30）「足からヘラクレスを知る」（Ex pede Herculem）とは、見える部分から全体が分かるということの譬えで、ピュタゴラスがヘラクレスの背丈を足の大きさから推し量ったという言い伝えに由来する。

二　ホレイショとクレオメネスとフルヴィアとの間の第一の対話

（1）新訳『蜂の寓話』四四頁、参照。

（2）紋章院（Heralds' College）は、紋章および系譜を管理・統括し、イングランド、ウェールズおよび北アイルランドの国民に新たな紋章を授与するほか、国王や王家の典礼を司る英国王直属の機関である。イングランド王リチャード三世からの一四八四年三月二日付の特許状により設立されたとされる。

（3）緒言の注（17）を参照。

（4）フリギアの貧しい農民であるバウキスとピレモンという老夫婦は、ギリシア神話あるいはローマ神話に登場する老夫婦である。二人は旅人に身をやつした神（ギリシア神話ではゼウスとヘルメス、ローマ神話ではユーピテルとメルクリウス）を、心を込めて歓待し、その報恩として洪水から命を救われ、さらに死後一対の大木に姿を変えた。古代ローマの叙述家オウィディウス（Publius Ovidius Naso BC43-AD17）の『変身物語』（*Metamorphoses*）第八巻に、この夫婦と神々との物語が記載されている。スウィフトにはこの神話を主題とした『バウキスとピレモン』（*Baucis and Philemon* 1709）がある。

（5）アウゲイアス（Augeas）は、ギリシア神話の人物である。ギリシアのエリス地方の王で、ヘラクレスの「一二の試練」のうち六番目の課題である「アウゲイアスの家畜小屋掃除」に登場することで知られる。神々の王ゼウスと人間の女の間に生まれたヘラクレスは、ゼウスの正妻である女神ヘラの企みにより、狂気に陥り、妻子を殺してしまう。彼はゼウスに会いに行き、罪を清めて貰おうと考えた。ところが、ゼウスは、一二の不可能な試練を与え、「完璧に遂行せよ」と命じた。六番目の課題である「アウゲイアスの家畜小屋掃除」の家畜小屋はただの小屋ではなく、その悪臭はペロポネソス中に蔓延していた。三〇〇〇頭の牛が飼われている小屋は、三〇年もの間、一度として掃除されたことがなく、その堆肥は谷中を覆い、作物の栽培を妨げていたほどであったが、機転の利くヘラクレスは、二つの川の流れを変え、水の流れでたまった汚れを洗い落とし、遠くへと運び去ったが、アウゲイアスは「小屋をきれいにしたのは、ヘラクレスではなく川だ」と主張し、報酬を支払わなかったという話。

（6）古代建築の柱のまわりに垂直に刻み込まれた竪溝《たてみぞ》。特に古代ギリシア・ローマの大建築に多く使われた。時代によって、竪溝の本数、刻み方が異なる。支柱の重圧感を削減するための効果と美的効果を意図したものであるとされる。

（7）ゼウクシス（Zeuxis）は、紀元前五世紀に活動したギリシアの画家。彼の作品は、その写実性、細密さ、斬新な主題、独特の様式で知られていた。彼は光と陰を操って質感豊かな表現を作り、平板な色彩を形に塗り込んでいく通常の手法に、変化をもたらしたとされる。

（8）デメトリオス（Demetrius）は、紀元前四世紀初頭に活躍したギリシアの彫刻家であり、写実的作品で有名である。

（9）ディオニュシオス（Dionysius）は、紀元前一世紀のローマ時代の肖像画家である。

（10）リュシッポス（Lysippos）は、紀元前四世紀後半のギリシアの彫刻家。アレクサンドロス大王の宮廷彫刻家を勤め、青銅による作品は一五〇〇点にのぼると伝えられるが、原作は存在しない。代表作は《アポクシュオメノス（掻き取る人）》や《ヘルメス》などで、ローマ時代の模刻があり、小さな頭部、すらりと長い肢体、軽快な運動感などを特色とし、次代のヘレニズム彫刻を準備したとされる。

（11）ここでマンデヴィルが挙げている『絵画論』は、フランスの画家、著述家であるシャルル＝アルフォンス・デュ・フレノワ（Charles-Alphonse Du Fresnoy 1611-1668）の絵画に関するラテン語の詩である『絵画論』（*De arte graphica*）を、イギリスの文芸評論家・劇作家であるジョン・ドライデンが一六九五年に英訳したものである。ケイ教授によれば、「詩と絵画との類似性について」と題されている「緒言」はドライデンが書いたもので、リチャード・グラハム（Richard Graham）は、ドライデンの英訳に補遺を付け加えただけであり、また、すぐ前のクレオメネスの発言は、ドライデンの「緒言」をそのまま借用したものであるとされる。

（12）当時のイギリス国王ジョージ二世は、ジョージ一世と同様に作曲家ゲオルク・フリードリヒ・ヘンデル（1685-1759）を厚遇し、彼に年金を与えていた。また、キャロライン王妃も彼の後援者であり、王女たちの音楽教師を彼に依頼していた。

（13）レチタティーヴォ（recitativo）は、クラシック音楽の歌唱様式の一種で、話すような独唱を指す。叙唱、朗唱と訳されることもある。通常は、個人的な感情の独白や、状況説明、会話などの場面に採用され、多くの場合はアリアなどの旋律的な曲の間や前に置かれる。マンデヴィルの時代には、レチタティーヴォは二種類あり、ハープシコードで伴奏されるレチタティーヴォ・セッコ（recitativo secco）と管弦楽伴奏によるレチタティーヴォ・ストロメンタート（recitativo stromentato）とがあった。

（14）マンデヴィルは、フルヴィアに託して芸術上のリアリズムを否定する潮流に異議申し立てを行っているが、ケイ教授によれば、このことによって、マンデヴィルは己れの心理的、道徳的リアリズムと、平凡なリアリスティックな文体を間接的に擁護したのではとされる。

（15）この文章は、『特徴論』におけるシャフツベリーの大仰な修辞を滑稽に真似たもの。

（16）超越的存在者からの教えに基礎をおく宗教であり、通常の体験や理性的な認識に基づく宗教に対比される。ユダヤ教、キリスト教、イスラム教などがそれにあたる。

（17）背理法（reductio ad absurdum）とは、ある命題が真であることを証明するため、その命題の「結論が偽である」と仮定して推論を進め、矛盾が導かれることを示す方法である。つまり、その命題が成り立たないと仮定すると、すでに真であるとわかっている事実や、元の命題の仮設などに矛盾する結果が得られることから、間接的にその命題が正しいことを示す方法である。

（18）シャフツベリーは、『特徴論』（*Characteristics*, ed. Robertson, vol.1. pp.43-99）の第二論文「機知とユーモアの自由について」（*An Essay on Freedom of Wit and Humour*）のなかで、「顰《しか》め面と口調は詐欺・ペテン師（imposture）を大いに助け」、「冷やかし（raillery）に堪えられないようなものは疑わしい」（vol.1. p.52）と述べている。

（19）ローマ教皇は、教皇の最高諮問機関である、七〇名からなる枢機卿会で選出される。

（20）化体説（transubstantiation）は、聖餐に関するローマ・カトリック教会の正統教義であり、ミサにおいて、パンとぶどう酒が、その実体においては完全にキリストの肉と血に変化するという信仰である。

（21）摂理（providence）とは、世界のすべてを神の意志が配慮し、管理して終局の完成に導くとする思想。

（22）フランスの劇作家でペンネームがモリエール（Molière）で、本名ジャン＝バティスト・ポクラン（Jean-Baptiste Poquelin 1622-1673）の『ジョルジュ・ダンダン――あるいはやり込められた夫』（*George Dandin ou le Mari confondu* 1668）一幕四場のなかに、「我々は名誉の問題について冷やかしは望まない……」という台詞がある。

（23）本書三一〜三四頁を参照。

（24）熊闘技場（Bear garden）は、一九世紀に禁止されるまでイギリスで人気の「熊いじめ」（Bear-baiting）という杭に繋いだ熊に犬をけしかけるなどして遊んだブラッド・スポーツを行った場所である。一六世紀から一七世紀にかけてもっとも盛んであった。

三　ホレイショとクレオメネスとの間の第二の対話

（1）ここでのホレイショの発言は、一七二四年にRichard Fiddesが*A General Treatise of Morality, Formed Upon the Principles of Natural Reason Only: With a Preface in Answer to Two Essays Lately Published in the Fable* *of the Bees.* p.xx で指摘した、マンデヴィルは、二つの解釈が可能な場合には、必ず恣意的に情け容赦のない方を選ぶという批判を念頭においたものではないかと、ケイ教授は指摘している。

（2）新訳『蜂の寓話』五九〜六〇頁、参照。

（3）縦糸に絹糸、横糸に金糸や銀糸を用いて織った織物。

（4）本書六一頁、六五頁を参照。

（5）スペイン南端のイギリス領。一七二七年二月〜一七二八年三月までスペイン軍によって包囲されていた。ほぼこの時期にマンデヴィルは『蜂の寓話』の続編である本書の「第二の対話」を執筆していたことになる。

（6）新訳『蜂の寓話』六五〜六七頁、参照。

（7）プルタルコス『プルターク英雄伝（九）』河野与一訳、岩波文庫、参照。

（8）船乗りが嵐を怖がらないのは勇気があって死を恐れないからではなく、ただ海難事故に馴れているからだという主張は、マンデヴィルの『仮面を剥がされた処女』（*Virgin Unmasked*, 1724, p.25）にも見られる。

（9）ドーバーはイギリス南東部にあるケント州の港であり、フランス北部の港であるカレーまでは英仏間の最短距離である。

（10）ホラティウス（Quintus Horatius Flaccus, BC65-BC8）の『歌集（カルミナ）』三・三・七、参照。

（11）本書七六頁を参照のこと。

（12）リンクボーイ（Linkboy）は、暗い道で歩行者のために松明を持つために雇われた付添い人である。

（13）ジェレミー・コリアー（Jeremy Collier 1650-1726）の『幾つかの道徳的課題に関する試論』（*Essays upon several moral subjects*, ed. 1703）のなかに「決闘について」（*Of Duelling*）という対話がある。

（14）新訳『蜂の寓話』一八三頁。

（15）ジェレミー・コリアー、前掲書、一一四頁。

（16）エピクロス（Epicurus BC341-BC270）は、古代ギリシアの哲学者であり、エピクロス学派の祖である。快楽とは精神的なものであり、魂の平静（アタラクシア ataraxia）こそが人生の目的であるとしている。

（17）オウィディウス『変身物語』（*Metamorphoses*）の二巻八四六に「威厳と恋というこのふたつは、両立することがむつかしく、ひとつところに居続けることはできないものだ」（中村善也訳）とある。

（18）本書八一頁、参照。

（19）本書四七頁、参照。

四　ホレイショとクレオメネスとの間の第三の対話

（1）新訳『蜂の寓話』一八四頁、参照。

（2）マンデヴィルは、「理神論者」について次のように述べている。「神は存在し、この世は摂理によって支配されていると信じながらも、我々に啓示されたものを信じない者が、理神論者である……」（Free Thought on Religion, the Church, and National Happiness, 1720）, in *Bernard Mandeville COLLRCTED WORKS V.* Georg Olms, 1987, p.3)。一般に理神論とは、神は創造主ではあるが、創造後の世界は神の支配を離れ、自己の法則に従って働くとし、奇跡・預言・啓示などの存在を否定する思想である。

（3）カストラート（castrato）は、近代以前のヨーロッパに普及した去勢された男性歌手のこと。男性の第二次性徴期に顕著な声帯の成長を人為的に妨げ、変声期をなくし、ソプラノあるいはアルトの声質や音域をできうる限り持続させようとしたものである。

（4）瀉血（bleeding）とは、人体の血液を外部に排出させることで症状の改善を求める治療法の一つである。

（5）カエサル『アレクサンドリア戦記』（*Bellum Alexandrinum*）七〇頁。

（6）ピエール・アベラール（Pierre Abélard 1079-1142）は、中世フランスの論理学者・キリスト教神学者。「唯名論」学派の創始者として知られ、後にトマス・アクィナスらによって集成されるスコラ学の基礎を築いたとされる。弟子であるアルジャントゥイユのエロイーズとのロマンスでも有名である。史実によれば、アベラールはエロイーズに魅力を感じ、一計を案じて住み込みの家庭教師となる。二〇歳以上年の離れていた二人は熱烈な恋に陥り、やがてエロイーズは妊娠した。アベラールはエロイーズをひそかにブルターニュの妹のところに送り、そこで男の子が生まれた。このスキャンダルに叔父フュルベールは激怒したが、アベラールは和解を申し出て、エロイーズと秘密の結婚をした。しかし叔父が和解の条件を守らないことやエロイーズを虐待することに激怒し、縁者らにアベラールを襲撃させ、睾丸を切断させた。アベラールは「罪を犯したところに罰を受けた」のである。

（7）ルキアノスの『シリア女神について』（*De Dea Syria*）にある話である。それによれば、神殿では男根崇拝がされており、信者達は木や青銅でできた小さな男性像を捧げている。大きな男根が神殿の前にオベリスクのようにそそり立ち、年に一度はよじ登る儀式が行われる。境内では自傷行為やその他の乱痴気騒ぎが行われたとされる。

（8）マルティアーリス（Marcus Valerius Martialis AD40-AD102）は、ラテン語詩人。八六年から一〇三年の間に発表された一二巻のエピグラム（警句）の本で知られている。これら短くウィットに満ちた詩の中で、マルティアーリスは町の生活や知人たちのスキャンダラスな行動を明るく諷刺した。ユウェナーリス（Decimus Junius Juvenalis AD60-AD128）は、古代ローマ時代の諷刺詩人である。彼が残した詩は痛烈で、現実を些か誇張し歪曲した表現がよく用いられているとされる。代表作は、一六篇からなる『諷刺詩集』（Saturae）である。その中で「健全なる精神は健全なる身体に宿る」や「パンとサーカス」などといった表現が見られる。「パンとサーカス」とは、古代ローマ社会の世相を批判して詩篇の中で使用した表現。この表現によって、権力者から無償で与えられる「パン（食糧）」と「サーカス（娯楽）」によってローマ市民が満足して政治的無関心になっていることを、ユウェナーリスは皮肉った。

（9）　ケイ教授によれば、ファリネルリというカストラートは、イギリスにおいて一年間で五〇〇〇ポンド荒稼ぎし、イタリアの戻り、蓄えた金で別荘を建てて、その館を「イギリス愚荘」（English Folly）と名付けたとされる。

（10）　王立音楽院（Royal Academy of Music）は、一七二〇年にロンドンでイタリア・オペラを上演するために創立された最初の王立音楽院であったが、資金難などのために一七二八年に倒産した。

（11）　シャフツベリーは『特徴論』なかで、「あらゆる健全な愛着や感嘆は熱狂（Enthusiasm）であると看做すことができる」、「詩人の恍惚、雄弁家の崇高さ、音楽家の歓喜、巨匠の素晴らしい楽音、これらすべては熱狂である。学ぶことそれ自身、芸術作品や骨董品への愛着、旅人や冒険者の気持ち、武勇、戦い、英雄的精神などでさえ、すべて熱狂なのだ」（*Characteristics*, ed. Robertson, vol.2, p.129）と述べ、あらゆる気高い努力を「熱狂」の現れであると看做している。

（12）　内省の難しさの要因を心理的に分析した同時代人として、アバディ（Jacques Abbadie 1654?-1727）がいる。ジャック・アバディは、『己れ自身を知る術』（*L'Art de se connaître soi-même ou la recherche des sources de la morale*, The Hague, 1711, vol.2）のなかで、「欲望に適った理屈を発見するための人の心の工夫」について長々と論じている。彼によれば、「欲望を抑え込むような理屈は、たとえ両目の前に飛び跳ねていても、探していないものを見つけたことによる苛立ちのために、それを認めるのにはとても時間がかかる」ものであるのに対して、欲望に適った理屈は、考え出された時、心に喜びを与えるものなのであるとされる（p.241）。そして、アバディは、このように心によって精神が欺かれる主な例として、「意図的な見落とし」（恐らく、好ましからざる証拠とか論理的な根拠から目をそむけること）、「人が心地よいと感ずるものである無知、人の持つ自分自身を騙したいという大いなる欲望から生じる過ち、そして精神にとって苦痛であるあらゆるものから精神を回避させ、精神を喜ばせる全てのものに強く愛着を感じさせる傾向」などを列挙している（p.229）。要するに、「理性の光」は、物理的な光と同様で、「あらゆるものを照らしはするが、それ自体では何ものをも動かせないのであり、また、輝きはするが、力は持たないのである。……もし人間が理性によって支配されているとするならば、人間は雄弁家よりは哲学者の言葉に耳を傾けるであろう。しかし、……心は少しも理性を働かせることなく、損得勘定の収支を釣り合わせ、またまったく真理を探求することなく、ただ実利ばかりを気に掛けているのである」（p.220）とされる。そして、このことは、「実に立派な清廉潔癖な精神と、諸々の学問における最も複雑で最も難解な事柄を理解し得る程の卓越した理性とを備えた人物が、自分の利害に関わる何らかの取引を他人と行うことになるや否や、その清廉で潔癖な精神は消え去り、彼の理性は欲望の赴くままに支配され、論理的明証性は利害と混同されることになるのである。……しかも、その同じ人物が、他人の事柄を論じる段になると、以前と同様の正確さをもって理性を働かせていることが見出されるのである」（p.221）といった日常的な経験によって例証されるとしている。マンデヴィルの議論はアバディのこうした議論を踏まえたものであると思われる。

（13）新訳『蜂の寓話』六四〜六六頁、参照。

（14）ギニーの名は、ギニアで産出された金を用い鋳造されたことに由来する。一六六三年にそれまでの雑多な金貨を統一するために初めて作られ、一八一三年まで鋳造された英国の金貨。一七一七年には二一シリングの価値があると定められた。

（15）新訳『蜂の寓話』二六七頁、参照。

（16）新訳『蜂の寓話』二七三頁、参照。

（17）アナクサゴラス（Anaxagoras BC500-BC428?）は、古代ギリシアの自然哲学者で、イオニア学派の系譜を継ぐとされる。小アジア・イオニアのクラゾメナイ出身で、紀元前四八〇年、アテナイに移り住む。彼は、イオニアからアテナイに哲学を持ち込んだ最初の哲学者であり、当初はかなりの財産をもっており、地元での政治的成功も見込まれていたようである。ところが彼は、知識の探求の妨げになるとして地位も財産も自ら放棄したと言われている。

（18）古代ローマの諷刺詩人であるユウェナーリスの一六歌からなる『諷刺詩集』（*Saturae*）の第三歌の一五二行〜一五三行。この一節の数行前に、「人は誰でも、自分が銭箱の中に貯えている金額でしか他人から信用されない」（国原吉之助訳）という一節がある。

（19）セネカ（Lucius Annaeus Seneca BC4-BC65）は、ローマ後期のストア学派の哲学者であり、劇作家、政治家でもある。皇帝ネロの師で執政官として権勢を誇り、巨万の富を得たが、後にネロの命により自殺した（『トロアデス（トロイの女）』一〇三三行）。

（20）新訳『蜂の寓話』二一七〜二二〇頁、参照。

（21）原語は Free Agent である。自分の行為を自己決定できる人という含意で「自由意志で行動する人間」という訳語を当てた。

（22）新訳『蜂の寓話』一二二頁、参照。

（23）新訳『蜂の寓話』六二〜六三頁、参照。

（24）ケイ教授によれば、マンデヴィルが自愛心（self-love）と自己愛（self-liking）を区別したのは、バトラー主教

（Bishop Butler）の「あらゆる人間の行為の動機は自愛心であるというマンデヴィルの見解」に対する批判に応えるためであったであろうとしている。尚、マンデヴィルのこれら二つの言葉の使用法からすれば、自愛心（self-love）は生来の自然な感情であって、これがすべての動物の自己保存を可能にさせるものであり、自己愛（self-liking）は相対的で人為的な、社会の中で生まれる感情にすぎず、それは各個人に自己をほかの誰よりも重んじるように仕向けるものである。その意味で、ルソーの〈amour-proper〉と〈amour de soi-même〉との概念的区別と重なる部分もあると言ってよいだろう。『名誉の起源』（*Origin of Honour*, 1732, pp.3-4）の冒頭部でも同旨の議論がされている。

（25）一六世紀ルネサンス期のフランスの哲学者であるミシェル（・エイケム）・ド・モンテーニュ（Michel Eyquem de Montaigne 1533-1592）の『エセー』（*Essais*, ii, pp.269-270）。モンテーニュ自身も述べているように、この見解は、ギリシアの哲学者クセノファネス（Xenophanes BC570?-BC480?）に由来する。また、モンテーニュの「私は何を知っているか」（Que sais-je?）という一句は名高い。

（26）本書一四九頁、参照。

（27）アバディは、本章の注（12）で指摘した『己れ自身を知る術』のなかで、「己れ自身以外の存在になろうと願うのは非常に難しいことである」（p.436）と述べている。ここでのマンデヴィルの議論もアバディのこうした議論を踏まえたものであると思われる。

（28）マンデヴィルは、当初、学位論文（*Disputatio Philosophica de Brutorum Operationibus* 1689）などでは、デカルトの仮説にしたがって、動物は感情のない自動人形であると考えていた。だが、『蜂の寓話』正編では、当初、批判していたフランスの物理学者、哲学者であるピエール・ガッサンディの説を受け容れ、自動人形である動物にも感情があるとしている（新訳『蜂の寓話』一五二頁、本書一五八頁、参照）。

（29）分業論に関しては、ウィリアム・ペティ（William Petty 1623-1687）の『政治算術論』（political arithmetic, 1690）や、ヘンリー・マーチン（Henry Martyn 1665-1721）の『東インド貿易の諸考察』（*Considerations on the East-India Trade*, 1701）などがあり、マンデヴィルの議論はそうした議論を踏まえたものであると思われる。尚、『東インド貿易の諸考察』の著者は、不明説、ダドリー・ノース（Sir DudleyNorth 1641-1691）説、ヘンリー・マーチン説の三説があった。ここでは馬場宏二氏の指摘を踏まえて、ヘンリー・マーチン説を採った（馬場宏二「試訳 マーチン〝東インド貿易の諸考察〟」『大東文化大学紀要』二〇一〇年、参照のこと）。

（30）ベルナール・ルノー・デリサガレ（Bernard Renau

d'Eliçagaray 1652-1719) の『船舶の操縦に関する理論』(*Théorie de la manœuvre des vaisseaux*, aris, 1689) という著書のこと。ルノーは、当時のフランスを代表する船舶の設計技師であり、海軍士官であった。

五　ホレイショとクレオメネスとの間の第四の対話

(1) 生得観念 (innate idea) とは、人間が生まれながらにもっている観念である。デカルトやライプニッツはこの観念の存在を主張した。マンデヴィルは、生得観念の存在を否定し、「あらゆる情念の種子」を持って人間は生まれると考える (新訳『蜂の寓話』一三二頁、参照)。そして、それらの情念の傾向というものが、我々が形成する観念を決めるとする。

(2) 本書一三八頁、参照。

(3) ドイツ北部は海に面した低地であるが、中部・南部は高地である。後者で使用される言語は高地ドイツ語と呼ばれる。現在の標準ドイツ語は、高地の系統に分類される。また低地ドイツ語は、第二次子音推移の影響を受けなかったドイツ北部の言語群を指す。

(4) 使徒 (apostolus) は、狭義にはイエス・キリストの一二人の高弟を指すが、それに近い弟子にもこの語が用いられることがある。原義は、重要な役割を果たしたキリスト教の宣教師 (「神から遣わされた者」) および、その宣教師の総称である。

(5) 文尾になって初めて文意を完結する長文のことである。

(6) 新訳『蜂の寓話』八〇～八一頁、参照。

(7) フランチェスカ・クッツォーニ (Francesca Cuzzoni 1696-1778, マンデヴィルはコッツオーニ (Cozzoni) と表記しているが誤りである) は、作曲家ヘンデルのプリマ・ドンナであるが、もう一人のプリマ・ドンナであるファウスティーナ・ボルドーニ (Faustina Bordoni 1697-1781) を競争相手として強烈に意識し、激しく戦った。聴衆も二つに分かれてお気に入りに大喝采を送るとともに、他方を妨害するようになった。劇場では度々騒動が起こり、ついには、二人は舞台でつかみ合いの喧嘩をし、それも一因でヘンデルは破産したと言われている。

(8) トマス・ホッブズは、『リヴァイアサン』のなかで、笑いについて次のように述べている。「突然の得意 (sudden glory) は、笑い (Laughter) と呼ばれる顔のゆがみ (Grimaces) をつくる情念であり、思いがけず我ながら満足のゆく行為をやった場合とか、他人の中に何か弱点 (infirmity) を認め、それとの比較で突如自分を称賛することによって、ひきおこされる。そして、それは自分のなかに非常に乏しい能力しか存在しないことを意識している者の場合に、もっとも生じやすい。彼らは他人に欠点を認めることによって、自らをよしとせざるを得ないのである。したがって、他人の欠点をよく笑うことは小心のしるしである。なぜなら、偉大な精神にふさわしい行為のひとつは他人を嘲笑から助け出し、自らはもっとも有能な者とのみ比べることだからである。」（『リヴァイアサン』水田洋訳、岩波文庫、一巻、一〇七～一〇八頁、訳文一部変更）。

（9）ホラティウス『歌集』三巻二九歌一六（*Carmina*, III, xxix.16）に「悩み深い額の皺を取り除く」（sollicitam explicuere frontem）とある。

（10）このような見解は、マンデヴィルの『ヒポコンデリー症とヒステリー症についての論考』（*A Treatise of the Hypochondriack and Hysterick Passions* 1711）においても述べられている。尚、ケイ教授は、マンデヴィルの念頭にある病気の治療における数学の有効性を語る医師とは、スコットランド出身のアーチボルド・ピットケアン（Archbald Pitcairne 1652-1713）であり、マンデヴィルはライデン大学で、医学博士号取得の折に、ピットケアン医師と出会っているであろうとしている。

（11）こうした主張は、『ヒポコンデリー症とヒステリー症についての論考』においても、主要論点となっている。

（12）脳を取り巻く二つの膜である脳硬膜（dura mater）と脳軟膜（pia mater）のこと。

（13）こうした主張は、デカルトの動物機械論を批判したガッサンディの立場である。デカルトは『方法序説』第V部（*Discour de la Methiode*, pt.5）における「動物機械論」で、動物には、理性、思考、不死の精神は存在していないとしている。それに対して、ガッサンディは、動物を機械と捉える考え方には明確に異を唱える。もし動物を機械として捉えるのであれば、障害者や有色人種をも機械として捉えてみることに繋がるだろう、と。その一方で、人間と動物は確かに異なっているという留保も加えている。動物には内省や抽象化、自由がない、と（金森修『動物に魂はあるか』中央公論新社、二〇一二年、参照）。

（14）イギリスの発明家・技術者であるトマス・ニューコメン（Thomas Newcomen 1664-1729）は、一七一二年に、鉱山の排水用として実用になる最初の蒸気機関を製作した。マンデヴィルの発言は、このことを念頭においたものと思われる。

（15）ロックの認識論の用語である「タブラ・ラサ tabula rasa」（何も刻まれていない石版）あるいは「白紙 white paper」と同じで、生まれながらの人間の心は「白紙」のようであり、生得観念のようなものはないという主張の譬え。

（16）『ロビンソン・クルーソー』で有名なダニエル・デフォー（Daniel Defoe 1661?-1731）のイギリスの経済・社会発展の方策を論じた“*An Essay upon Project*, 1697”の女子教育を論じた章（An academy for Women）で、同旨の指摘がなされている。尚、一七世紀における徹底した男女平等論として、フランソワ・プーラン（Francois Poulain de la Barre 1647-1723）の、デカルトの心身二元論を踏まえた『両性平等論』（*De l'égalité des deux sexes*,*1673* / *De l'excellence des hommes contre l'égalité des sexes*, 1675）がある。

（17）「他の事情にして等しければ」と訳される、カエテリス・パリブス（*caeteris paribus*）、あるいはケテリス・パリブス（*ceteris paribusu*）とは、このような条件をつけて対象を単純化して分析する方法である。マーシャルを初めとして多くの一九世紀以降の経済学者が用いてきた方法でもある。

（18） T. Hobbes's note to the words 'born fit', in his *Philo-spphical Elemnets of a True Citizen*（*English Works*, ed. Molesworth, ii, 2）、ホッブズは、「国家について今まで何かを書いてきた大部分の人たちは、人間が生まれつき社会に適応する動物であることを前提にしている」という文章のなかの、「社会に適応する動物」という箇所に注釈を入れ、「無知であるが故に」、「赤ん坊は、社会が何であるか知らないから、社会に入ることはできない」、それ故、「あらゆる人は（赤ん坊としてうまれてくるのであるから）社会に生まれつき不適応であることは明らかである」と述べている。工藤喜作『ホッブズ「市民論」の翻訳』（目白大学人文学研究 一、二〇〇四年）参照のこと。

（19） オウィディウスの『変身物語』七巻二〇行〜二一行に、「情念と理性が、別々のことを勧める。私は、どちらがよいのかはわかっていて、そうしたいとは思う。でもつい悪いことのほうへいってしまう」（中村善也訳）とある。

（20） 賢者の石（philosophers' stone）とは、中世ヨーロッパの錬金術師が、鉛などの卑金属を金に変える際の触媒となると考えた霊石である。ここから実現不可能なことの譬えとなる。

（21）「改善」の意味で使われている単語はマンデヴィルの場合は（meliorating）で、スミスの場合は（bettering）と異なるが、スミスも国富論などのなかで、社会的動物である人間を特徴づけるものとして、「人間の生活状態を改善しようとする欲求（願望）」をしばしば挙げ、その経済的行為に与える影響について論じている。Cf. *An Inquiry into the Nature and Causes of the Wealth of Nations*, Vol.1, 1976, p.341. 尚、同頁の脚注も参照のこと。

（22） 付け黒子（patch）は、婦人が肌の美しさを際出させるために顔に貼り付けた黒絹の小切りや絆創膏などのこと。

（23） テレンティウス(Publius Terentius Afer BC185-BC159)の『兄弟』(Adelphoe) 第五幕第三場四六、この後に、「老年は次の唯一の欠点を人間にもたらす——我々が何事についても用心深くなりすぎるということ」と、続く。

（24） 新約聖書の最後の書。聖書の他の箇所には見られない「千年王国」に関する議論が含まれている。

（25） マンデヴィルは、道徳や社会の起源を人間の努力や人間の不完全さ（imperfection）の賜であり、人間の便宜（human convenience）に供するものに過ぎないとしているのであるが、ウィリアム・ロー（William Law 1686-

1761）は、*Remarks upon a Late Book, Entituled, The Fable of the Bees*（1724）において、それに反論して、道徳や社会は神（divine）に起源があると主張した。恐らく、この部分はウィリアム・ローに対する返答を意図しているのであろう。

（26）　ホラティウス『書簡詩』（高橋宏幸訳、講談社学術文庫）第二巻第一歌一〇一行、参照。

（27）　ジョン・ロック『知性の正しい導き方』（*Of the Conduct of the Understanding, 1706*），（*Works* ed. 1823, iii, p.214）参照。

（28）　ウィリアム・テンプル（William Temple 1628-1699）は、一七世紀イングランドの外交官である。一六六八年に、オランダ大使としてハーグに赴任し、オランダの指導者であるトハン・デ・ウイット（Johan de Witt 1652-1672）と親交を結ぶ。オランダの政治・文化に触れてその気風を称賛している。マンデヴィルが、ここで言及しているテンプルの著作は『統治の起源と本質に関する試論』（*An Essay upon the Original and Nature of Government*）である。また、マンデヴィルが『蜂の寓話』正編で言及している『オランダに関する観察』（*Observations upon the United Province of the Netherlands*）は、一六七三年に公刊されている。新訳『蜂の寓話』一五八頁、参照。

（29）　ウィリアム・テンプル『統治の起源と本質に関する試論』（*An Essay upon the Original and Nature of Government* in *Works Sir William Temple*, 1818, i, pp.11-12.）

六　ホレイショとクレオメネスとの間の第五の対話

（1）　マシュー・デカー卿（Sir Matthew Decker 1679-1749）は、マンデヴィルと同時代のオランダ人であり、一七〇二年にロンドンで商人として身を立て、一七一六年に准男爵（baronet）に叙せられた。マシュー・デカー卿はマンデヴィルと親交があったのでは、とケイ教授は推測している。

（2）　リッチモンド（Richmond）は、ロンドン南西部リッチモンド・アポン・テムズ・ロンドン特別区にあるタウン地区。

（3）　ノアは、旧約聖書「創世記」五～一〇章に登場する「ノアの方舟」で有名な人物。創世記の記述に従えば、すべての人類の祖先ということになる。

（4）　モーセ（Moses）は、紀元前一三世紀頃のイスラエル民族の指導者。その事績は旧約聖書「出エジプト記」「レビ記」「民数記」「申命記」に語られている。「出エジプト記」によれば、神の啓示によりイスラエル民族を率いてエジプトを脱出し、神ヤハウェとの契約により「十戒」を授けられ、四〇年間、アラビアの荒野を彷徨《さまよ》った後、約束の地カナンに到達したが、彼自身はヨルダン川を渡らずに死んだとされる。尚、旧約聖書からの引用は、岩波書店の「旧約聖書翻訳委員会訳」を使用した。

（5）　カイン（Cain）は、旧約聖書の「創世記」に登場する人物で、アダムとエバの息子であるが、「創世記」によれば人類最初の殺人者（彼は嫉妬に駆られて弟のアベルを殺害する）である。その罪でカインは神によって「エデンの東」にある「ノドの地」に追放される。「創世記」四章一七節によると、ノドの地に到着した後、カインの妻は息子のエノクを産み、カインはその地で最初に建設した都市に息子の名前を付けた、とある。

（6）　一七一三年のユトレヒト条約（Treaty of Utrecht）によって、イギリスは海外領土を拡大し、イギリス帝国繁栄の第一歩を築くとともに、付帯条項としてフランス・スペインから、アフリカの黒人奴隷を新大陸のスペイン領に運ぶ奴隷供給契約が与えられ、奴隷売買に大々的に乗り出すことになる。

（7）　旧約聖書、「ダニエル書」三章の「ダニエルの同僚の試練」、六章の「獅子の穴のダニエル」を参照。尚、miracleは、ラテン語のmiraculumにその語源があり、またmiraculum（神によって引き起こされた驚異的な出来事）は、「訝る、不思議がる」という動詞のmirariからきている。**ホレイショ**の「……こうした奇跡は不思議なことだね」を受けての、**クレオメネス**の「……奇跡という言葉の語源がそれを示しているのさ。だが、奇跡を信じない人間たちが、まったく奇跡のうえに築き上げられた宗教に帰依しているように振る舞っているのも同様に不可解だな」という発言は、こうしたmiracleの語源を踏まえての発言であろう。

（8）　古代ヘブライ人の国が南北に分かれていた頃の南の王国の住人のことである。因みに、北の王国の住人はイスラエル人である。

（9）　アダムとエバのこと。

（10）　イスラエル族の先祖であるアブラハム、イサク、ヤコブとヤコブの一二人の息子を指す。

（11）　ローマ帝政期の詩人であるプブリウス・パピニウス・スタティウス（Publius Papinius Statius 45?-96）の、『テーバイド』（*Thebaid*）第三歌・六六一、および、ローマの諷刺作家ガイウス・ペトロニウス（Gaius Petronius Arbiter 20?-66）の『断章』（Fragmenta）二七・一、を参照。

（12）　トマス・ホッブズは、『リヴァイアサン』の第一部第六章の「宗教と迷信」の項において、「見えない力への恐怖は、宗教と呼ばれる」と書いている。また、マンデヴィルは『名誉の起源』（*An enquiry into the origin of honour and the usefulness of Christianity in war*, 1732, pp.21-22）においても、同旨の指摘をしている。

（13）　ドリュアデス（Dryades）やハマ＝ドリュアデス（Hama-Dryades）は、ギリシア神話に登場する木の下級女神（精霊）のニュンパー（Nymph）である。山や川、森や木に宿り、これらを守っている。一般に歌と踊りを好む若くて美しい女性の姿をしている。

（14）　カルタゴは紀元前にアフリカ大陸の北岸を中心に地中海

貿易で栄えたフェニキア人からなる国家である。中心となる都市はチュニス湖東岸にあった。ハンニバル・バルカ（Hannibal Barca BC247-BC183?）は、カルタゴの名将で、ハミルカル・バルカの長子である。第二次ポエニ戦争を開始した人物とされており、連戦連勝を重ねた戦歴から、カルタゴが滅びた後もローマ史上最強の敵として後世まで語り伝えられてきた。

（15）　アレクサンデル・セウェルス（Alexander Severus 209-235）はローマ皇帝である。シリアのエメサに生まれ、従兄エラガバルス帝の養子となり、その死後帝位に就いた。母ユリア・ママエアの後見を受けたが、元老院との協調、救貧対策、産業の振興に腐心し、賢帝の誉れが高かったと伝えられる。しかし、東部戦線におけるササン朝ペルシアの撃退にもかかわらず、ガリアに侵入したゲルマン人に対して宥和政策をとったことから、軍隊の反感を買い母とともに暗殺された。

（16）　テュアナのアポロニオス（Apollōnios ho Tyaneus）は、ローマ帝国期のテュアナ出身の新ピタゴラス派の哲学者・宗教家である。ピタゴラスを信奉し、西はヒスパニア、東はインドまで弟子と遍歴し、疫病退散、悪魔祓い、死者蘇生、瞬間移動、千里眼、復活などの奇跡を行ったとされる。また、ナザレのイエスと類似点が多いことから、キリスト教において議論の的になった。

（17）　ルイ・モレリ（Louis Moreri 1643-1680）は、フランス人で、カトリックの司祭である。経歴は明らかでないが一六七四年に『歴史大辞典——聖俗歴史の奇事雑纂』（*Le Grand dictionnaire historique, ou le mélange curieux de l'histoire sacrée et profane*, 1674）を著し、さまざまな項目をアルファベット順に初めて配列した。

（18）　アエリウス・ランプリディウス（Aelius Lampridius）は、四世紀初頭の歴史家で、『ローマ皇帝群像』（*Scriptores Historia Augusta*）の編纂者の一人である。同書は、一一七年から二八四年にかけてのローマ皇帝および簒奪者たちの伝記集で、『ヒストリア・アウグスタ』と呼ばれるケースも多い。六人の歴史家が執筆した歴史書が原本であるとされているが、本当の著者が誰であるのか、いつ書かれた歴史書なのか、多くの疑問点が古くから指摘されているとともに、内容の多くに誇張や誤りが含まれていると指摘されている。

（19）　フローラル・ゲーム（Floral Game）は、花の神フローラを称える祝祭で、紀元前二三八年にはじまり、紀元前一七三年には年中行事になったとされる。四月二八日から五月三日まで続き、その有り様は放埒を極めていたようである。

（20）　宗教（*religion*）は、ラテン語の Religio（聖なるものへの敬意、神への恐れ）に由来していることを踏まえての指摘であると思われる。

（21）　当時エジプトにいたヤコブの子孫のことである。

(22) 神の単一性（Unity of God）の説とは、三位一体説を排し、イエスの神性を否定して神が唯一の実在であると考える立場であり、ユニテリアン主義（Unitarianism）と呼ばれている。

(23) ケルソス（Celsus）は、二世紀のローマの哲学者であり、その著書『真の教義について』は最古の反キリスト教文書であるとされる。彼はこの書において、キリスト教の独創性と信仰の根拠や重要な教理をすべて否定した。但し、この書は現存せず、オリゲネスの『ケルソス反駁論』を通して知られるだけである。クイントゥス・アウレリウス・シンマクス（Quintus Aurelius Symmachus）は、コンスタンティヌス帝がキリスト教を公認し、その後のテオドシウス帝がキリスト教を弾圧し異教の排斥を強めていった時代に、テオドシウス帝に対して、異教ローマの古き誇りの最後の炎として、元老院議場から撤去されていた勝利の女神像を元に戻して欲しいという請願の書簡を書いた首都長官であり、異教信仰の擁護者である。テュロスのポルピュリオス（Porphyry of Tyre）は、キリスト教に反対して異教を擁護したことで知られる。彼の伝統的な宗教擁護論である『託宣からの哲学』（*De Philosophia ex Oraculis Haurienda*）、『反キリスト教論』（*Adversus Christianos*）で、彼は多数の初期キリスト教徒との論争に加わり、とりわけ、『託宣からの哲学』は、キリスト教による異教迫害の根拠を提示しているとされる。ヒエロクレス（Hierocles）は、三～四世紀のローマの属州総督で、ローマの東帝国のガレリウス正帝と、その後継者であるマクシミアヌス正帝を唆し、キリスト教を迫害し、多神教を組織化したとされる。

(24) ジョナサン・スウィフト（Jonathan Swift 1667-1745）は、『ガリヴァー旅行記』（Gulliver's Travels）の「リリパット（小人国）渡航記」のなかで、リリパット人の男女は、その他の動物と同じように、色欲（concupiscence）によって交わる（jointed together）のだから、子供たちは父親にも母親にも何の恩義もないと述べている。

(25) 本書、一八二頁～一八三頁、参照。

(26) スフィンクス（Sphinx）は、エジプト神話やギリシア神話やメソポタミア神話などに登場する、ライオンの身体と人間の顔と翼を持った神聖な存在あるいは怪物である。ギリシア神話では、テーベの近くに現れ、通行人に「朝は四本足、昼は二本足、夕は三本足で歩く生き物は何か」という謎をかけ、答えられない者を殺していたが、オイディプスが「それは人間だ」と解いたとき、谷に身を投げて死んだという。バジリスク（basilisk）は、ヨーロッパの伝承上の生物である。名称はギリシア語で「小さな王」を意味し、見ただけで死をもたらす力を持っていると思われていたようだ。

(27) ケンタウロス（Centaurus）は、ギリシア神話に登場する半人半獣の種族の名前である。馬の首から上が人間の上半身に置き換わったような姿をしている。

(28)　新訳『蜂の寓話』一四七～一五〇頁、参照。

(29)　ジョン・ミルトン（John Milton 1608-1674）は「革命詩人」と言われ、ピューリタン革命のときに革命派として活躍し、チャールズ一世処刑についても支持し、革命政府のためにパンフレットを書いたりした。しかし、クロムウェル没後、王政復古となると逮捕されるという苦難を味わい、その間に失明してしまう。処刑を免れて隠棲する間に『失楽園』を口述筆記し一六六七年に刊行した。それはピューリタン文学の最高傑作と言われ、また、ダンテ『神曲』やアリオスト『狂えるオルランド』と並ぶルネサンス期の長編叙事詩の名作として知られる。以下の引用は『失楽園』(*Paradise Lost in John Milton Poem in English* with Illustration by William Blake, London, 1926, p.99)、『失楽園（上）』（平井正穂訳）一七九～一八〇頁、岩波文庫。

(30)　「無垢の状態」（the state of innocence）は、ジョン・ドライデンがミルトンの『失楽園』（1667）をオペラ的手法で表現した『無垢の状態』（The State of Innocence, 1674）を意識して「楽園」を指す言葉として使用したのだと思われる。尚、ドライデンとミルトンが政敵同士であったことを考えれば、ドライデンがミルトンの『失楽園』を絶賛し、オペラ仕立てにしたことは興味深いことである。

(31)　自由意志（free will）と予定説（predestination）の問題は、古くから現在までさまざまな形で議論されてきたことであるが、たとえば、ルターによるエラスムスの「自由意志論」批判からも知られるように、キリスト教論争史においても主要なテーマであった。マンデヴィルも『自由思想』(*Free Thought on Religion, the Church, and National Happiness*, pp.88-116)、第Ⅴ章「自由意志と予定説」（Of Free will and predestination）でこの問題を論じている。一般的に言って、予定説の立場は人間には自由がなく全知の神の予定通りに生きるだけだというものであり、自由意志の立場は神が全知であっても人間には自由があるというものである。前者の立場からすれば神はこの世の悪に対しても責任を持つことになり、また後者の立場ではそれが解消することになるが、マンデヴィルは、これら何れの立場に立っても神は俗世における悪に対して責任を免除されるものではないとしている。

(32)　旧約聖書「ダニエル書」第六章、一六～二三節においてダニエルがライオンから救われる奇跡が述べられている。

(33)　ローマの詩人ウェルギリウスの『牧歌』第三歌、一〇四～一〇五に、「さて言ってみよ。当てたら君は、僕には偉大なアポロだ。この地上で、空の広さがほんの三尺の所はどこか」（小川正廣訳）とある。

(34)　マルクス・アンナエウス・ルカヌス（Marcus Annaeus Lucanus 39-65）は、スペイン生まれのローマの詩人。短い生涯だったにもかかわらず、古典ラテン語時代の突出した人物の一人と看做されている。ルカヌスは裕福な家に生まれ、大セネカの孫で、叔父の小セネカの個人指導の下で育ったと言われている。ここで言及されている部分は、カエサルとポンペイウスの内乱を描いた叙事詩『パルサリア（内乱）』（*Pharsalia*）の第六歌、六七七行、第九歌、七〇〇行〜八三八行、を参照。

（35）ケイ教授によれば、『蜂の寓話』正編にも、その他のマンデヴィルの著作にもこうした主張は見出されないとされる。但し、マンデヴィルの愛読書の一冊であったと思われるモンテーニュの『エセー』第三巻第一二章に「死は、自然の働きを継続させて、移り変わりをはぐくむのに、きわめて有効な地位を占めているではないか。死は、この世界において、滅亡や破壊よりも、むしろ、誕生や増加の役割を果たしているではないか」（『エセー』宮下志朗訳、白水社）とある。

（36）ピタゴラス（Pythagoras BC582-BC496）は古代ギリシアの数学者、哲学者である。あらゆる事象には数が内在していること、そして宇宙のすべては人間の主観ではなく数の法則に従うのであり、数字と計算によって解明できるという思想を確立したとされる。

（37）この寓話はマンデヴィルの著作である『着飾ったイッソプ』（*Esop Dress'd or Collection of Fables Writ in Familiar Verse*, London, 1704）に載っているものであり、一七世紀フランスの詩人であり、イソップ寓話をもとにした『寓話詩』（Fables, 1668）や「すべての道はローマへ通ず」という格言や「火中の栗を拾う」という諺などで知られるジャン・ド・ラ・フォンテーヌ（Jean de la Fontaine 1621-1695）の『ドングリとカボチャ』（*Le Gland et la Citrouille*）のパラフレーズである。「ドングリとカボチャ」という寓話の主意は、「神の創造はよくできている」ということにある。ある田舎者が、カボチャの実がとても大きく、その割に茎がとても細いのを、じっと眺めていて、「神様は、どんな心算《つもり》で細い茎にこんなでかい実をつけるカボチャなんかこしらえたのか。私ならばこのカボチャの実は、あそこにある樫の木にならすよ。その方が釣り合いの取れるというものだ。多分、神様が実をつける場所を間違えたのだ」と嘲笑った。それからしばらく経ったある日、樫の木の下で昼寝をしているこの男の顔の上にドングリが一つ落ちてきて、眠っている田舎者の鼻を傷つけた。この男はあのでかいカボチャが落ちたらどうなっただろうと思い、やはり、神の考えることは抜け目がないと悟るという話である。尚、マンデヴィルが英語で発表した最初の作品はド・ラ・フォンテーヌの寓話の翻訳を中心とした寓話集（*Some Fable after the Easie and Familiar Method of Monsieur de la Fontaine*, London, 1703）であった。

（38）第一原因とは、アリストテレスの唱えた万物の運動の根本原因であり、神などのようにほかのものに依存していない原因である。

（39）本書二二六頁、参照。

（40）ルクレティウス（Titus Lucretius Carus BC99?-AD55）の『物の本質について』（*De rerum natura*）の第二巻一四行、樋口勝彦訳、岩波文庫、参照。

（41）本章の訳注（5）を参照。

（42）『政治算術』（*Essays in Political Arithmetick* 1683）で有名なウィリアム・ペティ（Sir William Petty 1623-1687）と統計学者のジョン・グラント（John Graunt 1620-1674）の手による『死亡表に関する自然的および政治的観察』（*Natural and Political Observations Made upon the Bills of Mortality*, 1662）のことである。「第8章　男女の数の相違について」において、男女出生比率の違いが論じられ、男子は危険が多いので死亡率が高いが、出生率が女子よりも勝るので、両者のバランスがとれている、と述べている。

（43）新訳『蜂の寓話』二三七〜二三八頁、参照。

（44）本書一七六頁、参照。

（45）セツはセムの間違い。セムはノアの三人の息子の長兄で、セム族の祖（旧約聖書「創世記」五章三二節、一〇章一節、二一節、参照）である。カム（Cham）はハム（Ham）の代わりに一八世紀に普通に用いられたラテン語訳聖書の綴り字であり、ハムはノアの次男でエジプト人、ヌビア人、カナン人などの祖（「創世記」一〇章一節、参照）である。ヤペトはノアの第三子で、ヤペト族の祖である（「創世記」五章三二節、参照）。

（46）ウィンザーは、イギリスのイングランド南東部、ロンドン西郊バークシャーに属するタウンである。イギリス王室の居城ウィンザー城の所在地として有名である。城は丘の上にあり、その麓をテムズ川が流れ、川の対岸には名門校イートン・カレッジが位置している。

七　ホレイショとクレオメネスとの間の第六の対話

（1）石畳の道路の上を走る馬車の音がローマ時代から近世に至るまで人々を悩ませたようである。石畳の道路の上を馬車の鉄輪が転がるときの音は堪えがたいものであったのであろう。（大熊恒靖「道路交通騒音問題の歴史」『環境技術』vol.27, 694-698, 1998. 参照）

（2）本書二一一〜二一二頁の「ある人間が他人から自分がして貰いたいように自分も他人にするというのは人生における良き準則だ」（与えれば与えるほど持つという関係＝対称的世界）という指摘や、以下に続く『出エジプト記』の「十戒」の話も含めて、ここでの「他人にしてもらいたいように自分がしてやる気はない存在」という指摘は、新約聖書や旧約聖書における黄金律（Golden Rule）を意識した記述であると思われる。新約聖書のルカ書六章三一節に「人々になしてほしいと思うように、自分も同様に人々に対してなすがよい」、またマタイ書七章一二節に「人々になしてほしいと思うことすべてを、汝らもまた人々に対してなすがよい。まさにこれこそが律法であり、預言者である」（田川健三訳）とある。これは新約聖書の黄金律と呼ばれているものである。旧約聖書の黄金律は、「自分が嫌なことは、ほかのだれにもしてはならない」（外典・トビト記四、一五）である。十戒の第六戒から第九戒の「殺してはならない。姦淫してはならない。盗んではならない。隣人に対して偽証してはならない」がそれである。

（3）　十戒（Decalogue, ten commandments）は旧約聖書の「出エジプト記」二〇章三節から一七節、「申命記」五章七節から二一節に書かれており、エジプト出発の後にモーセがシナイ山にて、神より授かったとされるイスラエル人に対する訓戒である。

（4）　第九戒「あなたはあなたの隣人に対し、嘘の証言をしてはならない」という戒律。

（5）　盗みの禁止である「あなたは盗んではならない」は第八戒、姦淫の禁止である「あなたは姦淫をしてはならない」は第七戒、他人のものを欲しがることの禁止である「あなたはあなたの隣人の家を欲しがってはならない。あなたの隣人の妻や彼の男奴隷と女奴隷と牛と驢馬、あなたの隣人のすべてのものをあなたは欲しがってはならない」は第十戒である。

（6）　第六戒「あなたは殺してはならない」である。

（7）　第一戒は「他の神々が、あなたのためにわたしの面前にあってはならない」と戒め、多神崇拝を禁じており、第二戒は「あなたは自分のために像を作ってはならない。上は天にあり、下は地にあり、また地の下の水の中にあるもののいかなる形も作ってはならない。あなたはそれらにひれ伏しても、それらに仕えさせられてもならない。……」と戒め偶像崇拝を禁じている。

（8）　ユウェナーリス『諷刺詩集』（国原吉之助訳）第一五歌、二〜四行、参照。

（9）　ユウェナーリス『諷刺詩集』（国原吉之助訳）第一五歌、九〜一一行、参照。

（10）　ウィツィロポチトリ（Huitzilopochtli）は、アステカ神話の太陽神・軍神・狩猟神である。ウィツィロポチトリには、生贄として人間の心臓が捧げ続けられていたとされている。

（11）　第三戒「あなたは、あなたの神ヤハウェの名を、空しいことのために唱えてはならない。なぜならヤハウェは、ヤハウェの名を空しいことのために唱える者を罰さずにはおかないからである」と戒め、人に害を与え傷つけるため、嘘のため、悪意をもって神の名を口にすることを禁じている。

（12）　第五戒「あなたはあなたの父と母を重んじなさい。それは、あなたの神ヤハウェがあなたに与えようとしている大地で、あなたの日々が長くあるためである」と戒め、父母への不敬を禁じている。

（13）　第四戒に「安息日を覚え、これを聖別しなさい。六日間あなたは働き、あなたのすべての仕事をしなさい。あなたの神ヤハウェのための安息日であり、あなたはいかなる仕事もしてはならない。……なぜなら六日かけてヤハウェは、天と地、海、そしてそれらの中のすべてのものを作り、七日目に休息したからである。それ故ヤハウェは安息日を祝福し、それを聖別した」とある。

（14）『スペクテイター』（*The Spectator*）誌第一一二号（一七一一年七月九日、月曜日）のことを指す。『スペクテイター』誌は、イギリスの随筆家、劇作家であるとともに軍人であり、新聞『タトラー』（*The Tatler*）を一七〇九年に創刊したリチャード・スティール卿（Sir Richard Steele 1672-1729）と、イギリスのエッセイスト、詩人、政治家であり熱心なホイッグ党の支持者でもあった、ジョゼフ・アディソン（Joseph Addison 1672-1719）によって一七一一年発刊されたものである。

（15）本書一八一頁、参照。

（16）マンデヴィルの同時代人のほとんどは、言語は神によって直接与えられたものか、神がアダムに特別の才能を注入した結果であると考えていた。リシャール・シモン（Richard Simon 1638-1712）の『旧約聖書の批判的歴史』（*Histoire critique du Vieux Testament*, 1685）のように、言語を人間の案出物であると看做す人たちも、聖書的な年代記を念頭におき、比較的急速に作り上げられたものと想定していた。マンデヴィルは、言語は神に起源を持たず、新方向性もなくたどたどしい歩みで発展したとする点で、新しい立場を打ち出したと言える。

（17）旧約聖書「ヨブ記」一四章一～四節に「女から生まれる人間、彼の日々は短くて騒動に満ち、育って枯れる花のように、逃げ去る影のように、留まることがない」とある。

（18）ラコニア風（Laconick）は、簡潔な表現を意味する文芸用語であり、古代ギリシアの都市スパルタの位置していたラコニア地方に因んで名付けられたものである。ラコニアの住民は質朴な言葉遣いに定評があり、ぶっきらぼうでしばしば端的な発言をすることで有名であった。ラコニア人に特徴的な簡潔で素っ気ない言辞、とくにぶっきらぼうで省略の多い返答はラコニック・フレーズと呼ばれる。

（19）ホラティウス（Quintus Horatius Flaccus BC65-BC8）の『詩論』（*Ars Poetica*, BC18）七二行、参照。

（20）ジョエル・E・スピンガーン（Joel Elias Spingarn 1875-1939）の（*Critical Essays of the Seventeenth-Century*, Oxford, 1908, ii. p.343, n.30）によれば、当時こうした認識は一般的であったようだ。

（21）ピエール・コルネイユ（Pierre Corneille 1606-1684）は、17世紀フランスの古典主義の時代の劇作家で、ラシーヌ、モリエールと並び称される。エル・シッドの伝説を基にしたギリェン・デ・カストロの劇『シドの青春時代』（*Las Mocedades del Cid* 1605）を下敷きに書かれた代表作の悲劇『ル・シッド』（一六三七年）により名声を得るが、古典主義で重要視された「三一致の法則」（trois unités）に従っていないという廉で、アカデミー・フランセーズから批判され、ル・シッド論争をひき起こした。「三一致の法則」とは、フランス古典演劇における規則の一つで、「時の一致」「場の一致」「筋の一致」を言い、劇中の時間で一日のうちに（「時の一致」）、一つの場所で（「場の一致」）、一つの行為で（「筋の一致」）、完結すべきであるという劇作上の制約である。一六世紀後半から一七世紀初めのイタリアの演劇論がフランスに移入され、発展し、この法則ができ上がった。また、コルネイユの代表作である『ル・シッド』は、悲喜劇であり、初演は一六三六年一二月に Théâtre du Marais で行われた。『ル・シッド』（高橋昌久訳、京緑社、参照）。

（22）マンデヴィルは『仮面を剥がされた処女』（一七二四年）のなかで、他国語の詩を理解する困難さについて述べ、二つの理由を挙げている。一つは、他国語の素晴らしさが理解できるほどまでに熟達することが難しいこと、二つ目は、詩の技法が国民性によって言語の違いほども異なること、時には正反対の場合もあることである（*Virgin Unmasked*, 1724, p.158）。

（23）オウィディウス『変身物語』（中村善也訳）一三巻、一四〇〜一四一行、参照。

（24）ジュピター（Jupiter）は、ユーピテル（Jūpiter）の英語読みである。ユーピテルは、ローマ神話の主神である。また最高位の女神であるユーノーの夫である。後にギリシア神話のゼウスと同一視される。

（25）新訳『蜂の寓話』一七三〜一七六頁、参照。

（26）古代ギリシアの詩人ヘシオドスが『仕事と日』のなかで、人類の歴史を黄金・白銀・青銅・英雄・鉄の五期に分けた、その第一期である。地上には永遠の春が続き、幸福と平和と正義に満ちた時代とされた。『仕事と日』の「五時代の説話」に「オリュンポスの館に住む不死なる神々は、まず初めに、言葉を持つ人間の黄金の種族を作った」（中務哲郎訳）とある。

（27）旧約聖書の「創世記」六〜九章に言及されている。アダムより数えて一〇代目のノアとノア一族を洪水による滅びから救った方舟のこと。ヤハエは地上に増えた人々の堕落を見て、これを洪水で滅ぼすと「主と共に歩んだ正しい人」であったノアに告げ、ノアに方舟の建設を命じ、ノアは洪水のときこれに乗って家族や多くの動物とともに難を逃れたとされる。

（28）デウカリオン（Deucalion）は、ギリシア神話の登場人物である。プロメテウスの息子で、プティアの王である。デウカリオンの妻ピュラ（Pyrrha）は、プロメテウスの兄弟エピメテウスとパンドラの娘である。二人は夫婦そろって品行方正の、神々に敬虔な人柄であった。人間の無法を怒ったゼウスが人類を大洪水で滅ぼそうとしたため、夫婦は前もってプロメテウスから教えられたように方舟をつくり、必需品を船の中に積み込みそれに乗り込んだ。そして九日九夜水上を漂い、パルナッソスに流れつくが、雨が止んだので方舟から降りると、自分たちのほかは全人類が滅びてしまったことを知る。女神テミスに人類の再生を願うと、「母の骨を背後に投げよ」との神託をうけ、母を大地と解し、その骨である石を投げたところ、デウカリオンの石からは男が、ピュラの石からは女が生まれ、再び人類が現れたとされる。オウィディウス『変身物語』（中村善也訳）一巻二四〇〜四一五行、参照。

(29)　旧約聖書中の人物で、アブラハムの弟ハランの子である。ロトはソドムの滅亡に際し、神の使いの警告に従って、妻と二人の娘を伴って脱出する。妻は「後ろを振り向くな」というヤハウェの警告を破って振り返ったので「塩の柱」となったが、ロトと娘たちは死海東方の山中に逃れた。娘たちは、睡眠中の父と相姦し、それぞれモアブ（父親より）とベン・アミ（私の父親の子）を生んだとされる。（旧約聖書「創世記」一三章一〜一二節、一九章一〜三八節、参照。）

(30)　ダプネー（Daphne）は、ギリシア神話に登場するニンフである。アポロンに求愛されたダプネーが自らの身を月桂樹に変える物語であるが、この話は、ギリシア神話の中でよく知られているものである。またニオベー（Niobe）は自らの美貌と子だくさん（七人の息子と七人の娘）を女神レートーに自慢したために、その子供であるアポロンとアルテメスによって子供たちをすべて殺されてしまい、悲嘆にくれるニオベーはゼウスによって石に変えられるという物語である（オウィディウス『変身物語』（中村善也訳）一巻四五二行〜五六七行、六巻一四六〜三一二行、参照）。

(31)　旧約聖書「創世記」二章七節に「神ヤハウェは大地の塵をもって人を形作り、その鼻にいのちの息を吹き入れた。そこで人は生きるものとなった」とあり、また「創世記」二章二二節に「神ヤハウェは人から取ったその肋骨で女を造りあげ、彼女を人のところに連れて来た」とある。

(32)　オウィディウス『変身物語』一巻八九〜一一二四行、参照。

(33)　アロン（Aaron）は、レビ人で、『旧約聖書』のモーセ五書に登場する人物である。モーセの兄で、モーセと共にイスラエル人のエジプト脱出を指導し、イスラエルの祭司の祖であると看做されている。アロンの死については、旧約聖書「民数記」二〇章二二〜二九節、参照。

(34)　エピクロス哲学の原子論的自然観を詳述したルクレティウスの『物の本質について』（樋口勝彦訳）の第一巻一四六〜一六五行に「自然の第一の原理は、……何ものも神的な力によって無から生ずることは絶対にない、という点である。……そのわけは、よし仮に無から物が生ずるとしたならば、あらゆる物からあらゆる種類が生じ得るであろうし、種子を必要とするものは、全く何もないであろうからである。まず、海から人類が、大地からウロコを持つ魚族が生じるかもしれないし、天空からは鳥類が忽然として出現し得るかも知れないし、牧畜その他の家畜や、野獣のあらゆる種類は、何処から生まれたともわからず、耕地と荒野を問わず、一面に充満するであろう」とあり、また二巻二八七行に「次の点を認めざるを得ない。即ち、無からは何物も生じ得ないことは我々の知るところである以上、運動にも打撃と重量以外の別の原因があると」とある。

(35) スピノザ（Benedictus De Spinoza 1632-1677）の汎神論（pantheism）とは、現実は神性と同一である、あるいは、すべてのものはすべてを包含する内在的な神を構成しているという信条であり、神を擬人化した人格神を認めず、一切全てを神と同一視する神学的・宗教的・哲学的立場である。言い換えれば、創造者（神的存在）と被造物（世界や自然）とのあいだに断絶を置かない立場であり、ギリシアの哲学者クセノファネス（Xenophanes BC565?-BC470?）が最初に用いた「一にして全（hen kai pan）」、「神即自然」などが標語として使われる。全ては創造者の現れである、または、全ては創造者を内に含んでいる、と看做すのである。

(36) 懐疑論（skepticism）とは、人間の認識能力を不確実なものとし、客観的、普遍的真理の認識の可能性を疑って一切の判断を差し控える立場である。モンテーニュやバークリー、経験論を徹底したヒューム、物自体の認識を否定したカントらが懐疑論者と考えられる。

(37) ソモナコドム（Sommona-Codom）は、ピエール・ベール（Pierre Bayle 1647-1706）の『歴史批評事典』（*Dictionnaire Historique et Critique*, 1697）の第二巻に出てくる、シャム（タイ国の古名）の半身半人であり、彼の語るところはキリストの場合と極めて類似しているとされる。

(38) 旧約聖書の最初の五巻で、「創世記」「出エジプト記」「レビ記」「民数記」「申命記」のこと。

(39) トーマス・バーネット（Thomas Burnet 1635?-1715）は、イギリスの牧師、地質学者であり、自然神学の代表的人物である。彼の代表的著作は最初ラテン語（*Telluris Theoria Sacra* 1681）で、のちに英語（*Sacred Theory of the Earth* 1684）で出版された『地球の聖なる理論』である。バーネットは、この著作において、地球の起源について聖書と矛盾しない地質学的な説明（創世記に記述されている大洪水はデカルト説に基づいて地表面がその下の水の層に落ち込んで水が噴出したせいで起こったとした）を試みた。この理論を根拠づけるためにラテン語の『哲学的考古学』（*Archaeolgiae Philosophicae* 1692）を発表したが、同時代の神学者から激しく批判され、公職を辞職させられた。また、ケイ教授によれば、マンデヴィルが言う「そのほか数名の人々」とは、『キリスト教の土台としての理性について』（*Discourse of the Grounds and Reasons of the Christian Religion* 1724）の執筆者であるアンソニー・コリンズ（Anthony Collins 1676-1729）や、チャールズ・ブラント（Charles Blount 1654-1693）、トーマス・ウールストン（Thomas Woolston 1670-1733）などのイギリスの理神論者であったのでは、とされる。

（40）新訳『蜂の寓話』三〇六頁、参照。

（41）マンデヴィルが正編『蜂の寓話』（新訳『蜂の寓話』一六三頁、参照）のなかで引用している、スペインの作家であるディエゴ・デ・サアベドラ・ファハルド（Diego de Saavedra Fajardo 1584-1648）も、『王侯政治家』（*Idea de un principe politico cristiano, representada en cien empresas* 1640）のなかで、同旨の指摘をしている。尚、ソロン（Solon BC639-BC559）は、古代アテナイの政治家であり、立法者であり、詩人である。リュクルゴス（Lycurgus）は、古代ギリシア・スパルタの伝説上の立法者・王族である。「スパルタ教育」で知られるスパルタ独自の国制、通称「リュクルゴス体制」を創始したとされるが、実在したかどうかは定かでないとされる。

（42）本書一三五頁、参照。

（43）大法官（Lord Chancellour）はイギリスの官職である。中世に創設され、イギリスに現存する官職の中で最も古いものであると言われている。イギリスの衡平法裁判所の長であり、国璽を託される。衡平法とは国王裁判所の運用する一般的慣習法としてのコモン＝ロー（common law）の欠陥や厳格さを補正する法である。コモン・ローに精通した法律家が大法官になるケースが多く、その第一号はトマス・モアだと言われている。また、モア以降は大法官が議会と国王の仲介者と看做されるようになる。一五五八年にエリザベス一世により国璽尚書に任命されたニコラス・ベーコンは、女王と対立して蟄居させられた大法官ニコラス・ヒースに代わり議会運営を担当した。ベーコンの息子フランシス・ベーコンは一六一七年に父と同じく国璽尚書に就任、翌一六一八年には大法官にもなった。

（44）大蔵卿（Lord Treasurer）の起源は中世にあるが、近代国家の公職としては、一六世紀後半に大蔵省（Treasury）が財政官庁（Exchequer）から分離したことに始まるとされる。一七一四年以降は常に複数の大蔵委員が任じられることになり、その首席である大蔵総裁（First Lord of the Treasury）は首相が兼任した。また財政担当大臣の職は財務府長官（Chancellor of the Exchequer）がつとめたが、一九世紀前半までは首相が下院議員のときはこれを兼任した。

（45）イギリスには、一八世紀初頭から、ロバート・ウォルポール（Robert Walpole 1676-1745）に始まる総理大臣（Prime Minister）がいたけれども、法律的には一九〇五年一二月二日までその職は存在しなかった。ケイ教授は、マンデヴィルが大蔵大臣の職務を礼讃しているのには、彼の友人でありパトロンでもあったマクルズフィールド卿（Lord Macclesfield 1666-1726）が大蔵大臣にしか就任しておらず、彼の政敵であるウォルポールが大蔵大臣にも総理大臣にも就任していること、しかもマクルズフィールドが一七二五年に、ウォルポールに背任を糾弾されて失脚したことといった隠された理由があったと指摘している。

(46) 初代マールバラ公爵ジョン・チャーチル (John Churchill, 1st Duke of Marlborough 1650-1722) は、イギリスの軍人、貴族である。廷臣として出世を遂げると共にスペイン継承戦争で軍才を発揮したとされ、一代でイギリスの名門貴族マールバラ公爵家を興した。イギリス首相ウィンストン・チャーチル、イギリス皇太子妃ダイアナ・スペンサーの先祖としても知られている。

(47) ホラティウス『歌集（カルミナ）』第三歌二四行、三一行~三二行、参照。

(48) 本書二五四頁、参照。

(49) マールスはローマ神話の軍神で、ギリシア神話のアーレスと同一視される。ミネルヴァはローマ神話の学芸、知恵の女神で、ギリシア神話のアテーナーにあたる。

(50) パラスはギリシア神話に出てくる女神で、アテーナーの別名である。

(51) ケイ教授は、ホレイショのここでの発言は、ミルトンを偉大な詩人と崇拝していたイギリスの批評家・詩人であり、マンデヴィルの論敵でもあったジョン・デニス (John Dennis 1657-1734) を念頭に置いているものであろうとしている。

(52) イギリスの古典学者、批評家、牧師であるリチャード・ベントリー (Richard Bentley 1662-1742) とジュネーブの神学者であるジャン・ルクレール (Jean Le Clerc 1657-1736) のことである。ケイ教授によれば、両者の間でギリシア語の韻律を巡って論争があったとされる。

(53) ホラティウス『書簡詩』(高橋宏幸訳) 第一巻第一八歌一五行、参照。「山羊の毛」が、「つまらないもの」の事例として挙げられている。

(54) フランシス・ハチスン (Francis Hutcheson 1694-1746) は、アイルランド出身のスコットランドの哲学者であり、人間には先験的な道徳感覚 (Moral sense) があって、常に正しい道徳的判断ができるとする道徳感覚学派（モラルセンス学派）の主要な人物である。尚、ハチスンはアダム・スミスのグラスゴー大学での師であるとともに、功利主義の基本命題である「最大多数の最大幸福」の最初の提唱者でもあった。

(55) セネカ『倫理書簡集Ⅱ』(大柴芳弘訳) 一二一・一八、参照。

(56) ユウェナーリス『諷刺詩集』(国原吉之助訳) 第一〇歌、一四二行、参照。

(57) 新訳『蜂の寓話』一六二~一六三頁、参照。

(58) 新訳『蜂の寓話』二四六頁、参照。

(59) 南海泡沫事件 (South Sea Bubble) を指す。一七一一年に、スペイン領アメリカおよび太平洋地域と貿易を行う目的で南海会社が設立された。新世界との貿易への期待感と、国債引受会社でもあった南海会社による国債全額引き受けが公表されたために、空前の株式投機ブームが起こった。だが、一七二〇年に事業の不振のために投機熱が冷めて破産した。また、政府高官と会社の不正が暴露されて経済が混乱した。

(60)　本書二五四～二五五頁、参照。二人は、イギリスのイングランド南東部、ロンドン西郊バークシャーに位置するウィンザーに到着したのである。

(61)　偽善売教（priestcraft）は、一五世紀末に「司祭であることの業務、司祭的な機能の行使」という意味で、priest + craft から派生し使われ始め、一七世紀末にプロテスタンティズムが興り啓蒙主義の時代に至って、軽蔑的な意味で「野心に満ちた聖職者が現世の権力を得て社会を支配しようと画策すること」という意味を持つようになったとされる。

訳者解説

本書は、Bernard Mandeville, *The Fable of the Bees: or Private Vices, Publick Benefits*, Part II（1729）の翻訳である。底本として、F・B・ケイ教授が編集し、一九二四年にオックスフォード大学出版局から出版された二巻本を用いた。

マンデヴィルの経歴や著作については、すでに日本経済評論社から公刊した『新訳 蜂の寓話』正編の解説において述べておいたので、そちらを参照していただければ幸甚である。

既成の「思索のための普遍的な準拠枠」の解体

本書は、正編『蜂の寓話』の刊行以来、宗教界や政界や学界における既成の「思索のための普遍的な準拠枠」に囚われている、彼の言葉によれば「忠誠を誓った思想傾向や、擁護すべきであると決めた主張を持っている」守旧派からの執拗な批判・非難に対して、それが如何に的外れのものであるかを白日の下にさらさんと欲して公刊されたものである。また、マンデヴィルには、正編においては言い足りない点が多々あったという思いがあったようで、本書の冒頭で、「この『蜂の寓話』の続編において、読者の皆さんは、正編においては曖昧で、ただ暗示が与えられているだけの事柄を説明し、明らかにしようと努めたことを分かってくれるであろう」と述べている。しかもその際、マンデヴィルは、批判の対象とする守旧派の「思索のための普遍的な準拠枠」は非常に強固なものであり、またそれは、慣習や教育などによって一層強固なものにされているので、そうした人々は、物事を判断する上で、しばしば、しっかりとした経験に即した推論や自ら自身の知性によるよりも、その時代において支配的な思考習慣などによって方向づけられることが多くならざるを得ないとしている。この点を、マンデヴィルは、「物事を判断する上で、我々は、しばしば、しっかりとした推論や我々自身の知性よりも、流行《はやり》の思いつきや時代の習慣などによって方向づけられることが多い」という形で表現している。また、こうした思考習慣を基盤にして成立している解釈・表現図式、あるいは実践方法なども、社会的文脈に依存的であるため、それは文化横断的ではあり得ない（当該集団にとってはGeneralなものであったとしても、時間的・空間的に存在を異にしているさまざまな集団に横断的に通用するUniversalなものではあり得ない）としている。この視点は、『哲学論文集』以来、一貫して、スミスによって事実上継承されているものでもある。

市民社会論の系譜

本書において、対話形式で展開されている議論は、その後ヨーロッパに到来する「商業社会としての市民社会（civil society）」の本質理解をめぐって縦横無尽に展開されているのであるが、「シビル・ソサエティ」（civil society）という用語は、十六世紀に書かれたフッカーの『教会統治法』（一五九三）において、英語として最初に使用されたようである。また、M・リーデルが『市民社会の概念史』において指摘しているように、ソキエタス・キヴィリス（societas civilis）の翻訳語である市民社会（civil society）という言葉は、元々は国家と同義のものであった。だが、十七世紀以降になると、様々な論者の議論を経て、市民社会を商業社会として捉える「非国家的」で「経済的」な市民社会論が形成されることになる。『市民社会史論（*An essay on the history of civil society*）』の著者であるアダム・ファーガスンは、市民社会を「未開民族（rude nations）」との対比で「文明社会（civilized society/polished society/polite society/refined society）」として定義し、社会発展は「商業社会としての市民社会」において絶頂期を迎えると理解していた。その意味で、ファーガスンも、市民社会を商業社会として捉え、それを肯定的に評価したという点ではマンデヴィルの立場を継承したと言える。

また「history」という言葉には「歴史」という意味のほかに「記述」とか「物語」という意味が、また「civil」という言葉には「市民的」という意味のほかに「世俗的」、「文官的」、「庶民的」という意味があるのだから、ファーガスンの“*An essay on the history of civil society*”は『市民社会史論』と訳すこともできれば、『世俗的社会の事象記述の試み』と訳すこともできる。ファーガスン研究者の佐々木純枝は、「むしろ、『世俗的社会の事象記述の試み』という訳の方が本書の内容を歪曲することなく伝えることができるかもしれない」（『モラル・フィロソフィの系譜学』）と述べ、「本書は聖職者ではない世俗の人間が築き、発展させていく社会の様々な事象を記述したものである。本書において、ファーガスンは、社会やその制度は特定の個人の計画や意図から独立したところで造られるのであり、世俗の人間（市民）の不断の積極的能動的働きが社会を発展させるのだという視点を打ち出している」と指摘している。

ファーガスンは「世俗の人間が築き、発展させていく社会の様々な事象を記述した」という佐々木の指摘は、ファーガスン解釈として的確なもののように思うし、マンデヴィル以来スミスに継承される「商業的・経済的」な市民社会論を理解する上でも有効な視点である。というのは、この指摘は、中世から近代にかけての「神中心の世界」から「人間中心の世界」への移行と相即的に、人間を「聖の世界」に生きるホモ・リリギオス（homo religiosus）としてではなく、「俗の世界」に生きるホモ・エコノミクス（homo economicus）として捉える視点の変化を的確に捉えた発言であるとともに、「国家」的規制からの経済「社会」の自立と「封建制」や前近代的な「共同体」からの個人の自立を骨子とする「市民（商業）社会論」が成立する場である世俗の世界を的確に言い当てているからである。

また、ファーガスンの市民（商業）社会把握を踏まえれば、市民社会概念の変容の背景には「聖俗革命」が介在していると見るべきであろう。かつて、エリアーデは、『聖と俗――宗教的なるものの本質について』という著書の中で、世俗の社会である商業社会の成立をもって、宗教的人間（ホモ・リリギオス）はその姿を消したと書いた。本書において、バーナード・マンデヴィルも、人々が囚われているドグマを打ち砕くことを通じて、アダム・ファーガスンに先だって、世俗の人間が築き、発展させていく市民社会の様々な事象の因果の連鎖を注意深い観察者の眼によって記述し、ホモ・リリギオスの歴史の背後への退却とホモ・エコノミクスの歴史の表舞台への到来を告知している。

追従とプライドと自己規制

『蜂の寓話』正編において、「社会を世俗的に偉大なものに導く秘訣」あるいは「世俗的な栄華の途」を明らかにせんと、マンデヴィルが十八世紀初頭に開示して見せた「世俗の世界」に関する探求は、後に、ヒューム、モンテスキュー、ルソー、スミスなど十八世紀を代表する多くの思想家によって批判的に継承されていき、社会諸科学が成立する場を醸成することになるが、先に指摘したごとく、社会の根幹をなす道徳や宗教を破壊するという廉で、多くの反対者から批判を受け続けた。本書において、マンデヴィルは、その点について、「最初に攻撃を受けて以来、長い間、国民を堕落させ、ありとあらゆる悪徳を推奨しようという意図を持って『蜂の寓話』を私が書いたのだと、人々が何故《なにゆえ》に思うのかということほど、私を訝らせ困惑させるものはなかった。……だが、『ベガーズ・オペラ』の度重なる上演によって、人々が悪党や強盗の増加を真剣に心配することもあるのだということが分かって以来、悪徳が曝《さら》け出されるのを見て悪徳が奨励されているように思うようなトンチンカンな人間が、この世には実際に存在しているのだということを確信するに到った」と述べている。マンデヴィルは、こうした「トンチンカンな人間」たちにも理解可能にするために、「でき得る限り人間本性を忠実に模写」する形で、「最高に美しい建物というものは、腐った不潔な土台の上に建てられている」ということを、言い換えれば、実際の人間、あるいは実際の人間社会とはどのようなものであるかを、対話という形式で、生存する実際の人間の本性の徹底した観察によって、人間の情念や心理の世界にまで分け入り、「プライド」であるとか、「羞恥心」であるとか、「虚栄心」であるとか、「承認願望」などといった人情の機微に言及しながら説いて聞かせるのである。

彼は次のように言う。「経験的《ア・ポステリオリ》に事実に基づいて推論する方法によって」人間の本性を観察してみれば、「プライドや虚栄心の真の対象は、他人の評価」であり、また「他人の評価に拘り、よい評価をえることで満足する」人間にとっての最高の望みは、現在だけではなく将来のあらゆる時代に亘って、「この世のあらゆる人たちからよい評判をとり、喝采され、称賛されること」にある、と。しかも、こうした人々の持つプライドや虚栄心という激しい情念は、一般には非難され、糾弾されているけれども、「如何に多くの驚くべきさまざまな偉業がこうした激しい情念の力によって成し遂げられているか、あるいは成し遂げられ得るのかということは信じられないほど」である、と。さらに、マンデヴィルは、人間が持つプライドが強いものであればあるほど、また彼らが他人から受ける称賛に大きな価値を置けば置くほど、人間は、「彼らと交わるすべての人間に受け容れられるようにするために、より一層の努力をする」ようになるのであり、その意味で「名誉という価値基準は、彼らの人格の基礎であり、あらゆる困難の支えであり、社会にとっても大変有益なもの」なのであり、「良く思われたいことへの欲求や称賛されることへの愛や名誉欲」は、「公共にとって有益である」立派な人間の願望なのだと指摘している。

つまり、マンデヴィルは、当時、邪悪なものとして非難・糾弾されていたプライドや虚栄心などといった情念を、人間の判断や行動に好ましい効果をもたらすものとして肯定的に捉え直し、「プライド」という感情は、他人の業績を凌ぐことによって名声や栄誉を獲得しようとする個人の欲求であるという意味で、成長のための、ひいては種の進化のための心理的要因となっているとし、またさらに、プライドというものは、それが不合理な自愛的欲求であるということは否定できないにしても、他者によって承認され称賛されることへの欲求をその内部に潜むという意味で、その本質的な性質からして、その個人をして彼の私的な欲求や利益を公共的利益へと転化せしめるように導く可能性がある、言い換えれば、その個人をして彼の私的な欲求や利益を公共的利益に従属させるように導く可能性があるものとしているのである。そして、この点こそが、マンデヴィルの「名誉」に関する議論の核心をなすものであった。

このように各人の悪徳こそが、国全体の繁栄と世俗的幸福に役立っていることを明らかにし（「私悪は公益なり」という有名なテーゼ）、それが世俗に生きる人間の偽らざる姿であることを強調することによって、彼が、意図的に、あらゆる人々を苛立たせようとしていたということは、ほぼ間違いのないところである。そしてまた、通常、「私悪」と考えられていたものと、「公益」と看做されていたものとの間に存在する必然的な繋がりを辿ろうとする巧妙さと緻密さにおいて、彼はあらゆる先駆者や大部分の後継者を凌いでいることも間違いないところである。彼によれば、ほぼあらゆる「利益」がそこから引き出されることになる個々の人間の「悪徳」を促す動機としてプライドとか虚栄心が存在しており、しかもそれらから生じる「公的な利益」の主たる産物が人間の「美徳」そのものであった。その意味で、彼にとって、「美徳」そのものが、通常、「悪徳」と呼ばれているものの申し子であるということほどにリアルな逆説はなかったのである。

美徳は教育によって後天的に習得された資質

マンデヴィルは、プライドという言葉によって、己れ自身を良く考えることへの傾向（自己称賛）と、このことを手助けするものとしての他者によって良く思われたいことへの傾向（承認願望）という、二つの事態を意味させていたのであるが、彼は、「プライドという情念をそれ自身と争わせる」ことによってプライドの発現を抑制できると考え、その理由を人間は、「プライドのあからさまな顕れを隠すことに密やかなプライドを感じる」ことに求めている。しかも、マンデヴィルは、プライドを構成している承認願望や自己称賛に対する願望、そしてそれらの反対物に対する嫌悪とは、まさに社会的な動物である人間の内なる本能であり、この本能から、通常、美徳と看做されているような行為が生じてくるとし、美徳を先験的原理や宗教的教義から導くことを厳しく批判するとともに、そうした本能を開花させる手段として早期の教育の有効性を指摘する。その点を、マンデヴィルは、「洗練された教育によってプライドを増長させ高めることが、それを外部に出さないで隠しておくよう」努めさせる最も有効な方法であり、「自らの私的利益と思われるものよりも公共的利益を配慮した方が、すべての者にとって有益である」と信じ込ませる「早期の優れた訓育が絶対的に必要であるということは、何よりもまして、我々の教化されていない本性の帯びている弱点と同様に醜悪さを暴き出すことによって立証され得る」とする。また、マンデヴィルにとって、「自己抑制が伴わない美徳は存在し得ない」し、「美徳は自己抑制を要求しないとする学説は、……偽善への大きな入り口である」が、「我が人類のおべっか使いたちは、この事実を巧妙に我々の目から遠ざけておくのだ。つまり彼らは、生来のものから習得されたものを分離し、その両者を区別する代わりに、それらを合体させ混同するのに骨折っている」と述べている。

こうして、マンデヴィルは、シャフツベリー卿が「学識のある人間で非常に洗練された著述家であり、優雅な言語を操るとともに、力強い表現で、豊かな想像力と素晴らしい思考力を働かせている」人物であったとしても、人間を社会的動物たらしめるものは、あるいは人間を社会形成に駆り立てているものは、彼やハチスンが主張するような人間が生まれながらに宿している道徳感覚という美徳、あるいは人間の交際への願望、気立ての良さ、憐憫の情、人づき合いの良さ、さらには公正を装う外見上の高潔さのようなものではなく、人間の最も卑劣で最も嫌悪すべき性質が、人間を偉大な社会に、そして最も幸福で最も繁栄している社会に相応しい存在にするために最も必要な資質であるとするのである。その意味で、マンデヴィルにしてみれば、シャフツベリーもまた、「我が人類のおべっか使い」の一人に過ぎないのである。だから、シャフツベリーが「人間本性の善性や優越性に関してつくり上げた観念は、麗しく好感の持てるものではあるとはいえ、非現実的で荒唐無稽なもの」に過ぎず、また彼が「汚れなき生活と世俗的偉大さという決して互いに調和し得ない正反対のもの」を結びつけようと努力したことも単なる徒労に過ぎないと、マンデヴィルには見えるのである。

こうして、マンデヴィルは、美徳というものは、追従（flattery）がプライドに生ませた申し子であるとし、客観的に有益で、社会的に望ましい行為も、「悪徳」にまで、すなわち個人の「心」の中の邪悪で非合理な動機にまで遡ることができると、言い換えれば、邪悪な、あるいは不合理な動機こそが、社会的に望ましい行為を、つまりは「公的な利益」を意図せざる結果として生み出すことができるし、また現に生み出しているとしたのである。しかも、承認願望や自己称賛という欲望を通じて、つまりはプライドを通じて、他の人々の利害や社会の道徳規則に対する配慮が生まれ、諸個人は、誰に命令されることもなく、自らの行為を自己規制せざるを得なくなるとし、この点で、承認願望、競争心、自己称賛などは人間本性を構成する主要な感情の要素であるとした。このようなマンデヴィルの承認願望や自己称賛に対する欲望、そしてそれらの反対物に対する嫌悪を通じて、諸個人の行為は自己規制されるという認識もまた、後に述べるように、アダム・スミスに事実上継承され、自生的秩序形成論たる彼の共感的社会形成論の根幹を構成することになる。

豊かさの源泉としての「奢侈」と「プライド」

既に指摘しておいたように、マンデヴィルは、当時、悪徳として非難されていた奢侈とプライドに経済を繁栄させる要因を求めている。

まず、繁栄＝豊かさとは何かについてであるが、正編『蜂の寓話』において、マンデヴィルは、繁栄＝豊かさとは最貧層の貧民にも享受できる生活便益品の豊穣さであるという認識に立っている。また、富の源泉については、「あらゆる社会の快楽は、大地の恵みと人々の労働に依存している。この両者が結びつくと、ブラジルの金やポトシの銀よりも遥かに確かで尽きることがない真実の財宝となる」と述べ、「土地は富の母であるように、労働は富の父であり、その能動的原理である」と述べたウィリアム・ペティと同様、土地や労働に求めている。さらに、「奢侈は、奢侈に耽るすべての人々にとってと同様に、国全体の富にとっても破壊的であり、人々の倹約がそれぞれの家庭の財産を殖やすのと同様に、国民全体の倹約が国を豊かにするというのが、広く世に受け容れられてきた見解である。私よりも遙かに事情に精通している人たちがこうした見解に立っていることを承知しているが、私はこの点に関して彼らに異議を挟まざるを得ない」と述べ、「所得が僅かしかない場合には、倹約が道理に適っている」とはいえ、「倹約は、雇用に繋がらない無益で夢想的な美徳であり、それゆえまた、多数の者がいずれにせよ皆働き始めなければならない通商国家においては、それはまったく役に立たないものである」と断じ、また、奢侈に言及しながら、消費需要こそが経済発展を促進するのであり、その意味で、悪徳であるとされる奢侈は経済発展を促進するという意味で社会的効能を持っているという事実を暴き出している。しかも、マンデヴィルによれば、「商業活動を支えるのにプライドに匹敵するものは存在しない」ともされているのであるから、「奢侈」と「プライド」という悪徳こそが経済発展を支える重要な二大要素であることになる。まさに、「奢侈は貧しきを百万雇い、憎むべきプライドはあと百万を雇いぬ」なのである。つまり、マンデヴィルは、「合成の誤謬」という視点を事実上先取りすることによって、需要不足によって経済発展を阻害するという意味と、労働貧民の大量失業を帰結するという意味で、たとえ個人にとっては美徳と看做されていようが、倹約に対して否定的な態度をとるのであり、また逆に言えば、奢侈は消費需要を増大させることを通じて総雇用量を増大させ、その結果その国の経済発展を可能にするという意味で、悪徳と非難されようが、奢侈を推奨するのである。しかも、「羨望と虚栄心は、人々を勤労に駆り立つ」と指摘することによって、「羨望 envy と虚栄心 vanity」こそが、勤労（industry）の源になっているとしている。

分業と経済発展

正編『蜂の寓話』で、マンデヴィルは、「商売や製造業の種類が多くなればなるほど、またそれらが骨の折れるものであればあるほど、さらにそれらが多数の部門に分割されていればいるほど、ますます多数の人間が互いに抵触することなく社会のなかに包含され、ますます容易に豊かで強力で繁栄する国民になるであろう」と述べ、社会的分業が持つ経済発展に対する効果を指摘していたのであるが、『続・蜂の寓話』においても、「ある人間がもっぱら弓矢づくりに専念し、他方で、二人目が食べ物を供給し、三人目が小屋を建て、四人目が衣類を、五人目が道具を作るのであれば、彼らは互いに役に立つようになるだけではなく、五人全員がてんでばらばらにこれらの職業や仕事に従事した場合よりも、同じ年数でより大きな成果を手に入れられるだろう」と、より詳しく、またより的確に社会的分業の効果について論じている。さらに続編では、工場内分業に言及して、「国内に多くの職人たちが存在し、目的に適った材料を欠いていなければ、半年もかからずに一等艦を製造することができるだろうし、艤装し、操舵することもできるであろう。だが、この仕事が非常に多くのさまざまな労働に分割されたり、再分割されたりしていなければ、実行不可能であることも慥かなことだ。さらにまた、これらの労働の何れ《いず》においても、平凡な才能を持つ労働者しか必要とされていないことも、慥かなことだ」と述べたり、「労働の分割（分業）」の効果は、「時計造りにおけるほど顕著なものはなく、時計造りでは、……（労働が分割されれば）、製造の全工程が常に一人の人間の仕事のままであった場合に達成されただろうよりも、その完成度が高くなる。また、クロックやウオッチの出来映えの精密さや美しさだけではなくその量の多さも、主として製造工程をいくつかの部門に分割したことに負っていると、私は確信している」と述べたりしている。ウィリアム・ペティの『政治算術論』や、ヘンリー・マーチン（Henry Martyn, 1665-1721）の『東インド貿易の諸考察』などにおける議論を踏まえた議論であると思われるが、このように、マンデヴィルは、「社会的分業」や「工場内分業」の経済発展に対する効果について充分な認識を持っていた。

しかも、マンデヴィルは、「一度《ひとたび》、人々が成文法によって統治されるようになれば、その他のすべては歩調を合わせて速やかに進む。そうなると、財産と生命並びに身体の安全は確保されることになるだろう。……（また）、人間が平穏を享受し、隣人を恐れる必要がなくなれば、人々は労働を分割したり、再分割したりすることを学ばないでいることは難しいだろう」と述べ、労働の分割（分業）は「財産と生命並びに身体の安全」が確保されることを俟って可能となるとしているのである。この視点は、『法学講義』における、スミスの「幾らかのストックが蓄積されるまで分業は存在し得ないが、……人々が、自己の持つあらゆるものをいつ強奪されるかもしれないような危険を感じているときのような場合には、……ストックの蓄積は僅かしかあり得ないだろう」とほとんど変わるところがない。マンデヴィルは生産力発展の基本的要因として「分業」を押さえていたのであり、スミスの分業論もその延長上にあることは間違いないところである。

貨幣の機能に関する認識と競争による社会の流動化

マンデヴィルは、「市民社会の秩序と経済機構、そしてその存在それ自体にとって、貨幣ほど不可欠なものを他に挙げることは不可能である。というのは、市民社会が我々の多様な欲求という土台の上に築かれているように、その上部構造全体は人間が互いに対して行う相互的尽力によって成り立っているからだ」と述べ、その下部構造と上部構造を含めて、市民社会の維持にとって貨幣の重要性を強調する。マンデヴィルによれば、必要としているときに、如何にしてこのような尽力を他人にして貰えるかは、個々の人間にとって人生における大きな、そしてほとんど絶えることのない心配事であるが、他人が見返りなしで我々に尽力してくれると期待することはできない。だから、「人々が互いに行うことができる取引は、ある物に対しては別の物という、継続的な物々交換であらざるを得ない」ことになり、「貨幣は、人間が互いにすることができる尽力への、受け容れ可能な報酬となることによって、あらゆるそうした困難を取り除く」のであると述べている。要するに、交換の不便を取り除く手段としての貨幣（交換手段としての貨幣）を、社会を成して生きている人間は経験的に生み出したのだとしているのである。さらに、マンデヴィルは、貨幣を欠くこともなく、しかも立法府によって貨幣の管理が充分に行き届いている所では、「貨幣が、常に、あらゆる物の価値が測られる規準になる」と述べ、貨幣の価値尺度機能に言及するとともに、非常に豊富に存在するものであれば、「人間にとってどんなに有益なもの」であっても高価であるとは限らないとする。というのは、「財の有用性よりも財の希少性がそれらの価格を引き上げるからだ」としている。

また、業績主義と自己責任というルールを前提にして、「無気力な人間（indolent man）」ではなく「意欲的な人間（man of action）」によって市場を舞台として行われる競争が、商業社会としての市民社会を支えていると考えるマンデヴィルは、個々人の間の競争は、階級の枠を超えた人々の社会移動の可能性を保障すると考える。その点を、マンデヴィルは、「事物の通常の成り行き common course of thing」に従っている限り、「金持ちのなかのある者たちが貧乏人にならざるを得ない」ように、「貧乏人のある者は事物の通常の成り行きで金持ちになるかもしれない」という形で表現する。だから彼によれば、如何なる社会的身分の人であっても、「彼らや彼らの子孫たちが、永久に奴隷の境遇に縛り付けられたままである」ということなどなく、人々は「教育もなければ味方がいなくとも、自ら自身の勤勉さや努力によって、無の状態から並みの状態へ、ときにはそれ以上まで身を起こす」ことが日々生起することになる。しかも、こうしたことは、「才能豊かな人たち」だけではなく、「平凡で見劣りする能力の人々」の場合でも頻繁に起こるのであり、「貧乏人の子供たちの立身出世を妨げることと、彼らがもっと有益な職に就けるとき、無闇に何千人もの貧乏人の子供たちに教育を強いるのを拒むことの間には、甚だしい懸隔がある」のだとする。その意味で、すべての国民の複合体においては、均衡を保って全体を合成させるために、さまざまな階級の人々は、人数に関して互いに一定の調和を保たねばならないが、「このあるべき調和は、人々の資質・能力の違いの結果であり、彼らの間に生じる人生における栄枯盛衰の自然的帰結であるから、誰もが干渉しないときほど、この調和は上手く達成されるとか、維持されることはない」と主張し、すべては、競争の原理に基づく「事物の通常の成り行き」に従うべきであり、「慈善事業や慈善学校」などという人為的な施策はこの上もなく、現実の有り様を無視した愚策であると、ある種レッセフェール思想という視点から厳しく批判している。

スミスによるマンデヴィルに対する批判と彼からの受容

人間とか社会とかを考える上で、当時、ほとんどの人たちが共有していた思索のための「普遍的な準拠枠」を解体したことによって、マンデヴィルは、執拗に多くの思想家と呼ばれた人たち、あるいはほとんどの宗教家たちから批判され続けられたのであるが、マンデヴィルの主張が無視されることなく、批判あるいは批難という形で長きに亘って問題視され続けられたのは何故か。それは、彼らの批判にもかかわらず、マンデヴィルの主張が世俗世界の実相を鋭く抉っていたからにほかならない。例えば、アダム・スミスは、思索のための自らの準拠枠をマンデヴィルによって解体されていることに対する憤慨（マンデヴィルあるいはラ・ロシュフコーの主張に対するスミスの *licentious system* というレッテル貼り）と、マンデヴィルが事柄の実相を鋭く射落としていることへの自覚（マンデヴィルの体系がいかに破壊的に見えようとも、それが幾つかの点で真理に境を接していなかったならば、あれほど多数な人々に悪しき影響を与えることもなかったであろうというスミスの認識）とを、最も象徴的に、『道徳感情論』という書物の「放縦なる学説について *Of Licentious Systems*」と題された章において吐露している。

スミスは、「理性は情念の奴隷であり、情念の奴隷でしかあり得ない」とした親しき友ヒューム、あるいは「人類の自己保存が人類の理性的行為にのみ依存するのであれば、ずっと以前に人類は死滅したであろう」とする思想的先輩ルソーなどの感情重視の立場を継承し、感情は精神のすべての機能の根源的で不可欠の推進力であるという立場に立つ。一般に、十八世紀は、啓蒙＝理性の時代といわれ、もっぱら理性的認識の領域に重点がおかれた分析が行なわれていたと思われがちであるが、既に指摘しておいたように、他方で感情や情念が精神のすべての機能の不可欠で根源的な推進力であるということを立証しようとする努力もまた有力に存在していた。その点について、G・R・モロウは、十八世紀の初頭から感情主義者として知られているイングランドとスコットランドのモラリストたちは、抽象的理性が道徳的経験の基礎を提供することはできず、こうした基礎は感情の中に見出されるべきであると主張したとし、倫理学上のこのような反合理主義的な見解の発展の結果、倫理学上の合理主義のみならず合理主義的な方法一般に対しても疑問がもたれ始めたと述べている（『アダム・スミスにおける倫理と経済』）。また、A・O・ラヴジョイも、人間というものは合理的な存在であるという誤解から逃れることができなかった人間（とりわけ教育を受けた人間）が、十七〜十八世紀にかけてのヨーロッパに存在していた事実を認めながらも、当時のヨーロッパを単純に合理的人間観が支配的な時代であったとは看做してはいない（『人間本性考』）。

実際、人間は理性の光に導かれた健全で公正な存在であるとする人間観よりも、むしろ人間は不合理で非合理な情念によって操られている邪悪な存在であるとともに、ルソーが指摘するように「自分自身よりも他人の証言に基づいて幸福になったり満足したりする」存在であるという人間観も、十七〜十八世紀のヨーロッパにおいて有力な思潮として存在していた。たとえば、モンテーニュは『エセー』の中で、人間というものは自分の名前を拡め、多くの人びとの口の端に上り称賛されることを常に望む存在であると述べているが、ラ・ロシュフコーも『マキシム』の中で、「知は情にいつも騙される」と書いている。さらに、パスカルは、『パンセ』において、「虚栄心というものは、人の心の奥深くに巣くっているために、兵士も、従卒も、料理人も、人足たちも、己れを称賛する者たちが存在するということを自慢するとともに、称賛者たちを獲得しようと望むように、哲学者たちもまた同じことを望んでいる」と述べ、こうした他人からの称賛や栄誉を望む情欲というものは揺り籠から墓場まで人間に付いて離れないものであり、人間という動物は「地上にどんな所有物を持ち、どんなに健康と快適な生活とに恵まれていようとも、人々の称賛の対象でおらなければ満足しない」存在であるとしている。

だが、ラ・ロシュフコーが「毒が治療薬の一部であるように、悪徳も徳の一部なのである。悪徳を調合し、調整して、悪行を正すために有効に利用するのが慎慮というものである」と述べたり、「美徳は、虚栄心が同伴してくれなければ、そう遠くまではいけないであろう」と述べたりするように、またポープが「情念というものは、……生来戦《いくさ》を好むが、適当に混ぜられ和らげられれば、神の仕事に結合する」（『人間論』）と述べているように、彼らは徒《いたずら》に情欲を邪悪なものとして糾弾していたわけではなく、人間の邪悪さを事実として容認し、たとえ人間の行動がこのような邪悪な動機によって衝き動かされることがあったとしても、社会秩序の形成・維持は可能であり、邪悪な部分から善なる全体を構築することができると考えているのである。まさに、パスカルが言うように「情欲から見事な秩序を引き出す」ことができるとするのである。アダム・スミスの理論的営為というものは、マンデヴィルが世俗に生きるリアルな人間の姿を描き出す際に参照した、まさにこうした十七〜十八世紀の思潮の中に位置づけられ得るものである。

だが、当のアダム・スミスは、『道徳感情論』の「放縦な体系について（Licentious system）」と題された一章において、マンデヴィルの如く「称賛と承認（esteem and approbation）の適切な対象となりたいという我々の欲望を虚栄心（vanity）と称することに如何なる妥当性もない。……根拠ある名声や評判を好むことも、また真に敬意を表すべき事柄によって称賛を手に入れようとする欲望も、虚栄心の名によって語られるものではない。前者は美徳への愛であり、人間本性における最も高貴で最も素晴らしい情欲であり、後者は名誉への愛であり、疑いもなく前者の情欲に多少劣るものであっても、尊さという点では、前者に較べて遜色はない」と批判している。また、スミスは、自説の正当性を担保するために、用意周到に伏線を張り巡らせるべく、「マンデヴィル時代以前に流行した通俗的な禁欲主義的教義、すなわち、あらゆる我々の情欲を根絶させ、絶滅させることに美徳が存するという教義こそが、彼の放縦な体系の真の基礎である」と述べている。つまり、マンデヴィルは「あらゆる情欲は悪徳である」とする通俗的な禁欲主義的教義に則り、「他人の感情、あるいは他人の感情と看做されるものと何らかの照応関係（reference）が認められるあらゆる事柄を虚栄心に促されたものである」とするがゆえに、「私悪は公益なり」という命題を打ち立てられたのである、とスミスは批判するのである。言い換えれば、情欲あるいは情念というものはすべて悪徳であるわけではない、とスミスは言いたいのである。

そして、このように情念・情欲を「良いもの」と「悪いもの」に峻別することによって、スミスはマンデヴィルの主張のかなりの部分を密輸入することに成功する。かくして、スミスは、「人間生活における洗練された技術や人間生活の改善への愛好、衣服、家具、あるいは身の回りの品々、あるいは建築、彫刻、絵画、音楽への愛好が、……奢侈で、淫らで、見せびらかしであると看做されるならば、奢侈、淫ら、見せびらかし（という悪徳）が公共の利益であることは慥かであり」、それらがなければ、「洗練された技術が鼓舞されることもなく、……すべての産業や商業だけではなく、ある意味で人間生活におけるあらゆる営みを終わらせ、社会を破滅に招くことになるであろう」、それゆえ、「この体系がいかに破壊的に見えようとも、それが幾つかの点で真理に境を接していなかったならば、あれほど多数な人々に悪しき影響を与えることもなかったであろう」と述べるのである。

Licentious system（美徳と悪徳の区別の解体→思索のための普遍的準拠枠の解体）であるとスミスが批判したマンデヴィルの議論から、スミスが事実上継承したと思われる論点は以下のようなものである。

『道徳感情論』において、スミスは、「孤島に一人住む」人間ではなく、「社会に住む」人間は、マンデヴィルに強く影響を受けたルソー同様、「自分の外（hors de lui）」の「他人の意見」のなかでしか生きることができないゆえに、「彼の境遇が他の人々にどのように見えるか」に一喜一憂したり、他人からの称賛を得るために不必要なほど顕示的になってしまったり、さらには他人を意識し他人から承認されたい（立派な人間であると思われたい）がゆえに、社会的規範を身につけた秩序形成的な主体となるとともに、ある場合は、「生来の利己主義と貪欲にも拘らず、見えざる手（invisible hand）に導かれて、……意図することなしに、社会の利益を押し進め、種の増殖にたいする手段を提供する」と述べている。これが、スミスの理解する市民社会（商業社会）に生きる人間の姿であり、彼の世俗世界（商業社会）の自生的秩序形成論が前提にする世俗の人間の姿である。世俗に生きる人間理解に関してはほとんどマンデヴィルと変わるところがない。さらに、スミスは、『道徳感情論』のなかで、「われわれ自身の行為に関するわれわれの判断は、常にある他の存在の感情に照応関係（reference）を持っている」と述べている。つまり、スミスは、感情的寄生関係を介して他人の判断が自己判断に多大な影響を与えていると考えるのである。事実、スミスは、この照応関係という構造を介して、我々は、「（我々が）共に生活する人々の表情や身振りの中に置かれることになり、この表情や身振りは、常に共に生活している人々が、いつ（我々の）感情のなかにはいり込むか、いつ（我々の）感情を否認するかを表示するのである」と述べている。既に指摘しておいたごとく、承認願望や自己称賛に対する欲望、そしてそれらの反対物に対する嫌悪を通じて、諸個人の行為は自己規制されるというマンデヴィル的人間観察こそが、アダム・スミスに事実上継承され、彼の自生的秩序形成論たる共感的社会形成論の想源となっているのである。スミスも、基本的には、マンデヴィルの議論に即して、「承認されることに対する欲求」、「否認されることに対する嫌悪」、「承認されるべきものでありたい欲求」を実現し、他人の好意を獲得し軽蔑を避けるためには、人々は自らの感情や行動を自己規制せざるを得ない、と考える。彼は次のように言う。「通学するほどに、あるいは同輩と交わるほどに大きくなると、子供は、自然に、同輩たちの好意を獲得しようとし、また彼らの憎悪または軽蔑を避けようとするようになる。そしてまもなく、子供は、好意を獲得し憎悪や軽蔑を避けるためには、怒りだけではなく他のすべての情念も、その遊び友だちと仲間たちが気にいりそうな程度にまで抑制するほかに術がないことを知る。こうして彼は自己規制という偉大な学校に入る」、と。だが、一点、スミスがマンデヴィルと異なることは、彼が美徳という価値、あるいは名誉という価値の「実在」を前提にし「美徳への愛」や「名誉への愛」を語るがゆえに、彼が「承認が与えられるに相応しい人間でありたい欲求」を挙げ、この欲求こそが、「人間を真に社会的存在にする欲求である」としている点である。ここに、シャフツベリー・ハチスン的思索の残滓が垣間見える。

さらにエコノミーの世界に関する認識において、「奢侈」と「プライド」という悪徳こそが経済発展を支える重要な二大要素であるとするマンデヴィルの論点もスミスに継承されている。『道徳感情論』において、スミスは次のように述べる。「富と地位の快楽は、なにか偉大で美しく高貴なものとして、人間の想像力に強い印象をあたえる。……自然がこのようにして我々を騙すのはいいことである。人類の勤労をかきたて、それを継続させるのはこの欺瞞(deception)である。最初に人類を促して土地を耕作させ、家屋を建築させ、都市と公共社会を建設させ、人間生活を高貴で美しいものとするすべての科学と技術を発明改良させたのはこれなのであって、地球の全表面を変化させ、自然のままの荒れた森を快適で肥沃な平原に転化させ、人跡未踏で不毛な大洋を、生活資料の新しい資源とし、地上の様々な国民への大きな公道としたのはこれなのである」と、さらにまた、「貪欲と野心の、富と権力および優越への追求の目的は何であるか、それは、諸々の自然の必要を満たすためか。もっとも貧しい労働者の賃金でさえ、それを満たすことができる。また、その賃金が、彼に食料と衣服と住宅および家族という満足を提供するのを、我々は見ている。……それでは、人びとの様々な身分のすべてにわたって行なわれている競争は、どこから生じるのであろうか。また、我々が自分たちの状態の改善と呼ぶ人生の大目的によって、意図する利益は何であろう。観察されること、注目されること、共感と好意と明確な承認とをもって注目されることが、我々がそこから引き出すことができる有利な点の全てである」と。また、『国富論』では、「大抵の富者にとっては、富をもつことからえられる主たる喜びは、それを誇示(parade)することにあるのであって、そういう人の眼から見れば、自分たちのほかに誰も所有できぬような、富裕の決定的なしるし（mark）を現に所有しているように感じられる時ほど、存分に富をもつことからえられる喜びに浸れることができることはない」、と。ハーシュマンが、「野心、権力欲、および尊敬されたいという欲求」こそが、経済行為の主たる欲求であることを、スミスが見抜いていたと述べるのも、また、ラヴジョイが、スミスが理解する経済的行為の動機は、金銭的な競争心（emulation）や、富に付随する差異性、さらには顕示的消費（conspicuous consumption）であると指摘するのも、極めて的を射たものである。

無論、マンデヴィルのような「放縦な *licentious*」社会認識の型を共有していないスミスは、こうした「他の人々に彼の境遇がどのように見えるか」に一喜一憂している事態を好ましいものとは決して述べない。彼は、他人の意見を気にするということは、人々の虚栄心のなさしめること以外の何ものでもないと批判する。だが、彼も、虚栄心はあらゆる社会的・経済的階層において常に見出されるものであり、事実問題としては、この虚栄心が顕示的な見せびらかし行為を奨励することによって、消費に重要な影響を与えていることは無視できないとし、マンデヴィルの見解を踏襲するのである。だから、彼によれば、「虚栄的な人間は、身分と財産に対して払われる尊敬を見て、この尊敬を、才能や徳性に対してと同様に手に入れたいと願う。それゆえ、彼の衣裳、彼の身の回りの品、彼の生活様式などすべては、実際に彼に相応しいものよりも高い身分と大きな財産とを表示する」のであると述べるのである。人々の虚栄心は、他人からの称賛と感嘆に対する欲求という人間に付きまとって離れない欲求を生み出すとともに、この称賛を確かなものにしようとして不必要なほど人々を顕示的にしてしまい、それが消費に大きな影響を与えていることを、事実問題として、スミスは認めているのである。さらに、スミスは、奢侈という概念の限定化を図るべく、『国富論』において、「私が必需品と言うのは、ただ生活を維持するために必要不可欠な商品ばかりではなく、その国の慣習上、最下層の人々さえ、それを持たずしては、信頼のおける者として認められる人（creditable people）としての作法に欠けるようにしてしまうようなあらゆる商品」であり、「現代では、ヨーロッパの大部分において、信頼のお

的目的に向けられているわけではなく、名誉や虚栄心や社会的名声、さらには贅沢および支配欲などが、ありふれた商業的利得への考慮と並んで、他の行為におけると同様に経済的行為においても動機として現れる」(『アダム・スミスの政治学』)ことをスミスは理解していたと述べている。そして、こうした社会認識こそが、スミスがマンデヴィルから学んだ当のものであり、また彼らの商業社会の原像を構成しているものであった。さらに、「言葉の最初の目的は、……他人を説得することにあった」(『続・蜂の寓話』)とするマンデヴィルと同様に、スミスも「他の人を説得したいという欲求は、……人間本性の特徴的な能力である言語の基礎となっている」(『道徳感情論』)とし、しかも「交換性向の真の基礎は、人間本性のなかで極めて広い場所を占めている説得本能である」(『法学講義』)と述べていることも、また、本書全篇を通じて流れる「人間中心主義」に対する批判も、私にとって興味深い論点である。

本書は、著書、訳書、編書などの刊行に際して大変お世話になった故谷口京延氏に翻訳を依頼された二巻本の第二巻であり、第一巻は『新訳 蜂の寓話――私悪は公益なり』として、すでに刊行しているものである。続巻を刊行する運びとなり、やっと谷口氏との約束を果たすことでき安堵するとともに、本書もまた谷口氏の霊に捧げたいと思う。

最後に、出版に際し、大変お世話になった日本経済評論社社長柿﨑均氏と、編集を担当していただいた出版部の中村裕太氏には、心からのお礼を申し上げたい。

ハ行

マ行

ヤ行

ラ行

ヤ行

ラ行

人名索引

ア行

カ行

サ行

タ行

ナ行

タ行

ナ行

ハ行

マ行

索引

事項索引

ア行

カ行

サ行

訳者紹介

鈴木信雄《すずきのぶお》　経済学博士

千葉経済大学名誉教授

著書：『アダム・スミスの知識＝社会哲学』（名古屋大学出版会，1992年），『内田義彦論』（日本経済評論社，2010年），『経済学の古典的世界（1）　経済思想4』（編著，日本経済評論社，2005年），『日本の経済思想（2）　経済思想10』（同，2006年），その他．

訳書：A. O. ラヴジョイ『観念の歴史』（監訳，名古屋大学出版会，2003年），R. メイソン『顕示的消費の経済学』（監訳，名古屋大学出版会，2000年），K. ホーコンセン『立法者の科学』（共訳，ミネルヴァ書房，2001年），J. エントウィスル『ファッションと身体』（監訳，日本経済評論社，2005年），B. マンデヴィル『新訳 蜂の寓話』（日本経済評論社，2019年），その他．

バーナード・マンデヴィル著

新訳 続・蜂の寓話——私悪は公益なり

2024年11月20日　第1刷発行

訳　者　鈴　木　信　雄

発行者　柿　﨑　　均

発行所　株式会社日本経済評論社

〒101-0062　東京都千代田区神田駿河台1-7-7

電話 03-5577-7286　FAX 03-5577-2803

URL：http://www.nikkeihyo.co.jp

組版・装幀＊閏月社／印刷＊精文堂印刷／製本＊誠製本

乱丁本・落丁本はお取り替えいたします

価格はカバーに表示しています

Printed in Japan　ISBN 978-4-8188-2668-7